"中国村庄发展：浙江样本研究"丛书

主编　陈野

转型赋能

嘉兴缪家村发展研究

EMPOWERMENT
THROUGH
TRANSFORMATIONS

DEVELOPMENT STUDY
OF
MIAOJIA VILLAGE,
JIAXING

张秀梅等◎著

ZHEJIANG UNIVERSITY PRESS

浙江大学出版社

图书在版编目（CIP）数据

转型赋能：嘉兴缪家村发展研究 / 张秀梅等著. —
杭州：浙江大学出版社，2021.12
（"中国村庄发展：浙江样本研究"丛书 / 陈野主编）
ISBN 978-7-308-21299-1

Ⅰ．①转… Ⅱ．①张… Ⅲ．①农村经济发展－研究－
嘉善县 Ⅳ．①F327.554

中国版本图书馆CIP数据核字(2021)第078839号

转型赋能：嘉兴缪家村发展研究

张秀梅 等著

丛书策划	陈丽霞　宋旭华　赵　静
丛书统筹	赵　静　王荣鑫
责任编辑	何　瑜　赵　静
责任校对	余健波
装帧设计	林智广告
出版发行	浙江大学出版社
	（杭州市天目山路148号　　邮政编码　310007）
	（网址：http://www.zjupress.com）
排　　版	杭州林智广告有限公司
印　　刷	浙江省邮电印刷股份有限公司
开　　本	710mm×1000mm　1/16
印　　张	23.25
插　　页	4
字　　数	403千
版 印 次	2021年12月第1版　2021年12月第1次印刷
书　　号	ISBN 978-7-308-21299-1
定　　价	96.00元

浙江省文化研究工程指导委员会

"中国村庄发展：浙江样本研究" 项目组研究人员名单

"中国村庄发展：浙江样本研究" 丛书

丛 书 主 编 陈　野

首 席 专 家 闻海燕　顾益康

"转型赋能：嘉兴缪家村发展研究" 课题组简介

课题组组长 张秀梅

课题组成员 李　旭　唐　玉　羊芳芳　俞为洁　闻海燕　李明艳

中共中央宣传部理论局、中共浙江省委宣传部、浙江广电集团
《乡村振兴战略大家谈》节目缪家村现场（大云镇提供）

缪家村文化礼堂文化走亲活动（大云镇提供）

农业部农村实用人才培训基地（浙江缪家村）揭牌（大云镇提供）

幸福缪家村人（大云镇提供）

缪家村老人文艺活动（大云镇提供）

访谈村民（课题组拍摄）

巧克力小镇（大云镇提供）

缪家村便民服务一条街（大云镇提供）

缪家村碧云花海（大云镇提供）

缪家村俯瞰（大云镇提供）

缪家村居（大云镇提供）

浙江文化研究工程成果文库总序

（署名）

　　有人将文化比作一条来自老祖宗而又流向未来的河，这是说文化的传统，通过纵向传承和横向传递，生生不息地影响和引领着人们的生存与发展；有人说文化是人类的思想、智慧、信仰、情感和生活的载体、方式和方法，这是将文化作为人们代代相传的生活方式的整体。我们说，文化为群体生活提供规范、方式与环境，文化通过传承为社会进步发挥基础作用，文化会促进或制约经济乃至整个社会的发展。文化的力量，已经深深熔铸在民族的生命力、创造力和凝聚力之中。

　　在人类文化演化的进程中，各种文化都在其内部生成众多的元素、层次与类型，由此决定了文化的多样性与复杂性。

　　中国文化的博大精深，来源于其内部生成的多姿多彩；中国文化的历久弥新，取决于其变迁过程中各种元素、层次、类型在内容和结构上通过碰撞、解构、融合而产生的革故鼎新的强大动力。

　　中国土地广袤、疆域辽阔，不同区域间因自然环境、经济环境、社会环境等诸多方面的差异，建构了不同的区域文化。区域文化如同百川归海，共同汇聚成中国文化的大传统，这种大传统如同春风化雨，渗透于各种区域文化之中。在这个过程中，区域文化如同清溪山泉潺潺不息，在中国文化的共同价值取向下，以自己的独特个性支撑着、引领着本地经济社会的发展。

　　从区域文化入手，对一地文化的历史与现状展开全面、系统、扎实、有序的研究，一方面可以藉此梳理和弘扬当地的历史传统和文化资源，繁荣和丰富当代的先进文化建设活动，规划和指导未来的文化发展蓝图，增强文化软实力，为全面建设小康社会、加快推进社会主义现代化提供思想保证、精神动力、智力支持和舆论力量；另一方面，这也是深入了解中国文化、研究中国文化、发展中国文化、创新中国文化的重要途径之一。如今，区域文化研究日益受到各地重视，成为我国文化研究走向深入的一个重要标志。我们今天实施浙江文化研究工程，其目的和意义也在于此。

千百年来，浙江人民积淀和传承了一个底蕴深厚的文化传统。这种文化传统的独特性，正在于它令人惊叹的富于创造力的智慧和力量。

浙江文化中富于创造力的基因，早早地出现在其历史的源头。在浙江新石器时代最为著名的跨湖桥、河姆渡、马家浜和良渚的考古文化中，浙江先民们都以不同凡响的作为，在中华民族的文明之源留下了创造和进步的印记。

浙江人民在与时俱进的历史轨迹上一路走来，秉承富于创造力的文化传统，这深深地融汇在一代代浙江人民的血液中，体现在浙江人民的行为上，也在浙江历史上众多杰出人物身上得到充分展示。从大禹的因势利导、敬业治水，到勾践的卧薪尝胆、励精图治；从钱氏的保境安民、纳土归宋，到胡则的为官一任、造福一方；从岳飞、于谦的精忠报国、清白一生，到方孝孺、张苍水的刚正不阿、以身殉国；从沈括的博学多识、精研深究，到竺可桢的科学救国、求是一生；无论是陈亮、叶适的经世致用，还是黄宗羲的工商皆本；无论是王充、王阳明的批判、自觉，还是龚自珍、蔡元培的开明、开放，等等，都展示了浙江深厚的文化底蕴，凝聚了浙江人民求真务实的创造精神。

代代相传的文化创造的作为和精神，从观念、态度、行为方式和价值取向上，孕育、形成和发展了渊源有自的浙江地域文化传统和与时俱进的浙江文化精神，她滋育着浙江的生命力、催生着浙江的凝聚力、激发着浙江的创造力、培植着浙江的竞争力，激励着浙江人民永不自满、永不停息，在各个不同的历史时期不断地超越自我、创业奋进。

悠久深厚、意韵丰富的浙江文化传统，是历史赐予我们的宝贵财富，也是我们开拓未来的丰富资源和不竭动力。党的十六大以来推进浙江新发展的实践，使我们越来越深刻地认识到，与国家实施改革开放大政方针相伴随的浙江经济社会持续快速健康发展的深层原因，就在于浙江深厚的文化底蕴和文化传统与当今时代精神的有机结合，就在于发展先进生产力与发展先进文化的有机结合。今后一个时期浙江能否在全面建设小康社会、加快社会主义现代化建设进程中继续走在前列，很大程度上取决于我们对文化力量的深刻认识、对发展先进文化的高度自觉和对加快建设文化大省的工作力度。我们应该看到，文化的力量最终可以转化为物质的力量，文化的软实力最终可以转化为经济的硬实力。文化要素是综合竞争力的核心要素，文化资源是经济社会发展的重要资源，文化素质是领导者和劳动者的首要素质。因此，研究浙江文化的历史与现状，增强文化软实力，为浙江的现代化建设服务，是浙江人民的共同事业，也是浙江各级党委、政府的重要使命和责任。

2005 年 7 月召开的中共浙江省委十一届八次全会，作出《关于加快建设文化大省的决定》，提出要从增强先进文化凝聚力、解放和发展生产力、增强社会公共服务能力入手，大力实施文明素质工程、文化精品工程、文化研究工程、文化保护工程、文化产业促进工程、文化阵地工程、文化传播工程、文化人才工程等"八项工程"，实施科教兴国和人才强国战略，加快建设教育、科技、卫生、体育等"四个强省"。作为文化建设"八项工程"之一的文化研究工程，其任务就是系统研究浙江文化的历史成就和当代发展，深入挖掘浙江文化底蕴、研究浙江现象、总结浙江经验、指导浙江未来的发展。

浙江文化研究工程将重点研究"今、古、人、文"四个方面，即围绕浙江当代发展问题研究、浙江历史文化专题研究、浙江名人研究、浙江历史文献整理四大板块，开展系统研究，出版系列丛书。在研究内容上，深入挖掘浙江文化底蕴，系统梳理和分析浙江历史文化的内部结构、变化规律和地域特色，坚持和发展浙江精神；研究浙江文化与其他地域文化的异同，厘清浙江文化在中国文化中的地位和相互影响的关系；围绕浙江生动的当代实践，深入解读浙江现象，总结浙江经验，指导浙江发展。在研究力量上，通过课题组织、出版资助、重点研究基地建设、加强省内外大院名校合作、整合各地各部门力量等途径，形成上下联动、学界互动的整体合力。在成果运用上，注重研究成果的学术价值和应用价值，充分发挥其认识世界、传承文明、创新理论、咨政育人、服务社会的重要作用。

PREFACE

　　我们希望通过实施浙江文化研究工程，努力用浙江历史教育浙江人民、用浙江文化熏陶浙江人民、用浙江精神鼓舞浙江人民、用浙江经验引领浙江人民，进一步激发浙江人民的无穷智慧和伟大创造能力，推动浙江实现又快又好发展。

　　今天，我们踏着来自历史的河流，受着一方百姓的期许，理应负起使命，至诚奉献，让我们的文化绵延不绝，让我们的创造生生不息。

2006 年 5 月 30 日于杭州

浙江文化研究工程成果文库序言

袁家军

  浙江是中华文明的发祥地之一，历史悠久、人文荟萃，素称"文物之邦""人文渊薮"，从河姆渡的陶灶炊烟到良渚的文明星火，从吴越争霸的千古传奇到宋韵文化的风雅气度，从革命红船的扬帆起航到新中国成立初期的筚路蓝缕，从改革开放的敢为人先到新时代的变革创新，都留下了弥足珍贵的历史文化财富。纵览浙江发展的历史，文化是软实力、也是硬实力，是支撑力、也是变革力，为浙江干在实处、走在前列、勇立潮头提供了独特的精神激励和智力支持。

  2003年，习近平同志在浙江工作时作出"八八战略"重大决策部署，明确提出要进一步发挥浙江的人文优势，积极推进科教兴省、人才强省，加快建设文化大省。2005年7月，习近平同志主持召开省委十一届八次全会，亲自擘画加快建设文化大省的宏伟蓝图。在习近平同志的亲自谋划、亲自布局下，浙江形成了文化建设"3+8+4"的总体框架思路，即全面把握增强先进文化的凝聚力、解放和发展文化生产力、提高社会公共服务力等"三个着力点"，启动实施文明素质工程、文化精品工程、文化研究工程、文化保护工程、文化产业促进工程、文化阵地工程、文化传播工程、文化人才工程等"八项工程"，加快建设教育、科技、卫生、体育等"四个强省"，构建起浙江文化建设的"四梁八柱"。这些年来，我们按照习近平同志当年作出的战略部署，坚持一张蓝图绘到底、一任接着一任干，不断推进以文铸魂、以文育德、以文图强、以文传道、以文兴业、以文惠民、以文塑韵，走出了一条具有中国特色、时代特征、浙江特点的文化发展之路。

  文化研究工程是浙江文化建设最具标志性的成果之一。随着第一期和第二期文化研究工程的成功实施，产生了一批重点研究项目和重大研究成果，培育了一批具有浙江特色和全国影响的优势学科，打造了一批高水平的学术团队和在全国有影响力的学术名师、学科骨干。2015年结束的第一批浙江文化研究工程共立研究项目811项，出版学术著作千余部。2017 年 3 月启动的第二期浙江文化研究工程，已开展了 52 个系列研究，立重大课题 65 项、重点课题 284 项，出版学术著作 1000 多部。特别是形成了《宋画全集》等中国历代绘画大系、《共和国命运的抉择与思考——毛泽东在浙江的 785 个日日夜夜》等领袖与浙江研究系列、《红船逐浪：浙江"站起来"的革命历程与精神传承》等"浙 100 年"研究系列、《浙江通史》《南宋史研究丛书》等浙江历史专题史研究系列、《良渚文化研究丛书》等浙江史前文化研究系列、《儒学正脉——王守仁传》等浙江历史名人研究系列、《吕祖谦全集》等浙江文献集成系列。可以说，浙江文化研究工程，赓续了浙江悠久深厚的文化血脉，挖掘了浙江深层次的文化基因，提升了浙江的文化软实力，彰显了浙江在海内外的学术影响力，为浙江当代发展提供了坚实的理论支撑和智力支持，为坚定文化自信提供了浙江素材。

当前，浙江已经踏上了实现第二个百年奋斗目标的新征程，正在奋力打造"重要窗口"，争创社会主义现代化先行省，高质量发展建设共同富裕示范区。文化工作在浙江高质量发展建设共同富裕示范区中具有决定性作用，是关键变量；展现共同富裕美好社会的图景，文化是最富魅力、最吸引人、最具辨识度的标识。我们要发挥文化铸魂塑形赋能功能，为高质量发展建设共同富裕示范区注入强大文化力量，特别是要坚持把深化文化研究工程作为打造新时代文化高地的重要抓手，努力使其成为研究阐释习近平新时代中国特色社会主义思想的重要阵地、传承创新浙江优秀传统文化革命文化社会主义先进文化的重要平台、构建中国特色哲学社会科学的重要载体、推广展示浙江文化独特魅力的重要窗口。

新时代浙江文化研究工程将延续"今、古、人、文"主题，重点突出当代发展研究、历史文化研究、"新时代浙学"建构，努力把浙江的历史与未来贯通起来，使浙学品牌更加彰显、浙江文化形象更加鲜明、中国特色哲学社会科学的浙江元素更加丰富。新时代浙江文化研究工程将坚守"红色根脉"，更加注重深入挖掘浙江红色资源，持续深化"习近平新时代中国特色社会主义思想在浙江的探索与实践"课题研究，努力让浙江成为践行创新理论的标杆之地、传播中华文明的思想之窗；擦亮以宋韵文化为代表的浙江历史文化金名片，从思想、制度、经济、社会、百姓生活、文学艺术、建筑、宗教等方面全方位立体化系统性研究阐述宋韵文化，努力让千年宋韵更好地在新时代"流动"起来、"传承"下去；科学解读浙江历史文化的丰富内涵和时代价值，更加注重学术成果的创造性转化，探索拓展浙学成果推广与普及的机制、形式、载体、平台，努力让浙学成果成为有世界影响的东方思想标识；充分动员省内外高水平专家学者参与工程研究，坚持以项目引育高端社科人才，努力打造一支走在全国前列的哲学社会科学领军人才队伍；系统推进文化研究数智创新，努力提升社科研究的科学化水平，提供更多高质量文化成果供给。

伟大的时代，需要伟大作品、伟大精神、伟大力量。期待新时代浙江文化研究工程有更多的优秀成果问世，以浙江文化之窗更好地展现中华文化的生命力、影响力、凝聚力、创造力，为忠实践行"八八战略"、奋力打造"重要窗口"，争创社会主义现代化先行省，高质量发展建设共同富裕示范区，提供强大思想保证、舆论支持、精神动力和文化条件。

丛书序言

中国乡村曲折艰难的现代化进程，步履艰难而又波澜壮阔。其意蕴之丰沛，与中国生活、中国社会和中国文化深切相连。回溯中国乡村自1840年中国社会开启现代转型以来走过的兴衰起伏之命运轨迹，可谓千回百转、曲折萦纡。数辈乡民身居不同时代，应对多重挑战，以吃苦耐劳、隐忍柔韧、顽强进取的品格精神，维系了村庄命脉和厚重历史。

一

当代乡村发展，承历史之重，开乡村现代化之时代新局。改革开放以来，浙江乡村变化巨大，以其走在前列的先行先试，开乡村发展的时代新局，呈现了发展中国家走向现代化的轨迹，为中国乡村的现代化发展提供了分析参照的样本。有鉴于此，本套丛书以"中国村庄发展：浙江样本研究"为主题，着力于从以下方面开展研究，并取得相应成果。

改革开放40多年，特别是自2003年习近平同志在浙江工作后，作为习近平新时代中国特色社会主义思想的重要萌发地，浙江乡村发展迈入新阶段，呈现城乡融合、"五位一体"全面发展的新态势。习近平同志以以人为本、执政为民的治理理念和统揽全局的思维方式，对浙江乡村发展全面布局，实施"千村示范，万村整治"等重点工程，从推动产业新发展、建设新社区、培育新农民、树立新风尚、构建新体制等维度全面推进乡村发展。习近平同志有关乡村发展的理性思考、创造性实践和历史性成果，是我们选择浙江村庄作为中国村庄发展样本加以研究的重要遵循和行动指南。

村庄是最基层的社会单位之一，是最为鲜活丰沛的日常生活之地，是中华历史文化传统的重要根基，是我国全面建成小康社会、开启全面建设社会主义现代化国家新征程的重要建设领域。然而，由古至今，村庄也是最缺乏历史记载和文献档案系统、最难听到它本真的话语呼声、最难触摸到它脉动的心灵、最难见到它在历史进程中完整形影的场所。本丛书旨在以长时段的历史研究视野，观察、记录和研析作为基层生活共同体的中国村庄，在面对社会转型期的急剧巨变时，如何通过调整、舍弃、更新、吸纳共同体内在结构和要素的策略，重建与生活、与生产、与社会、与时代均相契合的新型乡村社会生活的规则和秩序，以此维系村庄生存，推动村庄发展，提升村庄品质。同时，亦拟以翔实细致的个案性剖析，探求乡村传统建构的实际场景和内在机制。故此，在各专著框架中，特设"史地篇"，追寻村庄过往在其当下时段中的历史投射，记述村庄的整体性历史进程，定位其当今发展在乡村文明进程中的历史坐标，为观察、研究村庄建立长程的历史背景；特设"访谈篇"，以大量的村民口述访谈和全面系统的乡村档案收集整理，为一直以来缺乏史料积淀的村庄建立由文献、田野调查和口述访谈为架构的资料系统，记下了村民传承、维系、建设、发展村庄的种种心声；尤其重视以经济、政治、治理、文化、生态等各篇组合的整体性研究，通过深度驻村调研、深层次介入村庄内部生产生活环境，为不同类型村庄在当代社会变革时期所做的探索与发展，建立起完整的事实记录和分析样本，在浩瀚苍茫的历史时空中留下了我们这个时代的乡村社会发展印记，见证了乡村传统建构中的众多真实过程。

乡村研究是社会学、历史学、政治学、文化学等学科的重要领域，村庄个案研究、专题研究、历史断代研究、现实问题研究等成果丰硕。本套丛书以11个村庄为研究对象，以各个村的纵向历史发展特别是改革开放40多年来的乡村发展基本轨迹为历史纵轴，以独具浙江特色的村庄经济、政治、文化、社会、治理、生态等为记述研究主体，从不同角度记述浙江乡村发展轨迹，并从中提炼具有普遍意义的发展路径、特征和价值，为相关学科深化乡村研究提供了丰富个案和鲜明的地方资源。

乡村发展在我国改革开放史中具有众多首创之功和重要的历史地位，目前乡村振兴背景下来自各级党委、各级政府、社会各界和广大村民等的积极作为，是当代中国历史进程的重要组成部分。本套丛书各部专著所述浙江村庄历史和改革开放40多年来的乡村建设历程、发展成就和价值意义，以来自乡村一线这种最为社会基层的真实场景、鲜活实践和全方位的研究阐释，极大地丰富了浙江以至中国当代发展研究的内涵，为党史、新中国史、改革开放史、社会主义发展史的研究，输送了来自乡村大地的源头活水，增强了研究的内在活力。

本套丛书积极探索学术研究对接当下社会需求的内在理路，将来自改革前沿的现实问题研究与学术研究紧密结合，在全面系统记述乡村历史、开展理论研究的同时，直面乡村建设发展中的困境、不足和问题，走进当代社会实践，走向乡村基层，走进乡民群体，在与政府、乡村和农民的互动中开展现实问题专题研究，发挥学术研究参与现实社会建设的作用和价值，以理性分析、务实举措从村庄发展现实问题中提炼可供下一步乡村振兴所需的理论资源和对策建议，撰写多个智库报告，得到省委省政府领导多项肯定性批示，实现了学术研究中问题意识、现实关切和人文关怀的有机关联，提升了人文社科研究在基层社会的知晓度和影响力。

二

自项目正式实施以来，项目组科研人员深入全省相关市县宣传、文化、旅游、建设、农办等政府部门和百余个村庄开展深入调研。从东部海岛到西部田园，从浙南山区到浙北平原，课题组成员顶着烈日酷暑、冒着风雨严寒，克服诸多困难，走进田间地头，结交农民朋友，深入农户开展深度访谈，全方位多视角实地考察村庄发展实况。5年来深入乡村的实践探索和项目研究，让我们收获良多，也给我们带来很多启示。

在本套丛书研究和撰写过程中，乡镇村干部群众一致认为本研究在梳理村庄历史、增强集体认同、提升文化自信、提供发展资源、理清发展思路等方面，与乡镇和村的建设需求十分契合，对项目研究给予极大肯定，表现出极高的参与和配合热情，尤其热切地表达了对专业性强、学术水平高的人文社科研究的衷心期待。蕴含于乡村大地的家园故土寻根意愿、强烈的文化自觉意识、丰富的创业创新业绩、高昂进取的精神面貌和积极态度，以及存在于一些村庄的老龄化、空心化、业态陈旧、过度开发、贫富差距、文化生活单调等发展中的问题和不足，均让我们深切感受到村庄发展的巨大需求空间，看到了乡村社会发展对专家学者的热切期盼。广阔的乡村大地，正是开展人文社科研究、获取厚重科研成果的丰富沃土。

习近平总书记指出："人民的需要和呼唤，是科技进步和创新的时代声音。"社会科学工作者只有走出书斋，积极探索学术研究对接当下社会需求的内在理路，深入开展脚踏实地的基层调研，将哲学社科理论研究与社会实践紧密结合，将来自改革前沿的现实问题与学术研究紧密结合，准确了解社情民意、把握时代脉搏，实现学术研究中问题意识、现实关切和人文关怀的有机关联，才能克服从书本到书本、从理论到理论的研究局限，强化基础理论研究厚重感，提升应用对策研究针对性，取得适应现实所需、彰显学术价值、具有中国气派的哲学社会科学研究成果。

以重大系列项目构建综合性学术团队，开展集聚多学科、多梯队联合共事的集体攻关项目，既整合了原先相对分散的科研力量，也在团队的协同共进、交流互鉴、相互砥砺中营建起浓厚的学术氛围、深厚的同事情谊，为年轻科研人员的成长提供了优质平台，达到了既出成果又出人才的双赢效果。

5 年来的学术劳作和辛勤付出，让我们收获满满，既有研究专著的丰硕成果，也是一次整合院内乡村研究相关科研力量、以团队合作形式开展重大主题研究的实战历练，为我院培育乡村研究平台、打造乡村研究品牌、历练乡村研究队伍、承担乡村研究重大课题，做出了有益尝试，取得了扎实成效。创新不易，守成更难，开拓尤需勇气、毅力和实力。衷心祝愿项目组和各位科研人员以本套丛书出版为新起点，勉力精进，深耕勤研，取得更多丰硕成果。

浙江省社会科学院副院长、研究员
"中国村庄发展：浙江样本研究"项目负责人、丛书主编　陈　野
2020 年 12 月 6 日

丛书绪论

INTRODUCTION

中国是一个历史悠久的农业大国，农业是关系到国计民生的基础产业，农民是占人口最多的社会群体，农村是最广阔的地域空间。"三农"问题在我们党和国家发展中占有重中之重的地位。村庄作为中国最古老的社区，既是农民的集居地，也是农业赖以发展的基础，亦是农耕文明、农耕文化、地域文化生存发展之地。从一定意义上来说，村庄发展就是"三农"发展的缩影，村庄发展演变也反映着社会的变革趋势，特别是城乡关系的发展变化趋势。

村庄是乡村经济社会发展最基础、最基本的单元，村庄发展也是整个中国经济社会发展演变的一个风向标。无论是城市发展还是农村发展、工业发展还是农业发展都会在村庄的发展上表现出来，所以研究中国村庄发展实际上是解剖中国经济社会变革的"麻雀"，"麻雀虽小、五脏俱全"，我们通过对改革开放40多年来村庄发展的一些样本的解剖，可以揭示中国改革开放40多年来政治、经济、社会、生态和文化等方面的发展轨迹与发展规律，起到"窥一斑、见全貌"的作用。

一、改革开放40多年来浙江村庄发展的基本经验

浙江是5000年中华文明实证地、中国革命红船起航地、改革开放先行地和习近平新时代中国特色社会主义思想的重要萌发地。浙江作为中国东部沿海发达的代表省之一，市场化、工业化、城镇化进程走在全国的前列，同时浙江也是地域差异性十分明显的省份，"七山一水二分田"的基本省情和兼有山海之利的特点，使得浙江村庄发展的多样性特色十分明显。由浙江省第二期文化研究工程重大系列项目"中国村庄发展：浙江样本研究"形成的这套丛书，选取的11个村庄研究样本，既来自11个地（市），也兼顾了发达地区明星村与欠发达地区的后发村、平原村与山区村、城郊区村

与纯农区村、少数民族村与海岛渔村等不同类型的地域村庄。这11个不同村庄在浙江既有一定的代表性，也隐含了发展的普遍性与多样性相统一的规律性。特别是改革开放的伟大变革是从农村开始的，改革开放的先行者和主力军也是农民。"春江水暖鸭先知"，从一定意义上来说，浙江村庄也是浙江变革最早、最快的地方，因此这11个样本村庄的研究就有了多方面的意义与价值。

丛书的11个不同类型的浙江村庄个案，每个研究基本上都由史地、经济、社会、治理、生活、生态、文化、访谈、文献等篇组成，从而分析每个村庄发展基础，记述发展历史，总结发展经验，解释发展动因，揭示发展本质，提炼样本价值。浙江这11个样本村庄地域位置各异，资源禀赋不一，发展水平参差不齐，但通过对这11个个案村改革开放40多年来的发展历程、发展实绩、发展经验、发展动因等的整体分析，我们大致上可以揭示浙江农村40多年改革开放的基本经验，也可以从中寻找到浙江40多年改革开放与发展之所以能够走在全国前列的内在原因。正如时任浙江省委书记习近平同志总结的，浙江发展快是因为农村发展快，浙江富是因为农民率先富，浙江活是因为农村搞得活。从这11个个案样本村的发展总体情况来分析，浙江村庄40多年改革开放中值得全国村庄借鉴的发展经验主要有以下五点：

一是坚持走以"人民大众创造财富、人民政府创造环境"为运行机制的大众市场经济的创新发展之路。改革开放以来浙江把家庭联产承包制改革对农民生产力的解放运用到了极致，通过千百万农民率先闯市场，鼓励农民以市场为导向调整优化农业结构，鼓励农民务工经商，大力发展乡镇经济、家庭工业和个私经济，率先在全省快速推进市场化、工业化和城镇化的进程，促进农民分工分业分化，让千百万农民成为自主创业创富的市场经营主体，形成了"百万能人创业创富、千万农民就业致富"的新格局。以乡镇企业、个私经济为主体的民营经济不仅带动了农民快速致富，也成为推动浙江工业化、市场化最强大的力量。花园村、上园村、邵家丘村、缪家村等村庄的发展都实证了这一以农民大众为创业创新主体力量的创新发展之路。农民大众和民营企业成为全省市场经济绝对的主体力量，市场化、工业化、城镇化中的浙江农民的创造力得到了前所未有的爆发。同时，浙江各级政府按照时任省委书记习近平的"以人为本谋'三农'"的要求，为农民自由全面发展创造环境，大力改善基础设施、公共服务和人居环境，推进"最多跑一次"改革，形成了"人民大众创业致富、人民政府管理服务""人民大众创造财富、人民政府创造环境"的大众市场经济的创新发展模式。这一发展路子非常全面地体现了以人民为中心的发展思想，做到了发展为了人民、发展依靠人民、发展成果为人民共享，浙江这一大众市场经济的运行机制使浙江"三农"发展表现了极大的创造力。

　　二是坚持走"城乡融合发展、一二三产业融合发展"的城乡一体化的协调发展之路。城乡关系在"三农"问题解决上起着极为重要的作用。改革开放以来，浙江逐步改革了城乡二元分割体制，允许农民到城镇务工经商，走出了一条农民城镇农民建的城镇化之路，县城和小城镇成为农民首选的安居乐业之地。特别是从新世纪以来，时任浙江省委书记习近平亲自制定《浙江省统筹城乡发展　推进城乡一体化纲要》，实施了新型城镇化与建设新农村双轮驱动的新战略，实施千村示范、万村整治的工程，大力推动城市基础设施向农村延伸、城市公共服务向农村覆盖、城市现代文明向农村辐射，快速缩小了城乡在基础设施、公共服务和现代文明方面的差距。经过十几年坚持不懈的建设，我们这11个个案村庄无一例外地都变成了生态宜居的美丽乡村，农村人居环境得到了根本性改善。在这一背景下，城市出现了逆城市化和新一轮"上山下乡"的热潮，追求绿色生态的城市消费者热衷于到美丽乡村来休闲度假、养生养老，城市有识之士和城市资本技术也开始出现了"上山下乡"，到美丽乡村发展民宿等美丽经济和现代农业。传统农业也出现了加速向现代农业转变的新趋势。家家粮棉油、户户小而全的小农经营大幅减少，适度规模经营的家庭农场、合作社、龙头企业成为新型农业经营主体。大学毕业生、研究生、留学归来的高层次农二代和来自城市的农创客给浙江农业注入了新的生机和活力。同时，农业出现了功能多样化以及与第二、第三产业相融合的新趋势，休闲观光农业、文创农业、体验农业、智慧农业、设施农业等新型农业业态快速增多，现代农业呈现出与第二、第三产业深度融合的全产业链发展的新趋势。农业绿色化、标准化、品质化、品牌化让浙江农业呈现出前所未有的发展新态势。

三是坚持走"绿水青山就是金山银山"理念为引领的生态生活优先的绿色发展之路。浙江人多地少，人均资源稀缺，在改革开放初期，为了解决产品短缺、工业品供应匮乏问题，被迫走了一条以牺牲生态环境为代价的粗放型、数量型经济发展之路。在世纪之交，生产发展与生态保护的矛盾更加突出。2003 年，时任浙江省委书记习近平高瞻远瞩地提出了建设生态省和绿色浙江的新战略。在全省实施"千村示范、万村整治"工程，2005 年习近平在安吉余村首次提出了"绿水青山就是金山银山"理念，强调优美的生态环境就是最普惠的民生福祉。在农村经济发展上，把为农民创造优美生活环境、优良生态环境放到首要位置。本丛书 11 个样本村无一例外地都开展了农村人居环境和生态环境整治，将原来污染严重的垃圾村建设成为生态宜居的美丽乡村。像余村、棠棣村、清漾村、沙滩村等都成为美丽乡村精品村和文化旅游名村，美丽乡村成为农民引以为豪的美好生活的幸福家园，也成为城市人越来越向往的休闲度假、养生养老的生态乐园。越来越多的城市消费者、投资者兴起"上山下乡"的新热潮。乡村旅游、农家乐、民宿、体验农业等"美丽"经济和"乡愁"产业成为"两山"转化的有效载体，这些绿色产业成为浙江农民创业就业、创业致富的新亮点。

四是坚持走"对外开放、对内开放"相互联动的特色块状经济的开放发展之路。通过对改革开放前后的经济发展路子的比较，使浙江干部群众意识到全方位开放经济和市场经济是发挥资源小省、市场大省优势的必然选择。浙江抓住中国的对外开放新机遇，大力发挥劳动力人才和工贸优势，大力发展市场在外、原料基地在外的"两头在外"的集聚化、特色化生产加工、贸易基地，形成了柯桥轻纺、海宁皮革、义乌小商品、永康小五金、桐乡羊毛衫、东阳红木家具、大唐袜业等特色块状经济。本书的 11 个样本村在这一开放发展大潮中形成的一村一品、一村一业的特色专业村的发展模式，则是浙江这种开放型块状经济的基础和重要生力军。这种"两头在外、无中生有"的块状产业是县域经济、农村经济的强大支撑和竞争力所在，都是浙江农民创业就业的主阵地，也是浙江民营经济具有强大竞争力的重要因素。在浙江这些以县城和小城镇为依托的特色块状经济集聚发展的地方，浙江农民只要有劳动能力就可以找到工作岗位，只要有资本就可创业办实业。目前这种对外对内双向开放和市场原料两头在外的块状经济正向产业集群的方向转型，并通过智能化改造促进传统制造业向先进制造业转型。通过这种双向开放的特色块状经济的发展，以农民和民营经济为主体的县域经济也得到了不断提升，成为浙江"三农"发展极为亮丽的风景线。

五是坚持走家庭经营、合作经营互促共进，鼓励先富帮扶后富、双管齐下的共创共富的共享发展之路。在 40 多年改革发展中，浙江农村逐步形成了符合社会主义市场经济发展要求的经营体制。确立了农户家庭经营在农业生产中的主体和基础地位，强调这适合农业自然再生产和经济再生产相结合的产业特点，也适合社会主义市场经济运行机制，但我们家庭经营规模太小、数量太多，参与市场竞争能力非常有限。因此，在发挥家庭经营在农业生产中的基础作用的同时，充分发挥合作经营在农民走向市场中的服务作用。为了适应现代农业发展的要求，浙江在农业经营体制上不断地推陈出新，一方面我们按照承包农地"三权分置"的原则，促进土地经营权向专业大户、家庭农场和龙头企业集中。另一方面，通过发展专业合作社，特别是大力发展生产合作、供销合作、信用合作三位一体的农合联组织，为农业家庭经营提供全方位的合作服务。与此同时，村经济合作社作为集体土地所有者代表和社区集体经济组织，承担起发展壮大集体经济为社员服务的职能。在农业创业创富和收入分配方面，我们致力于打破分配上的平均主义和"大锅饭"，允许和鼓励一部分人和一部分地区，通过勤劳致富和创业开拓市场先富起来，同时引导和鼓励先富带后富，先富帮后富。本丛书中处于欠发达地区的缙云北山村、海岛地区的蚂蚁岛村和龙峰民族村等，也都先后走上了先富带后富、大家一起富的共富之路。浙江 40 多年改革开放中的"三农"发展实践证明，共同富裕不等于平均富裕，不能通过计划经济搞纯而又纯的公有制、过度集中的单一公有制经济来实现，而是要通过发展社会主义市场经济，充分发挥市场机制的基础作用和政府的积极有为作用，让千百万农民成为独立的家庭经营的市场主体，在此基础上，政府通过发展合作经营和扶贫攻坚，帮扶欠发达地区和低收入群体增强发展能力。只有让一部分地区、一部分人群先富起来，才能形成先富带后富、大家共同富裕的共同发展的新格局。

二、浙江村庄发展的个性特色和影响因素

以本套丛书所述11个村庄为代表的浙江村庄发展经验弥足珍贵，有许多值得全国村庄借鉴的地方。而通过对这11个村庄历史地理、资源禀赋、社会文化、人文环境、政府服务等多方面的深入挖掘和综合思考，揭示这11个村庄之所以发展快、发展好、发展有个性特色的深层次的原因及其规律性，则更是我们这套丛书出版所要达到的一个重大预期目标。全面分析浙江这些村庄的历史文化、地理区位、资源禀赋、产业特点、人文因素、发展环境、政府服务等多方面因素，浙江村庄发展与下列五大因素密切相关：地域位置与资源禀赋、文化传承与人文素养、乡村能人与乡村干部、改革政策与民众认知、地方领导与地方治理。这五大因素影响并决定着村庄发展方向、发展特点和发展水平。

首先是地域位置与资源禀赋。中国人常说"一方水土养一方人"，浙江就是受这方面因素影响特别大的地方，尤其是农业生产为基础的村庄发展以及民风民俗影响更是特别直接。浙江地处中国东部沿海长三角地区，气候是亚热带季风气候，四季分明，雨热同季，气候多变同时又有人多地少、山多田少、人均农业资源不足等特点。这些地域特点与资源禀赋总体上使得浙江农民和村庄发展形成了自身的群体特征。农业生产一年四季都可进行，农民既勤劳又节俭，家庭手工业发达。同时相邻地区的差异性也比较大，如杭嘉湖、宁绍平原这种江南水乡地区的村庄与村民同浙西南山区、浙中山区盆地的村庄产业及民俗民风的差异性也比较大，但总体上浙江村民勤奋节俭、农商兼营、心灵手巧的特点十分明显。

其次是文化传承与人文素养因素，这也是对村庄发展影响久远的因素。浙江是

中华民族 5000 年农耕文明实证地、中国农业文明重要发祥地，有将近万年的上山文化、八千年跨湖桥文化、七千年河姆渡文化、六千年马家浜文化和五千年良渚文化，这种农耕文化对浙江村庄和农民影响极其深远。农耕文化影响下形成的天人合一、道法自然的农事理念，巧用资源、精耕细作的农作制度，勤劳勤俭、勤学勤勉的农家品质，村落集居、族人互助的农村价值及耕读传家、回馈乡里的乡贤精神都使得浙江村庄发展带有明显的农耕文化、民俗文化影响的深深的烙印。

第三是当地乡村能人与乡村干部因素的作用非常巨大。我们从 11 个样本村的 40 年改革发展的历程与成效来看，乡村能人和乡村干部的行为、思维的影响是决定性的。尤其那些在改革开放中率先富起来的村庄，诸如样本村中金华的花园村、温州的上园村、宁波的邵家丘村、绍兴的棠棣村、丽水的北山村等，都是由乡村能人和乡村干部带头闯市场、带头经商办厂兴实业而带领村民群众走上共创共富之路的。可以说在所有发展因素中，这种能人因素的作用是极其明显的，尤其是村庄的干部，应该既有创业创富闯市场的能力，又有带领村民走共同富裕道路的奉献精神，这显得尤为重要。

第四是政策导向与民众认知的因素。这在村庄改革开放 40 多年发展中的影响力也特别的明显。浙江这种具有悠久的农商兼营、工农商皆本的地俗文化和人多地少的地方，在计划经济和以粮为纲的左的年代，浙江人的手工业和家庭工业、小商品生产都被当作资本主义尾巴砍光了，农民生活十分贫穷。在 1978 年改革开放和普遍实行包产到户的新的改革政策环境下，浙江农民发展商品生产、乡镇企业、个私经济的积极性得到全面激发。从实践来看，农民群众对改革政策的认同度越高、响应越热烈的地方，村庄的经济社会发展就越快，农民们致富的速度也越快，政策效应也越明显。当然，这也与当地党委政府的工作力度密切相关，政策宣传和贯彻落实越到位的地方，农民群众认知度越高，政策效果也越明显。

第五是地方领导和地方治理的因素，这也是村庄发展十分重要的因素。地方领导思想是否开放、思路是否开阔、对"三农"工作是否重视、对农民群众感情是否深厚、工作作风是否求真务实，这些都关系到能否为当地村庄发展创造良好的环境条件。如改革开放初期，温州地方领导、金华东阳义乌地方领导、宁波余姚地方领导的思想比较开放、开明，作风求真务实，就为这些地方村庄改革发展创造了比较宽松的发展环境。在乡村地方治理上，浙江农村都比较好地实行了村民委员会自治的地方治理，并且很多地方都把村民自治与德治、法治紧密结合起来，形成了村民自治、德治、法治"三治合一"的地方治理模式，为村民自我治理、自我发展创造了良好的治理机制。

总之，浙江村庄在40年改革开放中发展的经验弥足珍贵，值得各地借鉴，发展的内在机制、规律也反映了中国改革开放以来"三农"发展的规律性。本丛书记述的浙江11个样本村庄的发展各具特色，但也有许多共性的经验、规律可循，期望读者们能从这一丛书的村庄发展案例中发现一些对今后中国村庄有借鉴意义的东西，希望大家将这一丛书看作研究浙江40年改革开放村庄发展和"三农"发展的一个重要窗口。

"中国村庄发展：浙江样本研究"项目首席专家　顾益康
2020年10月

目 录

CONTENTS

导　语　后生产主义与乡村转型发展　001

史　**地**　**篇**　平原稻乡　交通沪杭

第一章　地理环境与自然资源　035

第二章　村庄与村民　044

第三章　生产和贸易　054

第四章　交通、建筑和医疗卫生　084

经　**济**　**篇**　多元发展　村民共富

第一章　村庄经济结构变迁　103

第二章　不断壮大村级集体经济　116

第三章　土地整治改革探索　122

第四章　村民增收与村庄经济发展　129

治　**理**　**篇**　引领有力　善治有方

第一章　治理结构的现代转型　139

第二章　党建引领下的基层善治　155

第三章　后生产主义背景下乡村治理转型　166

文　**化**　**篇**　勤和之家　美善之地

第一章　文雅和善的文化底蕴与开放包容的文明新风　175

第二章　善文化的立体建设与多维闪耀　185

第三章　寓教于乐、寓美于利的群众文化生活　196

C O N T E N T S

生活篇 美好生活　现代转型

第一章　衣食住行变迁　211

第二章　生活观念变迁　221

第三章　村庄生活变迁的特点与动力　229

专题篇 后生产主义背景下基层政府在休闲农业发展中的职能定位

访谈篇 我们的故事

文献篇 见证发展

参考文献　339

后　记　345

丛书后记　347

导语　后生产主义与乡村转型发展

"后生产主义"概念来源于西欧，用以概括 20 世纪 80 年代中期西欧农业变迁及农村转型的特征。综合国内学者研究来看，我国农村整体上并未完成后生产主义转型，不同地区处于"生产主义—后生产主义"连续谱中的不同位置。我们选择了缪家村作为观察点，这是一个坐落在浙北平原的普通村子，同分散在中国成千上万个村落一样，处于"生产主义—后生产主义"的连续谱上，所不同的可能是所处的位置更靠近后生产主义，因而其后生产主义特征更为突出：乡村经济与社会的非农化、乡村生产与环境的生态化、乡村空间与功能的多元化。乡村社会一些被忽视的价值、意义及功能被重新找回、重新发现，"乡村性"被重新认识。而这样的发展路线也是中国许多农村正在走或者将要走的路线。因此，缪家村的转型过程具有一定的普遍性意义，能够从中找出中国农村发展的一些规律。

一、后生产主义的兴起与功能

"后生产主义"概念最早由 Munton[1] 用以概括 20 世纪 80 年代中期西欧农业变迁，由 Halfacree[2] 用来描述这一时期的乡村转型。农业后生产主义阶段从生产主义时期追求高投入、高产量的集约型、规模化、专门化的生产方式转为关注生态、文化，发展分散化、延伸化、多样化的农业。农业后生产主义渗透到乡村各个方面，乡村的生产、生态、生活、文化等多功能价值被发现，"逆城市化"开始出现，"乡村性"向城市反向输入。

由于"后生产主义"概念来源于西欧，学界对后生产主义广泛适用性有所质疑，很多学者认为应加以"地方化"地应用。而综合国内学者的研究来看，我国乡

---

[1]　Munton R, *Farming Families in Upland Britain: Options, Atrategies and Futures*. Toronto: Paper presented to the Association of American Geographers, 1990.

[2]　Halfacree K, "Locality and Social Representation: Space, Discourse and Alternative: Definitions of the Rural," *Journal of Rural Studies*, no.9, 1993.

村处于"生产主义—后生产主义"连续谱中，很多乡村同时兼具两种意涵。

（一）后生产主义的起源

"后生产主义"是对"生产主义"进行批判而产生的一个概念和理论，就如"后现代主义"是对现代性的反思。有学者指出"后生产主义"这一话语模式，无论是从形式还是内容上看，都深深地烙上了"后现代主义"的印记，即对乡村"生产"这一在现代性话语体系下的基础性或者说中心性功能的质疑[①]。因此，要了解后生产主义的基本内涵，就要了解生产主义。

当西方社会迈入工业化后，工业这一新兴产业对资本产生极其强大的吸引力，导致资本从农业产业撤离，土地、劳动力等要素也随之转移，农业呈现碎片化。农业对于经济发展的贡献效率明显减小，成为一个衰退的产业，或者是为工业提供原材料的产业。除 20 世纪 30 年代美国基于大萧条危机亟须刺激国内消费这一特殊国情开始给予农业以国家补贴之外，欧洲以及日本等先发国家的农业大多呈现衰退格局。第二次世界大战以后，刘易斯提出"零值劳动力"理论，认为二战后的世界和平会使得发展中国家的农村劳动力人口快速上升，使得单位土地上的劳动效率下降，最终结果是劳动力投入农业生产的边际价值递减而趋近于零。因此，需要将农村土地所能承载的劳动力之外的剩余劳动力投入到工业部门，加快工业产业发展[②]。同期恩格尔则提出消费端对于食品、工业品和文化生活产品的需求将随着收入的增加而变化，即对于农业产品——食品的需求将不断下降，从而得出农业必将衰退的结论。而另有学者则从工农业产品交换中的"剪刀差"来证明工业在发展中的优先序列[③]。

但随着二战后各国经济实力增长竞逐的变化，英国等国家很快发现，当工业产业很难迅速占据领先地位时，工业产品缺乏竞争力使得难以积累采购必须农业产品的成本。很快，欧洲多国纷纷提出农业保护和补贴政策，主要内容一是政策鼓励提升农业产业集中度，刺激资本和生产要素向农业产业转移，鼓励小型农场退出农业生产，以便加强农业产业的单位规模。二是加强对农业产品的政策补贴和保护，如红利补贴、价格保护等。三是加强各项支持保障，如无息、贴息等

---

①　刘祖云、刘传俊：《后生产主义乡村：乡村振兴的一个理论视角》，《中国农村观察》2018 年第 5 期。

②　Lewis. A, 1954, "Economic Development with Unlimited Supplies of Labour," *Manchester School of Economic and Social Studies,* no.22(1954): 139−191.

③　林毅夫：《西方农业发展基本理论述评》，《农业经济问题》1988 年第 11 期。

金融扶持，引导建立农业产业技术、培训、行业组织等。欧共体（欧盟前身）在1965年出台了一系列促进机制与规则，对内实行价格支持，对外进行贸易保护。

这一时期，农业追求的是产量最大化，就是将农村视为纯粹农业产品产出的机构，在政府支持下，通过集约化、规模化与专门化的生产方式，达到产量增长和产出最大化的目的。但过度追求产量导致农药大量使用，包括土壤在内的自然环境遭受严重破坏。在这一阶段，农业产业达到了生产主义的巅峰，从而也完成了对生产主义的内涵定义。从这个角度看，生产主义就是以农产品产量为目标的功利性农业组织行为，农业生产中由于过度追求产量而忽视了其他应当加以重视和保护的要素。而在政府通过政策工具加以扶持后，农业生产以农产品增产为最主要目的，这一情况也让农业对资本产生了吸引力，加剧了农业和农场的资本化改造。

生产主义极大影响了农村主要生产活动——农业生产的同时，也必然会对乡村生活的各个方面产生渗透效应。如在英国，生产主义甚至可以视为1945—1980年英国乡村性的简称[1]。从这个角度而言也必然产生社会学意义上的问题，即生产主义嵌入乡村生活的路径何在？ Halfacree 认为：农业生产经营行为对于乡村地区的积极作用、农业生产对于乡村的表征意义，都使得农业生产与乡村之间几乎可以画上等号，如欧盟不少地区的政策中把农村和农业当作同等含义；另一方面，生产主义通过农业生产嵌入乡村地区的市民社会中[2]。

生产主义向后生产主义的转型源于20世纪80年代后期。各国对农业进行保护、扶持，农业产品迅速增长，出现供过于求的现象。而在经济全球化和区域经济一体化的作用下，农产品作为商品自由流通，各国、各地区之间的农业产品在商品层次上的竞争进一步加剧了部分地区的农产品供给过剩。从而也导致了大量社会问题，如法国农民、韩国农民常年的示威与抗争，甚至出现暴力流血事件，社会矛盾冲突加剧。而在乡村内部，受到经济利润和政策补贴的导向，农产品的多样性衰减，农村土壤环境、自然环境也被破坏。从农业有序发展角度出发，以及日益增强的环保意识的综合作用下，欧洲众多国家逐渐开始调整农业补贴政策，从追求产量导向转为农业可持续发展和乡村环境保护导向。随着城市治理问题日益凸显和工业化带来的乡村"绿岛效应"，农村的功能发生了变化，成为城市中产

---

[1]　毛丹、王萍：《英语学术界的乡村转型研究》，《社会学研究》2014年1期。
[2]　毛丹、王萍：《英语学术界的乡村转型研究》，《社会学研究》2014年1期。

阶级崇尚自然和美好生活的"田园"，"生产性"的功能开始向"消费性"转变。

后生产主义（Post-productivism）较早由 Munton（1990）提出，着重描述的是西方农业产业结构的再优化进程。一是农业由单一的农产品向多元化、更高附加价值转变，农业还被赋予了生态服务、乡村旅游景观等多种功能。二是对农业的价值导向进行了重塑，在传统农产品原生价值之外，还衍生了多样化价值，如农业文明和文化价值、乡村文化景观等价值导向。而 Jack 则认为后生产主义"更关注于生态环境的敏感性，不单纯追求农业产量，并且追求农民拥有的土地资源可用于非农业性的生产经营"[1]。Macken-Walsh 还从政策角度进行了分析，认为后生产主义作为一种经营模式从多角度促进乡村经济活动，替代了传统的生产主义模式。[2] 同样，后生产主义与生产主义一样，很快地也进入了乡村社会生活的方方面面，乡村人居环境、乡村环境保护、可持续发展、农产品产业链和供应链结构的调整等都被纳入进来，而农业文化也被持续整合。

从国外学界对于后生产主义的研究来看，后生产主义区别于生产主义之处在于：一是农业生产向精细化、差别化转变；二是农业产品的多样性程度的提高；三是对农产品"质"的追求取代了对"量"的追求；四是乡村空间不再是单一的农业生产空间，被附加了消费空间的意涵；五是乡村自然环境和人居环境的可持续发展。

相对欧洲大陆而言，英国基于乡村展开的后现代主义研究成果较多。有一些学者对这些研究是否能够广泛适用于欧洲乃至世界其他乡村有所质疑。但后生产主义的概念还是被广泛接受，只是在具体适用其他地区研究时，很多学者认为应加以"地方化"考虑，不同地区的乡村在从生产主义到后生产主义的连续谱中的位置不同，很多乡村有可能同时兼具两种意涵，甚至仍有乡村尚未从生产主义中完全走出来。因此，从学术探讨来说，本研究也认为，生产主义与后生产主义的行为与概念在很多地区的乡村中是兼蓄并存的，兼具这一连续谱不同位置的不同特点。

（二）我国的后生产主义现象

由于我国近代以来的苦难历史，加之相较于西方国家明显较晚从战争创伤中

---

[1] Jack.L，"Accounting. Post-productivism and corporate power in UK food and agriculture，" *Critical Perspectives on Accounting Volume*，no.8(2007)：905~931.

[2] Macken-Walsch.A，"Barriers to Change: a Sociological study of rural development in Ireland. Galway. Ireland，" *Teagasc Rural Economy Research Centre* (2009).

走出来。解放战争胜利到新中国成立后，整个国家的发展水平远远落后于西方发达国家，农业与乡村的转型也滞后于西方。另一方面，我国幅员辽阔，南北方、沿海与内地差异性高，加之新中国历次调整发展方向，对不同地区有不同的功能定位。从宏观来看，我国农村整体并未完成后生产主义转型，不同地区处于生产主义／后生产主义的连续谱的不同位置。

从粮食供给的角度看，国家划定 18 亿亩耕地红线并反复通过执法、宣传加以强调后，粮食供给才在世纪交替时实现稳定。得益于工业部门和消费产业的高度发展，先发地区的土地价值升高，乡村土地也逐渐规模性地从农业生产中解放出来。在这样的背景下，这些乡村的非生产功能不断被开发，乡村产业也由传统的农业生产为重心，向包括生态服务、乡村旅游等多形态转变。同时，农业和农村的可持续发展，乡村环境保护、生物多样性等更具现代性的环保议题，也成为政府和社会的关注重点之一。在这一进程中，后生产主义现象逐渐显现。

以浙江省为例，21 世纪以后，乡村的农业生产除传统的农产品供给之外，农产品的有机健康等附加价值不断被挖掘，出现了一大批农产品品牌。浙江从 2001 年起每年举办农业博览会，一方面是为省域农业产品品牌化提供协助，另一方面也体现了乡村农产品对于价值附加的需求。农村农产品的精细化程度、差异化与多样性明显成长。除了在历史上传承较久、知名度较高的传统农产品如西湖龙井、黄岩蜜橘、楚门文旦等之外，也涌现出一批知名的农产品地方性乃至全国性品牌，如江山白鹅、庆元香菇等农产品品牌，以及丽水山耕（丽水）、武阳春雨（武义）等综合农产品与农耕文化附加值概念的差别化品牌。

在这一阶段，浙江地方政府的农业扶持、调节政策也出现了变化，对农村地区的综合性政策明显加强。如 2003 年起开始推行并村扩镇，对乡村行政区划加以调整，促进了农村生产要素再组合、农业产业形态再调整。同年浙江全面推进"千村示范、万村整治"工程，2005 年开始倡导"绿水青山就是金山银山"发展理念，总结安吉县经验，推行"美丽乡村"建设，2013 年在乡村广泛开展"三改一拆"、2014 年实施"五水共治"等一系列农村人居环境提升、自然环境保护的政策。在此基础上，浙江乡村的消费价值进一步被挖掘，乡村旅游、民宿产业得到了极大的发展，也深刻改变了农村的就业、产业形态与结构。此外，2015 年起，浙江还开始在全省农村推行文化礼堂建设，通过挖掘、保护、发展乡村传统文脉，同时也自然生产出丽水"村晚"、乡村文化旅游等新的文旅消费品牌。浙江通过上述一系列农业、农村政策供给的调整，推动浙江乡村的后生产主义转型。

　　而在全国层面，这样的政策供给调整也有清晰的脉络，2007年中央一号文件指出："农业不仅具有食品保障功能，也具有原料供应、就业增收、生态保护、观光休闲、文化传承等功能"，提出"通过夯实农业基础，开发农业的多种功能发展现代农业，促进农业持续稳定发展"。2008年，全国农村环保会议强调"统筹城乡经济社会发展和环境保护，切实把农村环保放到更加重要的战略位置"。2009年，中央一号文件提出健全强农惠农政策体系，"推动资源要素向农村配置，构筑牢固的生态安全屏障，加强农业生产污染治理，发展循环农业和生态农业"。2012年，党的十八大报告提出"大力推进生态文明的建设。城乡发展一体化是解决我国'三农'问题的根本途径"。2017年，党的十九大报告提出"实施乡村振兴战略，实施休闲农业和乡村旅游精品工程"。2019年政府工作报告强调"要扎实推进乡村建设，全面深化农村改革，继续推进山水林田湖草生态保护修复工程"。

　　从一系列的政策来看，国家在推动农业和农村转型升级，促进了乡村的后生产主义转型。从全国来看，浙江所出现的农业产品的品牌化、精细化，农村从单纯农业生产空间向包括消费空间、文化空间在内的多元化转变，农村人居环境和自然环境、文化传承与价值赋值，在全国各地都有一定程度的呈现。乡村不再是单一的农业生产功能与农业生产空间，逐步转变成兼具农业生产、乡村旅游、文化教育、环境保护等多重功能复合，农业生产空间与消费空间的结合，也改变了乡村空间结构的组织模式和运营模式。

（三）传统乡村的重塑

　　后生产主义表现在农业生产方面，同时也深深地重塑了乡村社会，由此出现了"后生产主义乡村"（Post-Productivist Countryside）的概念。这一概念最早由Halfacree提出，阐述农业生产从单一功能向多功能转变，农业、农村面临着模式的转变[1]。Marsden则提出了后生产主义乡村的四种类型，即：保护性村庄、竞争性村庄、家长制村庄和代理人村庄。[2]

　　与生产主义乡村相比，后生产主义乡村的特征有哪些？学者们从不同的维度提出了不同的指标。Mather提出"三个两极维度"，即集约式农业生产不再，转变

---

[1] Halfacree K, "From Dropping Out to Leading On? British Counter-cultural Back-to-the-land in a Changing Rurality" *Progress in Human Geography*, no.30, (2006): 309−336.

[2] Marsden T, "New Rural Territories: Regulating the Differentiated Rural Spaces," *Journal of Rural Studies*, no.14(1998): 107−117.

为更为粗放；集中化的农业生产转向分散生产；专业经营农业转为多样化经营[①]。Asa 提出"五类特征"：农产品生产转变为强调质量；农村土地和劳动力参与经营的模式也由单一农业生产转向包括非农化在内的多元发展；农业生产环境趋向可持续发展；生产形态从集中趋向分散；农业、农村政策在供给上更注重生态环境治理与农业生产结构调整[②]。Wilson 与 Rigg 则提出"农业相关政策改变、有机农业兴起、逆城市化、决策纳入环境、消费乡村、农场活动多样化"等后生产主义乡村的六个指标。还有学者建立了后生产主义与生产主义区别的七个"维度"：指导思想、农业生产者、粮食体制或市场力量、农副产品生产、农业政策、农耕技术与生态环境影响。总体来说，后生产主义对乡村的重塑可以概括为经济、环境、功能三个层面。

乡村经济与社会的非农化。生产主义对农村的最显著影响是土地的集中、单一使用于农业生产，从而尽可能加快农产品产出。这种影响的对象也包括劳动力、生产资料、原材料等一切乡村农业生产要素。在后生产主义背景下，乡村的发展趋向也开始呈现"超越生产主义"：一是非农业产业在农村产业结构中的地位变化。乡镇工业、乡村休闲旅游、土地的商业化应用如房地产等，新型业态不断嵌入乡村传统产业结构，主要产业也从第一产业转向第一、二、三产业兼容。二是大量的农民从事非农业生产，随着产业结构的调整，第二、三产业在乡村的兴起为农民提供了新的就业机会和产业转移机遇。因此，整个农村的经济结构和人口结构都出现了非农业化的趋势。

乡村生产与环境的生态化。生产主义时期大量化肥、农药的运用刺激了当时的农产品产量，但也带来了乡村生态环境恶化等问题。随着绿色、可持续发展理念愈加成为主流，农业政策也随之向这一方向倾斜，并通过政策推动乡村向后生产主义转型。乡村通过技术改进、环境保护等措施，降低生产对于生态环境的破坏，保护乡村生态。越来越多的乡村通过规划、约定等形式划定乡村空间用途，设置生态控制区或保护区域等，还实行退耕还林。通过这种改变，乡村人居环境得以改善。

乡村空间与功能的多元化。在生产主义时期，通过农产品对外输出获取利益，

[①]　Mather.A.S, "Post-productivism and rural land use: cul de sac or challenge for theorization？" *Journal of Rural Studies*, no.22(2006): 441–455.

[②]　Wilson.GA, "From productivism to post-productivism...and back again？ Exploring the(un)changed natural and mental landscapes of European agriculture," *Transactions of the Institute of British Geographers*, no.26(2001): 77–102.

是乡村的经典运营模式，而乡村空间结构布局也当然地优先服务于农业生产，连片的田地或果园等成为传统乡村的标签。随着后生产主义的到来，乡村产业结构转型，乡村功能和空间结构也随之转变。休闲农业的兴起，田园采摘、农家乐、乡村体验等使乡村景观转变成新的样态。这种对乡村空间的消费，也对乡村自然和人文景观提出需求，促进乡村公共空间包括局部空间、整体空间的重构。原本的晒谷场、洗衣码头、祠堂、庙宇等围绕农业生产和农民日常生活的传统乡村空间，成了"乡村性"旅游元素，同时还营造出民宿、家庭旅馆等新的空间形态。因此，传统乡村空间也随之成为集农业生产、工业生产、生态服务、休闲服务、文化服务等多元价值空间于一体的多元化功能空间。

乡村生活和价值取向的多样化。后生产主义转型从农业生产波及乡村生活的各个方面。乡村的居民群体结构多元化，乡村地域已成为一个混合的空间，村民与迁入者、各产业从业者、参访游客、退休养老者等不同群体构成了乡村生活的参与主体；日常活动丰富化，从原来日出而作、日落而休的农业生产扩展到了消费、娱乐、服务等方方面面；交往的公共空间从生产主义时代的晒谷场、水井、洗衣码头、小卖铺、集市等转为新兴的公共空间，包括综合体、旅游集散中心、书店、广场、活动中心等；社会交往复杂化，交往的群体和交往的内容也变得更为丰富。价值认同也多样化，传统的宗族、乡绅权威丧失，被新兴的政治精英、经济精英和文化精英所取代。在价值取向多元化的后生产主义时代，传统的社会凝聚方式逐渐失效。

（四）后生产主义的功能

从乡村的发展进程来看，在现代思维方式与城市中心主义倾向等观念的引导下，社会曾一度产生"去乡村化"的认知偏向，乡村生活被抛弃、乡村文化受冷落、乡村价值被忽视。后生产主义时代的到来，乡村社会一些被忽视的价值、意义及功能被重新找回、重新发现，"乡村性"被重新认识。

1.找回"乡村性"的价值

乡村各类资源价值被重视，从物质资源的生产、生态价值，到非物质的社会、文化资源都极具"地方性"，或成为城市社会寄托情感、休闲消费的空间；或成为当下现代人的"心灵家园"。

生产价值。后生产主义乡村中乡村与农业不再是对等关系，农业生产成为乡村多种生产功能中的一部分。乡村生产更为注重发展具备文化特质的新型农耕产品，以及对于生态环境破坏相对不那么严重的第二、三产业。第一、二、三产业在后生产主义乡村中更为融合，形成新的"大农业"体系。乡村农业生产的产品不再是单一农产品，还包括更多的服务内容，如环境、景观、旅游、农业文化体验等消费产品。

生态价值。连片的田地或果园的传统乡村田园风光，在后生产主义时代被赋予新的意义，自然风光、生态环境也成为新的生态服务内容，产生新的生态价值。人类开发自然所形成的村居、农田等人工生态与绿水青山的自然生态在乡村得到了有机统一。后生产主义乡村减少了对环境的过度开发进而提供保护，赋予传统农耕文化以新的内涵。

社会价值。城市文明的快速发展所形成的居住、交通等各类生活弊端既不可避免，也快速显现，由此在精神上和现实中产生了对乡村生活的需求和美化。后生产主义乡村的居住、休闲等社会价值在资本和城市消费群体的作用下逐渐显现。另一方面，乡村也是转移到城市的劳动力的最后家园，在城市发展、工业发展遇到挫折，这些劳动力面临失业等社会问题时，乡村为他们提供托底性的庇护。因此，乡村也为整体社会提供了稳定和安全保障的价值。如贺雪峰提出的"稳定器"与"蓄水池"概念，阐述了乡村在我国现代化进程中的保障作用[①]。这一价值在2020年的新型冠状病毒疫情防控中，得到了更为直观充分的体现。

文化价值。现代工业文明带来物质充沛的同时，也引发了价值追求的迷茫，刘祖云等学者认为"在中国社会现代化的'魔咒'中，在传统与现代、民族性与全球化、地方感与普适性、乡土性与城市化等要素之间，保持一种'合理的张力'是必要的也是紧迫的"[②]。从这一观点来看，城市发展所带来的现代性文化与乡土文化应当包容并存。我国几千年来形成的传统农耕文化在一定程度上体现了人与自然既互相斗争又互相依赖的社会生产和生活过程，也在土地、空间与气候的变化中，实践、迭代出丰富的农耕技术和农耕文化。在此基础上，发展出成体系的生活、道德、社会伦理修养的文化和知识体系，蓄涵于乡村性之中。后生产主义时代，乡村文化所蕴含的对于文化多样性、非物质文化遗产、地方性知识传承等价值，一定程度上可以"中和"快速、陌生、淡漠等城市文明的弊端。

---

① 贺雪峰：《农村：中国现代化的稳定器与蓄水池》，《党政干部参考》2011年第6期。

② 刘祖云、刘传俊：《后生产主义乡村：乡村振兴的一个理论视角》，《中国农村观察》2018年第5期。

2. 带来"共同体"解构的危机

后生产主义对于乡村社会来说，正功能是显而易见的，但同时后生产主义所暗含的消费主义、个体主义对于乡村发展也有一定的负功能，如带来乡村共同体解构的危机。生产主义时期的乡村是由血缘、地缘、宗族等作为共同体的基本形式，有机地组合成一个整体。人们通过生产活动，是"亲密无间的""与世隔绝的""排外的"[①]，成员由一致的价值观和传统联结在一起，有着强烈的认同感和归属感。随着后生产主义的到来、乡村社会流动的加强与市场经济的发展，封闭的乡村社会逐步走向开放，文化的异质性增强，成员的价值观多元化，共同体遭遇解构的危机。

（1）传统权威的式微

马克斯·韦伯（Max Weber）说，任何一种形式的组织都以某种形式的权威作为基础，没有权威，组织就失去了其存在的条件[②]。在生产主义时期乡村社会，"传统权威"长期占主导地位。从物的层面看，传统权威来自于习俗、惯例、经验、祖训等；从人的层面看，传统权威来源于宗族、乡绅等。

首先，从"物"的角度而言，如费孝通先生所说"传统是社会所累积的经验"[③]，而沿袭下来的习俗、惯例、经验、祖训等之所以能成为权威，在于这种合法性是伴随着乡村社会而生长的，也在于他的有效性："人们有学习的能力，上一代所实验出来有效的结果，可以教给下一代。这样一代一代地累积出一套帮助人们生活的方法。从每个人说，在他出生之前，已经有人替他准备怎样去应付人生道路上所可能发生的问题了。他只要'学而时习之'就可以享受满足需要的愉快了。"[④] 然而，费孝通先生也指出"在一个变迁很快的社会，传统的效力是无法保证的。尽管一种生活的方法在过去是怎样有效，如果环境一改变，谁也不能再依着老法子去应付新的问题了"[⑤]。后生产主义的到来，加速了乡村社会的变迁，过去的习俗可能被新的风尚取代、过去的惯例可能不再坚持、过去的经验可能不再有效、祖训也可能跟不上时代的潮流，因此传统的权威性就减弱了。

其次，从"人"的角度而言。一是宗族权威，宗族是以血缘和地缘为纽带联结

---

① 费孝通：《乡土中国》，生活·读书·新知三联书店，1985 年。
② 马克斯·韦伯：《经济与社会》（第 2 卷），阎克文译，上海人民出版社，2010 年。
③ 费孝通：《乡土中国》。
④ 费孝通：《乡土中国》。
⑤ 费孝通：《乡土中国》。

起来的共同体，辈分关系表现了宗族中水平的结构关系，房族则体现了宗族内部垂直的结构关系，组成泾渭分明的宗族群体网络，宗族权威是在宗族群体网络中以血缘关系排辈确定宗族中个人的地位和权力[①]。这种地位和权力在生产主义时期的乡村社会是天然具有的，这归因于生产主义时期乡村社会宗族的封闭性、自给自足性、稳定性等特征。随着乡村社会生产生活方式的变化，流动性的加强，宗族权威的血缘和地缘纽带被打破，宗族权威不得不让位于现代文明。二是乡绅权威，乡绅权威一般来自于个人的气质、人品、性格、学识、智慧和能力，他们是乡村社会中的精英阶层，作为国家与乡村社会的一个中间缓冲阶层，平衡着国家与乡村社会的利益，维持着国家与乡村社会的协调。随着时代的发展，这个阶层也慢慢消失，取而代之的是各种新兴的政治精英、经济精英和文化精英。在价值取向多元化的后生产主义时代，这些精英很难再具备传统乡绅的权威。

（2）个体化浪潮的兴起

滕尼斯指出，个体化是指单一个体自身人格、价值及目的要挣脱束缚其的共同体从而获得发展。贝克认为，个体化意味着生活方式的"解传统化"，即个体行为的框架以及制约条件的社会结构逐步松动，以致失效。个体化是伴随着现代化而生的，也是后生产主义时期的特征。乡村社会价值规范不断"祛魅"，"个体自我"意识觉醒，个体权利观念、理性功利性主义行为逻辑以及物质消费主义的生活态度大行其道，乡村社会呈现出非集体的个体化状态。阎云翔进一步解释，社会流动大规模和大范围的增加推动了个体化的发生，在一些乡村中，虽然并不是每个人都参与了社会流动，但是参与流动的个体反过来重新塑造了他们与社会群体和制度的关系，促进了他们自己和社会群体、制度的转变。[②]

个体化浪潮冲击了传统的生活方式，使社会成员更加重视自己作为独立的人的价值，并驱使着个体在社会生活中进行多元、自主选择。人们之间的信任、认同和忠诚持续弱化，对组织的敬畏和服从逐渐削弱，血缘、地缘关系不再足以支撑共同体的存在，共同体陷入解体，也就造成了社会的"原子化"和"碎片化"，前者表现为个人之间联系弱化、个人与公共世界疏离；后者表现为社会关系、市场结构以及社会观念的整一性瓦解，代之以利益族群和"文化部落"的差异化诉求

① 林婷：《权威与秩序——乡村宗族秩序的现代化嬗变透析》，《贵州师范大学学报（社会科学版）》2005 年第 5 期。
② 阎云翔：《私人生活的变革：一个中国村庄里的爱情、家庭与亲密关系（1949—1999）》，上海书店出版社，2006 年．

及社会成分的分割。

二、从生产主义向后生产主义的转型：缪家村

在理论上我们梳理了后生产主义的起源，其对乡村的影响及正、负功能。那么，具体到一个乡村而言，又是如何表现的呢？我们选择了缪家村作为观察点，这是一个坐落在浙北平原的村子，同分散在中国成千上万个村落一样，处于生产主义—后生产主义的连续谱上，所不同的可能是所处的位置更靠近后生产主义，因而其特征更为突出。

（一）乡村概况

为了能更好地了解这个乡村，需要了解其所处的区域概况，故通过"定位放大"的方式，首先了解村庄所属的市、乡镇的概况，再进一步了解缪家村，因为其所处的区域是村庄自然和社会的历史背景，是其转型的场域和时空环境。

缪家村属于嘉兴市。嘉兴市位于浙江省东北部，是长江三角洲杭嘉湖平原腹地，是上海大都市圈重要城市和杭州都市圈副中心城市。与上海、杭州、苏州、宁波等城市相距均不到百公里，是沪杭、苏杭交通干线的重要枢纽，是浙江地区离上海最近的地级市。人均 GDP 在上海大都市圈中处于中上水平。对于华东地区很多城市而言，对接上海、对接邻近先发都市，是加快自身发展的途径。作为浙江全面接轨上海的示范区，嘉兴也秉持这样的理念。2004 年，习近平同志时任浙江省委书记，就强调了嘉兴与上海对接的重要性。十余年来嘉兴均按照《嘉兴市深化接轨上海行动计划》的连续规划，在产业上加快承接上海产业转移、培育消费市场、加强民生对接。从后生产主义的观点来看，嘉兴主动做好了承担上海这一大都市的外溢资本、消费、文化旅游等各方面的准备，对促进辖境内乡村的转型发展起到了关键作用。

缪家村是嘉善县大云镇的下辖村。大云镇位于嘉善县南端，区域面积 28.7 平方公里，总人口 3.5 万人，其中户籍人口 1.5 万人、外来人口约 2 万人。大云镇区位优势极强，紧邻上海西郊，自身也是嘉善新城的重要组成部分，沪杭高速嘉善出口、嘉善高铁南站均设在大云镇境内，高铁到上海虹桥仅需 20 分钟、到杭州仅需 28 分钟，是嘉善接轨上海第一镇。在自身转型发展方面，大云镇制定"立足上海、接轨欧美"的发展战略，甚至提出"上海缺什么，我们补什么"的口号思路，主动承接上海资本、产业、消费的外溢需求，从而在第二、三产业方面加快发展

步伐。大云镇东部是旅游特色产业集聚区，有省级旅游度假区和嘉善巧克力甜蜜小镇，形成"旅游+"发展特色，工业旅游、农业旅游、文创旅游、休闲旅游等特色旅游产业有效地推动了乡村向后生产主义转型。在第二产业方面，大云镇西部规划了德资生态产业集聚区，还有占地 1000 亩的中德生态产业园，重点引进精密机械、装备制造企业，大大改变了乡村产业结构，甚至不断衍生出新型乡村经营业态。而传统的乡村农业生产也呈现多元化、多样态发展，由单一农田经营，逐渐转型为菜园、果园、花园，传统的农产品商品经营模式转而向农业观光、休闲旅游、文化旅游等。2017 年，大云镇接待游客 245 万人次，同比增长 40%，其中约 70% 的游客来自上海。

缪家村位于大云镇东部，紧邻沪杭高速公路大云出口，全村区域面积 7.23 平方千米，农户 1099 户，户籍人口 3388 人。曾获得了全国农村基层组织建设工作先进党支部、全国先进基层党组织、国家级农村实用人才培训基地、省级全面建设小康示范村、省级农房改造示范村等荣誉称号。2019 年村级集体可支配收入 1350 万元，农民人均可支配收入超过 5 万元。近年来，缪家村第一产业加速转型多元化发展，二、三产业发展迅速，集聚了碧云花园、歌斐颂巧克力小镇、十里水乡等一批富有浓郁产业特色的休闲旅游项目，借助国家级旅游度假区、美丽乡村建设等政策落实，乡村田园景观、自然景观、文化景观建设快速发展，旅游经济也成为村庄发展的重要动能。缪家村党委始终把加强基层服务型党组织建设作为为民服务的主要抓手，全村农房集聚率达 88%，过去 3 年共投入近千万元，用于村庄绿化、道路硬化、河道净化、墙面亮化、小区污水无害化等方面，实现全村绿化率达到 38%，道路硬化率达到 100%。通过优化公共资源配置、加快基础设施建设，村庄产业格局转变带来的发展利益也惠及村民，居家养老服务中心、文化礼堂等公共服务设施的建设，使得缪家村传统"勤和"文化被赋予了新的时代内涵，传统农耕文明与环境保护、协调发展、生态服务等实现了融合。

（二）转型发展

从生产主义向后生产主义的转型是一个渐进的过程，到目前也还不能说缪家村就完成了这样的转型，只能说是处在生产主义—后生产主义连续谱中更靠近后生产主义的位置。作为浙北的一个小村，缪家村从改革开放以后，就随着整个浙江的发展在这条连续谱上开始了位移。

1. 乡村工业化驱动时期（1978—1998）

改革开放初期，家庭联产承包责任制的实行极大地激发了浙江农民的生产积极性，农业生产力得到了大发展和大解放。在"交足国家、留足集体、剩余归己"的分配制度下，村集体和农民家庭的农业剩余迅速增长，形成了乡镇企业发展的原始资本，推动了乡镇企业的萌芽和发展。在一些区位条件比较好、规模比较大的村和乡镇，集中起了一批初具规模的企业，形成了繁荣的专业性产品和要素市场，带动了运输、信息、商业服务等第三产业的发展，成为当地新的经济中心。同时，越来越多的农民进城经商居住，农村工业化的态势日益体现。尽管浙江城镇化起步阶段的发展动力主要来自于农村工业化和乡镇企业的初创，但不得不承认的是，这一时期市场力量相对孱弱，加之城乡二元体制的束缚，从1978年到1983年，全省城镇化水平仅从14.1%增长至14.9%。

1983年1月，浙江省委召开工作会议，部署了全省机构改革的工作，明确了市管县体制的改革方向。1984年10月，国务院下发了《关于农民进入集镇落户问题的通知》，允许农民自带口粮进镇务工经商，并要求各有关部门在各个方面给进镇农民以帮助。1985年12月，浙江省人民政府下发《关于加强小城镇建设的决定》，提出以"控制大城市规模，合理发展中等城市，积极发展小城市"的城市建设方针，要求积极发展小城镇，适当扩大镇的管理范围和权限，加强管理，多方支援。进入20世纪90年代初期，浙江省人民政府又进一步提出"搞好小城镇和乡镇工业小区建设，加快农村工业化步伐"，建设几个有特色的、设施功能比较完善的农产品市场。到了90年代中期，"撤区扩镇并乡"和"发展中小城市"继而成为政府工作新的抓手。

市场和政府的双向运动催生了全省各地兴起了一股小城镇建设的热潮。缪家村进行农业结构调整，到了90年代形成了"粮经结合"的模式；工业企业也有了新的发展，缪家村充分发挥靠近集镇和沪杭高速公路的区位优势，通过建造标准厂房发展壮大村集体经济。1994年第一座320平方米的标准厂房建成，并引进了日本前川天然味品有限公司。随着"筑巢引凤"的成功，村集体有了稳定的收入来源，更坚定了发展信心，随后一大批年产值数千万元的企业不断落户。

2. 城镇化单向主导下的乡村转型（1998—2005）

1998年12月，浙江省第十次党代会根据当时全省的经济社会发展现状作出了一个具有深远历史意义的决策——"要不失时机地推进城市化进程"。次年5月的全省城市化工作会议进一步明确了将城镇化率提升到 50% 作为工作总体目标。这两次会议后，全省以及各地方有关部门积极开展政策研讨、规划编制和工作部署。1999 年 12 月，浙江在全国率先制定了"城市化发展纲要"。"纲要"明确提出："强化杭、甬、温等中心城市功能，积极发展中小城市，择优培育中心镇，完善城镇体系，走大中小城市协调发展的城市化道路"，同时该文件还就加快城市基础设施建设、调整和优化产业结构提出了具体的要求和举措。2000 年，浙江省委、省政府印发了《关于加快城市化若干政策的通知》，在户籍、土地、投融资等方面出台了一系列配套政策。2002 年 5 月召开的城市化工作会议又对深入实施城市化战略作出了一系列新的部署。到 2005 年，浙江全省的城镇化率已达 55%。总的来看，这一时期的城市化发展在以下三方面有所突破：第一，全省城市规模不断扩大，功能不断完善，实力显著增强；第二，大中小城市和小城镇齐头并进、共享发展成果；第三，浙江城市经济总量迅速扩大，城市整体竞争力有所提升。

就缪家村而言，这个阶段的农业生产已经摆脱了以粮食为主体的束缚，发挥紧邻上海的区位优势发展"都市型农业"，积极调整农业产业结构，重点发展大棚蔬菜、鲜切花、露地蔬菜。据统计，缪家村 2004 年年底大棚蔬菜、鲜切花面积达到 1100 多亩，从业人员占总劳动力的 60% 以上，成为全国花卉之乡。露地蔬菜种植达到 1200 多亩，粮、经比例达到 3 ：7，实现了农业增效、农民增收。在工业方面，缪家村根据本村实际，积极实施县委县政府的"一号工程"和"百姓致富工程"，积极培育民营企业、著名商标、名牌产品，2001—2004 年先后签协引进项目 6 个并开工生产，其中，独资企业 4 个，引资总额 100 万美元。2004 年村里有各类企业 23 家，形成了一定的工业规模。

3. 新型城镇化引领的乡村转型（2005 年至今）

2006 年 8 月，浙江省委、省政府出台了《关于进一步加强城市工作，走新型城市化道路的意见》，提出要进一步优化城镇体系，完善规划，提升城市功能，加强城市管理，创新发展机制，走资源节约、环境友好、经济高效、社会和谐、大中小城市和小城镇协调发展、城乡互促共进的新型城市化道路。为了全面实施新型城镇化战略，省政府不但在户籍管理、城镇住房、社会保障和城市管理等方面出台了一揽子政策，同时也鼓励各地探索各具特色的发展道路。如杭州市以提升人民生活品质为重点，以网络化大都市为发展形态的发展模式；宁波市则以提升城市软环境的城市建设为发展形态的发展模式。

可以说，新型城镇化使得浙江城镇体系的布局进一步优化。在省域城镇体系规划、三大城市群规划的引导下，城镇体系呈现出集群化、网络化的发展趋势。此外，近年来，浙江城市的综合实力获得了进一步提升。全省 8 个城市相继入选全国城市综合竞争力百强。在人居环境方面，城乡集约建设水平和城乡人居环境显著提升。最后，这一时期也见证了浙江城乡统筹水平的不断提高。教育、医疗、就业等社会政策的改革使得浙江城乡统筹发展的机制逐步健全，城乡良性互动、协调发展的格局已经形成。

在这一时期，缪家村走上了发展高产优质高效生态农业及精品农业的道路。农业种植开始按照机械标准，如碧云花园的葡萄种植，基地规定施农家肥、禁用激素、人工除草、果实套袋、一根藤上只留一串葡萄。2008 年，26 个葡萄品种通过了中国有机产品认证，2009 年碧云花园葡萄基地被列入嘉善县精品农业示范点建设计划；缪家村丰乐农技专业服务合作种植的精品水稻，通过推行统一测土配方施肥、水稻良种、机械化操作、田间管理和病虫害统防统治"五统一"，推进无公害水稻标准化生产，实现了农业的高效生态。缪家村加大对农业基础设施的投入，通过加强灌排、道路、美丽田园等基础设施建设，形成了渠相通、路相连、林成网、田成方的现代田园，提高了机械化作业率，改善了农产品运输条件。以生态观赏产业为主导，配套形成"一心多点"的多业态、高科技大农业布局，形成了碧云花园、缪家大米、华神牌甲鱼等知名品牌。

同时，这时期缪家村围绕"乡村游"这一主题，将村庄规划与大云镇总体规划、旅游度假区总体规划、甜蜜小镇规划、大云镇镇村布局规划、嘉善县中心城区土地利用总体规划有效衔接，整合乡村旅游资源，全面推动乡村休闲旅游快速发展，形成了以碧云花园、拳王休闲农庄、巧克力乐园、十里水乡、鲜切花现代农业示范园区等一批富有浓郁地方特色、产业特色的农村休闲旅游项目，兼具村庄及景区特色。而且通过歌斐颂国际巧克力文化旅游节、"杜鹃文化节"、农村文化礼堂促进工业旅游、农业旅游与文化的深度融合。

（三）样本选取逻辑

缪家村的后生产主义转型具有典型意义，选择缪家村作为观察点，主要考虑因素有：

1. 缪家村的转型进程具有代表性。在转型之前，缪家村与其他中国乡村并无特别之处，都是以农业生产尤其是粮食生产为主。改革开放后，随着一系列农业农村政策的落实，以粮食生产为主体地位的第一产业走向了多样化；随着承接上海产业转移功能的凸显，资本进入乡村第二产业；而第三产业的发展机遇也被发现，各类旅游休闲设施、民宿等新型乡村空间、农业文化体验旅游、乡村景观再造、生态服务、乡村文化服务等多种业态开始出现。而这样的发展路线也是中国很多农村正在走或者想要走的路线。因此，缪家村的转型过程具有一定的普遍性意义，能够从中找出中国农村发展的基本路径和规律。

2. 缪家村的转型具有高度的标签特色。缪家村的后生产主义转型中，第一、二、三产业的融合发展、人居和自然环境的和谐、乡村文化的重塑、乡村社会结构转型、乡村空间的多样化功能开发、乡村经营模式的高度模块化转型等，这些高度标签化的特点，与学理层面的后生产主义研究能够形成比照印证，从而充分揭示政策、资本等外因如何作用于缪家村这样一个传统乡村社会，也能够回答乡村社会在各种变化下，其乡村空间、乡村文化、社会结构等又是如何逐步适应后生产主义转型、如何实现乡村性的转变等各类学理问题。

3. 缪家村在转型中遇到问题、解决问题的过程，能够为其他乡村提供借鉴。在后生产主义转型进程中，缪家村也面临过很多问题，如"两分两换"政策落实过程中村民的转变，再如集体工业园区出租收入的处理、运用公共服务工具来调动村民支持村庄转型发展的积极性等。这些问题既是缪家村的，也是很多乡村可能会遇到的。在实践中，缪家村通过党建、土地流转、集体资金采购公共服务等多种方法来解决转型发展中的问题，总结好这些经验，也有助于中国其他乡村更好地解决这类问题。

三、后生产主义的多维面向

后生产主义对乡村的影响是综合全面的，前文已经从经济、社会、文化、生活等方面做了总体性的论述，那么具体到缪家村又是如何的呢？本节将对这些方面做一个概要的介绍，为全书各章节的详细论述做一些铺陈。

（一）乡村经济蓬勃发展

改革开放以来，浙江工业化走过了从初期到发达期的完整过程，浙江已接近工业化发达阶段中等水平。与之相适应，浙江乡村经济发展也经历了农村工业大发展到农村第三产业加快发展阶段。乡村经济发展方式也由粗放型向高效型再向生态型转变，从单一产业向一、二、三产业融合发展转变，实现了产业蓬勃发展带动村民增收、乡村富裕。

以缪家村为代表的浙北村庄之所以能够实现产业发展突飞猛进，与政府的"乡村集成改革"息息相关。所谓"乡村集成改革"也就是以地、田、房为核心土地资源使用方式改革，具体包括了土地整治、农田流转和农房集聚三方面内容。在土地整治方面，在守好耕地保护底线的前提下，大云镇实施了部分村庄规划的修编（包括缪家、曹家、东云、大云四个村），通过"规划""拆旧""建新"，整体优化配置集镇、农村、园区的土地资源。此外，缪家村作为全省唯一的"多规合一"试点村于 2017 年启动了 2500 亩样板区建设，目前已完成整治进度的 75%。在以上这些试点的基础上，缪家村等地已形成了"一保四化"的整治模式，即通过结构优化盘活零散空间，实现产业美化，从而走出了一条土地驱动城乡融合的发展道路。作为全域土地综合整治省级试点，大云镇全域土地流转工作起步比较早，以"永农不碰、总量控制、符合规划、空间优化"为主线的乡村全域土地综合整治与生态修复，推进规划与整治相结合、拆旧与整治相结合、建新与项目相结合，经过多年努力，高标准农田由 2232 亩增加至 8485 亩，全镇 500 亩以上连片农田达 14 片，其中千亩农田 7 片。全镇土地流转率达到 90% 以上，目前有 10 大农场入驻。

大云镇在具体流转过程中主要采取以下几种做法：一是统一政策推流转。制定统一的土地委托流转费，按照每亩 750 元另加 500 斤稻谷执行。制定统一的土地全域流转工作流程，摸底工作以村为主体，镇工作组指导；针对流入，全部采取委托流转方式，使用统一的规范文本；针对流出，统一采用镇流转和招商平台办理和审查，使用统一的规范文本，采用双协议。最终全部进入镇村流转平台归档。二是借势借力促流转。一方面借力全域土地整治项目推动流转。同时借助项目征迁推动流转，涉及征迁的农户红线外未征土地全部委托流转形式流转给村。另一方面加强政策宣传和引导，与农户算效益明细账，提高农户流转的主动性。三是挂牌销号督流转。将土地流转工作纳入村级目标绩效考核，年初，对各村锁定流转目标，梳理流转任务清单，未流转农户一户一户标出地块、面积全部上图，实行销号制，并通过排名战的方式进行通报。可以说，以上的工作机制间接地促成了大云镇的高农田流转率。在农房集聚方面，缪家村真正实现了"两分两换"[1]，农房集聚率已近90%。《大云镇农房改造集聚公寓房安置实施办法（试行）》的出台又为提升全镇范围内的农房集聚率奠定了制度基础。

浙江省依托美丽乡村，推进一产"接二连三""跨二进三"发展，实现产业联动、城乡互动，最终实现"变绿水青山为金山银山"的愿景。对于缪家村而言，为了做好农村经济生态化和生态经济化"两篇文章"，镇村干部和村民充分挖掘"旅游＋"这一概念。大云镇经济发展的持久生命力在于农业特色挖掘，为此要以"旅游＋"引领农业发展。在做强农业方面，大云镇重点打造"三区三园"，三区主要以度假区为主，与旅游主体项目相衔接，打造农旅结合示范区；三园主要以中德生态产业园区周边规划的云谷园、云创园、云农园，云谷园共500亩主要为两创中心做配套，打造花海景观及产业创新服务综合体。考虑到大云各乡村作为嘉善科技新城和沪嘉杭G60科创走廊的重要节点，依托金边银角的区位优势，在工业发展上，当地政府提出以"旅游＋"联动工业大融合的"生态＋人才＋科技＋资本"发展路径。以缪家村为代表的浙北村庄紧扣产业定位，坚持发展定力，走"旅游＋"特色发展之路，以全域旅游的发展思路带动全域大发展，经济发展成效显著。

（二）乡村治理模式出新

乡村是社会治理的基本单元，是服务群众的"最后一公里"。改革开放以来，特别是随着后生产主义的转型，浙江乡村农业生产方式日益变革、农村社会结构日益复杂、农民思想观念日益多元。尽管乡村社会治理基础发生了巨大变化，作为乡村社会的"领头雁"，基层党建一直是加强和创新社会治理所依靠的最关键的力量。缪家的"甜蜜党建"模式的制度基础包括网格党建和班子建设两方面内容。所谓网格党建，是指按照"支部建在网格上、党员服务网格中"的总要求，把党的组织和工作覆盖到每一个治理网格。网格是社会治理的最基本单元，只有把网格织密织实，把问题发现在端倪，把服务提供零距离，才能实现小网格大治理的目标。

近年来，缪家村在嘉善县和大云镇等上级党委的领导下，大力发展网格党建，在已有的网格化社区管理基础上，把基层党组织和党员纳入"网格化"管理，确保"每个网格都有党组织、每名党员都在网格中"，从而常态化开展民生服务、矛盾

---

[1] 即：宅基地与承包地分开，搬迁与土地流转分开，以土地承包经营权换股、换租、增保障，推进集约经营，转换生产方式；以宅基地换钱、换房、换地方，推进集中居住，转换生活方式。

调处、安全隐患排查等工作，形成以"小网格推动大党建"的工作格局。每个网格配网格长、专职网格员、兼职网格员和网格指导员等"一长三员"，注重从镇村干部、三小组长、老党员中选任网格员，做好信息采集、隐患排查、矛盾调解等工作，在基层治理中发挥党员骨干作用，形成突出党支部和党员的"红色网格"结构和运行机制。

班子建设关系到领导班子的凝聚力、战斗力、创造力和执行力。在班子建设方面，缪家村充分发挥干部的先锋模范作用。缪家村之所以能获得嘉善"标杆村"的美誉，村领导班子可谓居功至伟。要带领村民走上美好生活，致富增收最关键，那么如何能够更好地带动百姓致富增收？通过做好"引进金凤凰、筑起服务链、念活土地经"三篇文章，缪家村2019年村级可支配资金达1350万元，农民人均可支配收入超过5万元[1]，均走在省市前列。除了村干部外，全村基层党员也是乡村治理过程中的重要结点。在"积善之嘉·学雷锋志愿服务站"建设工作过程中，缪家村的党员身体力行地以点串线，整合司法、便民、养老等各类服务资源，将居家养老服务照料中心、村综治中心、村旅馆总台、便民中心等各类管理平台汇集到一起，使得村民在家门口就可以享受到一站式便民服务。

传统的自上而下的科层治理管理模式的效率难以下结论地说是好还是差，为了避免在公共物品的提供过程中由政府干预而引发的一系列低效率性资源分配问题的出现，有必要扩宽社会治理的渠道。在治理主体的扩展方面，浙江省近年来一直倡导构建"政府主导、农民主体、市场运作、全社会共同参与"的乡村治理体制。缪家村所在的大云镇所提倡建立的"新乡贤参事会"是浙江乡村治理创新的一个重要样本，新乡贤参事会的会员一般为本村或姻亲关系在本村，品行好、有声望、有影响、有能力、热心社会工作的人，其主要职责任务具体包括：（1）弘扬优秀传统文化，促进奖教助学和乡风文明；（2）组织慈善公益活动，开展扶贫济困等活动；（3）积极引智引才引资，助推农村经济社会发展；（4）参与公共事务管理，为村"两委"提供决策咨询；（5）推动建立健全、实施村规民约，维护公序良俗；（6）收集了解村情民意，反馈群众意见和建议；（7）协调邻里纠纷，促进社会和谐。

除了建构协商治理的组织和制度架构以外，大云镇各村还积极在治理实践的具体形式上推陈出新。例如，在党建工作方面，大云镇积极打造红云党建品牌。

---

[1]　https://www.cnjxol.com/49/202008/t20200804_650359.shtml.

红云党建下设红云学院、红云服务、红云之窗、红云宣传、红云人才、红云清风等6个分支。党建品牌的打造既考虑到了把握正确的政治方向的问题，也根据党员群众的所需、所想、所盼开展活动，从而让更多的党员更主动地参与各项活动。在建立乡村善治的长效机制方面，大云镇各村还积极开展各种各样的评比活动。以缪家村"五善"先进代表评选活动为例。通过党员代表、村民代表、小组长会议对候选人进行讨论投票，到面向全村群众进行公示意见征集，直至建立"善行义举榜"并张榜公布等一系列过程，全村营造了一种积极向善、与人为善、待人和善的社会氛围。在榜样的力量示范下，通过各类评比和传帮带活动，乡风文明被进一步夯实。

（三）乡土文化延续传承

浙江乡村文化建设坚持以人为本，尊重人民的主体地位，继承发展乡村传统文化，结合新时代农民思想观念变化的内在要求，增强广大乡村文化场所和文化活力，满足广大农民多层次的精神文化需求。

"嘉善"这一地名蕴含了"地嘉人善"的文化价值观。善文化是嘉善也是缪家村的文化灵魂。依托传统善文化，缪家村深入挖掘了"善"这个字的丰富内涵，赋予了善文化以新时代的精神风貌。概括来说，改革开放以来缪家村人新的善文化风貌有两个大的方面：其一，在融入城市和工业发展的大潮中发展了勤思、进取的尊贤文化。其二，在农房集聚以及与外来务工人员的广泛交往中培养了关注公共善、关爱陌生人的更广阔胸怀，逐步超越了传统生产主义时代过分局限于血缘亲情和睦邻亲善的某种狭隘性。勤思勤劳、尊贤敬老、公益服务，是改革开放新时代以来缪家村人善文化的闪光品质。

这种"善文化"的延续传承形成离不开从上到下的各种宣传教育。近年来，乡村文化建设的一个重要工作抓手是"文化礼堂"的建设和推广。自2013年以来，浙江就按照"文化礼堂、精神家园"的定位，在全省广泛开展农村文化礼堂建设，高扬社会主义核心价值观的精神旗帜，将核心价值观的丰富内涵和实践要求融汇到农村公共文化服务建设中。

缪家村文化礼堂作为全省12个农村基层"文化礼堂"示范点之一，于2015年11月30日正式启用。启用后举办了"尝新"礼仪活动、戏曲演出、少儿书法培训、手工制作、技能培训、农耕文化展览等不同类型的大小文化活动，受到了村民朋友们的喜爱，成为集会议、文艺演出、体育活动等为一体的村级文化综合精神阵地。缪家村文化礼堂位于缪家小区的中心，是村里人气最旺的地段。正因为有了高人气，百姓对村级文化场地和对文化也有了更高的需求。为此，缪家村提出了"大文化礼堂"的概念，包括文化公益服务一条街、门球场、篮球场、计划中的青年创客中心、春泥计划园等文化礼堂二期建设工程。礼堂主体建筑从农贸菜场改建而成，由中国美院设计。礼堂以"勤和缪家"为主题，寓意为"勤劳致富，和善立家"。

除了起到培育良好乡风的作用外，文化礼堂是一个存放村庄记忆的地方，部分承担着乡村博物馆的功能。伴随着城镇化的进程，村庄居民大部分从原来的农耕生活中脱离出来了，原来的生产、生活物件逐渐变成了古董。为了保存即将从日常生活中消失的农耕记忆，缪家村文化礼堂专门辟了一间名为"缪家记忆"的屋子，用来展示一些老物件。缪家记忆厅中有农事生活中的木犁、蓑衣、打稻机、风车，有传统农家生活用的樟木箱、秤盘、石磨、石臼、竹编、蒸笼等，这些农具都由村民无偿提供，搬入缪家小区后，他们也很高兴自己的老物件能保存在这里，时常会有爷爷奶奶带着小孩子来这里看看，给他们讲一些过去的故事，这也是文化礼堂春泥计划——农耕课堂的主要场所。

（四）乡村生活美好宜居

在后生产主义转型中，村庄的具体发展轨迹并非整齐划一，而是呈现出多样性。有的村庄因城镇化而实现经济起飞，而另一些村庄的发展则日益边缘化、空心化。而缪家村无疑是这一过程的受益者，村环境宜人、产业兴旺、乡风文明、治理有效。

在生产主义时代，浙江的发展曾走过一些弯路，浙江人曾一度不得不面对耕地减少、资源浪费和环境污染的问题。为了不产生更为严重的环境问题，各级政府转变发展观念，并提出了改善乡村环境的相应措施。这些举措概括起来包括以下几方面内容。第一，加强法律和舆论监督。环境保护是我国的一项基本国策，但目前有些人的环境意识还比较淡薄，许多人还没有把环境保护内化为自己的信念和行为规范。在这样的情况下，浙江省出台了一系列环保地方性法规和条例，并加大执法力度。此外，对于一些法律约束力所不及的地方，新闻媒体积极进行舆论监督，使得人们逐渐认识到人与自然关系的调整是每个公民都应该参与的大事。第二，把环境状况作为政绩考核的重要指标。政绩考核是评价领导干部的重要方法，地方领导都有强烈的追求政绩的动机。但长期以来，在政绩考核中普遍存在重经济指标、轻环境效益的做法，甚至把政绩等同于经济增长。在这样的导向之下，许多干部在任期内，总是千方百计地谋求本地区的经济增长，以为这就是"为官一任，造福一方"。考虑到唯 GDP 主义带来的负面效应，浙江官员主动与"以长远利益为代价换取眼前经济利益"的做法进行切割，并确立科学的政绩观。第三，调整乡村的产业结构和布局。在浙江农村工业化之初，出现了"村村办厂，户户冒烟"的景象，这种农村工业的小型化和分散化对农村生态环境造成了一定的压力。随着农村的城镇化不断深入，乡镇企业逐步向城镇聚集，这不仅有利于提高企业的经济效益，而且对农村生态环境的压力也有所减弱。但是，浙江农村工业在当时普遍技术落后，且以污染较重的建材、印染、化工等行业为多，这些工业向城镇的聚集，造成了大量工业废弃物的排放，产生了区域性的环境污染问题。解决这一问题的一个思路便是加快向"后生产主义"转型，对乡村的产业进行转型升级。缪家村所在的大云镇的做法是进行"板块融合建设"，即按照"旅游＋"和"镇域景区化、景区全域化"的要求对大云的度假区、小城镇和工业园三个板块进行差异化的功能建设。具体地说，对于旅游度假区，其道路、基础设施、公共配套设施的建设都是按 5A 级景区的标准进行建设的；对于小城镇的打造和整治则以 4A 景区的标准进行；而生态工业园的建设也要求与 3A 景区进行对标。第四，大力开展环境全域整治运动。环境治理需要进行制度建设和顶层设计，但也离不开运动式治理。就缪家村的情况来看，环境全域整治主要做"拆、治、腾"三项工作。无论是拆违章建筑、五水共治、腾退还是剿劣等工作，缪家村的工作成绩都比较突出。通过将乡村环境整治与旅游业发展相结合，缪家村探索出了一条发展乡村美丽经济的新路子。

四、超越线性的发展逻辑

一直以来乡村发展朝着不断追赶城市的"工业化""城市化"的线性路径前进，比较多地关注乡村的"增长"，这与在我国曾经一度辉煌的"乡村工业化"、城市中心主义的思潮关系甚大。然而，乡村的发展一定是遵循着一条追赶城市、追求增长的线性转型路径吗？是不是可以跳跃式地、绕过"城镇化""工业化"的传统路径，回到乡村的本真、突出"乡村性"的价值？

后生产主义实际上暗含了这样的努力，它并不是对生产主义的一概否定，而是在生产主义的基础上，更多地发现乡村的价值。我们可以看到包括缪家村在内的许多浙江的乡村，是处在以"生产主义"与"后生产主义"为上下边界的多功能连续谱系中，其逻辑是兼顾两者的平衡，是一种超越线性的发展逻辑。

（一）政策逻辑的变化

在我国的乡村后生产主义转型中，各级政府的政策制定、落实在客观上起到了引导作用。根据《国家新型城镇化规划（2014—2020年）》公报，政府提出的指导思想中有一条是"市场主导，政府引导。正确处理政府和市场关系，更加尊重市场规律，坚持使市场在资源配置中起决定性作用，更好发挥政府作用，切实履行政府制定规划政策、提供公共服务和营造制度环境的重要职责，使城镇化成为市场主导、自然发展的过程，成为政府引导、科学发展的过程"①。也就是说，市场要在生产要素集聚、产业经济发展、城镇建设等推进新型城镇化进程的各领域中，在人口、土地、资本等资源要素的流动中发挥主导性和决定性作用。因此，政府就必须推进职能转变，引导城镇化有序发展。如在土地制度领域要改革创新土地产权形式与流转机制；在户籍制度领域加快改革，以便利于人口自由流动迁徙；在财税金融制度领域为鼓励推动城镇化加速而加快融资管理改革。无论是《规划》本身还是规划内容中体现的，以及近几年实施过程，都可以看到政府对市场力量参与新型城镇化建设的诱导。

而在《乡村振兴战略规划（2018—2022年）》中有一条指导思想是"坚持农民主体地位。充分尊重农民意愿，切实发挥农民在乡村振兴中的主体作用，调动亿万农民的积极性、主动性、创造性，把维护农民群众根本利益、促进农民共同富裕作为出发点和落脚点，促进农民持续增收，不断提升农民的获得感、幸福感、安全感"②。在这里，我们看到了政府对于作为乡村振兴主体的农民的重视。在"产业兴旺、生态宜居、治理有效、乡风文明、生活富裕"五方面中，都离不开农民这个主体性、根本性的因素。任何社会实践活动成败与否的决定因素是人，乡村政治建设、社会建设、文化建设、生态文明建设和党的建设，无不以农民群众的积极参与为取得胜利的前提和保证。而《乡村振兴战略规划（2018—2022年）》为农民描述了一幅"农业强、农村美、农民富"的乡村全面振兴图景，激发了农民

---

① 《国家新型城镇化规划（2014—2020年）》，《农村工作通讯》2014年第6期。
② 《关于实施乡村振兴战略的意见》，中华人民共和国国务院公报，2018年第5号。

"想振兴"的意愿，同时，为乡村振兴提供各类政策支持，激发农民"能振兴"的信心，加快农村集体产权制度、农业支持保护制度、农村金融创新等领域的改革，如深化农村集体产权制度，完善承包地"三权分置"制度，保障农民财产权益，壮大集体经济；发挥财政资金的引导和杠杆作用，深入推进农业"三项补贴"制度改革，全力打好扶贫攻坚战，进一步提高农业补贴政策的指向性和精准性；加快建立多层次、广覆盖、可持续、竞争适度、风险可控的现代农村金融体系等。

以浙江省级涉农政策为例，在"八八战略"的指导下，浙江制定了一批对于省域乡村转型发展的决定性政策。从后生产主义转型的角度来看，以下几类政策起到了关键作用：一是2003年起全省开始执行的并村扩镇，尽管这一政策在执行时通过"付费改革"的方式，通过经济补偿来解决乡村冗员问题，精简了基层行政负担，同时，行政村通过合并实现了各类生产要素的集聚，如土地、劳动力、各类产业项目等。二是以"千万工程""美丽乡村"建设、"三改一拆""五水共治"等凸显"绿水青山就是金山银山"发展理念的农村人居环境和生态环境提升的政策，污染企业被关停、落后的通过牺牲自然环境来粗放发展的乡村经营模式被终结，通过这一系列的政策，乡村第一、二、三产业结构被彻底重构，乡村的经营业态从单一农业或"农业＋乡镇工业"的模式，跃升转变为"现代农业＋低污染工业＋现代服务业"的模式。这些政策的落实还深刻地重塑了乡村自然景观，把传统的意象中的田园诗画的农村搬到现实，还附加了现代服务业的功能，乡村空间、乡村社会的重塑也就此打下了硬件基础，乡村也由此能够得以承担起生态屏障的作用。三是以地权、林权等农村生产要素的确权政策，打通了城乡之间资本流通的制度障碍，为资本进入乡村，实现乡村的现代化改造铺平了道路。四是乡村文化礼堂的大规模兴建，这一政策不仅是为乡村增添了一个公共文化空间，而且也是为乡村传统文明传承和文脉的接续奠定了基础，通过一系列文化、传统的挖掘和凝练，乡村社会被赋予了新的文化价值，也为乡村第一、二、三产业各类产品附加了文化价值。

（二）市场资本的形塑

在我国的乡村后生产主义转型中，市场力量是不容忽视的。改革开放后，市场力量对于乡村社会形态和乡村社会秩序的形塑作用显现。一方面是宏观政策开放、社会思想变革，整体的发展环境为市场力量对乡村的介入开启了大门；另一方面，市场力量在发展中不断壮大，也反过来推动着政治、文化、社会大环境的不断变迁。40余年的市场化改革为中国带来了举世瞩目的经济成就，高速城镇化带来了大规模的城乡迁徙和人口流动，乡村基本面貌和乡村居民的思想观念也在不断变化。市场力量对乡村的影响还表现在农业产业的形态上，市场化过程有力地推动了农村生产结构的调整、农民收入水平和生活水平的提高以及农村治理结构向现代治理结构的变迁。当然，市场不可避免的有其缺陷，比如追求利益、追求效率而忽略了公平、公正，牺牲了环境等。

在传统的生产主义时期，市场对乡村秩序的影响方式主要有以下几种：第一，通过人口流动，将劳动力配置到价值更高的生产部门，从而使一些乡村出现村落空心化与村落终结现象；第二，通过商品流通，影响农民的生产方式、生活方式等；第三，通过近郊村、城中村的改造，直接改变了农村的形态和生活方式。那么，在后生产主义背景下，市场力量又是如何进入乡村社会，并形塑乡村秩序的呢？

1. 从抽离到投入

对乡村社会内部事务介入相对较少的市场力量，对乡村的资源却有着极强的吸引力。这种吸引力一方面是柔性的，通过货币收入分配、商品服务机制，将乡村劳动力与资金抽离；另一方面又是刚性的，通过土地出让等方式，将地理空间从乡村社会抽离。

这两种方式一直是市场力量对乡村的负向改造，在生产主义时期，偏远农村劳动力和居住人口大量减少，出现了农村空心化现象；近郊农村则被城市"蚕食"，失去了土地和公共空间。在新型城镇化背景下，市场力量的这种作用力依然存在，但随着后生产主义的到来，随着城乡发展一体化、农业现代化、社会主义新农村建设的推进，随着乡村振兴战略的提出，有发展潜力的农村逐渐改变被"抽离"的状态，转而吸引村民"返乡"与资本投入。

首先，就内生于乡村的资本而言，再投入乡村主要有两种形式，第一种即温铁军所说的，社区内部化资本通过兼并临近社区，实现低成本扩张；第二种与社区有关联的外部资本借用社区力量整合社区资源[1]。第一种比较有代表性的如浙江东阳市南马镇花园村。花园村经过30多年的创业拼搏，带头实现了物质富裕、精神富有。2004年花园村合并了周边9个村；2017年花园村又合并周边9个村，面

---

[1]　温铁军：《产业资本与乡村建设》，《开放时代》2005年第6期。

积从原来的 0.99 平方公里扩大到 12 平方公里。花园村一方面扩大了原村的人口规模、土地面积，另一方面也拉动了邻近弱村的发展，改善了弱村的村民待遇。第二种主要是从社区走出去的能人，或是一直在本社区奋斗并形成一定规模的资本，在本村进行改造，以整合本村范围内资源，如缪家村就属于这一种。

其次，就外生于乡村的资本而言，有着多种进入乡村的方式。方式一，通过承包、承租耕地，进行规模化经营。方式二，与农户合作形成"公司＋农户""公司＋专业合作社＋农户"的生产组织形式，在农产品的基础上附加现代商业包装和加工。方式三，投资乡村旅游及其配套项目。在后生产主义转型中，乡村加强了基础设施建设和环境整治，为乡村旅游打下了基础，因此，"民宿""农家乐""采摘游"等项目在乡村中兴起。如浙江丽水"联众度假"投资 6000 余万元，布局"下南山"，打造"看得见山，望得见水，记得住乡愁"的民宿酒店。他们通过村集体从村民手里租用房屋使用权，进行投资经营[①]。位于缪家村的巧克力小镇，是国内首家集巧克力生产、研发、展示、体验、休闲度假于一体的巧克力工业旅游与主题乐园相结合的特色旅游基地。此外，新型电子商务产业下乡也渐成规模，"淘宝村""京东村"等电子商务在农村大面积出现，也形成了"逆城镇化"影响，人才从城市反向流动到乡村，乡村产业也与外部消费市场增强了紧密性联系。

影视文化、民宿旅游、农产品电商等多样化的形式成为资本进入乡村的兴趣点。产业资本的下乡与乡村产业的多样化发展，也对传统乡村公共服务供给产生倒逼压力，交通基础设施、工商金融服务、水电等生活服务都得到了提升，乡村的生活形态与社会形态得以发生良性的变化。

2. 从无序到规范

市场化在乡村的推进不断改变着农村产业结构，带动提高农民收入和财富增长。但市场自身的缺陷也显现出来，对经济利益的强烈追求使得生态环境被忽视而受到破坏，比如过度使用农药化肥、规模化生产养殖、高污染工厂向乡村转移等。

在后生产主义背景下，不管是国家还是社会都开始重视环境问题。如我们在调查中，问到村民"如果村里要办工厂，能给村民提供工作岗位，又能增加村集体收入，但是会带来一定的污染，您会同意吗"，几乎所有的村民都表示"反对"。

① 施力维等：《村企携手气象新》，《浙江日报》2017 年 11 月 10 日。

这就对市场形成了倒逼机制，不得不考虑生态、考虑环境。同时，国家对市场也有一定的引导作用，同时，也设置了准入门槛来实施调控。如德清规定乡村土地流转的收益一定比例要拨入村集体发展基金，用于集体再投资、发展；青田县则鼓励农户主动选择腾出自家闲置房屋入股民宿经营，保障了农户的收益，也保障了村集体和民宿经营资本的利益。对于缪家村这样一个曾经依靠小散企业发展壮大集体经济的村庄而言，规范产业规模与土地使用的程序，是运用自身发展资源规范市场资本进入乡村的初期办法。缪家村逐步腾退低小散企业，规范厂房、土地租赁，在集体经济保持增长的同时，在大云镇的综合规划引导下，逐步对市场资本的产业类型、规模加以限制，如发展巧克力小镇、碧云花海等乡村现代产业类型。与传统的资本只谋利不同，进入乡村的资本需要在支持村庄发展、带动农民致富上承担责任。

（三）内源性力量的驱动

社会力量有着传统性和自发性，传统性代表着延续的惯性，而自发性则意味着其蕴藏的动能。在村落社会中，社会力量来源于每一个社会个体，也能够一定程度影响每一个社会个体的思维和行为。后生产主义的到来，加速推进改变了传统惯性，也改变了个体特质，两类人取代了过去的乡绅和宗族权威成为新的乡村社会力量代表，一类是乡村中的精英群体，包括政治精英、经济精英和社会精英；另一类则是由广大村民组成的大众群体。而这两类主体又可以进一步组成社会组织参与乡村建设。

1. 从乡村精英到新乡贤

"乡村精英"有多种称呼，如"乡贤""能人""乡绅"等，都体现了这些人在乡村社会中能力较为突出。王汉生对乡村精英的定义是在乡村"负有领导、管理、决策、整合功能的，有重要影响力的人"[1]。仝志辉认为乡村精英在交往实践中能够比其他人调动更多社会资源、获得更多权威性价值的分配[2]。部分学者认为，乡村精英拥有一定的政治、经济、文化和社会话语资源[3]。从上述研究来看，一般意义上的乡村精英能够更好地调动社会资源，能够实质参与到乡村社会各类事务的领导决策过程和日常管理。

---

① 王汉生：《改革开放以来中国农村的工业化与农村精英构成的变化》，《中国社会科学季刊》1994 年秋季卷。
② 仝志辉：《农民选举参与中的精英动员》，《社会学研究》2002 年第 1 期。
③ 李强彬、向生丽：《转型社会中乡村精英的变迁与乡村社区治理》，《兰州学刊》2006 年第 4 期。

　　乡村精英对乡村社会不同的历史阶段发挥着不同的作用。在传统的乡土社会，以乡绅为代表的乡村精英起到了国家政权与基层乡村之间的纽带作用，在乡村和国家之间发挥着"社区保护人"和"国家经纪人"的作用。1949 年新中国成立后，传统的乡村精英治理模式是政治精英治理。1978 年改革开放以来，中国乡村社会的精英群体组成发生了重要变化，由单一政治精英转变为多元精英，经济精英伴随着乡村经济的发展和转型而出现。以乡镇企业为代表的新的生产经营形式一定程度上带动了乡村整体经济的发展，而这批经济精英也成为"能人"，这种带动也成为"能人经济"。而国家施行的村民自治制度也给了这些经济精英以政治舞台。经济实力与资源优势在政治舞台上发挥巨大作用，对乡村行政力量形成实质影响，甚至能够通过乡村选举制度获取权力。因此，"能人经济"也就慢慢转变为"能人政治"。

　　而在后生产转型背景下，乡村精英来源更广，发挥的作用更多，他们被称为"新乡贤"。通常是有一技之长或有一定的经济实力，情系乡土、热心公益，有德行、在乡民邻里间威望较高、口碑较好的乡村本土或在外的本乡群体，作为独立的个体新乡贤对乡村发展的作用也许有限，但如果多个新乡贤汇聚组织起来，就能发挥较大作用。

　　2015 年中央"一号文件"提出"创新乡贤文化，以乡情乡愁为纽带吸引和凝聚各方人士支持家乡建设，传承乡村文明"[①]。根据这一文件精神，浙江整合乡村乡贤资源，培育了新型农村社会组织——乡贤参事会，引导新乡贤参与乡村治理和农村建设。从乡贤组织的功能发挥来看，浙江的乡贤组织可以分为三类：一类以文化型为主，如具有"中国乡贤文化之乡"美誉的绍兴市上虞区，早在 2001 年就成立了以"挖掘故乡历史，抢救文化遗产，弘扬乡贤精神，服务上虞发展"为宗旨的上虞乡贤研究会[②]；一类以经济型为主，乡贤组织利用自身资金、人才优势等社会资源，积极谋划家乡发展大计，助推家乡建设，比如德清县燎原村、嘉善县缪家村乡贤参事会为所在村提高经济收入；一类以治理型为主，乡贤组织充分发挥乡贤独特优势，积极助推乡风文明建设，弘扬传统文化，落实村规民约，参与评议监督村级事务，协助调解邻里纠纷等。随着发展，乡贤参事会还出现了混合型

---

①　《关于加大改革创新力度加快农业现代化建设的若干意见》，《人民日报》2015 年 2 月 2 日。
②　陈怡伶：《"互联网＋乡贤治理"模式研究——以上虞区乡贤参与社会治理为例》，《公安学刊（浙江警察学院学报）》2018 年第 5 期。

形态，即文化型、经济型、治理型三类兼而有之，随着形势发展或工作需要而各有侧重。

乡贤参事会作为引导外部资源进入乡村建设发展的制度化、体系化通道，为资本、智力资源从城市回归反哺乡村开启了制度平台，而乡村则因为这个制度平台获得了发展所需的硬资源和社会关系网络的软实力。乡贤参事会的蓬勃发展与不断贡献，使乡村避免落入"空心化"陷阱，乡村也恢复内生动能，从而在新型城镇化宏观背景下有能力拉近城乡差距融合发展。

而乡村的政治精英即村干部，仍然发挥着至关重要的作用。在后生产主义背景下，村干部既是管理者，同时也是服务者，在乡村社会中具有较强的影响力和社会"活动能力"，能够对乡村的治理和发展起到关键作用。在乡村社会中，他们的社会关系、人际关系好，在乡村社会之外，他们也能够通过人际关系的递延，以及自身和乡村资源的优势，获得乡村经济社会发展所需要的外部投资和政策优惠。如绍兴市漓渚镇棠棣村的村干部作为致富带头人，携手全村一起发展花木业；杭州桐庐莪山乡龙峰民族村的村干部为村里争取项目、资源，改善美化村里的环境；缪家村的村干部通过发展物业经济、参与"抱团飞地"项目，为村集体经济创收，改善村民福利待遇。村干部与村民形成了良好的关系，村民有事愿意来找村干部，村干部也热情、高效率地为村民服务。

2. 大众群体和新型乡村组织

乡村精英们在乡村社会中发挥着独特的主体作用，但他们毕竟是乡村社会中的少数优秀分子。作为村落成员大多数的大众群体更应该作为乡村社会的主体。这主要体现在几个方面：

第一，在村民自治制度下，充分行使自己的选举权、决策权、管理权和监督权。比如，各村每年都要召开的全体村民会议，选举村民委员会，罢免村民委员会成员，讨论通过村民自治章程等，这都是大众群体参与乡村发展的方式。另外，还有一些村落举办的形式多样的民主沟通、民主对话活动，比如"民情恳谈""村务大事公决制""民情夜谈会""便民服务台""农村民主日""农民讲台""基层民主论坛"等。领导干部与人民群众面对面协商，就群众感兴趣的问题作出讨论和决定，解决群众的实际问题。第二，响应乡村精英的号召，积极参与到乡村精英组织的各种活动中，或者积极遵守各种村规民约和文化仪式等，以维持村落社会秩序的稳定。第三，作为具有主观能动性的个人，大众群体也会自发组织一系列活动，比如近几年流行的广场舞，就是一种大众群体自发的健身娱乐活动，在各个村落中已经成为村民晚饭后的常规活动，这种活动为村落社会秩序的维持提供了公共空间。

在后生产主义转型背景下，各地积极培育新农村建设促进会、老年协会、文体协会、环保协会、调解组织、志愿者队伍等服务型、公益性、互助性社会组织，引导农民群众和民营企业家、爱心人士、海外华侨等参与乡村建设。特别是在推进农业经营体制改革、现代农业发展和农民创业中，各地积极发展农民合作社、农产品行业协会、来料加工经纪人协会、农家乐休闲旅游协会、扶贫资金互助会等合作经济组织，并引导农民合作社从量的扩张向质的提高转变，各类合作经济组织已成为越来越重要的乡村治理主体。2017年底，每个农村社区社会组织数量达到3.2个，这些社会组织起到承接政府职能和政府购买服务、全面提升农村居民公共服务水平的作用。

（四）非城市中心主义的取向

城市中心主义是在乡村发展中以城市为本位的一整套思想观念的集合，表现为在城乡发展中国家以城市为中心的制度安排与资源分配、社会以城市为主体的日常运转、个体形塑了一种以城市化为导向的思维方式和行为模式。[①] 城市中心主义不仅是伴随中国城市化而诞生的，而且也是中国对全球城市化浪潮作出的一种本土回应，并且在全社会范围内形成了一股价值共识和行为认同。

在这种思潮下，乡村以城市为中心运转，一切生产要素的流通、调配以城市为中心进行。与此同时，城市中心主义还对乡村的文化、价值观进行挤压。这种发展思路在创造了中国奇迹、极大加快中国城市发展进程的同时，也当然地把城市问题带到了乡村，如环境污染问题、社会个体化甚至原子化、人际关系淡漠、文化与价值观的单一化等。因此，有许多学者已经对城市中心主义进行反思、作出批判。后生产主义的逻辑，就包含了这样一种反思城市化中心主义的思维和自觉，即学术上的"文化自觉"。

"文化自觉"最早于1997年初费孝通首次提出，其内涵主要有三：一是对"根"的找寻与继承；二是对"真"的批判与发展；三是对发展趋向的规律把握与持续指引。所谓"寻根"，大体是在文化层面，人们都应当对自身的文化有"自知"

---

① 武小龙：《城乡对称互惠共生发展：一种新型城乡关系的解释框架》，《农业经济问题》2018年第4期。

的"明"，这种"寻"，是要弄通自身文化的来源、形成、特色，以及它未来发展的趋向，而非要像旧时代文人那样"复古"。当然，更不是全盘的检讨乃至声讨、否定、另起炉灶。乡村文化是中国传统文化历史意义上的"根"，对乡村文化的审视与检讨自然有其必要性，从这一点上来说，城市中心主义对乡村文化的压制是需要有所改进的。同理，对"真"的批判与发展，也是要检讨城市中心主义的发展成果与其中所蕴含、潜藏的问题，尤其是那些被发展所掩盖的问题。而对发展趋向的规律把握与持续指引，也必然要通过对城市中心主义所潜藏的危险隐患的深刻思考才能完成。

从乡村来看，由于我国传统乡村几乎都是自然形成的，即所谓"自然村"，地理、宗族、民族等因素影响下，在共性文化之外，几乎每一个村也都蕴含自身独特性的文化特质。从文化自觉的视角而言，对于这些共性和个性的乡村文化的审视，自然应当通过"外"和"内"多重角度的切入，从而对其功能、意义、价值加以传承和反思。

另一方面，乡村的价值不仅在于自身，也是相对于城市乃至国家。城乡关系也绝非对立关系，城乡差异性并非割裂城乡的理由，城乡互补、互哺才是应有的常态。从文化角度而言，乡村承载了我国数千年的文明和文化传承。传统的农耕文明，蕴含了深刻的生产、生存智慧和人与自然和谐共生的哲学意义上的思辨。

史

地

篇

平原稻乡　交通沪杭

SHIDI PIAN
PINGYUAN DAOXIANG JIAOTONG HUHANG

中国
村庄
发展

---
① 本篇除第一章和第二章的"村庄沿革"外，其他章节的内容都截止于 1978 年。

缪家村地处水网平原，境内一马平川，浜港交错，交通便利。1978 年之前，这里是杭嘉湖地区最重要的稻米产区之一，是一个比较纯粹的稻作村。村庄居交通、战略要地，历史上屡遭兵燹及大疫，人口更替频繁，村民多是移民。缓滞的水体和水田稻作还让这里成了血吸虫病高发区，在中国共产党领导下，才彻底消灭血吸虫病。

第一章　地理环境与自然资源

　　缪家村位于太湖南缘区域，境内地势平坦，水网交错，以浜为多，但也有大片地势略高的旱地。往东、往北为顺流水势，东流水略受潮汐影响。亚热带气候，四季分明，以前多旱灾，农田水利建设使农业灾害大为减少。自然资源丰富，以蛇、兔、螺、蚌、鱼、虾、竹、芦等亚热带水网平原的动植物种类为主，物产以稻米为大宗。

第一节　地理与气候

　　缪家村位于太湖碟形洼地的南缘，地势南高北低，整体低平，但已是嘉善的最高之处，易发旱灾。水道细密交错，但缺少大湖大荡，水流滞缓，东流水与黄浦江潮汐相应。温暖湿润的亚热带季风气候为这里的动植物和农作物提供了优良的生长条件，但时而也会带来台风和旱涝之灾。

一、地理方位和地形地貌

　　缪家村位于嘉兴市嘉善县大云镇的东部，村域面积 7.07 平方公里，由原高一村、金长村、西泾村、缪家村陆续合并而成。[①] 北与大云镇的曹家村、东云村连接，西北与大云镇的江家村交界，南与平湖市钟埭街道的定云村、柏树村为邻，东与嘉善县惠民街道的王家村一江之隔。

　　嘉善位于太湖南缘，地势低平，水网密布，属于典型的江南沼泽平原，"膏腴

---

① 1999 年，原高一村、金长村合并为高一村，原西泾村、缪家村合并为缪家村，2008 年高一村并入缪家村。

之壤，平铺如席"①，没有高山大泽，只有众多的支泾曲港遍布全境。缪家村也是如此，村境内一马平川，浜港纵横，一座山也没有。

但就嘉善来说，缪家村已处于相对地势较高的地区。因为太湖流域的地理结构像一只碟子，太湖在碟底，陆地逐渐向四周（即碟口方向）抬升。缪家村在嘉善的南缘（与平湖接壤），就嘉善来说，它是最靠近"碟口"位置的，因此也是嘉善地势最高的地方了。而且缪家村所在的位置，不仅比它北面的乡镇地势要高，而且相较于东面黄浦江流域的上海地区，它也处于较高的地势。但这种地势抬升很有限，缪家村的平均高程也只有 4 米（吴淞高程）②，这也是我们将这种地形称为"碟"而非"碗"的原因。

由于地势整体平坦，嘉善的水系不像人体的动静脉那样脉络分明、血流强劲，它们更像人体的末梢血管，细密繁杂，流速静缓。因此，这里虽然也有较大的塘浦（多在嘉善北部地区），但更多的是细浅的浜溇河港，纵横交错，难以尽数。这些细密的"末梢血管"之间，则是阡陌纵横的农田。但这种地貌不是纯天然的，而是自然和人工共同塑造的结果。自五代吴越国以来，这里就开始了声势浩大的圩田运动，通过人工沟渠，将杂乱无章的自然水系规划成农田水利工程，造就了大量旱涝保收的圩田，低洼沼泽之地由此变身鱼米之乡。

嘉善地区水系繁杂，因而对水系的命名也特别复杂。"浜"是指一端与河、港等较大水路连接（这个连接点称"浜头"或"浜口"）、另一端"断头"（即不与其他水系相通）的小水路，断头处称"浜底"或"浜尾"；"漾"指水路上较为宽阔的水面处；"汇"指水流交汇之处；"泾"和"港"指中小规模的水路；"塘"和"浦"则是规模较大的水路，多是排水用的基干水道，开挖塘浦时挖出的泥较多，就堆筑在塘、浦的一侧或两侧，可修筑成堤塘和道路。

与缪家村有关的水系，东西向河港有大云港、殷家桥港、中心河（人工开挖）、圣堂桥港、曹家桥港、唐家庄港、永兴桥港；南北向的有周家桥港、新桥港、种田桥港、南钱泾港、双庙桥港、干泾港。其他多为短小的浜、溇。

缪家村最多的是浜，经过"农业学大寨"时期的填浜造田和改革开放后的基建高潮，缪家村已填平或废弃了东缪浜、西油车浜、坟浜（部分）、况家浜、盛家浜、

---

① 柳琰纂修：（弘治）《嘉兴府志》卷十四《嘉善县》，载《四库全书存目丛书》史 179，齐鲁社社，1996 年，第 219 页。

② 大云镇镇志编纂委员会编：《大云镇志》，中国文史出版社，2016 年，第 1 页。

西鲍家浜、北黄浜、短浜（部分）8 只浜，但现在仍有 37 只浜：金草浜、顾夏浜、东长浜、钱家浜、李家浜、西李家浜、状元坟浜、沧浜、吴风浜、东窑洞浜、西窑洞浜、朱家浜、高家浜、坟浜、东落浜、西落浜、俞家浜、许家弄、洪家溇、高庙基、短浜（部分）、长浜、西缪浜、西泾汇、杨庵浜、南油车浜、丁家浜、叶家浜、方家浜、季家浜、坟浜（部分）、成家浜、倪家浜、油车浜、鲍家浜、北黄浜、南黄浜、沈家浜。缪家村的这些浜，有些在清（光绪）《嘉善县志》中已有记载，名称完全一样，例如西缪浜、丁家浜、鲍家浜、倪家浜、朱家浜、高家浜、季家浜、东长浜、状元坟浜、洪家溇、西泾汇；有些已改名，例如顾夏浜原称"古华浜"，吴风浜原称"和丰浜"。

缪家村的这些水系多以居于其旁的居民姓氏命名，个别的以景物、产业命名，如状元坟、高庙基、杨庵、许家弄、油车、窑洞等；或以形状、方位命名，如长、短、东、南、西、北等；或以水色命名，例如"沧浜"就是因为水很混浊、呈青绿色而得名，"沧"的本义就是暗绿色的水。

二、气候和自然灾害

嘉善处于亚热带气候区，四季分明，日照充足，气候温和，雨水调匀，富产稻米和水产，是典型的鱼米之乡，人称"金平湖，银嘉善"。

在嘉善气象灾害中，比较多的是风、涝灾害。夏季（6—8 月）台风和热带风暴经常光顾这里，有时还会发生龙卷风和冰雹，6 月中旬到 7 月上旬这里正好处于梅雨季节，雨水较多。秋季（9—11 月）的 9 月，受冷空气和热带风暴的影响，雨水也会比较多。因为地势低平，水道水流细缓，这些风、雨常常引发灾难，房屋倒塌、农田被淹。例如，1963 年 9 月 12—14 日这一带遭受 8 级台风暴雨，低洼地受淹，草房倒塌，西泾村还压死一个小男孩。[1]

偶尔也会发生雪灾、冻灾。例如，1977 年 1 月，3 次下雪，积雪 11 天，1月 31 日最低气温 –10.8℃；1984 年 1 月 17—18 日大雪，下雪量 58 毫米，史上罕见；1991 年 12 月 27—29 日大雪，积雪 5 天，雪深 13 毫米，1 月 29 日最低气温 –8.9℃。2008 年 10 月中旬，突发冷风，部分晚稻冻枯。[2]

嘉善地势南高北低，"旱则南乡困，潦则北乡悲"[3]，因此缪家村最常见的是旱

---

[1]　大云镇镇志编纂委员会编：《大云镇志》，中国文史出版社，2016 年，第 53 页。

[2]　大云镇镇志编纂委员会编：《大云镇志》，中国文史出版社，2016 年，第 16、17、54 页。

[3]　陈龙正：《几亭全书》卷二十三《政书·乡筹·治人治法》，康熙四年（1665）云书阁刻本，第 4a 页。

灾，"我们村地势高，容易发生旱灾，但水灾比较少"[①]。1934年嘉善发生严重旱灾，入夏以后持续高温，7月12日气温高达40℃，田土尽坼，禾苗枯焦，大云尤烈，又继发蝗灾、时疫，灾荒病疫死者达1.5万多人。[②]缪家村也是重灾区之一，"那一年，虽然只有50来天没下雨，但全村（朱家浜[③]）农民已经急得像热锅上的蚂蚁，他们日夜车水，累得腰酸背痛，背上多晒裂了皮，也丝毫不能解决一些灾情。除了靠近河浜的一小部分土地收到3～5斗稻谷外，绝大部分土地颗粒无收，罗尖稻枯得可以点火，水稻田干得土发白，地里硬得连锄头都挖不动，牛要吃的草也找不到，只能割些草皮，洗净后喂牛。社员顾阿宝七亩半田只收了3笆斗谷子（约80余斤）。在这样的年景下，农民连吃糠菜都发生了困难，无法生活下去，只能硬着头皮靠赊米过日子"[④]。因为缪家村一带老是发生旱灾，民间甚至出现了这样的传说，说这里的土地公公是个跛子，每次去迎接雷神、雨神时总是落在最后面，所以落雨都是先落四周，最后才落这里。[⑤]

中华人民共和国成立初期，缪家村一带仍时常出现旱情。例如1952年6月25日起，连续65天未下雨，7、8月连续两个月无雨，稻田断水，田块龟裂；1956年10月12日—12月20日，70天中仅下13毫米雨水。[⑥]但农民依靠合作互助的力量，人民政府又组织各种社会力量赶来支援，大旱之年仍然取得了丰收。例如1953年，朱家浜村大旱：

组织起来的农民在党和政府的领导下，日夜奋斗，抗旱保粮，农民昼夜不停地车水，河水太浅，就把两部水车接起来，劳力缺乏，大家咬紧牙关，日夜轮流车水，车水工具缺乏，就用桶挑水来向干旱做斗争。党又及时组织了城镇居民、工人、学生、机关干部投入抗旱斗争，驻地的解放军同志带来了骡马也赶来支援抗旱。由于大家共同的努力，这一年的干旱被英勇顽强的抗旱大军击败了，打破了几千年来靠天吃饭的旧观念，树立了人定胜天的新思想，显示出党的英明伟大，集体力量的巨大威力，使当年的平均亩产增加到500多斤，超过了新中国成立前的最高产量。[⑦]

① 李桂荣访谈记录。
② 大云镇镇志编纂委员会编：《大云镇志》，中国文史出版社，2016年，第54、8页。
③ 朱家浜，现为缪家村下辖自然村。
④ 大云镇镇志编纂委员会编：《大云镇志》，中国文史出版社，2016年，第407页。
⑤ 大云镇镇志编纂委员会编：《大云镇志》，中国文史出版社，2016年，第386页。
⑥ 大云镇镇志编纂委员会编：《大云镇志》，中国文史出版社，2016年，第10、11、54页。
⑦ 大云镇镇志编纂委员会编：《大云镇志》，中国文史出版社，2016年，第409页。

此后的 1961 年、1971 年、1978 年、2003 年，也都出现了较严重的干旱天气。但随着水利事业的发展，人们抗击旱灾的能力越来越强，干旱不再是"灾"，农田旱涝保收。

第二节　自然资源

缪家村没有高山大川，但有深厚的冲积层土壤堆积和繁密的浜港水系，动植物资源丰富，也非常适宜稻作农业的发展。只是严重的水污染，曾让这里一度成了最严重的血吸虫病区之一。中华人民共和国成立后，通过农田水利建设和群防群治，不仅土地和水资源得到了更充分的利用，而且血吸虫病也被彻底消灭。

一、土地资源

缪家村坐落于太湖流域的冲积平原，土层深厚，但沙土层深浅分布不均匀，土质黏性较重，表层稻田黄斑土含沙率低，下层黄土、青紫泥土含沙率高。2007年嘉善县耕地地力调查表明：缪家村的耕地主要有青塥黄斑田、黄心青紫泥田和泥汀黄斑田三类。[①] 土壤总体来说比较适宜稻作，缪家村能成为一个典型的稻作村，与这种土壤条件密切相关。

村里还有一些地势相对较高、灌溉不便的土地，过去只能用来种番薯等旱地作物。1949 年以后，人民政府积极兴修水利，大量的旱地被改造成了水田，稻作农业得到飞速发展。例如以前的朱家浜村，是个干旱、半荒的贫瘠村，从 1952 年开始，通过水利建设，"将占总田亩 50% 以上的旱地逐步改种了水稻，由种番薯为主改为以种水稻为主"。到 1963 年，"有水稻田 263 亩，比新中国成立前水稻面积增加了 168 亩，变为富庶的水稻产区"[②]。

缪家村原来的农田高低不平，大小不一，田埂弯曲杂乱，而且田地中常常夹杂着坟堆、土丘。农业合作化初期，生产队就开始组织社员利用冬闲时间平整土地。20 世纪 60 年代开始大规模的土地平整工作，各生产队根据地形，将农田统一改成或南北向或东西向、每块 2.5 亩左右的平整田块。此外，通过填浜造田，

---

① 大云镇镇志编纂委员会编：《大云镇志》，中国文史出版社，2016 年，第 45、47 页。
② 大云镇镇志编纂委员会编：《大云镇志》，中国文史出版社，2016 年，第 409、410 页。

村里也新增了不少土地。农田改造工作主要完成于 20 世纪六七十年代的"农业学大寨"时期，为缪家村带来了大量平整且连片的农田，为农业机械化发展打下了良好的基础。

二、水资源

缪家村处于冲积平原的水网地区，地势平坦，河港、浜兜密布，纵横成网，水资源较为充沛。

但因缪家村处于嘉善地势较高的南部地区，而且"这里土地高低相差蛮大的"①，因此村里一直有不少灌溉不便的旱地。而且村中水系以浜为多，浜为断头河，河道细短，水浅，干旱季节极易干涸断水，因此水田也常发生旱灾。中华人民共和国成立后，积极发展农田水利事业，大量旱田被改造成旱涝保收的水田，粮食产量由此大幅提升。

这些纵横交错的水道，还是村民主要的交通通道。中华人民共和国成立后，结合农田水利建设，不断疏浚河道，修筑堤岸，极大地方便了村民的出行。

浜和水稻田的水体几乎静止，流动性很差，极易滋生钉螺，因此这里一度成了血吸虫病高发区。中华人民共和国成立后，政府号召人民打井，改喝清洁的井水，同时开展爱国卫生运动，捉螺灭螺，填埋露天粪坑，防止河水污染，并集中大量人力物力为村民免费医治血吸虫病，终于消灭了血吸虫病。

三、野生动植物资源

缪家村坐落于平原地区，地形、地貌和小气候类型单一，因此动植物种类可能没有山区丰富，多为平原适生种类，尤其是水生和水滨动植物，很有特色。

缪家村常见的野生动物有狗獾、刺猬、野兔等。以前受瘟疫、血吸虫等病疫影响，人口大量病亡，土地荒芜，"田里野草丛生，荒地里经常可以看到野兔蹿进蹿出"②。蛇的种类较多，有青梢蛇、五步蛇（灰盲蛇）、竹叶青、火赤链、老鼠蛇、乌梢蛇、水蛇、四脚蛇等，"耘田时很容易被蛇咬伤，要马上送到县里去，镇里也治不了的"③，老鼠蛇会在人家的屋梁上捕食老鼠，村民都会保护它。鸟类有野鸡、野鸭、麻雀、乌鸦、喜鹊、白头公、猫头鹰、老鹰等，老鹰会捕

---

① 周志芳访谈记录。
② 大云镇志编纂委员会编：《大云镇志》，中国文史出版社，2016 年，第 406 页。
③ 周锦娣访谈记录。

食村民的小鸡，老鹰俯冲下来时，小鸡来不及逃到母鸡翅膀下，就会被抓走。还有壁虎、蜈蚣（百脚）等。

缪家村水域多，水产自然也非常丰富，"螺蛳过去河里多得不得了，黄鳝、泥鳅、田螺，田里多得不得了"，"但江小，无大荡，鱼不多的"①。兴修农田水利时，在一些河道里筑了闸坝，由此阻断了不少洄游性鱼类的洄游通道；农田大量使用农药、化肥后，田里的螃蟹、黄鳝、田螺等几近绝迹；改革开放后曾大力发展工业，工业污水排放到河道里，水质遭严重污染（缪家村多浜，浜的水体几乎静止，故污染尤其严重），而且有一段时间电捕鱼等违法行为也很猖獗，因此野生水生动物一度濒临灭绝。近些年来，随着生态环境的逐渐好转，河蚌、螺蛳之类的又多起来了，但有不少种类已彻底灭绝。

野生植物主要有朴树、苦楝、榆、青榉、黄榉、红榉、柞树、构树（谷树）、合欢、芏茇、芦竹等。柞树叶可以代替桑叶喂蚕，构树生长得特别快，多种在浜边，可为洗涮人遮阴。

第三节　物产

嘉善县"地势东南较西北为高，土地平坦而肥沃。于农为宜。出产以干茧及米、砖瓦为大宗……其他豆、麦、胡麻之产量，亦属不少"②。缪家村位于嘉善东南部，历史上有种植水稻、大小麦、番薯、油菜等粮油作物的传统。传统蔬菜主要有青菜、萝卜、大头菜、雪菜、芥菜、苋菜、甜菜、长豆、黄瓜、扁豆、青蚕豆、大豆、地蒲、茄子、慈姑、竹笋、红菱等，传统水果主要有西瓜、桃、李、梅、枇杷等，畜禽主要有牛、猪、羊、兔、鸡、鸭，燃料主要有稻草和芏茇。其中数量较多或较有名的出产是稻米、油菜籽、西瓜和猪肉。

稻米是缪家村最大宗最主要的出产，与稻米相比，其他出产都是小出产，同时因为其他章节不再涉及燃料问题，故本节只介绍稻米和燃料两类物产。

---

① 李桂荣访谈记录。
② 陈渭川：《经济调查：（二）嘉善县经济状况及利率》，《国光周报》第 1 卷第 23 号，1933 年。

稻米

嘉善是浙江的稻米大县。1935年的调查显示，嘉善县"全县稻田572300余亩。每亩每年产额平均以二石计，全年总产额为一百十四万四千四百石有奇，供给全县民食，绰绰有余。即遇歉收，若不贩运出境，尚可自支"[①]。缪家村是嘉善县最重要的稻米产区之一，除稻米外几乎没有其他特别大项的出产。

虽然过去稻米产量低，但都是一年种一季的粳稻，口感好，营养也好，而且稻谷收获后是晒干的，不是烘干的，晒谷米的口感要好于烘干谷。农家也会种半亩到一亩糯米，用于自家酿酒或做团子。1956年开始推广双季稻，70年代开始推广三熟制、杂交稻，总产量显著提高，但稻米品质却有所下降，而且品种越来越单一。这是因为：（1）双季稻中的早稻只能选用籼稻品种，籼米直链淀粉比例较高，吃起来不糯且不耐饥；（2）多熟制连作导致地力快速衰退，有机肥不够用，只能增加化肥的施用比率，化肥所含元素单一，导致水稻无法从土壤吸收全面营养元素，因此连作制下的水稻，口味和营养都不如传统稻米；（3）在"以粮为纲"的年代，水稻育种只关注"高产"这个因素，营养和风味常常被放弃，而且在计划经济下，水稻品种由政府分发推广，农民几乎没有选择权，因此水稻种植品种趋于单一，农家传统品种几无存留。

稻草

嘉善是著名水稻产区，稻草因此也成了这里的重要物产。

稻草在传统社会用途广泛：可盖稻草屋；可垫猪圈、牛棚，和猪、牛粪一起生成厩肥后还田；可以用作家畜的辅助饲料；可以耕入或烧成草木灰还田；可以编织草鞋和其他草编器；可以作燃料。

嘉善是平原水网地区，几乎没有像样的丘陵山地，林木资源极度匮乏，加之历史上烧窑、缫丝行业兴盛，燃料需求量极高。正是在这样的历史背景下，稻草成了这里最重要的烹饪燃料。作于1836年的《太平欢乐图》就讲道："杭嘉湖诸郡，乡民率用稻秸给爨。"[②]缪家村的情况就很典型，"燃料蛮紧张的，主要靠稻草。原来种单季稻时，稻秆比较长，经烧。改种双季稻后，水稻品种的稻秆越来越短，

---

① 剑濡：《嘉善生产概况》，《申报月刊》第4卷第8期，1935年。
② 徐贤卿：《〈太平欢乐图〉的版本及其他——从嘉兴博物馆藏〈太平欢乐图〉谈起》，《东方博物》第五十二辑，中国书店，2014年。

燃料就越来越不够了"①。集体化时期，"稻草是按工分分配的，分的时候稻草都是湿的，要自家挑回来晒干。烧饭之外，稻草还要垫猪圈，但省点烧也够了"②。

芊茇

芊茇是一种类似于芦苇的茅草，"一人多高，生旱地，可编篱笆"③，是这里的优势本土野草。这一带的居民有收割甚至种植芊茇作为燃料的传统。

在历史文献中，"芊茇"亦被写成"看寞"，是当地土话的记音，至今缪家村人仍这样称呼，发音近似"杆枯"。清代桐乡人张履祥撰写的《补农书》中就讲道："种芊茇一亩，极盛可得万斤，则每日烧柴三十斤之家，可供一岁之薪矣。少亦得五六千斤，二亩当一亩，尚优于田地租息也。法用山锥翻根，根方五寸许即易长（愈大愈速）。每科悬二三尺，一年一补，三年而满，则岁岁惟上泥及斫柴两次工力，但当择其种之长大者尔。斫宜冬至前后，早则笋复生，经冬而枯，次年必衰。迟则干复活，滋根者少，次年亦不茂。若两年不斫，则亦衰，以薪笋不生故也。斫过必加泥，近水用河泥，近田用稻秆泥，开春碎之。最宜近水地滩及坟墓旁地，近水取其便于罱泥及载薪以归，坟墓旁地必有树阴覆盖，不便桑麻。种之于此，则不毛之土一劳永逸，其益无方。"④民国《嘉定县续志》也讲道：芊茇"俗呼如'看寞'，本草名'芒'，生水滨及墓上，叶似芦，狭而长，茎较芦短，秋开穗状花，形如花翎，种子有细毛，因风传种，冬刈作薪或取以补葺篱笆"⑤。由此可见，芊茇曾是浙北苏南平原水网地区很重要的一种燃料，甚至各地对它的称呼，发音也很近似。

缪家村人主要烧稻草，但"也会去砍芊茇、芦竹当柴烧"⑥，甚至"会在荒地上种点芊茇当柴烧"⑦。

---

① 周志芳访谈记录。
② 陈菊英访谈记录。
③ 李桂荣访谈记录。
④ 张履祥著，陈祖武点校：《杨园先生全集》卷五○，中华书局，2002年，第1416页。
⑤ 陈传德修，黄世祚纂：《嘉定县续志》卷五《物产》，民国十九年（1930）铅印线装本，第36页。
⑥ 周志芳访谈记录。
⑦ 李桂荣访谈记录。

第二章　村庄与村民

> 缪家村历史悠久，但因处于平原区，缺少天然村界，村庄分合比较频繁。而且因为战争、瘟疫频仍，村民以移民为主，宗族世家少见，文化的土著性和宗族性不强，表现出典型的移民村特征。

第一节　村庄沿革

春秋战国时期，这一带是吴、越交界的檇李（又称"长水"）地区，初属吴，后属越，人称"吴根越角"。

秦朝实行郡县制，这一带属上水县，后改称由拳县。

三国时，改称禾兴县。孙权赤乌五年（242）改称嘉兴县。现缪家村村境在嘉兴县胥山乡境内。胥山得名于春秋战国时期的吴国大夫伍子胥，相传伍子胥曾在此山练兵，故名胥山。

明宣德五年（1430），嘉兴县析出东北境思贤（半个）、迁善、麟瑞（半个）、永安、奉贤、胥山（半个）6乡建立嘉善县，"宣德五年，大理卿胡概巡视江南，谓地广赋繁，请立县治，遂割嘉兴东北境为嘉善，建治魏塘"①。

清沿明制。（光绪）《重修嘉善县志》："胥山乡：南界平湖，都一，区一，里十有六"②，区下设圩，现缪家村村境在嘉善县胥山乡五都胥五区的东吕圩、西吕圩一带，例如朱家浜就在东吕圩，高一村则跨界东吕圩和西吕圩。

民国元年（1912）5月12日，实行地方自治，设区，区下设镇、乡，现缪

---

① 倪玘纂定，嘉善县史志办公室编辑整理：正德《嘉善县志》卷一《建置》，正德十二年（1517）刻本，中华书局，2016年，影印，第2a页。
② 江峰青重修：光绪《重修嘉善县志》卷二《区域志二·乡镇》，光绪十八年（1892）刻本，线装书局，2008年，影印，第16b页。

家村村境属大云区大云镇。民国三年（1914）袁世凯下令取消地方自治，大云自治区改为办事处。民国十七年（1928）9月，推行村里制，区下设里、村。民国十九年（1930），嘉善县将12个区撤并为4个区，下辖镇、乡，百户以上村庄设乡，百户以上街市为镇，大云地区为第二区，下辖大云镇、和平乡、民利乡、银杏乡、民权乡、双溪乡、了凡乡，共一镇六乡。民国二十三年（1934），和平乡、民利乡合并为大云乡，民权乡并入银杏乡，了凡乡并入双溪乡。同时，村里制改为保甲制，乡、镇下设保、甲。民国三十六年（1947）2月，撤区并乡，银杏乡、双溪乡、大云镇合并为大云乡，下辖保、甲。

1949年5月11日嘉善解放。6月建立嘉善县枫泾区大云乡人民政府，乡政府驻地就在西泾村的西泾汇。10月，废除保甲制度，保改为村，甲改为组，大云乡设11个村。

1950年5月，撤销枫泾区，大云乡并入魏塘区，并分割为大云、高庙、双溪3个乡，大云乡政府驻地在江家村沈家浜，高庙乡政府驻地在西泾村西泾汇。1950年高庙乡西泾村析出南片建立了缪家村，因境内有缪家浜而得名。1951年高庙乡的状元村一分为二，析为高家村和金长村。

1954年春，高家村办起了第一个初级农业生产合作社，即许爱宝合作社。1955年春，各村在互助组的基础上纷纷建立初级社，但5月为贯彻"坚决收缩"的方针，绝大部分初级社解散，只留下了高家村许爱宝合作社、西泾村大胜合作社等少数几个初级社。7月，毛泽东主席作了《关于农业合作化问题》的报告，农业合作化高潮再起。11月，在许爱宝初级社的基础上，高家和金长两个村合并成立"高一"高级农业合作社。至12月，各村陆续恢复和建立了初级社，缪家村有曙光、曙轮、跃轮3个初级合作社，西泾村有大胜、优胜、永胜、新联4个初级社。

1955年11月撤区并乡，撤销魏塘区，大云乡、高庙乡合并为大云乡，乡政府驻地在大云集镇西庄浜，直属嘉善县领导。

1957年，各村初级社逐渐合并为高级社，缪家村与西泾村、施家村合并成立"群毅高级农业合作社"。

1958年10月，大云乡、大通乡、惠民乡3个乡合并成立惠民人民公社。原大云的7个高级社分属3个管理区（又称"营"），营下设连（连等同于原行政村）。其中高一高级社属于第六管理区，群毅高级社属于第七管理区。人民公社实行政社合一体制，工农商学兵五位一体。是年秋收冬种实行军事化管理，生产战斗化、生活集体化，并办起大食堂，吃饭不要钱。

1958年11月撤销嘉善县，嘉善县并入嘉兴县。

1959年9月撤销"管理区"建置，以原高级社为单位，建立了7个生产大队，现缪家村村境分属"高一大队"和"群毅大队"，均属惠民公社。

1961年恢复嘉善县建置，惠民公社重新析分为大云、大通、惠民三个公社，同时调整大队规模，以原行政村建立生产大队，现缪家村村境分属大云公社高一大队、缪家大队和西泾大队。

为解决下乡知识青年的问题，1963年11月，来自嘉善县城和西塘镇等地的知识青年，在大云公社高一大队组建"新庄大队"，一直到1968年11月才撤销。

1966年爆发"文化大革命"，至1967年4月，公社领导机构已处于瘫痪状态，改由公社人民武装部"抓革命，促生产"。1968年3月，大云公社召开由革命干部、民兵、造反派三方代表参加的"三代会"，成立了大云公社革命委员会。

1979年10月，高一大队析分为高一和金长两个大队，以干泾港为界。群毅大队析分为施家、西泾、缪家3个大队。

1983—1984年，实行政社分设，大云人民公社改为大云乡人民政府，生产大队改为村，辖地规模不变。高一村村委会设在殷家桥，金长村设在金草浜，缪家村设在短浜（丁家浜），西泾村设在鲍家浜。

1988年9月14日，撤乡建镇，大云乡人民政府改为大云镇人民政府，实行镇辖村体制。

1999年4月，大云镇调整下辖村庄规模，原有的15个村合并为8个村，高一、金长合并为高一村，村委会设在金草浜。此时的高一村，东靠惠民镇王家村，西连缪家村，南接平湖市钟埭镇，北依曹家村，两村以中心河为界。西泾、缪家合并为缪家村，村委会设在短浜（西）。

2008年3月，高一村并入缪家村，村委会设在短浜，现今的缪家村由此定格。下辖43个自然村：干泾港、东长浜、顾夏浜、钱家浜、高庙基、西李家浜、状元坟浜、沧浜、吴风浜、曹家桥、许家弄、东窑洞浜、种田桥、朱家浜、高家浜、坟浜、东李家浜、东落浜、西落浜、西窑洞浜、洪家娄、新桥港东、金草浜、长浜、新桥港西、短浜、西缪浜、丁家浜、叶家浜、周家宅基、东油车浜、方家浜、南黄浜、鲍家浜、唐家庄、新木桥、陈家大堰、西泾汇、西港头、永兴桥、倪家浜、季家浜、俞家浜。

中国村庄的名字，大多会显示主要居住者的姓氏和村庄所在地的地形地貌特征，缪家村也是如此。这里的地形地貌，最有特点的就是各种港、浜、溇、汇等水系及相应的堰、桥等水路设施，因此现今缪家村下辖的 43 个自然村，大多以姓氏加浜、溇、汇、港、堰、桥等字来命名，叫某某"浜"的最多（因为缪家村水系中浜最多），例外的只有高庙基、许家弄、周家宅基、唐家庄 4 个村。此前被合并或取消的盛家浜、北黄浜、杨庵浜、新桥浜、东缪浜、西油车浜 6 个自然村，则全是以"浜"命名的。

缪家村不少自然村的村名，包含了丰富的历史和文化信息。例如金草浜村，相传浜之东南有牛漾，漾内有金牛，用金草可以钓起此牛，且浜形似草，故名金草浜，村以浜名；高庙基村，是因为从前村内有座庙基较高的庙；状元坟浜村，是因为明朝状元钱士升的坟做在这里。魏塘镇人钱士升，明万历四十四年（1616）考取状元，官至太子太保、文渊阁大学士。传说因奸贼陷害，带兵平边时被害于疆场，头被敌人砍去报功。皇帝赐其金头下葬，恐被盗，做 72 疑冢，其中一个就在缪家村的一个浜口旁，此浜因此被称作状元坟浜，坟前有石人、石马、石狮子、石羊、石乌龟等。1950 年初，曾有乍浦人来盗墓，被抓住后教育释放。但时隔一个多月，墓又被盗，棺材里只有衣服，无尸骨，可以肯定只是一个衣冠疑冢；曹家桥村，是因为村里曹姓人家曾出钱建桥；许家弄村是因为村里许姓建了两排屋子，中间留了个小弄；坟浜村是因为浜旁原先有很多坟墓；东落浜村、西落浜村则标示了村庄的位置在浜之东或浜之西；西窑洞浜村位于浜西，早先住有姚姓，且有烧砖窑，另有一个东窑洞浜村，位于浜东；唐家庄，相传有唐姓大户居住于此；洪家溇村，原有洪姓大户住在这里，开过榨油坊，油坊远近闻名，此村有一条较大的出水沟；最玄乎的是鲍家浜村，相传村里有一鲍姓大户，生了个女儿叫鲍三娘。一天来了个风水先生，对鲍家说："鲍家浜是活龙地，今后要出皇帝坐江山，这做皇帝坐江山的必是鲍家。"鲍家浜从北边的唐家庄港向南延伸约 200 米，分成东西向两只浜，各约 50 米长，两浜各转向南 200 米，东浜向东弯 30 米，西浜向西弯 30 米，因此鲍家浜的形状就像一把龙椅。浜南 300 米处有一块东西向的高地像书案，高地南 50 米处有一块圆形高地像鼓。鲍家信以为真，鲍三娘十五六岁时就被送到外地拜师学艺，5 年后学成布阵打仗、撒豆成兵的本领，就日夜招兵买马，操练队伍，准备进攻皇城。没想到皇帝得到了密报，派高明道士破了鲍三娘的法术，鲍家被满门抄斩，从此鲍家浜就没有姓鲍的人家了。[①]

这些自然村中，唐家庄可能是最古老的一个。明正德十二年（1517）胥五区辖下有 4 个村庄，其中就有一个"唐家庄"。清光绪年间，胥五区辖下有 35 个村庄，也有一个"唐庄村"。据说这个唐庄村的居民是"宋参知正事唐介"的裔孙，"考其谱，一支为江陵房，一支为余杭房。（唐）介则江陵所出。谱修于元，博士名询者相传三十余世，不知迁居是庄者为几世耳"[②]。

第二节　族姓

嘉善地处沪杭交通要道，历来多兵燹、瘟疫，尤其是近代以来的血吸虫病高发，导致这里的人口变动剧烈。缪家村的现有居民多为历次移民的后代，村中几乎不见传承久远的世家大族。人是文化的载体，人的变动也割裂了土著文化的传承，缪家村显示了强烈的移民文化特色。

一、人口

嘉善是个富庶的鱼米之乡，同时又是一个多灾多难的地方。春秋战国时期，这里就是吴、越两国的交战区，明清以来更是战乱、疫病不断，难得休养生息。

明朝嘉靖年间，嘉兴倭患猖獗，人民死伤严重，"昔岛夷内讧，由东南而来，长驱直入。即有台戍，亦不能遏。且道里既长，民居亦夥，其不及避而身膏锋镝者多矣"[③]。尤以嘉善受害最重，仅嘉靖三十三年（1554）倭寇就曾 19 次过嘉善境大肆劫掠。因为"嘉善县为浙西门户，贼水道窥嘉、湖及省城所必由。又去巢为近[④]，贼务丘墟之而恣出入，故被害最数而惨"（明赵文华《筑城记》）[⑤]。嘉善的城墙就是这个时期为抗倭修筑起来的，"督抚王忬疏请委通判邓迁筑（城）"[⑥]。

---

① 大云镇镇志编纂委员会编：《大云镇志》，中国文史出版社，2016 年，第 298、300、385 页。
② 江峰青重修：（光绪）《重修嘉善县志》卷三《区域志三·村庄》，光绪十八年（1892）刻本，线装书局，2008 年，影印，第 7b–8a 页。
③ 刘应钶修，沈尧中纂，嘉兴地方志办公室编校：《（万历）嘉兴府志》卷二《城池》，上海古籍出版社，2013 年，第 11 页。
④ 1554 年倭寇以吴淞江、柘林、黄浦之险以为巢穴。
⑤ 刘应钶修，沈尧中纂，嘉兴地方志办公室编校：《（万历）嘉兴府志》卷二十八《艺文》，上海古籍出版社，2013 年，第 497 页。
⑥ 刘应钶修，沈尧中纂，嘉兴地方志办公室编校：《（万历）嘉兴府志》卷二《城池》，上海古籍出版社，2013 年，第 12 页。

清嘉庆、道光年间这里出现了严重的瘟疫，现代研究者怀疑是真性霍乱的传入和暴发。咸丰、同治年间，太平天国战争爆发，历时十多年，波及 16 省，然以"天京"（今南京）周围的江苏、浙江、安徽受创最重，"江浙皖三省被贼蹂躏之地，几于百里无人烟，其中大半人民死亡，室庐焚毁，田亩无主，荒弃不耕"①。尤其是 1860 年至 1863 年这 4 年中，江浙皖一带成了太平军与清军反复争夺的战区，战况激烈，人口死亡惨重。史载庚申年（1860）"江浙失陷几及全省，苏松常杭嘉湖最为贼薮"②。紧随战争而来的则是饥荒和大疫。

嘉善作为浙北之军事要地，沪杭之咽喉，上海之屏障，是抗日战争早期中国军队正面抗击日军的主要战场之一。1936 年为抵御日军的进攻，国民政府在平湖至嘉善一线修建了大量碉堡，大云境内有 6 座，其中 2 座就在缪家村：一座在倪家浜，一座在种田桥北。1937 年的嘉善阻止战，是抗战期间浙江规模最大最激烈的战斗，在浙江抗战史上写下了辉煌而悲壮的一页。之后，嘉善成了浙江第一个沦陷区，缪家村也深受战乱之苦，因为当时的嘉善县县政府就设在高一村旁边的王家村（现属惠民开发区），而日军就驻扎在嘉兴县钟埭镇，③因此日本人常来扫荡。西缪浜的缪锦章回忆："我奶奶在日本人放火烧房子时吓坏了，神经病了。我家房子全烧光了，最后只牵出了一条牛。"④1942 年农历五月十三日下午，"日本鬼子大队人马又到朱家浜（包括平湖县钟埭公社的一部分）来扫荡。那一次，共杀了 70 多人，朱家浜就被杀了 15 人。高阿冲的母亲被日本人强奸后在乳部、腰部、阴部戳了 10 多刀而死，鬼子还把她脱得精光的尸体抛在龙糠里。朱方根的母亲当时在草蹦里采豆，被一群鬼子戳了五刀后，又打了一枪后死在血泊里。社员沈阿知（现属平湖县）一家 7 口被日本鬼子杀死 6 人，他自己全身被戳了 7 刀，戳穿了肚皮，后来，鬼子走后，隔壁邻居看他还有口气，把他抬到医院抢救，总算没有死，全家就只剩下他一条命，当时他才 7 岁，他母亲死时肚中还有一个孩子呢！捉鱼船上一个小女孩被戳死后，抛在河里。戚阿四的老丈母被乱刀砍死。钟埭镇逃来的杀猪八官也被打死在河里。种田桥苏福德的父亲和李仁生的父亲在田里种田也被打死在田坂里。当时朱家浜周围的场景真是惨不忍睹，到处都是血迹，

---

① 王韬：《弢园文录外编》卷七《平贼议》，上海书店出版社，2002 年，第 157 页。
② 倦圃野老：《庚癸纪略》卷上，载中国社会科学院近代史研究所《近代史资料》编译室主编：《太平天国资料》，知识产权出版社，2013 年，第 99 页。
③ 钟埭镇 1958 年划归平湖县管辖，现为平湖市钟埭街道。
④ 缪锦章访谈记录。

到处都是尸体"[①]。1944 年 4 月 20 日下午，日寇和汪伪军百余人，窜到金长村王家港一带"清乡"，烧掉了陈家大草棚和杨家大屋。[②]

这里还是血吸虫病的重灾区，直到中华人民共和国成立后，通过人民政府的严防严控、免费治疗，才得以基本消灭血吸虫病。

1949 年以后，和平的环境和生活、医疗条件的改善，人口快速恢复和增长，国家在 50 年代后期开始人口控制。1957 年，中共中央要求控制人口过快增长，宣传晚婚晚育，推广和落实计划生育措施。但当时人们受"多子多福"传统观念的影响，这种宣传效果甚微。例如，1963 年的朱家浜村史调查报告，仍在赞美人口的增长，"这个村，现在已有 23 户，人口总数达到 115 人，其中仅中华人民共和国成立后出生的小孩已经超过新中国成立前全村人口的总数。……一进村，到处可以听见小孩在嬉闹声，……正是家畜成群，人丁兴旺了"[③]。1978—1994 年，计划生育进入抓严、抓实阶段，出生率开始逐年下降，人口过快增长的势头才得到真正有效的遏制。

这些历史因素，导致缪家村的人口经常处于激烈的动荡状态，无法形成一个相对稳定的长期积累，因此人口基数不大，特别是晚清民国时期，这里一度成了地荒人稀的地方。

二、移民

在大的战争、瘟疫或灾荒之后，人口都会下降到一个低点，而这个点往往又是另一个快速增长期的起点。当然，靠人口自然繁衍肯定太慢了，这种"快速增长"一般都依仗于大规模的移民。

嘉兴招民垦荒的情况出现于太平天国战后，"同治初年有司招徕垦复，初只宁、绍、温、台四府农民负耒承垦，土民因荒地不甚爱惜，听其搭棚居住，择肥翻垦，兼以插种杂粮，无关粮额，置不与较"。到光绪五年，"豫、皖、湖广及江北客民闻风而踵至，各招侪类，日聚日繁，客强土弱，屡有欺凌土著，占借窃夺，争斗衅端，甚酿命盗巨案"[④]。刘绍宽 1914 年 3 月 5 日的日记也提道："瓯民在嘉善种作者，约三百余家，皆茅厂而居。"[⑤]

---

① 大云镇镇志编纂委员会编：《大云镇志》，中国文史出版社，2016 年，第 407 页。
② 金天麟：《大云风韵》，大众文艺出版社，2004 年，第 118—119 页。
③ 大云镇镇志编纂委员会编：《大云镇志》，中国文史出版社，2016 年，第 410 页。
④ 赵惟崳修，石中玉、吴受福纂：光绪《嘉兴县志》卷十一《田赋下·土客交涉》。
⑤ 温州市图书馆编：《刘绍宽日记》民国三年（1914）三月五日，中华书局，2018 年，第 563 页。

缪家村的情况也是如此，"这里的农民绝大部分是从外地逃来的，他们有的为了逃避抓壮丁，有的因为老家地少人多，生活过不下去，只得变卖了家产，挑着孩子，像要饭的一样流浪到这里"[①]。缪家村中，来自浙江温州、绍兴、诸暨和苏北江阴的移民特别多，因为温州、绍兴、诸暨都是人多田少的地方，江阴离嘉善近，是著名棉区，生活条件比嘉善还要苦。也有从上海松江县等周边地区迁来的。这些移民都是冲着这里田多人少迁徙而来，多是一家家零散迁来，也有老乡带老乡过来的。有点钱的迁过来后就买田买牛雇长工，成了地主富农，没钱的就给别人当长工。移民在村民人口中占比很大，1946年出生的王培根回忆："我小时候我们这里没几家的，周边很多荒田，都没人种的，没有人。这里有一个黄有才，属兔的，是苏北人，他介绍了好几家苏北人过来，后来成立了生产队。我们生产队就是我们一家是本地的，其他都是迁来的，我小时候已经有人家迁过来，已经五十年、六十年了。"[②]

1949年以后的移民，大部分是国家统一安排的政策性移民。例如，1955—1956年，嘉善县窑业生产任务大量收缩，以窑业为生的干窑镇、天凝镇等地，有不少窑工和船工，按国家政策来大云镇插队落户从事农业生产，有些就落户在缪家村。周志芳家就是这样的情况："我家原来在嘉善县最北面的天凝镇，再往北就是江苏的吴江了。天凝镇和干窑镇历史上窑业很发达。是那种土窑，烧砖瓦的，烧的是黑砖(青砖)。因为这里田少人多，泥土倒适合烧砖瓦，所以就发展窑业了，半个月到20天可以烧一窑。后来整体经济不发达，砖瓦卖不出去了，窑业衰落，大量窑工失业，所以政府就组织我们有计划地移民了"，"1956年左右，我8岁的时候跟着父母移民过来的。我们是按政府计划移民过来的，五六十户人家一起迁来，到高级合作社后再分散安排"。[③]

三年自然灾害时期，国家精简整编全民所有制职工，以减少吃国家商品粮的人口。当时有不少企业干部、职工和城镇居民，积极响应国家号召，为国家分忧，主动回乡或下放农村做农民。据统计，1962—1963年缪家村接受的精简回乡人员有12户28人，西泾村有5户10人，高一村有63户124人。[④]陈菊英家就是这种下放户："1962年，我12岁的时候随父母迁移过来的。我家原来在嘉兴城里的，

---

① 大云镇镇志编纂委员会编：《大云镇志》，中国文史出版社，2016年，第408页。
② 王培根访谈记录。
③ 周志芳访谈记录。
④ 大云镇镇志编纂委员会编：《大云镇志》，中国文史出版社，2016年，第305页。

是居民户口，当时我正在读小学五年级"，因为"当时国家遭遇三年自然灾害，号召城市居民到农村去，帮助国家减轻负担，我父亲响应国家号召，就报名到农村来了""到这里下乡，是因为这里有一个我奶奶的表亲可以投靠，离嘉兴也比较近"①。

六七十年代，为了安排规模日益庞大的下乡知识青年，1963年11月专门在大云公社高一大队组建了一个新庄大队，集中安排来自嘉善县城（魏塘镇）以及西塘镇、干窑镇等地的529名知识青年。1968年新庄大队的知青被分散插队落户，11月新庄大队撤销。此外，1964年以后，还有一些零星下乡的上海、杭州及本县知青，有的投亲靠友插队落户，有的直接插入生产队落户，这种情况一直持续到改革开放前。嫁在缪家村的上海知青就有好几个，因为上海知青当时按政策去建设兵团支援边疆建设，如果已嫁在农村，就不用去支边了。

三、族姓特点

这里的人口数量起落大、族姓组构变幻不定，因此历史悠久的世家大族不多，移民现象很普遍。这也导致这里的文化土著性和传承性都不强，文化面貌呈现强烈的混合型特点。很多时候，甚至连彼此讲话都听不懂，后来大家学嘉善话，再后来政府推广普通话，交流才慢慢顺畅起来。因此，虽然这里人文昌盛，佛道信仰兴盛，民风淳朴温和，但因为彼此的"来源"不同，又相对"势均力敌"，在当地大多也没有根深蒂固、枝繁叶茂的宗族背景，所以彼此虽能温和相处，但总体上不如浙东浙南宗族发达地区那样有"血脉"意识、有一致对外的"抱团"精神。对年节习俗和人情往来也普遍比较淡漠，远不如浙东浙南地区那样热衷于"人情"。

宗族性村庄，村中会有一个主姓，而且一个村的姓氏不会太多。缪家村是移民村，情况正好相反，这里的姓氏五花八门，整个村庄也没有一个明显的主姓。但在太平天国战争前，也就是大移民潮出现之前，现缪家村下辖的很多自然村是有主姓的，村名大多就来自这个自然村最先或最主要居住者的姓氏。后来因为战争、瘟疫和移民的冲击，虽然村名仍在沿用，但居住者大都已不是原姓居民了。例如朱家浜村原有五六十户人家，大多姓朱，但1902年发生了大瘟疫，"那时的人是朝不保夕，今晚躺下，明早可能全家死光，连出棺材的人都没有，棺材也发

---

① 陈菊英访谈记录。

生短缺，往往是两个死人合一个棺材。从那次大瘟疫后，朱家浜成了一个恐怖的村庄，姓朱的人家十去八九，剩下无几了，房屋没人住，土地无人种，成了一个荒凉的鬼家浜"，到 1963 年朱家浜村"全村二十三户人家，只有朱方根一户姓朱，其余差不多全是外地搬来的，都是姓张、姓顾、姓李……"①。又如刘木林家 1951 年移民丁家浜村时，村里已经没有姓丁的人家了。② 现在主姓保留较好的是西缪浜村的缪姓，西缪浜村"住的基本都是姓缪的，就是一个（生产）组，村里有条西缪浜，原来浜前面有 5 户人家，后面有 3 户人家，就 8 户人家。（现）缪家村最正宗的就是西缪浜"。此外，"东缪浜原来只有 3 户人家，也都姓缪的。西缪浜（姓缪的）最多"③。

　　移民群体也在一定程度上影响了这里的生产模式，"绍兴、温州、苏北江阴等地的移民是成群迁来的。绍兴移民有牛，而且没有种番薯的经验，所以种水稻。温州移民没有牛，只能种番薯"④。缪家村人大部分种水稻，旱地多由温州移民种番薯，这种情况在整个嘉善都比较普遍，（光绪）《重修嘉善县志》就提道："番薯，今温台人侨居境内多种之。"⑤

---

① 大云镇镇志编纂委员会编：《大云镇志》，中国文史出版社，2016 年，第 406 页。
② 刘木林访谈记录。
③ 缪锦章访谈记录。
④ 李桂荣访谈记录。
⑤ 江峰青重修：（光绪）《重修嘉善县志》卷十二《食货志四·物产》，光绪十八年（1892）刻本，线装书局，2008 年，影印，第 21b 页。

第三章　生产和贸易

缪家村是典型的江南稻作村，从单季稻发展到双季稻再到三熟制，主产稻米。因为气候湿热，耕作制度单一，稻作病虫害高发。旱地多种番薯。其他出产不多，平湖西瓜略有名。畜禽以猪和鸡为主。手工业和贸易都不太发达，手工业除日常生活所需的竹、木、泥瓦匠作之外，比较有特色的是榨油业和灶画，20世纪50年代开始借助窑区移民发展窑业。贸易主要依靠大云集市，后来主要依靠农村供销社，村民偏爱上海货。

第一节　农业生产

作为江南水乡的典型稻作村，稻作是缪家村村民的基本生业模式，其他农副业只是稻作的补充。中华人民共和国成立后，通过土改、农田水利建设以及现代农业技术的发展，这里的稻作从单季稻发展到三熟制，水稻产量有了极大的提升，成了名副其实的稻米之村。

一、土地制度和生产关系

缪家村是平原村，在封建土地所有制下，极易形成土地集聚，因此这里拥有极少数的大地主和众多的贫雇农。土地是农民的命根，通过土地改革，农民真正成了土地的主人，迸发出了前所未有的生产热情。人民公社化时期，更是借助集体之力量，快速推进农田水利和农业科技的发展步伐，为现代化农业打下了良好的基础，但集体所有制下的平均主义倾向，也在一定程度上伤害了农民的生产积极性，十一届三中全会后，这个问题才得以逐步解决。

（一）封建土地所有制

缪家村处于平原地区，因此土地集中现象比较严重。例如，西泾村的张家、沈家都是有几百亩土地的大地主，"两家田地多得不得了，嘉善各地都有他们的田。收租米由账房和收租人去收，他们自己都不知道田在哪里"①。

大多数人只能租种地主的土地，或给地主当长工。主要有"租地种"和"分种田"两种租种方法。有些地主则雇佣长、短工耕作，刘绍宽1914年途经嘉善时，就看到"其田种稍多者，皆雇工佣作，而己游息闾井，等于闲民，时或赌博，以耗其资，无识甚矣"②。

不管是出租还是雇佣，剥削都很严重，以至于富者益富、穷者益穷。

"稻熟黄黄，眼泪汪汪"，朱家浜农民一年到头辛勤劳动，仍旧在死亡线上挣扎着。新中国成立前夕，整个朱家浜只有8户人家，有土地178.7亩，但在这些土地中，农民只占9.70亩，占全部土地的5.6%，其余94.4%的土地全部被地主霸占着。那时又是十年九荒，不是虫灾病灾，就是干旱或者三灾一齐降临。当时一般年景平均每亩可收9斗，而地主每年向农民收租起码4斗到6斗，全浜每年要被地主剥削去大米82石，可是整个朱家浜每年只能收米147石，地主从农民那里夺去了60%的产量，这使广大农民陷入饥寒交迫的状态中。

做长工就更苦了：

朱家浜现在的23户人家中有15户过去做过长工，其中父子两代做长工的有4户。……一个正劳动力给地主做长工，辛勤劳动一年，只能拿到2石多米，很多长工做了一世，到头来仍旧是光棍一条，绝子绝孙。即使能勉强成家，有了孩子，也是由于养不活老婆、孩子，使家小跟自己一样过着牛马不如的生活，生了病只能等死。③

（二）土地改革

中华人民共和国成立后，人民当家做主，各地陆续成立了农民协会，"过去被压在最下层被人瞧不起的长工，都成了农会干部，成了向旧势力斗争的积极分子。如过去的童养媳唐引宝，担任了村妇女主任，长工张阿毛后来担任了生产队长"④。

① 刘木林访谈记录。
② 温州市图书馆编：《刘绍宽日记》民国三年（1914）三月五日，中华书局，2018年，第563页。
③ 大云镇镇志编纂委员会编：《大云镇志》，中国文史出版社，2016年，第407—409页。
④ 大云镇镇志编纂委员会编：《大云镇志》，中国文史出版社，2016年，第409页。

1950 年 6 月 30 日，中央人民政府颁布《中华人民共和国土地改革法》，规定了土地改革的总路线和总政策：依靠贫农、雇农，团结中农，中立富农，有步骤、有分别地消灭封建剥削制度，发展农业生产。年底土改工作队开始进驻各村，对村民拥有的土地和其他物产进行调查记录，将村民划分为雇农、贫农、下中农、中农、上中农、小土地出租、富农、地主等不同成分，并依法没收地主的土地、房屋、耕畜、农具等生产资料以及多余的生活资料，分配给雇农、贫农、下中农以及其他劳动者。除个别恶霸地主被镇压外，一般地主也分给一份田地，让其自食其力。至翌年 2 月基本完成土改任务。但土改涉及利益再分配，情况非常复杂，"当时村干部已有腐败了，地主拿黄金给村干部，就仍然能住在好屋里，我家只给一间长工屋，一间怎么够用，后来总算给了两间长工房，一间做灶间，一间睡觉。还有分到住牛棚的"[①]。为了防止土改走过场或村干部多拿多占，3 月份又进行了复查，一直到 11 月底才结束土改。

通过土改，农民都拥有了自己的土地，而且当时这一带地多人稀，人均分到的土地就比较多。例如，"朱家浜的长工贫雇农共分到土地 178.70 亩，平均每人约 4 亩，许多老长工分到了 7 亩多，还分得了房屋、家具、农具"[②]。土改的最终目的就是"耕者有其田"，拥有土地的农民，生产积极性空前高涨。例如，土改后的朱家浜村民就"决心要在自己的土地上获得以前从没有过的大丰收，来报答共产党的恩情。第二年，这里的亩产达到了 350 多斤"[③]。

（三）互助合作

土改是按人口分土地的，而且当时这里田多人稀，人均得田率就比较高，特别是一些人口多的家庭，分到的土地就很多。但全家人口多，并不代表劳动力一定多，也不代表农资的充足和种植技术的稔熟。因此，很快就有一些家庭自愿放弃了一部分土地。这些被放弃的土地，大多是远离村庄、耕作不方便的土地，或者是没有灌溉条件的旱地、土地贫瘠的荒地，农会将这些没人要的土地留作村庄共有的农会田，当时的西泾村、高一村都有这类农会田。有些人家则将种不了的土地送给别人家，或任其荒芜，甚至重新出现了买卖土地的现象。

政府了解到这些情况后，积极引导农民开展互助合作。1952 年的农忙季节，这里已出现以自然村为单位的互助组，亲帮亲，邻帮邻，以工换工，取得了很好

---

① 刘木林访谈记录。
②③ 大云镇镇志编纂委员会编：《大云镇志》，中国文史出版社，2016 年，第 409 页。

的成效。1953 年朱家浜村遭遇大旱的时候，就是依靠互助合作的力量和政府调动的社会力量战胜了旱魔，取得了丰收，当年的平均亩产量达到了 500 多斤，"组织起来的农民在党和政府的领导下，日夜奋斗，抗旱保粮。农民昼夜不停地车水，河水太浅，就把两部水车接起来，劳力缺乏，大家咬紧牙关，日夜轮流车水，车水工具缺乏，就用桶挑水来向干旱做斗争。党又及时组织了城镇居民、工人、学生、机关干部投入抗旱斗争，驻地的解放军同志带来了骡马也赶来支援抗旱"①。

1953 年 12 月，中共中央发布《关于发展农业生产合作社的决议》，号召农民走农业合作化的道路。1954 年春，高庙乡高家村办起了第一个初级农业生产合作社——许爱宝合作社。1955 年春，高庙乡、大云乡的互助组纷纷转制为初级农业生产合作社。但 5 月份的时候，中央要求"坚决收缩"，因此绝大部分初级社解散，只留下了高家村的许爱宝合作社、西泾村的大胜合作社等少数几个初级社。7月，毛泽东主席作了《关于农业合作化问题》的报告，农业合作化运动再掀高潮，绝大部分农民都加入了合作社。

1955 年 11 月，在许爱宝初级社的基础上，高家、金长两个村合并成立了"高一"高级农业合作社。1957 年，缪家村和西泾村、施家村合并为"群毅"高级农业合作社。高级社下设生产小队，以生产小队为核算单位。当时群毅高级社有 418户，1538 人，5147 亩田。②

1958 年 10 月 1 日，大云、大通、惠民 3 个乡合并成立惠民人民公社，大云地区设 3 个管理区，也称"营"，营下设"连"（连是原行政村范围），设营长、连长。人民公社实行政社合一，工农商学兵五位一体。实行生产军事化、战斗化、生活集体化，11 月开始办公社大食堂，吃饭不要钱。对生产队的土地、劳动力、集体财产、社员私有财产等均进行平调，破坏了原有的经济体制，而且抽调过多的劳动力参加大炼钢铁运动，导致农业生产劳动力严重不足，农业产量下降。当时，国家实行粮食出口换汇，以支持国内经济建设的政策，因此作为传统产粮大县，嘉善属于国家重要的粮食征收区，尤其是 1959—1961 年的三年自然灾害期间，为解救全国性的饥荒，这里成了最主要的粮食调拨区之一，余粮几乎被调拨殆尽。1961 年 5 月 17 日，时任国务院副总理兼财政部长的李先念给毛泽东主席写了一封信，其中就讲道："目前国家粮食库存实在挖不动了，群众的底子也空

① 大云镇镇志编纂委员会编：《大云镇志》，中国文史出版社，2016 年，第 409 页。
② 大云镇镇志编纂委员会编：《大云镇志》，中国文史出版社，2016 年，第 121 页。

了，余粮区、缺粮区都很紧。几个著名的高产区、余粮区实在调苦了，农民的生活水平大为降低。"①

其实嘉善1959年的秋粮，已出现严重减产。但在极"左"思潮影响下，在"大跃进"和"人民公社"的热潮中，中央政府被各地上报的高产"卫星"蒙蔽，以为出现高产奇迹，因此，1959年不但没有免征减征，反而实行了高征购。基层干部完不成征粮任务就要被"整风"，于是只好到社员家里去"倒甏底"，强行征收社员的口粮。因此，到1960年的春天，公社大食堂就维持不下去了，只好分散为生产小队食堂，社员不得不挖草根充饥，甚至出现了饿病逃荒等现象，"吃过糠，或者用革命草②的根掺点米粉充饥。看见过几个人饿死，有些人则以投亲靠友的名义外出逃荒"③。村民缪锦章自嘲："我1956年出生，58年大量吃，60、61年没得吃，只有糠粑粑吃。58年我三岁，还不会吃，60、61年会吃了，没得吃了……58年搞大食堂，60、61年大食堂时，稀饭稀得不得了，吃光了还拼命用舌头舔碗底，舔完了不死心，还要用手指头刮一遍，真当饿煞了"④。

政府发现民间的真实情况后，于1960年春按每人每天1斤稻谷的定额，向农村调拨返销粮救急。秋收时，怕再被强征口粮，各村都出现了私分瞒产的现象。11月，中共中央公开纠错，发布《关于农村人民公社当前政策问题的紧急指示信》（简称"十二条指示"），开始整风整社，着重检查和纠正"五风"（浮夸风、强迫命令风、共产风、瞎指挥风、干部特殊化风）问题，并下派工作组进行督查和调研。1961年1月，中共中央召开八届九中全会，正式提出："从1961年起，对整个国民经济实行'调整、巩固、充实、提高'的方针。"重中之重就是采取一系列支持农业生产发展的政策，恢复和增加粮食生产。1961年2月，群毅大队成为中央工作组的蹲点单位，工作组每周都向中央汇报这里的真实情况，这些汇报资料成了中央决策的重要依据。

正是基于这样的调研和整顿，中央出台了《农村人民公社工作条例（草案）》（简称"六十条"）。遵照这个工作条例，1961年4月，大云人民公社从惠民公社中析出，实行公社、大队、生产队三级所有、以生产队为基础的管理体制，划出一

---

① 李先念：《李先念文选》，人民出版社，1989年，第259页。
② 革命草在水面、陆地都能生长，常使河港水面堵塞，故又称"塞港草"，抗日战争期间因堵塞日军汽艇来回扫荡有功，人称"革命草"。学名空心莲子草，为苋科莲子草属多年生草本植物，还有水花生、日本草、水苋菜等俗称。原产巴西，20世纪30年代末，侵华日军将其引种至上海、浙江，用作马饲料，后逸为野生。
③ 周志芳访谈记录。
④ 缪锦章访谈记录。

部分土地作为社员自留地，鼓励社员发展家庭副业，增加收入，农业生产由此开始恢复正常。

虽然在合作化的道路上出现过很多的问题和失误，但合作化对中国农业的快速恢复和发展，起了决定性的作用。没有合作化，与农业发展密切相关的劳动力调动、水利建设、农田整改、农业机械化、耕作制调整、良种推广等工作，都不可能如此顺利地开展和推进。因此，即使在最困难的时候，人们也没有放弃合作化。例如，朱家浜村就"没有出现过闹单干等现象。在大队党支部和生产队的领导下，全体社员兢兢业业地劳动，从 1961 年起，连续三年取得丰收，产量一年比一年高。据统计，1961 年比 1960 年超产 84 斤，而 1962 年又比 1961 年超产 18.225 斤，今年（1963 年）早稻平均亩产又比去年早稻增加了 55 斤"[1]。改革开放后，中国开始全面推行家庭联产承包责任制，解决了集体化时期"吃大锅饭"、出工不出力等一系列平均主义导致的问题，个体的生产积极性得到空前发挥，农作亩产和总产都达到了历史的新高度。但不可否认，单干初期取得的农业高产，离不开集体化时期打下的农业基础。如果没有那时修建的水利工程、大规模的农田整改、技术推广……骤然单干，怎么可能会有如此优厚的收获？因此，集体化时期那些干着最苦最累的活、拿着最微薄收入的农民，永远值得我们的怀念和敬重。

二、大田农作

缪家村以种稻为生，稻作从传统的单季稻，逐步发展为双季稻和三熟制。大田轮作作物主要有水稻、油菜、大小麦、西瓜、草子等，旱地则种番薯。因为田间作物一直以水稻为主，螟虫等稻作虫灾高发。中华人民共和国成立后，大力发展水利建设，排水改田，积极推进现代化农业生产，水旱和病虫害灾害得到有效抑制，粮食产量逐年提高。

（一）农田耕作

耕作制度

缪家村以前种单季稻，但在轮作上存在着几种组合搭配：水稻—大小麦或油菜；水稻—紫云英（亦称红花草、红花草子、秕花），绍兴移民则习惯种黄花苜蓿（亦称金花菜、草头、黄花草子）；水稻—白田畈（即冬闲田，亦称"板田"）。还有两种与水稻无关的组合：西瓜套种大豆—白田畈；白田畈—番薯。

---

[1]　大云镇镇志编纂委员会编：《大云镇志》，中国文史出版社，2016 年，第 409 页。

1956 年开始推广双季稻，70 年代后期开始推广三熟制。与双季稻搭配的春花作物主要有紫云英、大小麦和油菜。还有一种搭配方式是小麦套种西瓜，西瓜收后再种晚稻。

水稻

隋唐时期，随着中国经济重心的南移，嘉兴地区成了中国最重要的稻米产区，史称"嘉禾在全吴之壤最腴，嘉禾一穰，江淮为之康；嘉禾一歉，江淮为之俭"[①]。缪家村就是一个典型的稻作村。

过去农田的耕垦主要靠牛力，稻作有耕、耙、耖三个"动土"作业，都要靠牛完成。没有牛的农家，只能用铁耙、锄头翻整土地，效率很低。1956 年推广双轮双铧犁，用两头牛拉，因太笨重，1959 年被淘汰。1965 年将低压电线拉到田头，开始使用电动牵引犁翻耕，但拖着电线使用不方便而且容易触电，所以也没能推广普及。一直到 60 年代末 70 年代初，出现了手扶拖拉机，才彻底解决了土地的机械化翻耕问题。

稻种过去都靠农民自己留种或与别人交换种子，传统稻种主要有八十日、罗尖、洋尖、矮露白等。"1958 年左右，在农业局指导下种新品种"[②]，早稻有一粒粞、早生稻、矮南早、原丰早、籼优 6 号等，晚稻有农垦 58、嘉湖 4 号、测 21、祥湖 25、秀水 63、秀水 11、秀水 110、秀水 109，糯稻有测 24、祥湖 47 等。1972—1978 年大云农技站曾在本地和海南岛繁育良种，交县种子公司，各村再从种子公司购买种子种植。

水稻育秧，过去是在秧畈上播种干谷，然后覆盖一点稻草灰，不仅出秧率很低，而且容易感染病毒。20 世纪 50 年代开始推广育秧新法，先用泥水、淡盐水选种，再用清水浸种，以及用药物杀菌消毒，稻秧的出秧率和健康率都有提高。1957 年开始推广催芽播种。70 年代推广小苗带土移栽，秧畈上浇水河泥后落谷，不拔秧，用铁耖耖秧。连作晚稻则采用二段育秧法，秧苗先移植到大田密植，分蘖成壮苗后，再分植到晚稻田。

这里的农民一直比较注重除草，以前稻行稀疏，农民用"耥"这种工具来清除杂草，讲究的，耥后还会手耘一遍。1956 年开始推广双季稻，当时推行的是小株

---

① 李翰：《苏州嘉兴屯田纪绩颂并序》，载（清）董诰等编：《全唐文》卷四三〇，上海古籍出版社，1995 年，第 1937 页。
② 周志芳访谈记录。

密植，没法用耥了，农民只能在田里爬行着用手耘草，而且一季稻要耘三遍，非常辛苦。

过去粮食收割和加工工具也很简陋。水稻用镰刀收割，手工捆束，扁担挑运；用稻床掼稻脱粒，用风车扇除谷壳、秕谷。1955 年后逐渐改用双人脚踏打稻机，1963 年改用电动机脱粒。过去脱粒后需用木砻将稻谷砻成糙米，再用杵臼将糙米舂成白米，并用米筛、糠筛筛去杂质。加工米粉、面粉更加费工费时，要用石磨将大米或麦子磨成粉，再用绢筛筛去粗屑。1952 年出现流动碾米机船，沿河道开到各个村，帮村民加工大米。1956 年魏塘镇办起了碾米厂，人们将稻谷运到那里脱壳加工成白米。后来各大队利用抽水机动力开办稻谷加工厂，再后来又用上了电动机作动力，碾米和磨面都方便许多。嘉善农民传统上不贮谷，习惯于贮米，贮藏糙米、白米或"冬双米"。冬双米是一种发酵过的糙米，价格便宜，出饭量大，且容易消化。

因为过去耕作粗放，栽培技术落后，旱灾、病虫害严重，品种老化，这一带的水稻亩产量普遍较低。大云地区水稻平均亩产 1 石 2 斗（糙米），折合稻谷不足 150 公斤。[①] 缪家村的情况也差不多，例如，朱家浜村"一般年景平均每亩可收 9 斗"，1934 年遭遇大旱，"除了靠近河浜的一小部分土地收到 3～5 斗稻谷外，绝大部分土地颗粒无收……社员顾阿宝七亩半田只收了 3 笆斗谷子（约 80 余斤）"[②]。1956 年开始推广双季稻，总产有所提高，但 1958 年开始的"大跃进"和人民公社，以及紧接着的"三年自然灾害"（1959—1961 年），导致水稻产量连年下滑。1962 年政策有所调整后，水稻产量才逐步回升。70 年代后期开始推广三熟制，双季稻种植面积最多的是 1974 年，这个时期粮食总产量有了很大的提高。

稻作的劳动强度很大，传统上这里连妇女都要下田劳动，俗云"男挑女种"，意即男人干挑担等重活，女人做种田等累活。"我们这里，一般插秧、除草、收割、晒谷以及小孩、家务，都是女人管的，挑担、耕田、播种、搞肥料等重活，都是由男人管的"[③] 尤其是推广双季稻和三熟制后，农民要在最炎热的夏季抢收早稻、抢插晚稻秧，俗称"双抢"，忙得连烧饭的时间也没有，"新中国成立前，三顿饭都是烧起来吃，因为自家种自家的，不赶时间。合作化后，一早起来把三

---

① 大云镇镇志编纂委员会编：《大云镇志》，中国文史出版社，2016 年，第 117 页。
② 大云镇镇志编纂委员会编：《大云镇志》，中国文史出版社，2016 年，第 408、407 页。
③ 周志芳访谈记录。

餐饭都烧好，中饭甚至晚饭都吃冷的"[①]，农民真是非常非常辛苦。这也是改革开放后，人们很快放弃双季稻的原因。

作为稻米主产区，缪家村有过不少粮仓。早在 1947 年 8 月，嘉善县在大云设置粮仓时，高一村的民房就曾被征作仓库。1949 年 12 月在西泾汇征粮（农业税）时，也曾征用村里的沈家大屋做临时仓库。1968 年，嘉善县在大云镇粮油服务站旁建起了 4 幢房式仓，因粮食年年增产，仓库容量跟不上储粮的需求，于是 1971 年在高一村建造了一座仓容 1000 吨的拱形分仓，1974 年和 1977 年又先后在高一分仓旁扩建了两座仓容量 750 吨的房式仓。

大小麦

缪家村有种植大小麦的传统，但种植规模一直不大，只是稻作的一个小小补充，主要是因为劳力不足。

江南的稻麦两熟制大约出现在宋元时期，因为种稻需水田，种麦需旱田，所以种麦之前要将稻田起垄排水，这种做法早在元代的王祯《农书》里就有记载："起墢为畦，两畦之间，自成一畎。一段耕毕，以锄横截其畦，泄利其水，谓之'腰沟'。"[②]虽然稻后种麦，可多收一季粮食，而且麦熟于春夏之交，可济春荒，但在依靠人力和牛力的锄犁时代，要在稻、麦轮作中不断地改变农田的水旱结构，绝非易事。因此，秋收后的稻田，过去大多任其抛荒，以白田畈的形态过冬，来年春耕后再种水稻。

个别劳力比较充裕的人家，会在稻田里用专用的铁镪做起田垄（嘉善人称"麦塍头"），点播大小麦。1949 年以后，为了增加粮食总产，尤其是实行三熟制后，大小麦成了重要的春花作物，因此农业部门陆续引进了一些大小麦的优良品种。例如，小麦品种早期有扬麦、浙农 9 号、矮粒多等，后期有扬麦 1 号、浙麦 1 号、扬麦 5 号、扬麦 16 号等；大麦品种有萧山立夏黄、三月黄等。同时积极推广先进种植技术，先是改点播为撒播，70 年代又向苏南学习，推广深翻薄片、宽垄深沟的麦作经验。因为大小麦最怕涝，他们还指导农民用电动牵引打地下鼠道洞排水，以降低地下水位。

收获的小麦，除少量自留食用外，其余皆用于出售或交公粮。大麦大多用作饲料或交公粮。

---

① 李桂荣访谈记录。
② 王祯撰，缪启愉、缪桂龙译注：《东鲁王氏农书译注》，上海古籍出版社，2008 年，第 37 页。

番薯

缪家村位于嘉善县地势较高的地区，旱地比例较高，适合种番薯。

在缪家村种番薯的，多是温（州）台（州）移民。温台多山地，农民擅种番薯，但那里地少人多，无地穷人没有活路，只能选择移民。他们来到这里时，无钱购买稻田，也不会种稻，所以只能向当地人购买或租种更便宜的旱地，甚至擅自占垦旱地。

土改后，这些移民也都分到了稻田，因此这些旱地大多划归农会田，有些甚至被直接抛荒了。

1954年有了机械灌溉后，这些旱田大多被逐渐改造成了水稻田。但温台移民并没有完全放弃种植番薯的传统，即使生产队不种，他们也会在自留地上种些番薯。

油菜

油菜是江南地区最主要的油料作物，缪家村有种植油菜的传统，油菜籽油是缪家村人最主要的食用油。尤其是推广三熟制后，油菜成了这里最主要的春花作物，油菜产量大增。

缪家村原来种的都是土种油菜（白菜型油菜），产量低，出油率低，易倒伏，但可以摘薹为蔬，为蔬油两用型油菜。1961年开始引种甘蓝型油菜"胜利油菜"，胜利油菜产量高、籽粒大，含油率在40%～45%，但菜薹味苦，不可食用。后来还引种过9213系、沪优15等油菜良种。

但缪家村的土壤普遍缺磷，油菜籽的产量并不高。因为土壤轻度缺磷时，油菜虽能抽薹开花，但分枝少，角果少，籽粒不饱满，秕粒多；重度缺磷时，油菜的根系发育不好，甚至会导致植株枯萎死亡。1965年国家开始供应磷肥，油菜籽的亩产量很快就突破了100公斤。

（二）农田水利

过去，缪家村几无水利可言，连水车都很少，碰到旱灾只能听天由命。中华人民共和国成立后，毛泽东主席明确指出："水利是农业的命脉。"

因为地形低平、水网纵横交叉，这里的水利重点不是建造水库拦洪蓄水，而是挖沟排水，"村里没造过水库，水利建设主要是修建龙沟（即渠道）、机埠、疏浚河道、田地平整，……水利主要是为了排涝，我们这里没有蓄水用的水库。浜里的水是不流动的，一般会在浜底或浜头搞一个机埠，机埠大多做在浜底的，将浜里的水抽到龙沟里，灌溉农田"①。

当时，嘉善各级政府成立专门机构，落实水利经费，发动群众疏浚开挖河道，开浜掘溇修龙沟，极大地提高了河道排水、灌溉、航运、抗洪的能力，并结合农田水利基本建设，对河道进行有计划的整治。例如，高一村旱地比例高、抗旱能力弱，早在1951年春，嘉善县人民政府就以"以工代赈"的办法，组织约1300名民工对流经高一村的干泾港进行深挖拓宽。②至1963年，高一大队开深开宽了3条河浜，充足了灌溉水源，使大量的旱地，有可能改为水田。又如朱家浜村，从1952年到1963年，将占总田亩50%以上的旱地逐步改种水稻，由种番薯为主改为种水稻为主。③

以前缪家村农田灌溉"用的水车都是牛转水车，因为河岸高差大，人踏不动的"④，一架牛车一天大概能灌溉3～5亩，效率很低。1952年大旱，政府紧急筹建嘉善县魏塘抽水机站，站址就设在西泾村的长浜，1953年，春机站迁入大云乡大云寺内，为大云、惠民等乡的农田提供机械灌溉。1953年，嘉善建成的第一批机埠中，就有高一村的东窑洞浜机埠。1954年，西泾村的鲍家浜、金长村的状元坟浜、高一村的塌木桥也相继建成了机埠。到1958年缪家村稻田已全部实现机械化灌溉，只有个别的零星小圩、汇角边远田块，仍在使用牛拉水车。1961年，西泾大队鲍家浜、缪家大队丁家浜等机埠率先改用电动机抽水，实现了电力灌溉。1962年，大云公社机电管理站成立。到1964年，大云公社所属的所有生产队都用上了电力灌溉。

为了配合机电灌溉，缪家村修挖了众多灌溉渠道。1953年4月，高一村东窑洞浜为机埠配建了一条明渠明沟，属于嘉善县最早的灌溉渠之一。之后，结合农田整治工程，缪家村逐渐建立起了干支渠灌溉系统。但明渠明沟易塌方，维护成本较高，而且占用耕地，因此70年代开始改用灰土渠道，就是在大路下面埋设渠道。80年代中期，随着水泥预制品行业的兴起和发展，又改用涵管渠道，即在机耕路下埋设水泥涵管，连接成渠。不仅水资源得到充分利用，而且节约了耕地。

在兴修水利的过程中，同时开展农田基本改造工作，缪家村高低不平、杂乱

---

① 周志芳访谈记录。
② 大云镇镇志编纂委员会编：《大云镇志》，中国文史出版社，2016年，第77页。
③ 大云镇镇志编纂委员会编：《大云镇志》，中国文史出版社，2016年，第409页。
④ 李桂荣访谈记录。

交错的水田和大量的旱地，都被逐渐改造成了平整规则的大片水田，不仅稻田面积大增，而且方便了灌溉和机械化耕作。

因为有了农田水利的保障，稻作得以从简便粗放的单季稻发展为精耕细作的双季稻，单位亩产量和年产量都有了很大的提高。例如从 1956 年开始，"朱家浜的农田，在由旱地改为水田的基础上，又有 10% ～ 20% 的水稻面积田由单季稻改为双季稻"，有了机电灌溉后，"全队 260 多亩水田从根本上摆脱了干旱的威胁。1961 年，这里虽然遇到了比 1953 年还要大的干旱，但在社员的思想中，好像没有遇到灾情似的，这就充分说明了电马达的威力"。到 1963 年，"朱家浜有水稻田 263 亩，比新中国成立前水稻面积增加了 168 亩，变为富庶的水稻产区"[①]。

（三）肥料

"庄稼一枝花，全靠肥当家"。缪家村农民以前种田主要靠人粪尿、禽畜粪肥、厩肥、灶灰（即草木灰）、秸秆、烂草败叶、垃圾等农家肥，也使用河泥、绿肥、豆饼等肥料。那时"稻田普遍缺肥，有少量牛粪可用，有钱人家会到外面买豆饼当肥料，也种紫云英当绿肥"[②]。实行双季稻和三熟制后，地力急速衰退，肥料不足的问题更加严重。好在国家的化肥工业也在发展，肥料问题才逐步得到缓解。

（1）粪肥：粪肥是最重要的肥料，包括人粪尿和畜禽粪尿。村里家家户户、田头地角都有露天粪坑用以积粪。宋元以来，江南农村就有开粪船去周边大城市收购人粪尿的传统，南宋吴自牧的《梦粱录》、明末沈氏的《农书》、清朝张履祥的《补农书》等史籍，对此都有记载。1953 年大云供销社成立后，也曾去上海采购粪肥分配给各村使用，"肥料主要靠人粪尿，家家有粪坑。大集体时期，粪船开到嘉兴、上海去运粪，上级按各村田的多少来发票，每只船按票装粪"[③]。畜禽粪肥中，最重要的是猪粪。早在明清时期，这一带的农民就已充分认识到了猪粪对稻作的重要性。明末浙江归安（今吴兴）人沈氏所撰的《农书》中就讲道："古人云：'种田不养猪，秀才不读书'。必无成功"，养猪"有盈无亏，白落肥壅，又省载取人工，何不为也"！[④] "省载取人工"，是因为当地人粪尿数量有限，大量的人粪尿要到城镇去买，运输成本很高，而猪就养在农家，猪栏肥可方便载运到田头。

（2）绿肥：秋收后，田里可撒播紫云英、黄花苜蓿等绿肥作物，春耕时翻入

---

① 大云镇志编纂委员会编：《大云镇志》，中国文史出版社，2016 年，第 409—410 页。

② 李桂荣访谈记录。

③ 陈菊英访谈记录。

④ 张履祥著，陈祖武点校：《杨园先生全集》卷五〇，中华书局，2002 年，第 1400 页。

土中作绿肥。它们都是豆科植物，根系上的根瘤菌能固定空气中的氮。紫云英和黄花苜蓿都可称为草子（籽）。此外，缪家村还放养过水绿肥——绿萍。温州有放养绿萍肥为传统，绿萍又称"红萍"，农民称为"瓢"。绿萍体内有鱼腥藻共生，能固定空气中的氮，试验表明养萍田平均每亩可增产稻谷 12.8%。[①]1956 年，浙江省科学技术委员会在温州召开全省稻田养萍技术讨论会，1962 年，浙江省农业厅提出"南萍北移"，组织嘉善等 8 个浙北县的肥料技术干部去温州学习养萍技术。因为温州气候温暖，绿萍能在野塘越冬，需要时去捞点就行，但嘉善冬天较冷，绿萍无法在野外越冬。缪家村的村民很聪明，他们开了一条宽一公尺多点的沟，在沟里放养绿萍，沟上面架好竹弓，盖上尼龙布保温，绿萍就能在沟里安全越冬了，他们也不用每年跑到温州去买绿萍种苗了。开春后，他们先将沟里的绿萍种苗放养到河塘里，让它们繁殖生长，因为这个时候稻田里还种着大小麦，待大小麦收割后，农田放水翻耕，插好秧后，再放入绿萍。稻田放养绿萍后，绿萍飘满稻田水面，有效压制了稻田杂草的生长，缪家村田多人少，劳动力历来紧张，杂草少，就节省了耘田的人工。稻谷收割后，将田里的绿萍翻耕入土，是很好的绿肥。

（3）饼肥：大豆、菜籽、芝麻等植物种子榨油后剩下的残渣，俗称"油饼"，以其为肥，肥效好，施用方便，但价格较贵。江南地区在明代中期就开始使用饼肥了，1494 年邝璠出任江苏吴县知县，并在任上撰写了《便民图纂》一书，其中就提到了饼肥："壅田，或河泥或麻、豆饼或灰粪，各随其地土所宜。"[②]油饼以豆饼产量最高，因为用芝麻、油菜籽榨油，油多饼小，而用大豆榨油，油少饼大。豆饼施入水田后因腐熟而发热，能提高土温，有利于作物的生长，故江南水田在明末清初已有较广泛地使用。这些豆饼大多从山东和东北等大豆主产区海运而来。[③]

（4）河泥肥：罱河泥是嘉湖一带的传统积肥法，因为这里地势平坦，水流细缓，泥沙极易沉淀，而且这里多雨，农田土壤很容易被冲刷到河里去，但这里的水系都是圩田水系，承担着农田排水、排涝的重任，必须保持通畅，因此每年冬天这里的农民都要罱河泥、保水利、兼给农田培土、施肥，俗谚云："人补桂圆、荔枝，田补河泥、草籽。"罱河泥有两种罱法：一种是用麻布或尼龙布做成的挟捻；另一种是用竹篾做成的推捻，古代多用推捻。一般都在浜、溇里捻，因为浜、

---

①　《浙江省农业志》编纂委员会编：《浙江省农业志》，中华书局，2004 年，第 461—462 页。
②　邝璠：《便民图纂》卷二，载《续修四库全书》九七五·子部·农家类，上海古籍出版社，2002 年，第 230 页。
③　崔德卿：《明末清初豆饼的出现和江南农业的发达》，《农业考古》2014 年第 4 期。

潱里的河泥比外河外江的河泥有机质多，肥力好。罱河泥是个很累人的活，"冬天捞河泥。罱河泥，挑湿泥，都是男人的活。河泥是浇麦田的。挑上来的湿泥堆在河堤内，过个冬天泥就干了，称'白泥'，女青年将白泥挑到草子田（这里称'花草田'）里，堆放在田里，再由老妇打散耙平"①。1957 年政府开展"广积肥，多打粮"运动，大云乡成立"董家漾开河积肥指挥部"，西起陈家大堰、北起圣化桥、罗家桥，东至圣堂桥，南至新桥，筑起大坝，抽干河水，挖河泥积肥。从 1957 年 11 月初至翌年 2 月底，历时 4 个月。②1958 年，鲍家浜等设置有机埠的浜，也在浜口筑起坝，将青草、南瓜藤、冬瓜藤等投入浜里沤肥，河水发臭后再用抽水机抽进稻田做肥料。③

（5）焦泥灰：缪家村人有秋冬削草皮与泥土一起烧焦泥灰作基肥的习惯，焦泥灰和草木灰一样，是一种很好的钾肥。

（6）化肥：20 世纪 50 年代初期，政府曾分配少量的氨肥给农民试用，但农民认为用化学肥料会"白田甲"（即消尽地力），不愿使用。从 60 年代开始，化肥品种越来越多，有氨水、硫酸铵、碳铵、过磷酸钙等。70 年代，各地纷纷建立小化肥厂，碳酸氢铵、氨水、氯化铵等化肥的供应量逐年增多。化肥肥效高，使用方便，农民因此渐渐放弃需要投入大量劳动力的传统农家肥。化肥对农业增产贡献巨大，例如使用了钙镁磷肥后，油菜、蚕豆、大小麦、紫云英等作物增产明显。但过度和单纯地使用化肥，又带来了新的问题，土地板结，土壤元素比率失衡，施用效果越来越差，农作产量和品质都有所下降。

（四）病虫害防治

缪家村属于典型的水稻产区，作物种类单一，加之气候湿热，故病虫害高发，危害最大的是螟灾，"螟灾最厉害，后来褐稻虱也很严重"④。螟虫有大螟、二化螟、三化螟三种，稻苗抽芯时它专吃稻芯，抽穗时则啃咬稻穗嫩茎，一直是浙江稻作的大敌。起初，螟灾"主要限于（江南）西部丘陵地区。直到清末以后，螟灾才开始逐步向东部平原地区扩展，至民国时期而达于'猖獗'"⑤，"以杭嘉湖宁绍

---

① 陈菊英访谈记录。
② 大云镇镇志编纂委员会编：《大云镇志》，中国文史出版社，2016 年，第 130 页。
③ 大云镇镇志编纂委员会编：《大云镇志》，中国文史出版社，2016 年，第 130 页。
④ 周志芳访谈记录。
⑤ 王加华：《民国时期江南地区的螟虫为害与早稻推广》，《中国农史》2013 年第 3 期。

温六旧属为害最烈"[1]，又"向以嘉兴县为最烈"[2]。20世纪二三十年代浙江总体粮食产量急剧下降，就和稻虫尤其是螟灾频发密切相关。[3]

清雍正九年、十年、嘉庆八年，嘉善都暴发过螟灾，民国以来更严重，"几于无年不受螟害"[4]。1917年白露前后，大云出现专蚀稻心的害虫（应该就是螟虫），晚稻被害严重。1947年夏，嘉善虫害（稻椿象、三化螟）猖獗，大云等地势较高的地区，稻田受害尤重。[5]1934年，嘉善县政府治虫办公室的杨演，曾以大云镇为中心，对嘉善县农作物病虫害进行调查，结果表明："螟为嘉善稻作之最大敌害，二化螟、三化螟及大螟均极普遍，至若白螟在诱蛾灯下亦发现不少"，而且大云的螟灾要比嘉善北部地区严重得多，"去年十一月初来（嘉）善时，曾将仅存之未收获田禾之白穗（引者注：白穗是因为螟虫将穗茎近节处咬断，水分、养分无法再向穗部传输造成的）数作一普泛的观察，觉南部较北部为多，嗣检查越冬死亡率时，亦发现同样之现象。兹更将民国16—19年及22年各区奖收螟虫卵块（均系三化卵）数作一比较统计，结果亦与此现象相符合"，据上结果，"可知嘉善螟害最重区域在大云寺，城区次之，杨庙、张汇、永安、干洪一带又次之，北部之天凝、枫泾、西塘、陶庄、俞墩、丁栅等处最轻"[6]。缪家村正处于螟灾最严重的大云寺地区。

这里的螟灾之所以特别严重，与这里的耕作制度密切相关。冬天，螟虫的幼虫会钻入稻茬或田间杂草中越冬，待来年天气转暖后再化蛹、羽化、产卵、孵化成虫，因此冬季气温越高，来年虫害越重。稻田收割后如果要接着种油菜和大小麦等春花作物，就要进行冬耕并做垄开沟，这样稻茬会被犁断并翻入土中，茬中的螟虫幼虫就会被埋入土中随稻茬霉烂，或遗留在土表被寒冬冻死或被禽鸟啄食，存活的螟虫就不会太多。但如果以白田畈或草子田（即种植紫云英或苜蓿的田）过冬，存活的螟虫就会很多，因为这两种田都是野草或草子丛生。种草子不用耕田，直接撒种就行，而且草子植株密闭，相当于起了保温作用，更有利于螟虫幼虫的越冬。因此，"冬季板田及紫云英田愈多，螟虫愈易猖獗"[7]。缪家村的劳动力

---

① 徐国栋：《浙江重要害虫目前救治法》，《昆虫与植病》第2卷第12期，1934年。
② 稻虫研究所：《嘉兴晚稻螟虫为害百分率第一次考查》，《昆虫与植病》第2卷第32、33期合刊，1934年。
③ 程振钧：《民国十九年浙江省各县建设最须努力之事项》，《浙江省建设月刊》第1卷第32期，1930年。
④ 杨演：《嘉善农作物之数种重要病虫害调查》，《昆虫与植病》第2卷第31期，1934年。
⑤ 大云镇镇志编纂委员会编：《大云镇志》，中国文史出版社，2016年，第55页。
⑥ 杨演：《嘉善农作物之数种重要病虫害调查》，《昆虫与植病》第2卷第31期，1934年。
⑦ 蔡邦华：《民国二十四年江浙螟灾一瞥》，《昆虫与植病》第3卷第35期，1935年。

和肥料一直比较缺乏，故白田畈和草子田的比例一直比较高。一份 1934 年的调研报告就清楚地揭示了白田畈、草子与螟虫的关系："嘉（兴）、桐（乡）两县之农作，几可代表浙西；因种晚稻，多为一熟制。农民对于耕作上之措施，极为粗放，远不若金、衢、严等旧属各县之厉行冬耕，是故病虫害之发生，每较特多……兹就冬季言之，嘉、桐两县，有不冬耕而撒播草子者；或以橛在板田打洞，种以蚕豆者，俗谓之'牵懒陇头'；或亦翻土种春花者，俗名'勤谨陇头'，又有于收获后仅撒播紫云草者，为数颇多。田埂杂草，均不清除。凡此均予稻虫越冬之便利。"①而且缪家村位于嘉善地势相对较高的南部，灌溉不便，也没有冬灌白田畈的习俗，如有冬灌，就能泡死浸烂大多数的螟虫幼虫。这些因素都导致了缪家村螟灾的高发。后来，人们发现螟虫对晚稻的危害甚于早稻，②以致于江南不少地区改种早稻或加大早稻的种植比例以避虫害，"近年来（嘉善）东南部一带居民，以栽植'矮露白'为较普遍，谓系晚稻易罹虫害之故"，矮露白为"早稻之较著者""最普通"③。矮露白也因此成了缪家村的传统水稻品种。

此外，稻虱、稻苞虫、稻蝗、稻螟蛉、飞蝗、稻椿象、食根叶虫等虫害也时有发生。其中稻虱比较严重，"所谓'箬帽瘟'者，在嘉善时有发生，而据农民所述之征候，颇似稻虱之害状，是知稻虱亦为嘉善稻作之重要害虫，且其分布极为普遍"④。蝗灾也比较多，因为这里旱灾多，而蝗灾好发于旱灾之后，历来有"旱蝗相仍"之说。明嘉靖十九年（1540）、清咸丰六年（1856）、光绪三年（1877）、1929 年、1934 年，这里都发生过蝗灾。

病害则有纹枯病、稻瘟病（又名稻热病，俗称火烧瘟、嗑头瘟）、胡麻叶枯病、稻菌核病等。稻热病"随处皆有，本年（1934 年）大云寺秧田内所发生之苗稻热病，最烈者罹病率达 40% 左右"⑤。

中华人民共和国成立后，人民政府对病虫害防治工作非常重视。起初，政府组织农民在冬春时节掘挖稻茬，放火焚烧，因为螟虫是在稻茬内过冬的。夏秋季节组织农民到稻田里去摘螟虫卵块，晚上则点灯诱杀螟蛾。1964 年开始使用有机磷剧毒农药苏化 203、甲基 1605 喷杀螟虫。1970 年开始使用有机氮、甲胺磷、氯

① 徐国栋：《嘉桐纪行》，《昆虫与植病》第 2 卷第 6—7 期，1934 年。
② 王加华：《民国时期江南地区的螟虫为害与早稻推广》，《中国农史》2013 年第 3 期。
③ 杨演：《嘉善农作概况》，《昆虫与植病》第 2 卷第 20 期，1934 年。
④ 杨演：《嘉善农作物之数种重要病虫害调查》，《昆虫与植病》第 2 卷第 31 期，1934 年。
⑤ 杨演：《嘉善农作物之数种重要病虫害调查》，《昆虫与植病》第 2 卷第 31 期，1934 年。

果、敌百虫、杀灭菊酯等杀虫剂，但"当时只管杀虫率，不考虑生态。一六〇最毒，但治螟虫的效果最好。此外还用过六六六粉、二二三等农药。一六〇由民兵管理"①。

1966 年大云公社成立农业测报站，1972 年秋扩大为大云公社农业技术推广站，各大队、生产队配备农业技术员，主要任务之一就是监测和防治病虫害，形成三级植保队伍。那时大队里有个总的植保员，什么时候需要打什么农药了，就会把各生产队的植保员叫去开会，教他们怎么做，他们回到生产队再教社员怎么做。当生产队植保员的人，都是有点文化的，至少农药配比要看得懂。

三、其他农畜生产

缪家村是个典型的稻作村，其他农副业比较少，但不是完全没有，下面一并略作叙述。

蔬果

缪家村比较常见的蔬果有毛豆、蚕豆、青菜、南瓜、红菱（水红菱、苏州红）、西瓜、甘蔗、桃子、竹笋等，种的比较多的是西瓜和蚕豆。蔬果以农家自食为主。1970 年以后，国家发展工商业，城镇人口逐渐增加，蔬菜需求量越来越大，有些农户才开始利用自留地种蔬菜卖。

（光绪）《重修嘉善县志》记载："菱，青、红二种，红者最早，名'水红菱'。"②缪家村水红菱的品质不如嘉兴南湖菱，因为这里的水质没有南湖好。红菱种在水里，不占用农田。红菱植株在生长过程中可以吸收水里的污染物，调节水质，而且为鱼虾螺贝等水生动物提供了休憩和繁殖的场所。

桃子比较适合嘉善风土，缪家村一直有零星种植。例如以前的朱家浜人稀地荒，就有地主"派人在地里种了二十七亩地的桃树"③。

平湖是著名的西瓜产区，平湖的西瓜素来有"江南第一瓜"的美誉。缪家村与平湖接壤，因此也有种植西瓜的传统，而且种的就是平湖名产"马铃瓜"，瓜形如橄榄。当时西瓜都种在白田畈里，4 月下旬播种，套种秋大豆。20 世纪 50 年代改种产量更高的圆形的"解放瓜"，也叫"广州瓜"。采用麦田间作西瓜、小苗移栽的

---

① 周志芳访谈记录。
② 江峰青重修：光绪《重修嘉善县志》卷十二《食货志四·物产》，光绪十八年（1892）刻本，线装书局，2008 年，影印，第 22b 页。
③ 大云镇镇志编纂委员会编：《大云镇志》，中国文史出版社，2016 年，第 406 页。

方法种植西瓜，7月中旬西瓜成熟上市，8月中旬种水稻，一年三熟。

缪家村还有种竹的传统，几乎家家户户都有自己的竹园。竹有早竹、杜竹、乌桩头（乌哺鸡竹）、轧煞竹（轧杀鸡）、桃枝竹等种类。除桃枝竹外，其他竹的竹笋均可食用，早竹笋、乌桩头竹笋，味道鲜美。轧煞竹是一种丛竹，竹竿很细；桃枝竹竹节很长，可做笛。农业合作化时期，土地入社，竹园作为自留地归农户所有。1958年，大炼钢铁时，竹和其他树木都被作为土高炉的燃料砍掉了，1961年以后才逐渐恢复起来。70年代引种了淡竹和芦竹。

桑棉

杭嘉湖是著名蚕桑区，大云地区也有种桑养蚕的传统，"（嘉善）南方有桑，不及桐乡之盛"[①]。但清末民国时期，受战乱和机器缫丝织绸厂的冲击，蚕茧价格大起大落，农民只能毁桑种粮。

蚕桑在缪家村一直只是一种不太重要的副业，"我们这里主要是种稻。养蚕也有的，先是生产队养，后来分产到户养，养蚕卖茧，自己不缫丝织绸的"[②]。只有原高一村比较重视蚕桑，1958年高一高级社时就开始种桑养蚕，1962年高一大队建成蚕桑队养蚕。1970年起，种桑养蚕的村庄开始多起来。

缪家村与嘉善魏塘镇和上海枫泾镇（原属松江县）相邻，这两个地方都是明清时期的棉纺织中心，谚云："买不尽松江布，收不尽魏塘纱。"[③]因此，缪家村人购买棉布比较方便，一般自己不种不织，最多在旱地零星种点棉花，用作棉衣、棉被的絮棉。但来自棉区的移民，有纺纱织布的手艺，有时会帮大云镇上的布坊织布，补贴家用。

家畜禽

缪家村的家畜有猪、牛、羊、兔，以养猪为主；家禽有鸡、鸭、鹅，以养鸡为主。

过去农家经济薄弱，又缺乏科学的养殖和防疫技术，农家大多只能饲养几只家畜。家禽饲养是这里的传统家庭副业，自繁自养，以自食为主，也少量出售禽、蛋。

20世纪50年代，政府鼓励农民积极发展家庭畜禽养殖业，以牛、猪、鸡、鸭

---

① 王志邦总编：《清雍正朝浙江通志》卷一百二《物产二》引（万历）《嘉善县志》，中华书局，2001年，第2354页。
② 陈菊英访谈记录。
③ 王志邦总编：《清雍正朝浙江通志》卷一百二《物产二》，中华书局，2001年，第2365页。

为主。1958 年公社化后，畜禽全归集体饲养，农家不能饲养，养殖量有减无增，家禽饲养几近灭绝。1961 年撤销集体牧场，家畜禽重归农户饲养，养殖量有所回升。1963 年的朱家浜村史调查就讲道："现在全村共养了 2 头牛，31 头猪，鸡鸭不计其数。一进村，到处可以听见小孩在嬉闹声，家畜家禽在村里走来走去，大白鹅见了生人就伸长脖子，摇摇摆摆地向生人啄过来，正是家畜成群，人丁兴旺了。"①

牛：养牛主要是为了耕地、耙地、耖地、拉水车（灌溉）。这里养的大多是水牛，也有少量黄牛。

因为缺少足够的放牧草地，以前这里养牛不多，大多是在春耕前，从诸暨、金华等地购入耕牛，"牛，贩之浙东，土产为少"②。金衢地区山地丘陵较多，"先时，山居之民自耕樵外，无大生息，则多蓄牛。……所入倍称，可比素封"③。虽然后来因为棚民垦山，失了养牛优势，但却形成了一个以金衢为中转站的耕牛贩卖路线。金衢人利用各地春耕季节的时间差，先从养牛仍然较多的江西广丰、上饶一带买入耕牛，完成当地的春耕后，再将牛卖入即将开始春耕的杭嘉湖地区，牛在杭嘉湖耕作完毕后，又被卖入上海等大城市作为肉牛屠宰，故民间怜之："生在江西，长在江山，用在嘉兴，老在无锡，死在上海。"④ 但从人的角度讲，这是成本最低的一种耕牛使用方式，也是多熟制、人地矛盾激化后的无奈之举。离不开耕牛的稻作民，也心怀惜牛之心，嘉兴地区传统上几乎不食牛肉，"本地牛最贵，用以打油、车水，非病不宰食，故本地少食牛肉者"⑤。

初级农业合作社时，租用农户耕牛；转入高级社时，耕牛折价归集体所有。集体耕牛由社员家庭轮流放牧、割草喂养，一般由妇女负责。轮到放牛的人很高兴，因为比在田里干活轻松，而且可以溜回家干点家务。⑥ 20 世纪 70 年代，随着拖拉机的逐渐普及，耕牛用得越来越少。

猪：猪是杂食动物，适宜圈养，而且繁殖率高、脂肉率高，因此猪一直是中国农区最重要的肉用家畜。

缪家村没有酱、腌猪肉制品的传统，鲜肉无法长贮、远销，故猪肉都是自食

---

① 大云镇镇志编纂委员会编：《大云镇志》，中国文史出版社，2016 年，第 410 页。

② 江峰青重修：（光绪）《重修嘉善县志》卷十二《食货志四·物产》，光绪十八年（1892）刻本，线装书局，2008 年，影印，第 27a 页。

③ 赵衍总纂，胡启甲、俞允撰：康熙新修《东阳县志》卷三《物产》，清康熙二十年（1681）刊本，第 63a 页。

④ 江山市志编纂委员会编：《江山市志》，浙江人民出版社，1990 年，第 235 页。

⑤ （崇祯）《嘉兴县志》，载《日本藏中国罕见地方志丛刊》，书目文献出版社，1991 年，第 418 页。

⑥ 陈菊英访谈记录。

或就地销售，供求有限，因此饲养量并不大。

20 世纪 50 年代，政府号召发展养猪事业，生猪养殖有所发展。1956 年中央颁布《农业发展纲要》，提出了粮食亩产 800 斤、每户养猪 8 头的具体目标。缪家村是典型的稻作村，而且 1956 年推广双季稻后，对肥料的需求急增，因此村民对养猪积肥都特别积极，家家户户开始养猪，期盼肥多粮多。

1958 年成立人民公社，各大队、生产队都建立了集体养猪场。本来这是件好事，但做过头了，不允许农户养猪，农户已养的猪都被拉到生产队养猪场充公了。生产队养猪不可能像家庭养猪那样尽心，猪的数量和质量都有所下降。1961 年重新允许农户养猪，并给每家每户划分了养猪饲料地，母猪按月发 30 公斤饲料票，可用来购买米糠、麸皮等精饲料。1965 年起，农户交给生产队的猪灰（即猪圈厩肥）还可按斤折算成工分，而且农户每向供销社出售一头肉猪，可得到 25 公斤饲料的奖励。这些措施有效地调动了社员家庭养猪的积极性。那时一家大多养一两头肉猪，120 斤左右出栏，可以卖 50 块钱。后来很多人家改养母猪，因为养母猪生小猪卖，比养肉猪更赚钱。母猪每年可产 2～3 胎小猪，每胎有七八只到十多只小猪。生下来的小猪养到二三十斤、三四十斤就可以出售了。

以前猪饲料主要靠打猪草，以革命草为主，革命草在水里、陆地上都能长，很多。南瓜藤、番薯藤、蚕豆茎、草子等作物茎叶，也是很好的猪饲料。将它们切碎，与米糠拌在一起，就可以喂猪了。草子田的草子，当时是按工分分给社员当猪饲料的，草子嫩时可以摘来当菜吃，老了可以当猪饲料。因为当时的猪饲料以青饲料为主，猪营养不足，长得很慢，养一年才可出栏。1975 年以后，大麦、糠麸、大豆等精饲料逐渐增加，猪长得又快又肥，6～8 个月就可出栏。因为缪家村燃料紧张，因此这里养猪都是直接投喂生料，没有煮猪食的习惯。

这一带以前养的都是嘉兴黑猪，属于太湖猪的一个主要类群。嘉兴黑猪体形肥大，有黑色粗毛，脚和头颈都很短，眼小，耳大而下垂，具有性早熟、产仔多、仔猪存活率高、耐粗饲、适应性强、肉质好、杂交优势明显等特性。嘉兴黑猪的产仔率很有名，一胎产 15 头左右，多的有二三十头，20 世纪 80 年代后期，嘉善县枫南乡甚至出现了一胎 36 头的记录。[①] 母猪性情温和，母性好，会带仔，故猪仔成活率高。嘉兴黑猪的适应性非常强，嘉兴地区最高温度可达 40℃，最低温度零下 12℃，而且这里的猪舍搭在屋旁，低矮简陋，母猪终年不见阳光，饲料多为

① 张斌荣：《嘉兴黑猪的养殖选育和繁殖保种历史》，《中国畜牧业》2018 年第 5 期。

野草等粗饲料，饲料中的蛋白质水平低、粗纤维多，但嘉兴黑猪在这种饲养条件下却仍能保持高繁殖率，唯一的不足是出肉率比较低。

20世纪五六十年代，开始引进约克、长白种猪与嘉兴黑猪杂交，繁育出了一代杂交白猪。这种猪出肉率高，而且肥肉、油脂比率大。当时人们的饮食中，极度缺乏蛋白质和油脂，故肥肉和板油最受欢迎。

羊： 缪家村以前养山羊，但养的人不多。秋冬季节，会有羊贩子上门来收购。农户在过年、办喜事时，也会宰羊食用。中华人民共和国成立后，农民养羊有所增加，养山羊，也养湖羊，"湖羊主要喂干草、革命草"①。1958年，和牛、猪一样，农家的羊也被划归生产队养殖场。1961年允许农户养殖后，羊的养殖数量有所回升。1965年西泾大队4队创办了养羊场，饲养了30多头绵羊，1968年停办。

兔： 缪家村一带有食用兔子肉的传统，养的是草兔，以自养自食为主。20世纪70年代，开始养长毛兔，剪兔毛出售。兔种是大云供销社收购站引进的西德长毛兔，体大毛长，毛质好，产量高，深受农户欢迎。那时不仅农家养，很多生产队也办起了集体养兔场。

家禽： 养鸡很普遍，以散养为主。鸡肉和蛋是农家重要的荤食来源，但平时大多舍不得吃，留着过年过节或待客。鸡蛋大多积起来出售，以换取油盐酱醋等生活必需品。

缪家村虽是水乡，但养鸭并不多，因为"这里河汊港浜众多，鸭在水里游，很容易走丢，走丢就白养了，不合算"②。

农家散养的鸡经常会窜入田园啄食谷物蔬果，因此集体化时期，生产队会限制农家养鸡的数量，按家庭人口多少，分大户、中户、小户，分别准养1～3只鸡，"三口之家允许养2只鸡，2个人或1个人的，只能养1只鸡。队干部夜里要来查鸡棚的"③。

水产： "这里传统上种水稻，野生鱼也抓的，但江小，无大荡，鱼不多的。螺蛳过去河里多得不得了，黄鳝、泥鳅、田螺，田里多得不得了"④，而且作为稻作村，尤其是实行双季稻和三熟制后，农民整年都很忙，也没工夫去捞虾捕鱼，所

---

① 李桂荣访谈记录。
② 陈菊英访谈记录。
③ 陈菊英访谈记录。
④ 李桂荣访谈记录。

以缪家村村民需要的水产，大多向拥有大江大荡的渔民[①]购买，"那时有专门的渔民大队，我们用米和他们换鱼吃"[②]。

民国时期，鲍家浜等地村民曾合股做竹箔拦截浜口，在浜内放养白鲢、花鲢和鲤鱼。20 世纪 60 年代，西泾大队也有部分生产队曾围浜养鱼。[③]

第二节　手工业和工业

在缪家村这样的农业村庄，手工业和工业的发展，不仅为村民的生产和生活提供了便利，而且也是村民取得货币收入、改善生活条件的重要途径。

一、传统手工业

缪家村以前有榨油坊等手工作坊，村里还有铁匠、箍匠、泥瓦匠、裁缝等手工匠人。镇上有打铁铺，但村里只有铁匠担子，在庙前、桥头摆摊打制铁器。当年村里比较有名的匠人有箍匠周保明、泥瓦匠陆永昌和裁缝李顺元等。

砖瓦业

嘉善砖瓦业不知起于何时，相传南宋建都临安（即杭州）时，宫城所用的砖瓦均来自嘉善干窑及其周边地区。明清以来，嘉善砖瓦业发展迅速，其窑域之广、窑墩之多、窑货之丰、从业人数之众，在江南罕见，对苏南、浙北和上海地区，特别是对上海的城镇建设，作出了巨大的贡献。尤其是淞沪开埠后（上海 1842 年开埠，吴淞 1898 年开埠），砖瓦需求量大增，生产地"渐次推广至上甸庙、下甸庙、洪家滩、天凝庄、清凉庵、范泾、界泾等处，为农民之唯一副业，亦即为农民之主要生产"[④]。当时"浙江嘉善县境砖瓦等窑有一千余处，每当三四月间旺销之际，由各船装载自浙境入松江府属之黄浦或往浦东或往上海，每日总有五六十艘，其藉此以谋生有不下数万十人"[⑤]。1909 年沪杭铁路开通后，多用火车载运，"近

① 1968 年，嘉善县进行连家渔船社会主义改造，原在魏塘及"路北"的 1144 户渔民，被分配到当时的 17 个人民公社落户。大云公社安置了 31 户渔民，落户在七一大队，并成立水产大队。1984 年改为渔民村，1995 年并入吕公桥村。（《大云镇志》第 58 页）

② 陈菊英访谈记录。

③ 大云镇镇志编纂委员会编：《大云镇志》，中国文史出版社，2016 年，第 152 页。

④ 剑濡：《嘉善生产概况》，《申报月刊》第 4 卷第 8 期，1935 年。

⑤ 《窑户苦况》，《申报》1890 年 5 月 18 日第 2 版。

来因吴淞辟为商埠，各商店工厂等，正在建筑，所需砖瓦，多向浙省嘉兴嘉善一带砖瓦窑订购，为数甚巨，除有一部分因有种种原因，须由轮运外，其余均装沪杭甬铁路货车载运，故近日该路枫泾、嘉善、嘉兴各站，经客商报装砖瓦前往吴淞者，络绎不绝，每日平均计有三十余辆之多，其整车运费，每三十吨，收运费三十元"[①]。但到 20 世纪 30 年代，受物价飞涨、百业凋敝、农村经济破产的影响，嘉善窑业衰落。一直到抗日战争胜利，才有了短暂的兴旺，但很快又因米价高昂、雇工成本高、受南京等地新兴洋瓦厂排挤等原因，窑业再次走向衰落。

缪家村以稻作为主，但下辖自然村的村名中，有"东窑洞浜村"和"西窑洞浜村"，据此推测历史上应该也有过窑业。20 世纪 50 年代，因嘉善北部传统窑区窑业衰落，窑民生活困难，为此政府有计划地组织大量天凝镇、干窑镇的窑工家庭移民缪家村等地插队务农。这些窑工移民，后来成了缪家村兴办窑场的主力。1956 年前后，移民高一村的周志芳家，就是一个典型例证："我家原来在嘉善县最北面的天凝镇东方红村，再往北就是江苏的吴江了。天凝镇和干窑镇历史上窑业很发达，是那种土窑，烧砖瓦的，烧的是黑砖（青砖）。因为那里田少人多，泥土倒适合烧砖瓦，所以就发展窑业了，半个月到 20 天可以烧一窑。后来整体经济不发达，砖瓦卖不出去了，窑业衰落，大量窑工失业，所以政府就组织我们有计划地移民了"，"我父亲 12 岁就开始学烧窑了"，刚来时"先跟着这里的村民种稻。后来大队里发现我们这批移民有烧窑的技术，就发展窑业，大概 60 年代初办了两个窑厂，我父母就去大队窑厂工作了，赚工分，我爸是大副，技术工，我妈是一般打工的，出窑的。十多年后，大队的窑厂倒闭了，我们又重新去种稻。70 年代镇里办起了一个轮窑厂[②]，叫东窑厂，后来又办了一个西窑厂，我爸先到东窑厂做，西窑厂成立后，又被调到西窑厂做，因为他有技术的。……缪家村地势高，窑场不会被水淹，而且土墩多，泥就多，其实比北面地区更适合烧窑"[③]。1959 年 3 月，嘉兴砖瓦四厂也曾在高一大队李家浜开设分厂，建造了 7 座土窑，有约 70 个制坯工和窑工，生产青砖和土瓦，1962 年改建成耐火器材厂。

榨油业

油菜是当地最重要的"春花"作物，因此榨油坊也比较多。

---

① 《沪杭路车运嘉兴砖瓦赴淞》，《申报》1921 年 7 月 20 日第 15 版。
② 1971 年 2 月，大云公社开始建造轮窑厂，窑厂设在甘泉大队长生桥旁，当年 8 月投入生产。
③ 周志芳访谈记录。

缪家村已填平或废弃的 8 只浜中有一只"西油车浜"，现存的 37 只浜中有一只"南油车浜"、一只"油车浜"；现缪家村下辖的 43 个自然村中，有一个"东油车浜村"，在并村过程中被合并取消的 6 个自然村中，有一个"西油车浜村"。这些地名表明，缪家村过去是有不少榨油坊的。

竹木作

竹木作过去多是师傅带徒弟的家庭式经营，农忙务农，农闲作匠。

缪家村村民会在房前屋后和河道边种些树，大料用于建筑，中小料用来制作家具、工具和器具。在生产实践中，人们还逐渐掌握了不同材质与器物功用的关系，他们会用榉树做家具，用花榆做犁、耙、水车，用柏树做水车地轴，用楝树做水车的括水板……

木工有长木、细木、圆作、方作等不同的分工。长木建房，细木做家具，圆作箍桶，方作打棺材。村里木工主要做些车水用的"连头"、括水板、拔秧凳等器具出售。箍桶匠多是走村串巷箍桶和修桶。

缪家村人有种竹的传统，不少农户都有自己的竹园。乌桩头竹竿壁厚，适宜做铁锘柄；摇毛竹适宜编织篮、蒜等用具；篾竹最适宜编簟席；钢铁头做铁锘柄最佳；桃枝竹的节很长，可做笛。村中篾匠负责编制和修补竹簟、篾席、篮、箅、谷筛、米筛、谷箩、簸箕、脚担、蒸笼等竹编农具和生活用具。周保明是缪家村有名的篾匠，能编制近百种传统竹编器具，且工艺精细，村民们碰到订婚、结婚等喜庆事宜时，都请他编制竹器。

砌灶和灶画

民以食为天，做饭菜的灶头也因此成了一个与家庭命运息息相关的地方，说一户人家"倒灶"了，也就是说这户人家败落了，所以家家户户要供灶神、祭灶神，要保持灶头整洁清爽，以免惹得端坐其上的灶君不高兴，嘉兴等江南水乡地区更是发展出了"灶画"这种独特的民间艺术，用来装饰灶头，祈求家口平安、生活富足。

灶画，亦称"灶头画""灶花"或"灶壁画"，画的都是民间故事、吉祥动植物。例如，画一只引颈长鸣的公鸡和一丛牡丹，寓意"功名富贵"；画一只公鸡和五只小鸡在一起，寓意"五子登科"。灶上题写的文字，都是吉语，如人口太平、日进斗金、招财进宝、年年有余等。灶头背面的火口上方，会写上"火烛小心"，而且"火"字都是倒着写的，寓意"火不起"，祈求不要发生火灾。

缪家村人都是"九月九日打灶的,当天轮不到打,就叫打灶师傅用砖先垒个灶圈,相当于奠基,等打灶师傅有空了再来打"[①]。砌好灶后,灶面用石灰涂抹成白色,趁灶面还潮湿的时候,灶画师用刮下的锅底烟灰(当地称"镬锈"),加水调和成黑色颜料画灶画,因此过去的灶画多是白底黑画。画时灶面还是潮湿的,颜料画上去就渗入了灶壁里,十年二十年不脱落、不褪色。砌灶、画灶都是同一个师傅完成的,但灶画画得好的师傅不多。

灶画技艺通过师徒传承。朱家浜的高阿玉很有名,能在灶头上画"暗八仙"。[②]李桂荣也是缪家村有名的灶画师,"我画灶画拜过师傅的,师傅是平湖县人。我收过 1 个徒弟。其实我教过很多人,只是没有正式弄过收徒仪式。过去造新房子或者结婚,灶都要新砌的。房子、眠床、灶头,这三样东西过去的人最重视了"[③]。

二、国营和社队企业

改革开放前,缪家村曾有国营和社队两类企业。

国营企业有两家:①魏塘抽水机站:1952 年大旱,1953 年嘉善县人民政府在西泾村长浜建立地方国营魏塘抽水机站,后迁至大云寺。1961 年实行电力灌溉,抽水机站迁至魏塘镇,改为农机三厂。②嘉善第四砖瓦厂大云分厂:1959 年 3 月,嘉兴县(当时嘉善县并入了嘉兴县)砖瓦四厂在高一大队李家浜开设分厂,1962 年改建为耐火器材厂,1998 年停业。

社队企业的发展过程比较复杂。农村完成"土改"后,国家开始制订第一个针对工业发展的五年计划(1953—1957 年),简称"一五",当时的口号是"工业增速,超英赶美"。"一五"期间,完成了对手工业的社会主义改造,手工业者被归并到了社办企业。1957 年群毅高级社组织了木工组和缝纫组。1961 年大云公社设置了铁器、木器、竹器三个组,同时建立了农机修理车间、稻谷加工厂,归机管站管理。1964 年 3 月,大云公社召集 17 个泥工、木工成立了"大云公社土木修建组"。同年 10 月,铁器组、木器组、竹器组、土木修建组、服装组合并成立"大云加工服务社",由嘉善县二轻局管理。1968 年 6 月,大云加工服务社改名为"大云农具修造厂"。1972 年,土木修建组从大云农具修造厂析出,单独成立"大云公社建筑社",生产多孔板、屋架、桁条等钢筋混凝土预制产品。1976 年大云公社

---

① 李桂荣访谈记录。
② 大云镇镇志编纂委员会编:《大云镇志》,中国文史出版社,2016 年,第 413 页。
③ 李桂荣访谈记录。

建筑社内的桥梁组析出，单独成立"大云公社桥梁队"。70 年代，村里的社队企业明显增多，"70 年代开始有砖瓦厂、农机厂（生产铁、木工具）、毛纺厂、水松纸厂，水松纸是做香烟嘴用的。两个砖瓦厂是 1971 年建成的，烧红砖"①。

当时是人民公社体制，这些社队企业也不一定都设在缪家村，但有许多缪家村人曾在这些企业工作。例如村民李桂荣，学过泥工，"当过建筑工程队队长"，建筑工程队是"1964 年组建，当时只有 16 个人，1984 年增加到 800 多人，嘉善县里的人最多，知识青年和生产队里的农民都有，知青大概有五六十人"②。

1978 年十一届三中全会后，明确提出了"社队企业要有一个大发展"的目的，社队企业由此进入了一个蓬勃发展的新时代。

第三节　贸易

（正德）《嘉善县志》说嘉善人"民性柔慧，乐于从上而惮于行商，去家百里则有难色"③。从历史上看，缪家村人也不擅长经商，"村里做生意的人不多，温州移民也不经商""嘉善清朝一个知县说这里的民风：民风淳厚，淡于经商"④。但因为缪家村的交通条件还算可以，因此小规模的商业活动还是比较常见的。

一、商业网络

北宋乾德二年（964），胥山乡居民李德荣舍宅为寺，名"净众寺"。北宋治平二年（1065）净众寺改名"大云寺"，香火旺盛，渐聚成市。大云镇集市很有名，尤其是庙会期间，集市规模很大。但晚清以来，因为内忧外患，瘟疫肆虐，人口锐减，农桑衰退，连带着商业贸易也趋于清淡。中华人民共和国成立后，庙会被认定为封建迷信，但每年仍会在大云寺人民广场举办春秋二季物资交流会，邻近乡镇的商业部门都会来摆摊展销。但这种物资交流会 1956 年也停办了，到 1962 年才恢复，但 1965 年又停办，1966 年被作为"资本主义尾巴"批判，一直到改革开放后才正式恢复集市贸易，开辟小商品市场。大云寺的集市，一直是缪家村人

①② 李桂荣访谈记录。
③ 倪玑纂定，嘉善县史志办公室编辑整理：（正德）《嘉善县志》卷三《风俗》，正德十二年（1517）刻本，中华书局，2016 年，影印，第 1a 页。
④ 李桂荣访谈记录。

最重要的贸易中心。

缪家村里也有一些生活资料商店、茶馆之类的小店。生活资料商店主要经营油盐酱醋、针头线脑等日用品。茶馆在嘉善人的生活里很重要，男人有到茶馆喝茶聊天、拎市面、讲道理（即评理、调解纠纷）的习惯。茶馆一天早、中、晚三市开张，天刚蒙蒙亮，人们就陆续上茶馆洗脸、喝早茶。因为嘉善本地不产茶，家里为省柴也不烧开水，所以男人们习惯到茶馆去喝茶。没有钱可以先记账，秋后用粮食、农副产品、毛豆萁、柴薪等物品还清欠账。"打拳头"卖膏药、"小热昏"梨膏糖、算命先生、理发摊，都喜欢在茶馆里摆场子、兜生意，有些茶馆还有听书、看戏文之类的文娱活动。农民则习惯在茶馆前面摆摊，售卖各种农副产品。但中华人民共和国成立后，农村茶馆就不让办了。

1952年农民合股成立了"大云供销合作社"，1954年农民合股成立了"大云信用合作社"。1958年大云并入惠民公社，大云供销合作社也随之并入"惠民公社供销合作社"，但在大云设有分部。1961年4月，大云从惠民公社析出，成立大云公社，新建"大云公社供销合作社"。1962年，为方便群众，大云公社供销合作社在离大云镇较远的高一大队和西泾大队设立了代购代销商店（俗称"二代店"）。二代店的营业员由所在大队安排，经营业务由供销社负责管理，按月盘点，自负盈亏。供销社是当时农村最主要的商业部门，与农民的生产、生活密切相关，村民所有的买卖，几乎都要通过供销社完成。

二、出售物

缪家村的出售物多为农产品，最大宗的就是稻米。此外，还有少量的大小麦、蚕豆、大豆、油菜籽、西瓜、蔬菜、猪肉、稻草等。

稻谷（米）附：稻草

嘉善是传统稻作区，稻米是这里最大的出产物和交易物，"米为嘉善大宗农产品"[①]，"商业以米业为首"[②]。

20世纪20年代，嘉善粳稻（晚白粳）已倍受上海米商的青睐，成了上海米市的主要粮源之一。从1923年5月起，上海《申报》的"经济商情"专栏，每天都会报道嘉善的粮市价格。嘉善银籼则畅销浙江杭州，冬春米（亦称"黄米"）则畅销

---

①　陈渭川：《经济调查：（二）嘉善县经济状况及利率》，《国光周报》第1卷第23号，1933年。

②　新光：《浙江嘉善各业概况》，《钱业月报》第3卷第10号，1923年。

海宁县硖石镇。上海、杭州从嘉善买米主要是为了供给市民口粮，但海宁硖石买米主要是为了转卖，因为海宁扼沪杭交通之要冲，水陆交通四通八达，是当时重要的粮食集散地，海宁商业以"米为大宗"，硖石镇为"江南米市"之一。[①] 嘉善县"每年产米量约 100 万石，十九年（1930 年）为 140 万余石。全县食粮，每人每年平均以 2 石 5 斗计，年需约 55 万石，其余米十分之七运销上海，十分之三运销硖石"[②]，即每年嘉善县所产稻米运往上海者约 60 万石，超过该县的自给之数，运往硖石也近 25 万石。全面抗日战争前，嘉善县秋粮登场时，每日上市糙米 8000 余石，每年外销 30 万～40 万石。即使是战后的 1946 年，嘉善全县每年运销上海、硖石的粮食仍达 25 万石。[③] 甚至在歉收的时候，嘉善的稻米仍被大量外销，导致本地米价高涨，居民吃米困难。1929 年《申报》上的一篇文章就讲道："近来嘉善米市日涨，大市已达十四元，尚须看高，早晚稻因虫、风受损，收获数量只十之三四，而运米销售外埠，为数不赀，米价坚俏，民食堪虞，县府已有调查存米总额之议，以抑平米价。"[④] 还有一个比较特殊的情况，就是这里移民众多，他们大多来自人地矛盾尖锐的缺粮区，因此很多移民会把收获的稻米运回原籍，供家族食用，"农民客籍居多，秋收以后，往往运回原籍，故嘉善生产虽富，而土著农民实穷"[⑤]。

在稻米收获季节，谷米大量上市，稻农又急于拿到钱还欠债、购置来年的生产资料、贮备冬春的生活用品，这时米商就会趁机压价收购，然后囤积居奇，在春夏之交、青黄不接的时候，哄抬粮价。因此，中华人民共和国成立后，人民政府十分重视粮食的流通管理，以防奸商害民。1953 年，政府实行统购统销，农民预留口粮、种子和饲料粮后，余下的粮食由国家统一收购，城市居民则按人口定量供应，粮食产销价格因此趋于稳定。但 1958 年人民公社实行食堂制，社员家里不能开伙，大家都要到公社食堂去吃，而且可以放开肚皮吃，很快就把存粮吃光了。1959 年因为全国各地粮食亩产"放卫星"，中央政府以为是超乎寻常的丰收年，因此提高了粮食征购额度，而且完不成征购任务就要被批判，基层干部只能把农民的口粮也征收了。这两件事夹杂在一起，造成了非常严重的饥荒。中央政府发现情况后，紧急返销救济，一直到 1962 年粮食产量有所回升后，才停止返销，恢

---

① 《海宁县经济概况调查》，《浙江经济情报》第 1 卷第 1 至 5 各期合刊，1936 年。
② 陈渭川：《经济调查：（二）嘉善县经济状况及利率》，《国光周报》第 1 卷第 23 号，1933 年。
③ 《嘉善县志》编纂委员会：《嘉善县志》，上海三联书店，1995 年，第 517 页。
④ 《嘉善》，《申报》1929 年 9 月 29 日第 10 版。
⑤ 剑濡：《嘉善生产概况》，《申报月刊》第 4 卷第 8 期，1935 年。

复原有统购统销政策。

附：稻草

嘉湖及苏南地区为平原水网区，缺少山丘，故柴薪供应不足，特别是大城市，普遍缺薪少柴。

嘉善作为稻作区，稻草较多，因此以前有很多苏州的"柴主人"（柴薪供应商）会上门收购稻草和麦秆。集体化时期，收割的稻草都按工分分给社员，用作社员家的燃料和牛棚猪圈的垫草。原则上，多余的部分由大云供销社收购，但事实上社员都不够烧，哪有剩余稻草、麦秆可卖！一是因为村里人口越来越多，二是因为推广双季稻后，选用的都是矮秆稻品种，稻草产量不大。

大小麦

缪家村人以前虽然也会少量种点大小麦，但习惯于吃稻米，很少吃面食。收获的大小麦，除留少许自家食用或作为饲料外，大都出售换钱。推广连作制后，大小麦的产量有所提高。

1953 年国家开始实行统购统销，社员收获的大小麦，大多拿去交售统购粮，"大麦以前喂猪的，或者卖给国家。小麦基本都卖给国家，每户分 5～6 斤，自己加工成面粉，做馄饨等食品吃"[1]。政府允许以大小麦交售统购粮，1 斤大麦折抵 1 斤稻谷，1 斤小麦折抵 1.11 斤稻谷。

油菜籽

过去农民收获油菜籽后，或者拿到油坊加工成菜籽油，自家食用，或者直接将油菜籽卖给油商。

1954 年取消私商收购，由国家统一收购、统一销售。1955 年实行按比例统购，国家统购 80%，农民自留 20% 以籽换油。1957 年起，对油菜籽收购实行全购全销政策，规定农民所产油菜籽除预留的种子外，要全部卖给国家。

为鼓励农民多向国家出售油菜籽，政府还陆续出台了不少奖励政策。例如，每交售 50 公斤油菜籽，奖售大米 2.5 公斤、化肥 2.5 公斤、棉布 1.7 市尺，返销菜籽饼 17.5 公斤。后来还对超售部分奖励工业品、生产资料或者议价收购。

猪、羊肉及禽蛋

缪家村村民有养猪传统，以前由鲜肉店店主到饲养户屠宰生猪并收购白胴。1955 年，嘉善县食品公司在大云镇北街至北岸转角处开设鲜肉店，最初沿用传统

---

① 周志芳访谈记录。

收购办法，到饲养户家屠宰生猪并收购白胴。1966 年，嘉善县食品公司在大云镇花园路（原北岸）设立大云食品站，建起生猪收购仓库、屠宰场和肉店，由食品站收购生猪，估白肉，出肉率分为 13 级，按毛重、出肉率级别计价收购。

除猪外，大云食品站还收购羊、兔、鸡、鸭以及黄鳝、泥鳅等水产品，调拨县食品公司销售或出口。缪家村的家禽养殖量不多，历来以农家自食为主，包括禽蛋。但 1960 年以后，禽蛋也成了大云食品站及其下属分店重要的收购物产之一。

西瓜、甘蔗和蔬菜

以前，瓜商会来西瓜种植户瓜田踏看，约期收购，主要运销上海等城镇。1961 年起由大云供销社代理上海等大城市收购西瓜。

蔬菜以前主要是自种自食，很少出售。20 世纪 70 年代后由于工商业的发展，城镇规模扩大，蔬菜供需量逐年上升，缪家村开始有人种植蔬菜出售。

三、购买物

以前缪家村人可以到集市、商店、作坊和摊贩处购买或定制商品。中华人民共和国成立后，国家采取计划经济政策，货物统一由供销合作社和下属的代购代销店供应。

从 1953 年开始，国家对粮、油、棉花、棉纱、棉布、猪肉等逐渐实行凭票供应。60 年代以后，生活物资更加紧缺，烟、糖、豆制品、水产、禽蛋、煤油、肥皂、火柴、手表、缝纫机、自行车、电视机等商品，都开始凭票供应。但农村人口除了布票，其他票证基本都没有的。有村民就讲道，当时柴不够烧，居民户口的亲戚曾送她煤油、煤饼救急，"我用过经济炉，平湖的姑妈给的，烧煤油的。还用过煤炉，父亲给的煤饼"[1]。改革开放后，随着经济的恢复和发展，凭票供应的物资逐年减少，到 1993 年全部取消。

上海开埠早，中华人民共和国成立后，又成了国家最重要的轻工业中心，商品的质量和时尚感都走在全国前列。缪家村和上海离得近，水上交通也方便，所以相当长时间里，缪家村人都喜欢买上海货，"过去我们会坐船去枫泾买上海奶糖、的确良、凤凰牌自行车、蝴蝶牌缝纫机，喜欢上海货"[2]。改革开放后，随着当地工商业的繁荣，村里人的消费改为以当地商品为主。

---

① 陈菊英访谈记录。
② 周志芳访谈记录。

第四章　交通、建筑和医疗卫生

嘉善是上海和杭州两大城市的中间枢纽，水运和铁路运输发达，经济繁盛，然亦为兵家要地。缪家村身处其中，祸福共担。村境内水多桥多，水陆交通四通八达，然乏大道，亦不通大舟。嘉善砖瓦业发达，村民富者多居瓦屋，贫者利用土产的毛竹和稻草盖建草屋。滞缓的水体导致严重的水污染，这里成了血吸虫等众多传染病的高发区，也曾数度暴发瘟疫，人口凋零，村庄荒芜。中华人民共和国成立后，结合农田水利建设，交通状况大为改善。通过一次次的改扩建，村民大多拥有了现代化的钢筋混凝土住房。爱国卫生运动和农村医疗体系的建设，以及国家层面的群防群治，更是让这里的医疗卫生状况发生了翻天覆地的改变，有效地保障了村民的身体健康。

第一节　交通

缪家村境内一马平川、水系交错，但因桥梁众多，陆路和水路出行都比较方便，尤其是水路，承担了人员和大宗货物的主要运输任务。

一、陆路

嘉善陆地道路平坦，但因为境内几乎没有山岭，故石材奇缺，道路多是泥路，雨天一身泥，晴天一身灰。清朝的一个嘉善知县说这里"出门百里，脸如土色"，因为"都是泥路呀，泥尘飞扬"①。

---

① 李桂荣访谈记录。

1936 年修建的大云镇焦山门至平湖新埭的战备公路，途经缪家村，与焦善公路相接。第二年全面抗日战争爆发，日军在金山卫登陆。为阻滞日军进攻，民国政府督令老百姓将这条简易公路拆毁，但缪家村新桥东西两侧的路基，一直到 60 年代初进行农田改造时才被平整掉。

中华人民共和国成立初期，陆路交通情况仍不尽如人意。后来为配合农田水利建设，人们开始修筑排灌渠及其岸道。再后来农村手扶拖拉机日趋增多，各村又纷纷加宽排灌渠的岸道，扩增到 2 米宽，供拖拉机行驶，俗称"机耕路"。

二、水路

20 世纪上半叶是江南轮船交通航线和轮船运输大发展的时代，嘉兴水路"除运河外，又有长水、谷水与海宁、平湖等处相通，各处皆有轮舟驶行，运输货物，无感困难"[①]；平湖县城东有平沪轮船局，"南至海盐、海宁而达杭州，东至新大、新仓、朱泾、闵行而达上海，西北至嘉兴、嘉善而达苏州"[②]；嘉善地处申杭之间，"水陆交通，向称便利。故近来商业日益繁盛"[③]。但缪家村多是河港浜汊，"水道太浅，大船不能开进来"[④]，但小船能自由进出。

20 世纪 50 年代，人民政府发动群众疏浚开挖河道，极大地提高了河道的航运能力，并结合农田水利基本建设，对河道重新进行规划整治。1951 年春，嘉善县人民政府采用"以工代赈"的办法，对高一村的干泾港河道进行深挖拓宽。1969年，为减轻嘉善县北境低地的水害，县政府抽调各人民公社的劳力疏浚白水塘(反修河)。1977 年 11 月，大云公社组织 2685 名民工，与大通公社联合开挖中心河。嘉善地势南高北低，西高东低，较大的自然水系大多是南北流向，白水塘和中心河东西向贯通这些南北向的水系，相当于拦截了大量北流的水量，有效地缓解了县北的水涝灾害。白水塘和中心河与平湖塘相接后，流向黄浦江，沟通了嘉善与上海的水路交通。

至 2008 年，仍有 13 条河港位于或流经缪家村，其中南北向的有周家桥港、新桥港、种田桥港、南钱泾港、双庙桥港、干泾港 6 条，东西向的有大云港、殷家桥港、中心河、圣堂桥港、曹家桥港、唐家庄港、永兴桥港 7 条。这些南北向

---

① 忍先：《浙西各县工商业之一瞥·嘉兴》，《商业月报》第 9 卷第 7 号，1929 年。
② 张毓鸾：《平湖调查记》，《新语》第 3 卷第 12 期，1935 年。
③ 《嘉善商业发展之一斑》，《钱业月报》第 2 卷第 3 期，1922 年。
④ 周志芳访谈记录。

和东西向基本均衡的水路，纵横交错，构建起了缪家村便捷的水上交通，可谓走水路，路路通。其中，大云港是"大云—嘉兴""大云—钟埭、平湖"的客运航道，是大云镇的主要航道之一；殷家桥港，50年代初曾是"大云镇—钟埭镇""新庄—大云—徐步桥—嘉兴市"的客运航线。殷家桥港的西段习称"王家桥港"，丰钱桥就坐落于王家桥港上；中心河贯穿大云全镇，与黄浦江相通；圣堂桥港的西段曾名"董家桥港"，因董家桥已废，现统称"圣堂桥港"。开挖中心河前，圣堂桥港是大云镇东片水运中心，东西向主要航道；周家桥港因有周家桥得名，是大云镇南北向中心水上主要交通要道。

因为缪家村地势略高于它的北面和东面，因此水上交通往北、往东走皆有顺水之便，但因为整体高差不大，水势平缓，返程时的逆水行舟也不是太艰难。以前因为水流、水道都比较细缓，这里几乎不受海洋潮汐的影响，但自从1969年疏浚白水塘、1977年开挖中心河后，东西向水道变得深阔，而且与黄浦江水系相接，黄浦江是条入海河流，缪家村水系因此开始受潮汐影响。缪家村往上海方向行舟时可以借助潮汐之力，落潮时出发，涨潮时回程。缪家村水路"通上海、嘉兴。和上海之间是东西向水路，河水会受潮水影响，潮水从上海吴淞口过来，不咸。退潮时船随潮去上海，涨潮时船趁潮回来"[1]。但水路去嘉兴或平湖时，走的是南北向水路，不受潮汐影响。

旧时水运靠木船，以摇橹划桨或风帆为动力，但农户拥有舟船者极少。20世纪50年代初，西泾村有一艘载重量2吨左右的栈船（亦称"本乡船"，为手摇木船，可用于粜米、购物、搭客），有一艘载重量200公斤左右的手划船，还有1艘载重量约300公斤的撒网船（以捕鱼为主）。[2]合作社时期，各生产队都购置或打造了木船，每个生产队有1～2艘。60年代初期，因木材、桐油等修船材料紧缺，破损木船无法修理，于是人们开始用钢丝网水泥船替代木船。70年代以后，机动船数量猛增，泥土塘岸常被撞坏，于是人们开始修筑石护岸。至1981年，洋桥、西云、缪家3村已建成1570米块石护岸。

三、桥梁

嘉善属于典型的平原水网地区，居民出行多靠步行和舟船。嘉善虽然河、江、

---

① 周志芳访谈资料。
② 大云镇镇志编纂委员会编：《大云镇志》，中国文史出版社，2016年，第85页。

浜、溇密布，但水道大多狭窄，水流大多平缓，易于建桥，故境内桥梁众多，遇水都从桥上过，民间没有摆渡的习惯。桥梁因此成了嘉善交通的重要一环，"嘉善环以百川，陆无长驱舟楫之功，缓急无措，故桥梁在市镇者既以时修葺，在乡都者亦劝助不驰焉"①。正因为有了众多的桥梁，"吾邑二十区水道纵横，由此达彼，未闻病涉"②。

以前缪家村的桥梁也很多，主要有石桥和木桥两种，桥型有拱桥和平桥两种。桥的一端大都建有一座庙，庙里供着二老爷。③

缪家村的桥，大多在农田水利建设和道路建设中被毁弃了，现存的桥梁大多也在六七十年代经过改建或重建，有些则是六七十年代新建的。例如，长浜桥南北向跨越长浜，原为木桥，不知建于何时，1964 年重建为石桥；新木桥，南北向跨越唐家庄港，是 1968 年陈家大堰开通后新建的木桥；干泾桥东西向跨越干泾港，原为木板桥，1977 年重建为钢砼拱桥；俞家浜小桥东西向跨越俞家浜，原为木板桥，1977 年重建为楼板桥；西泾湾桥南北向跨越西泾湾浜，是 1977 年新建的钢砼拱桥。此外，还有不知建于何时的殷家桥（石拱桥）、陈家木桥（木板桥）等。这些桥在改革开放后，大都被陆续改建成了钢砼桥。

至 2008 年，缪家村还存留有丰钱桥、曹家桥、隆兴桥、双庙桥（现误称"长生桥"）等几座古桥。

曹家桥是清代建造的单孔石板桥。隆兴桥是 1929 年建造的三孔石板桥。双庙桥是一座横跨西泾村与钱泾村（现为江家村）的石板平桥，因为桥东塊有两座二老爷庙，故得名"双庙桥"。相传桥南有一只长浜，浜里住着张姓大户，他有意把桥洞修得又小又矮，以防贼船轻易进浜抢掠。1972 年长生桥边建起了大云窑厂，运泥料、砖瓦的船进进出出把长生桥（三孔石板桥）撞塌了，于是长生桥被改建成了拱形水泥桥。这时候，双庙桥因为常被机船碰撞，也已摇摇欲坠，于是人们就把长生桥废弃的两块"天杠石"运来，用于修整双庙桥，因为这两块天杠石镌刻着"长生桥"三字，后人不知缘由，遂将双庙桥叫成了长生桥。

丰钱桥是嘉善县现存唯一的一座三孔石拱桥，且保存完好。以前嘉善号称有

---

① 倪玑纂定，嘉善县史志办公室编辑整理：（正德）《嘉善县志》卷三《桥梁》，正德十二年（1517）刻本，中华书局，2016 年，影印，第 21b 页。
② 江峰青重修：《重修嘉善县志》卷四《区域志四·桥梁》，光绪十八年（1892）刻本，线装书局，2008 年，影印，第 1a 页。
③ 二老爷是嘉善人信仰的地方神祇。传说朱元璋曾梦到有老虎要吃他，紧急关头有人救了他，问恩人姓名，只道魏塘朱姓。朱元璋后来就派人在嘉善建庙供奉此神，人称"二老爷"。

"两座半"三孔石拱桥，现在那两座都没有了，只剩下丰钱桥这"半座"。之所以称"半座"，是因为丰钱桥横跨在嘉善县和平湖县的分界线上，所以另一半算是平湖的。丰钱桥坐落于原金长村王家港，南北向横跨王家港，故又名"王家桥"，北接西吕圩，南接东吕圩港南部（东吕圩因王家港而分为南北两部分）。丰钱桥南大路，是嘉善和平湖的界岸，路东为嘉善县大云镇高一村，路西、路南为平湖市钟埭镇。桥身用花岗石砌成，间有青石。拱券采用纵联分节并列砌筑法，有券眉。桥南北两块各有14级台阶。桥长16.8米，宽2.4米，中孔跨5.25米，边孔均跨2.27米，桥高2.15米。桥中孔东西两面均刻有"清光绪七年重修"6个字，光绪七年即1881年。嘉善人文昌盛，古桥多有楹联，丰钱桥也不例外。中心桥孔两侧各有一副楹联，东侧曰："桥通南北半月平分两邑界，水自东西一流清澈万年春"；西侧曰："丰卜逢年菽粟收成多似水，钱称泉府货财生殖涌如潮"。既点出了丰钱桥南北向横跨嘉善、平湖两邑的特点，又巧妙地植入了"丰""钱"二字，而且寓意吉祥，表达了百姓对富裕生活的美好向往。因为光绪七年只是"重修"，这之前应该有一座老桥。民间传说，古时这里有一座独木桥，桥边住了一位穷秀才，为维生不得已到一户丰姓人家做帮工，结果丰家小姐爱上了他，难得父母也同意，于是择吉日准备结婚。一日，秀才回家路过此桥，恰见一钱姓姑娘不慎从桥上落水，秀才连忙跳下河将钱姑娘救起。钱姑娘一家感激不尽，姑娘更是以身相许，非秀才不嫁。两边姑娘都要嫁秀才，各不相让，秀才左右为难，结果到大云寺出家了。几十年后，秀才回想往事，不胜感慨，遂化缘建桥，拆掉了独木桥，建了一座大木桥，取名"丰钱桥"，以纪念两位多情的姑娘。光绪七年重建时，设计为三孔石拱桥，据说是为了纪念秀才和两位姑娘，中间大孔代表秀才，两侧小孔代表两位姑娘。1986年，丰钱桥被嘉善县人民政府公布为嘉善县文物保护单位。

第二节　建筑

因为嘉善的砖瓦业比较发达，所以缪家村以前砖瓦房比较多。19世纪末，"朱家浜有许多瓦房，居住着五六十户人家"[1]。西缪浜"以前都是大户人家，日本人来时烧了一把火，烧光了。房子都是砖木结构，还有楼房的。嘉兴有木行，可以买

---

① 大云镇镇志编纂委员会编：《大云镇志》，中国文史出版社，2016年，第406页。

到大木料"①。

住草屋的多是贫苦移民，"以前草屋很多的，老祖宗在这里的人家，他们有房子，是瓦屋，移民多是草屋，自己搭的"②。中国人安土重迁，一般只有在故乡活不下去时，才会考虑迁徙异乡，因此移民多是来自地少人多地区的少地或无地贫民。这些移民到来时，大多没钱买田买房，90% 的移民只能搭个简易草屋安家。③据统计，1961 年缪家村一共有 748 户人家 2507 人，其中有 203 户 901 人住草屋，占总户数的 27.14%，占总人数的 35.94%。④

草屋又称草棚、草房，一般用毛竹做梁柱，竹椽子，泥打墙，只有一樘木板大门，无窗户，用稻草盖顶。移民的草屋普遍檐口低矮，当地人的草屋稍好点，高檐，且有贴柱。草屋三年需补漏，六年需换顶。草屋低矮潮湿，碰到梅雨和台风时，极易漏水甚至倒塌。在夏秋的高温季节和寒冬的干燥季节，又极易引发火灾。

砖木结构的平房，一般用杉木做梁柱，木头椽子，木门窗，桃绵纸糊窗，砖砌墙，瓦盖顶，纸筋石灰粉刷墙面。地主、富农的房屋更加考究，一般用砺壳窗，有一埭两厢房的，俗称"拖龙腰"，后有天井；有前后埭的，中间有天井，朱家浜就有一幢二埭八间的大瓦房；⑤还有三埭二天井的，西泾村长浜的张家地主和西泾汇的沈家地主，住的就是三埭二天井的房子，外加横屋，有围墙，有走马堂楼，花厅四看柱，用刨光方砖铺地，木楼板，楼上用木板做腰壁，仪门头砖雕戏文，河埠建廊棚屋，河埠旁建船舫。建筑宏伟，设施讲究，设备齐全。⑥

20 世纪 60 年代中后期，村民生活有所好转，一些多子女家庭开始建新房，多是简易瓦屋，大都是三开间直贴柱，称"硬山头"，砖墙，毛竹桁条，小竹椽子，盖平瓦，木直楞窗。1971 年，大云公社办起轮窑厂，为农村建房提供砖瓦，由此掀起了村民建造住宅的第一个高潮，很多草屋被翻建为瓦屋，旧瓦屋被翻建或扩建为新瓦屋，用八五红砖、水泥桁条，大多为直贴屋，硬山墙，木椽子，盖瓦板、小瓦或平瓦，玻璃窗或铁直楞窗，村民的居住条件得到了极大的改善。

---

① 缪锦章访谈记录。
② 周锦娣访谈记录。
③ 大云镇镇志编纂委员会编：《大云镇志》，中国文史出版社，2016 年，第 111 页。
④ 大云镇镇志编纂委员会编：《大云镇志》，中国文史出版社，2016 年，第 358 页。
⑤ 大云镇镇志编纂委员会编：《大云镇志》，中国文史出版社，2016 年，第 406 页。
⑥ 大云镇镇志编纂委员会编：《大云镇志》，中国文史出版社，2016 年，第 358 页。

第三节　医疗卫生

缪家村是地处平原水网地区的稻作村，域内水体水流滞缓，水污染严重，加之这里缺乏燃料，村民习惯于饮用生水，导致血吸虫等传染病高发，甚至多次暴发瘟疫。中华人民共和国成立后，通过爱国卫生运动和农村医疗体系建设，积极开展疫苗防疫和血吸虫等传染病的防治工作，取得了决定性的胜利。

一、疫病以及发生原因

嘉善地势低湿、气候湿热，加之过去环境卫生条件较差，一直属于疫病高发区。霍乱、天花、流脑、麻疹、伤寒、痢疾等传染病时有发生。此外，这一带血吸虫病、疟疾、丝虫病、钩虫病、肝炎也很普遍。

疟疾，俗称寒热、发鹤子，有恶性疟、隔日疟、三日疟等不同类型，秋季高发，以隔日疟最多。乙肝通过母婴、血液和体液传染，所以一人乙肝往往一家人都会得病。甲肝主要通过水源传播，使用被患者粪尿污染的水，食用被这种水污染的食物，都会感染，因此甲肝常呈区域性暴发。

史籍记载的疫灾，病疫点大多只确定到县一级，因此我们无法确定缪家村是否也发生有疫情，但光绪二十八年（1902）那次大疫，可以确定朱家浜是遭殃的。[①] 此外，1917 年大云一带曾爆发霍乱，1923 年爆发天花，1925 年爆发白喉，1928 年 7 月又爆发霍乱，1929 年爆发流行性脑脊髓膜炎。1934 年大旱后时疫猖獗，大云一带尤烈，妇婴疫者颇众。1939 年嘉善、大云、平湖一带病疫猖獗，死亡接踵。[②] 大云地域不大，既然是"爆发"，缪家村也当受疫其中。

缪家村疫病高发的原因，归纳起来不外乎以下几个因素：

（1）嘉善在历史上是个经常被战争波及的地区，战争会造成大量的人口死亡，又常常无暇或无力及时掩埋，加之这里气候湿热，水网密布，故腐烂的尸体很容易引发疫病。

（2）战争和其他天灾人祸，会打乱当地正常的生产和生活，引发饥荒。饥民衣食无着，身体自然虚弱，比正常人更容易感染疫病。故民间有言：大灾之后必有大疫。有学者就指出：清中期频繁的水灾是江南地区疫灾频发的重要诱因，连

---

① 大云镇镇志编纂委员会编：《大云镇志》，中国文史出版社，2016 年，第 406 页。
② 大云镇镇志编纂委员会编：《大云镇志》，中国文史出版社，2016 年，第 333、55 页。

绵雨和暴雨诱发洪灾，洪灾导致大饥，大饥引起大疫，从而形成"水—饥—疫"的连锁反应。①

（3）战争和灾荒还会造成军队、流民、灾民的集聚性流动，而"集聚"的人群正是疫情加速传播的机会。同治元年（1862），江南大疫，此时正值太平天国战争期间，"疾犹未已，军士互传染，死者山积"②。尤其是流民和灾民，本就饥寒交迫，身体状况极差，为获得救济，常集聚于施粥站等救济点附近，或成群结队去逃荒，因此极易染上疫病并互相传染。

（4）嘉善地势低平，水网密布，水平面高，而且水体流动性差，但用水方便，因此这里没有打井饮水的习惯，生产、生活都靠河里的水，淘米、洗衣、涮马桶都在一条河里。宋元以来，这里是精耕细作的重要产粮区，尤其是推广多熟制之后，为维持地力，肥料需求量极大，故街头地角大多设置有收集粪尿的露天粪缸或粪坑。一遇暴雨，一马平川的低洼平原排不出多余的水，粪缸、粪坑连同农田里的粪土就会随着雨水四处溢流，水体很容易被细菌污染。而且这里有开船去周边大城市买粪尿的传统，粪船在装卸和运输过程中也会对河水造成污染。村民将河水打来倒在水缸里，用明矾划拉几下就当饮用水，但明矾其实只有沉淀杂质的作用，并没有多少杀菌的作用。

（5）嘉善因为缺少山丘，燃料奇缺，因此这里的百姓有喝生水和半熟水的习惯。"半熟水"就是汤锅里的水，这里的人为了省柴，在灶台的灶眼旁，会设置一个小灶眼，小灶眼里搁个小汤锅，烧饭煮菜时，柴薪的余火能将汤锅里的水加热，但这种余火是没法将水烧到沸点的，故称"半熟水"。为省柴，这里的人家多是饭菜一锅蒸，舍不得长时间蒸，故一锅中常有半生不熟的食物。还是为了省柴，他们经常把一天的饭菜一次性做好，一餐吃热的，其他两餐吃冷饭和冷菜。生水、半熟水、未蒸透的饭菜，都可能带有细菌，冷菜、冷饭在湿热的气候和不卫生的环境中，也极易感染细菌。

二、嘉道、咸同大疫和血吸虫病

（一）嘉道、咸同大疫

嘉（庆）道（光）年间，江南地区爆发大疫，嘉善是重疫区之一。虽然这次

---

① 王晓伟、龚胜生：《清代江南地区疫灾地理研究》，《中国历史地理论丛》2015 年第 30 卷第 3 辑。
② 王定安：《湘军记》，岳麓书社，1983 年，第 123 页。

大疫发生的疫病可能不止一种，但其中有一种被称为"钓脚痧"（亦称脚麻痧、吊脚痧、脚麻瘟、瘟螺痧）的，应该就是恶性传染病霍乱。霍乱发病急，传染性强，死亡率高。史载道光辛巳（1821）六七月间，"江浙大疫，初起足麻不能伸，名为'脚麻痧'，又名'吊脚痧'。患此者或吐或泻，骤如霍乱，甚至顷刻殒命者，日数人"①。这次疫情主要沿水路传播，因为霍乱弧菌在水中极易存活，在河水中可存活两周。因此，苏州—嘉善—宝山所形成的三角腹地以及江宁和杭州府成了最严重的疫区。②

一般情况下，由于人体对病原体具有自然的免疫力和调适力，所以瘟疫首度侵袭人群时，杀伤力最强，此后因为很多人身体里已产生抗体，传染度就会减弱。但嘉道之后，紧接着的咸（丰）同（治）时期，这里却再次暴发钓脚痧大疫。这是因为霍乱是嘉道大疫时才传入的新型细菌，中国人对它的抵抗力本身就差，但更不能忽略的是太平天国战争带来的战乱因素："真性霍乱自嘉道之际传入江南至此时，已有三四十个年头了，疫死率不降反升。显而易见，此中战争的作用至关重要。不论怎样认识这场战争，立足于瘟疫这一特殊的灾难，我们确实看到了战争与瘟疫之间的互动关系。"③

当时嘉善、平湖一带的著名土产西瓜，一度也被视为致病的重要原因之一。祖籍海宁盐官的杭州名医王士雄就讲道："俗传食西瓜者即死，故西瓜贱甚。"④ 同治元年（1862）六月，苏州"贼（引者注：指太平天国军）禁食西瓜。夏秋之交，大瘟疫。忠酋书记某食西瓜后染瘟疫死，故禁食之"⑤。这是因为霍乱多发于夏秋，正是西瓜上市季节，发生疫情时，苍蝇和水源都会沾染病菌，而瓜贩往往会淋水以保持瓜果新鲜，也常常切瓜零卖，故极易沾染霍乱病菌，西瓜因此成了发生霍乱的替罪羊。

（二）血吸虫病

血吸虫病是一种寄生虫病，患者有发热、腹痛、腹泻等症状，并逐渐丧失生育力和劳动力，晚期可发展为肝硬化，直至死亡。

血吸虫病大约在 20 世纪 30 年代中期开始在中国蔓延，50 年代初已遍及长江

① 王清任：《医林改错》卷下《瘟毒病泻转筋说》，人民卫生出版社，2005 年，第 41 页。
② 王晓伟、龚胜生：《清代江南地区疫灾地理研究》，《中国历史地理论丛》2015 年第 30 卷第 3 辑。
③ 余新忠：《咸同之际江南瘟疫探略：兼论战争与瘟疫之关系》，《近代史研究》2002 年第 5 期。
④ 王孟英：《随息居重订霍乱论》，中国中医药出版社，2008 年，第 20 页。
⑤ 蓼村遯客：《虎窟纪略》，载《太平天国史料专辑：中华文史论丛增刊》，上海古籍出版社，1979 年，第 42 页。

流域及其以南地区。1950 年普查得知全国有 1100 多万血吸虫病患者,受此病威胁的人口达 1 亿多人。[1] 嘉善的情况尤其严重,1956 年的调查表明:全县 25.8 万人口,约有 16.5 万血吸虫病患者,占 64%。钉螺的滋生面积很广,小河浜、荒草地、水稻田以及潮湿的住宅里到处可以找到,总面积约有 629 万平方公尺,而且密度很高,有些水沟每一平方公尺平均有 127 只钉螺,阳性率为 5.9%。[2]

血吸虫的宿主钉螺适宜在死水和缓流水域生活,在湍急的活水中很难生存。血吸虫病的主要感染方式是"接触河水"[3],即水体被患者粪便污染后,健康人因生产或生活接触被污染水体,水体中的血吸虫幼体会附着并钻进人体内,从而发病。这就决定了缪家村必定逃不过血吸虫的魔爪。因为:(1)缪家村是典型的稻作村,稻田水面平缓如同死水,非常适合钉螺生长;(2)村里最多的水域类型就是"断头"的浜,因为一头不与其他水路相通,浜水平缓几乎等于死水,因此浜也是最适合钉螺繁殖的水域;(3)以前农作都是赤脚徒手下田,没有任何保护,尤其是这里的耘田,习惯于跪着手耘,因此农民的感染率特别高;(4)缪家村人习惯使用和饮用河水,而河水的粪便污染率很高,加上为省柴习惯于喝生水、半熟水,因此被传染的概率就更高了。

朱家浜曾有很多血吸虫病患者,"朱家浜很多人患血吸虫病,解放初多是肚皮隆起,骨瘦如柴,脸色白廖廖的无血色"[4]。血吸虫病晚期,肝硬化,腹水大肚子就没法救治了,死亡率很高。周锦娣邻居一家四五个人都死于血吸虫病。20 世纪 70 年代村里开始集中免费治疗,那时病人很多,每年总有一百多人分批来治,后来少下去了,但也有几十个人,80 年代初基本没有了。[5]

三、疫病的社会影响

疫病不仅是个人的健康、生死问题,同时也会给家庭和社会带来诸多问题。

(一)人口、劳动力和生育力的丧失,造成农田荒芜、村庄衰败

疫病最直接的后果就是大量人口的死亡。以朱家浜为例,光绪二十八年(1902)发生大疫时,"那时的人是朝不保夕,今晚躺下,明早可能全家死光,连

---

[1] 王陇德:《中国血吸虫病防治历程与展望》,人民卫生出版社,2006 年,第 55 页。

[2] 中共浙江省委除四害讲卫生办公室编《浙江省嘉善县防治血吸虫病的典型经验》,上海卫生出版社,1958 年,第 1 页。

[3] 毛守白主编:《血吸虫病学》,人民卫生出版社,1963 年,第 74 页。

[4] 大云镇镇志编纂委员会编:《大云镇志》,中国文史出版社,2016 年,第 410 页。

[5] 周锦娣访谈记录。

出棺材的人都没有，棺材也发生短缺，往往是两个死人合一个棺材。从那次大瘟疫后，朱家浜成了一个恐怖的村庄，姓朱的人家十去八九，剩下无几了，房屋没人住，土地无人种，成了一个荒凉的鬼家浜"，此疫过后，"虽然从外地搬来了一些人家，但是人丁不兴旺。各种灾难仍像毒蛇一样缠在人们身上，以后的几十年，死在各种疾病下的农民仍然十分惊人，邱家一年连死 3 个人，盛家一天连出两口棺材，朱阿二养了四个孩子却死了六个(其中三个是领来的)。膨胀病(血吸虫病)、大脚疯、瘰螺痧夺去了很多人的生命和劳动力，许多妇女年纪轻轻就失去了丈夫，成为寡妇，许多孩子失去了父母，成为孤儿"[1]。

被传染了疫病的人，即使不死，大多也丧失了劳动力。例如，中华人民共和国成立前，整个朱家浜只有八户人家二十六个人，能劳动的只有六人，绝大部分都失去了劳动力，成为面黄肌瘦的"五瓜人"(头像南瓜，头颈像丝瓜，手臂像黄瓜，肚皮像冬瓜，脚像生瓜)。[2] "五瓜人"是血吸虫病晚期患者的典型形象。

人口和劳动力的丧失，又直接导致了土地的荒芜、村庄的败落。光绪二十八年的大疫后，朱家浜的土地逐渐荒芜，"越来越多的水田变成旱地，有些田地无人耕种，田里野草丛生，荒地里经常可以看到野兔蹿进蹿出"[3]。

（二）收养、再婚、招婿现象普遍，贞操观念比较淡薄

为了生存和繁衍，这里收养、再婚、招婿等现象很普遍，贞操观念比较淡薄。例如，朱家浜在经历了一次次疫病后，"许多妇女年纪轻轻就失去了丈夫，成为寡妇，许多孩子失去了父母，成为孤儿。更多的人家被血吸虫病夺去了生育能力，只能领养女儿或者儿子，然后再招女婿或讨媳妇，女婿或儿子病死了，就再招或再讨。朱方根的母亲在原配丈夫死了以后，又先后讨过三个进门夫，但两个都被病魔夺去了生命。据老年人的回忆，新中国成立前，朱家浜的原配夫妻没有一对白头到老的，都是寡妇再嫁，或者男人再讨的，全浜现有的(引者注：指 1963 年)18 对夫妻，其中 11 对是新中国成立以后结婚的，是原配夫妻，7 对是新中国成立前结婚的，只有 1 对是原配，其余都是'后配'"[4]。

---

[1]　大云镇镇志编纂委员会编：《大云镇志》，中国文史出版社，2016 年，第 406 页。
[2]　大云镇镇志编纂委员会编：《大云镇志》，中国文史出版社，2016 年，第 406 页。
[3]　大云镇镇志编纂委员会编：《大云镇志》，中国文史出版社，2016 年，第 406 页。
[4]　大云镇镇志编纂委员会编：《大云镇志》，中国文史出版社，2016 年，第 406 页。

（三）移民文化特征强烈，文化的土著性和传承性不强

疫病不仅直接造成了大量人口的伤亡，也间接造成了家族、财产以及文化传承上的断裂，故缪家村几乎没有传承悠久的世家大族，移民现象很普遍，这种情况使得这里的文化土著性和传承性都不强，呈现出强烈的混合型文化特征。

四、疫病防治

过去村民看病极不方便，都要到镇上或县里去看，只有一个中医生缪仲安曾在缪家村西缪浜开过业。但民间传承着一些防病治病的草药知识，例如煎泡雀梅树叶、夏枯草、车前草、蒲公英、竹叶芯、蚕豆皮当茶喝。

中华人民共和国成立后，党和政府非常关心农民的身体健康。最紧迫的是防疫，1949 年就开始为村民接种霍乱伤寒混合疫苗，1950 年开始接种鼠疫活疫苗，1953 年开始接种卡介苗，"医防人员差不多年年都来打预防针，给农民宣传瘟疫的预防方法。对有病的社员及时进行治疗。生活有困难的，国家给予免费或贷款医治，如社员高阿冲患了腹膜炎，病情很危险，政府立即贷款 10 多元进行医治。社员盛龙兴患了肋膜炎，他妹妹患了脑膜炎，也是向国家贷款 30 元进行治疗痊愈的。所以，盛龙兴提起此事，总是感动地说：'我这病要是生在新中国成立前，只有死路一条，多亏共产党救了我的命'"。[①]1962 年以后，又陆续增加了小儿麻痹症糖丸、乙脑、麻疹、流脑等疫苗。1971 年建立了儿童计划免疫网，1972 年建立了儿童预防接种分户登记册，对 15 岁以下儿童实行预防接种登记制度。1976 年起，按计划开展"四苗三联"等疫苗接种，建立预防"六病"（指麻疹、小儿麻痹症、肺结核、百日咳、白喉、破伤风）的免疫制度，实行一人一卡制（一名儿童一张健康检查卡），有效地保障了少年儿童的身体健康。

对疟疾、丝虫病、钩虫病等寄生虫病的防治也随即展开。疟疾由蚊子传播，以前属于大云地区的高发病。1961 年开始发动群众灭蚊、防蚊，嘉善县每年下乡发放抗疟药，因此 1964 年就控制住了疟疾的流行势头，1968 年以后就没有新增病例了。丝虫病和钩虫病在这一带也曾非常流行，得了丝虫病，脚和小腿会肿得非常大，俗称"大脚风"，60 年代政府开始全面普查治疗，到 1984 年已无新增病例。钩虫病是和血吸虫病同时防治的，1970 年开始普查，1980 年已基本没有新增

---

① 大云镇镇志编纂委员会编：《大云镇志》，中国文史出版社，2016 年，第 410 页。

患者。[1]

这其中，最伟大的成就就是以举国之力消灭了血吸虫病。1956 年 2 月 17 日，毛泽东主席在国务会议上发出了"全党动员，全民动员，消灭血吸虫病"的号召。而此时，中国农村正进入合作化高潮，农民成了一支听从组织号令的强大力量，从而为开展血防工作提供了人员、物资和时间的保障。嘉善县政府成立了血吸虫病防治委员会，各级乡政府和生产大队都陆续成立了血吸虫病防治领导小组和查螺专业队，并配备血防专职干部。

那时候，大批的劳动力在灭螺专业队的带领下，开展了大规模灭螺工作。所有河浜两边，都修筑了覆土灭螺带；对排水沟进行铲土填沟，另挖排水沟；对螺情复杂的浜、兜采用筑堤断流降水，再用药物浸泡灭螺；有螺的桥墩、河埠全部翻砌；有螺的稻田用药物浸泡灭螺。覆土灭螺带，也叫"杀螺带"，先将水域周边的杂草清除干净，再将河浜两边的土壁打实，堤岸也打实做成土埂。清除了杂草，钉螺就失去了适宜生长的环境；打实土壤时，钉螺就被打死在土里了。同时，发动村民抓钉螺，连小学生都参与，"我读小学时，用一个火柴盒，用两根削尖的筷子去夹钉螺，装在火柴盒里，交学校老师"[2]，"每家包干自家附近的水域，村里要检查的"[3]。可惜 1966 年下半年开始"文化大革命"了，灭螺工作被迫停止。1969—1970 年，人们结合"农业学大寨"运动开展灭螺，组织劳动力填浜、灭螺、造地。到 1975 年大云地区已经查不到钉螺了。

在灭螺的同时，卫生部门定期在水井等饮用水源撒漂白粉，漂白粉能有效杀灭血吸虫虫卵。同时，要求村民改变喝生水的习惯，因为只要将饮用水烧到 60℃以上，就能有效杀灭血吸虫虫卵。但是，想要喝开水，首先要解决的仍是燃料问题。因此，除传统燃料稻草、毛豆秆、芊荽等秸秆、柴草外，村民还组织起来到芦荡去挖"泥苔"（其实就是一种泥煤）当燃料，"我们到大荡里去挖'泥苔'当柴烧，'泥苔'是一种大荡底下的沉积物。5 户人家一只船去挖，当时用的都是手摇木船。先将荡底的'泥苔'挖松，它会浮起来，然后捞起来放在船上，运回村里晒干，就可以用了"[4]"有时也拾点废煤渣当燃料"[5]。70 年代开始推广沼气池，用猪

---

① 大云镇镇志编纂委员会编：《大云镇志》，中国文史出版社，2016 年，第 334 页。
② 周锦娣访谈记录。
③ 刘木林访谈记录。
④ 周志芳访谈记录。
⑤ 陈菊英访谈记录。

灰、人粪做原料产生沼气，可煮饭、点灯。但因猪灰、人粪原料有限，沼气池产气并不稳定，有时饭烧了一半，气没了。

最直接的手段当然就是药物治疗。当时国家经济非常困难，但还是拿出了大量资金，免费为血吸虫病感染者治疗。1956 年秋，嘉善县血吸虫病防治委员会派医疗组来大云乡西泾湾（原西泾村）设点，分批收治血吸虫病患者。治疗方法以锑剂 20 天疗法为主，疗程长，副作用大，后改为锑剂 3 天疗法。1966 年使用呋喃丙胺片（F30066）口服治疗，也曾使用麻油 846 血防片、乳干粉、锑 273、枫杨树叶等药物，后因疗效差被淘汰。

赤脚医生周锦娣就是血防事业的直接参与者，"我是 1970 年开始当赤脚医生的，每年 9 月份村里开始集中治疗，因为那时'双抢'完了，农民才有时间治病。每年三四月份，每个人都要到大云镇卫生院交大便，有人专门在那里收的，如果这个人的大便验出有血吸虫的话，到下半年就要开始治疗。70 年代每年我都去大云镇卫生院帮忙化验大便，一次要做两三个月。治疗就在村里，在西泾村部大礼堂，都住在那里治的，还专门办了一个食堂"，"因为晚上要听诊、验体温，每天要这样检查，所以不能回去的"。药物上，"刚开始是吃'麻油'，是中成药，很淡的，很难吃的。后来吃血防片，再后来打针。有打 6 针的，有打 20 针的，我自己也感染了，我打了 20 针，我是住在大云卫生院治的"，"因为村里治疗时我要给别人治，没时间治自己"①。村民们当时都恨死了血吸虫病，因此对治疗很积极，"麻油"很难吃，"一般吃一个星期这种油膏。我恨死血吸虫了，人家吃七天，我就吃八天，吃死它"②。

对于国家的免费治疗，村民感怀于心。周志芳说："我 20 岁左右感染了血吸虫病，那时政府很好的，免费普查、治疗。"③ 刘木林也说："我就感染过血吸虫病，检查时查到我脾肿，国家就免费给我治了。"④

这种群众运动式的防治工作，取得了决定性的胜利，很快抑制了血吸虫病疯狂蔓延和暴发的势头。到 80 年代初，缪家村已没有血吸虫病患者了。

当然，疫情和疾病的控制，除药物防治外，也离不开爱国卫生运动和农村医疗体系的建设。

① 周锦娣访谈记录。
② 刘木林访谈记录。
③ 周志芳访谈记录。
④ 刘木林访谈记录。

爱国卫生运动

早在 1952 年，大云乡就成立了防疫委员会，后改称"爱国卫生运动委员会"，发动全乡人民开展爱国卫生运动，进行大扫除、清除垃圾、消灭蚊子、苍蝇、跳蚤和老鼠，填平臭水沟浜，取缔露天粪坑（缸），并坚持在每年的元旦、春节、端午、国庆等节日开展以除"四害"①为中心的卫生突击运动，有效地改善了环境卫生。

取消露天粪坑（缸）的事，对缪家村来说意义特别重大。过去这里普遍使用露天粪坑（缸），污秽不堪，蚊蝇滋生，雨天粪水满溢，流入河中，污染河水。1952 年开始宣传教育群众，不在河里倒马桶、洗粪具，并着手迁移河边粪坑（缸）。1956 年结合血吸虫病防治工作，严禁在河里洗马桶，并以生产队为单位，修建集中式粪坑，"村里指定一个人，每天来倒马桶，我们每天出工前把马桶拎到门口，他一家家来收，集中到一起处理"②。1970 年开始建造"三格式无害化粪池"和"沼气池"，粪尿的处理基本达到了无害化。

另一件意义重大的事就是打井。过去缪家村人饮用的都是河水，1949 年"有部队驻扎在村里的地主庄园里，因为吃不惯河水，打了一口土井，部队撤走后，这个井就归大队用了"③，这可能是缪家村最早的一口井。60 年代开展血吸虫病防治和爱国卫生运动，政府号召村民改用井水，因为井水经过土层的过滤，没有杂物，且与外面的水系不相通，不易被污染。但当时国家财政非常困难，号召农民挖井却没有相应的财政支持，农民只能因陋就简，土法上马挖掘简易土井。土井不仅容易坍塌，而且因为这里地势低平，地下水位高，井水很容易变成死水，因此土井没能达到防治血吸虫病和肠道传染病的初衷。④后来经济条件有所改善，村民开始打砖井、水泥井，效果很好。

农村医疗体系建设

1955 年政府开始为每个农业合作社配备保健员，1957 年每个高级社有 4～5个保健员。1966 年嘉善县开始为农村培训赤脚医生，各大队都建立了农村医疗保健站（亦称"卫生室"），配备 2～3 个赤脚医生，两三个生产队配一个赤脚医生。

---

① "四害"初为蚊子、苍蝇、老鼠、麻雀，后来麻雀被臭虫替代，再后来臭虫又被蟑螂替代。
② 周锦娣访谈记录。
③ 李桂荣访谈记录。
④ 梁志平：《饮水改良与江南血吸虫病等传染病防治关系分析（1952—1978）》，《鄱阳湖学刊》2013 年第 3 期。

赤脚医生也要下田劳动，一般是两人坐诊，一人下田，大家轮流。1970年开始实行合作医疗制度，公社建立农村合作医疗管理委员会，大队建立医管小组。

缪家村选拔的赤脚医生，要先到大云镇卫生院参加培训，然后到嘉善人民医院等医院培训半年。赤脚医生是按照全科医生培训的，但因为当时西药奇缺，因此尤其注重中草药和针灸的培训。赤脚医生中的接生员，大多选派中年妇女，因为培养女青年的话，她如果嫁到外村就白培养了。

赤脚医生负责村医疗保健工作，对常见病、多发病进行中西医结合的预防和治疗。"平时有人叫，不管白天黑夜都要出诊的。晚上出诊，去的时候是病家来叫的，一起走，回来时，不好意思让病家送，都是自己回来，有点慌的，村里到处黑乎乎的。那时人思想好，都要争评先进、优秀社员什么的，我每次都评到的"①。赤脚医生还要抽空去野外采集草药，以弥补医药费的不足，想尽一切办法让农民花最少的钱治好病，"我们采败酱草，清热解毒的，还有车前草、青蒿等，煎起来给生病的村民喝"，"煮好，一瓶瓶给病人吃，补贴合作药疗，那时合作医疗钱太少，每个人2块钱，不够用的，弄点草药代替下"，也没什么药，"青霉素（消炎）、四环素（消炎，治喉咙疼之类的）、土霉素（也是消炎的，比四环素差一点）、氯霉素、土霉素（2分钱一片）、链霉素（治咳嗽，后来不用了，小孩打了会耳聋），我们给药也是按片给的，最多给几十片二十几片，不多给的。吊针要到镇卫生院挂，我们不挂的"②。

农村医疗体系的建设，为农民提供了最基础的医疗保障，农村的医疗卫生状况因此有了极大的改善。

---

① 周锦娣访谈记录。
② 周锦娣访谈记录。

经

济

篇

多元发展　村民共富

JINGJI PIAN
DUOYUAN FAZHAN CUNMIN GONGFU

中国村庄发展

转　型　　赋　能

　　缪家村的产业结构调整，经历了生产主义时期以粮食种植为主到后生产主义转型中的打造农业产业综合体和联合体，由一产向二产和三产拓展，美丽乡村建设与休闲旅游融合发展，农业发展、工业发展、文化建设等与旅游的融合发展。村级集体经济通过不断创新理念、改革驱动而发展壮大；村民收入由以农为主向工农并举并向三次产业融合发展，经营性收入、工资性收入、房屋出租收入、养老金收入、土地流转及征迁收入、股份收入等成为缪家村村民收入的重要组成部分。

第一章　村庄经济结构变迁

　　"后生产主义"的概念就来源于农业变迁，因此农业结构的变迁是后生产主义转型的重要特征。缪家村农业结构的调整，经历了生产主义时期以粮食种植为主的传统农业经济，到粮经结合，再到发展都市型农业，历经了"一优两高"农业、效益农业、高效生态农业、精品农业等多个发展时期。同时，缪家村还以农业为基础和依托，打造农业产业综合体和联合体，借助产业渗透、产业交叉和产业重组方式，由一产向二产和三产拓展，推动美丽乡村建设与休闲旅游融合发展，农业发展、工业发展、文化建设等与旅游的融合发展。

第一节　农业结构调整

　　1980 年 10 月，嘉善县善西公社鑫鑫一队在副大队长兼生产队长陈金命主持下，将集体农田包产到户，开启了嘉善县的家庭联产承包制改革。1981 年缪家村开始实行家庭联产承包制，随着经济社会的发展，缪家村农业发展历经了"一优两高"农业、效益农业、高效生态农业、精品农业等多个发展时期。可以分为以下几个阶段：

一、以粮食种植为主的传统农业经济

　　1978 年改革开放初期，缪家村农业以种植粮食为主，兼种油菜、西瓜，粮经比例一直徘徊在 93∶7 的水平上。1981 年并村前的缪家村粮食面积 219 公顷，亩产 255 公斤，总产 837.3 吨。西泾村粮食面积 144.3 公顷，亩产 274 公斤，总产

867.8 吨。高一村粮食面积 178 公顷，亩产 276 公斤，总产 1011.8 吨。实行家庭联产承包制后，扩大了农民生产经营自主权，农民在保证粮食产量的同时，逐步扩大了经济作物的种植面积。

蔬菜种植，猪、鸡等家畜及少量水产养殖均为农户家庭自给自足，一般不出售。在传统种田模式下，不论如何精耕细作，一亩土地一年最多产出四五百元。

二、农业结构的第一次调整：粮经结合

农村家庭联产承包制极大地调动了农民生产积极性，极大地释放了农村生产力。缪家村农民在完成国家粮食上交任务的同时，适当扩大蔬菜、水果种植面积。除种植水稻外，加大了蔬菜种植，如毛豆、兼种西瓜等。缪家村的农业内部粮经比例调整到 80：20 之间。但到了 1990 年前后，随着农业向市场化方向的迈进，全省各地都大力调整农业种植结构，这次的农业结构调整是农业从计划经济向市场经济转变过程中，着眼于增加农产品供给总量，适应城市居民消费从温饱向小康转变，对比较单一的粮食主导型农业结构，向以粮食为主、积极发展多种经营的农业结构的调整[1]。但从全省看，这次结构调整也造成农产品结构雷同、供应期集中和销售半径的制约，农产品难卖、农民增产不增收情况屡有发生，严重挫伤了农民生产积极性。

为改变农产品卖难导致农民增产不增收局面，1995 年春，嘉善县农村工作会议提出"万亩亿元"工程[2]，决定从 1995 年起，全县确定 1 万亩面积，采用 3 至 5 年大轮作（即不同田块、不同年度间的水旱轮作方式）和 1 年小轮作（即同田块同年度的水旱轮作方式）的方法，争取在大轮作区实现粮食亩产超 750 公斤，收入超 1 万元；小轮作区粮食亩产超 500 公斤，收入超 5000 元。摸索和总结出了以"五瓜两茄"（长瓜、西瓜、甜瓜、南瓜、丝瓜、番茄、茄子）为主的粮经搭配种植新模式。示范场试种的 202.6 亩大棚，平均亩收入达 8000 元。"万亩亿元"工程创新了农业耕作制度，特别是"万亩亿元"工程的实施，使当地的多宜性土壤资源优势和二熟有余的热量资源优势得到了充分利用。缪家村农民围绕提高土地复种指数，集约农作，采用多种复合方式，合理安排作物茬口，改变"老三熟"种植模式，摸索出了"（蔬）菜—（蔬）菜—稻"、"（蔬）菜—瓜—稻"、"菜—菜—豆"

---

① 黄祖辉：《抓住机遇，加快浙江农业结构调整》，《浙江社会科学》2001 年第 2 期。
② http://biz.zjol.com.cn/05biz/system/2005/08/10/006265744.shtml

等多种"一粮两经"的种植新模式，瓜果蔬菜产量大幅上升。

缪家村还尝试水产养殖。缪家村 2 社在季家浜集体养殖蚌珠。1992 年，原西泾村倪美华在稻田开挖鱼塘 0.5 公顷，养殖特种水产甲鱼，坚持数年获得成功，以后逐渐扩大，开创了嘉善县稻—鳖生态养殖先河。

三、第二次农业结构调整：发展都市型农业

1998 年 12 月，浙江省在全国率先作出大力发展效益农业、推进农业结构战略性调整的重大决策①。此后每年浙江省委省政府都会为发展效益农业出台新的政策。按照中央粮食购销体制改革的部署，2001 年浙江率先进行了以"取消粮食定购任务，放开粮食市场、放开粮食价格，确保粮食综合生产能力、确保政府宏观调控能力、确保粮食供给安全"为主要内容的粮食购销市场化改革，促进了农业特别是粮食产销走上了市场化轨道。

嘉善邻近上海大都市，区位优势明显，具备发展城市依附度较大产业的先天优势。随着长三角地区经济快速发展，外来人口急剧增加，对瓜果蔬菜、畜禽蛋奶和水产品消费需求增大，消费量直线上升。同时，随着人民生活水平的提高，对花卉园艺产品的需求也在增大。因此，发展产量高、品种多且上市期长的农副产品是适应城市化发展需要、满足都市多元消费需求的必然选择，也是农业增效、农民增收的有效途径。

大云镇在"2000 年农业发展思路及工作要点"②中提出要以农业增效、农民增收、农村稳定为目标，加快建设果蔬繁荣、花卉成片的都市型农业强镇，农业产值达到 3500 万元，粮经复种面积达到 64000 亩以上，全年经济作物复种面积达到 32000 亩，粮经种植比 50 ∶ 50，农民人均收入达到 4800 元。为此，提出突出建设果蔬产业和花卉产业两大产业。把果蔬产业作为发展效益农业的主导产业，压缩春粮，扩大冬季大棚设施栽培面积；压缩露地西瓜，扩大"四春"作物面积；压缩早稻，扩大夏季补淡蔬菜面积，适当压缩晚稻，扩大秋季蔬果面积。发展设施农业，在注重量的扩张同时注重质的提高，以优质无公害为生产标准，逐步朝"名、特、优"产业发展，形成自己的品牌，增强市场竞争力和占有率。花卉产业作为新兴的产业，要求村村有种植示范户，消灭空白村。同时提出高标准、高质

---

① 《浙江省农业和农村现代化建设纲要》，1998 年 12 月 18 日，中共浙江省委九届十四次会议通过。
② 中共大云镇委员会、大云镇人民政府：《关于大云镇 2000 年农业发展思路及工作要点的通知》，云委（2000）17 号，2000 年 4 月 19 日。

量如期完成高一村农业综合开发及农业现代园区的建设任务。管理护理好现有的田间硬件设施及与之相配套的田间绿化，抓好农田基本建设，做好机耕道、乡村路的建、修保养工作，做好河道疏浚工作。出台了农业经济发展的有关优惠政策。凡是 2000 年度发展花卉的农户，每发展一亩，镇优先考虑农业贴息贷款 2000元；凡是 2000 年度单户发展花卉 5 亩以上的，免交镇统筹款，一年的农业税、特产税由镇承担。凡是 2000 年发展花卉的农户可优先享受信息技术物资等优惠服务。要求各村也要结合实际，出台一些优惠扶持政策，以推动花卉等新型农业产业的发展。对组织主要农产品营销达到一定规模的村农业领导小组组长、副组长（包括村党支部书记）给予相应的现金奖励。

缪家村围绕"农业增效、农民增收"，积极调整农业产业结构，重点发展大棚蔬菜、鲜切花、露地蔬菜。柴金甫 1998 年开始在东云村种植鲜切花。由于东云村土地资源少，2003 年开始到缪家村来种植。最初经营几十亩地，2007 年通过土地流转，经营规模扩大，到 2020 年在缪家村已有约 500 亩。主要品种是香水百合、鹤望兰、菊花三种鲜切花。"早几年在种植内部来看种花效益还是很好的，比种蔬菜效益好，比种植蔬菜产值高，但投入也大，技术含量也高。1998 年的时候利润在 3 万 / 亩，如果种蔬菜的话利润只有几千块每亩"[1]。原高一村人潘菊明在 2001年通过流转土地建立农业基地，名为"碧云花园"，种植水稻、蔬菜、水果、花卉等。

2002 年初，大云镇政府再次出台奖励政策，对新发展花卉生产的农户种植面积 0.67 公顷以上的，第一年每亩补贴 200 元，第二年每亩补贴 100 元，连续补贴两年。协调安排贷款 3000 ～ 5000 元 / 亩，优先安排 50 ～ 150 平方米生产用房等一系列相关扶持政策。碧云花园得到政府补贴 5 万元，此后，逐渐从村集体流转土地，扩大土地规模，最多时有 3000 多亩。[2] 碧云花园花卉生产面积、规模及品种也逐年扩大，园区内全部采用设施齐全的农业机械设备和喷滴灌节水系统，花卉品种由单一品种发展到非洲菊、百合、天堂鸟、凤梨、大花蕙兰、杜鹃等十多个中高档花卉品种，年产百合、郁金香、鹤望兰、非洲菊等中高档鲜切花 800 万枝以上，年产凤梨、花蕙兰、杜鹃达 30 万盆，其中凤梨、百合花卉产量、规模、生产水平已成为华东地区最大的生产基地之一，花卉产业已经成为我们的支柱产

---

① 柴金甫访谈记录，2018 年 7 月 24 日。

② 潘菊明访谈记录，2019 年 6 月 25 日。

业，为提升拓展农业功能，加快休闲农业建设步伐提供了有利条件。[1]

据统计，2004 年年底缪家村大棚蔬菜、鲜切花面积达到 1100 多亩，从业人员占总劳动力的 60% 以上，成为全国花卉之乡。露地蔬菜种植达到 1200 多亩，粮经比例达到 30 : 70。2008 年缪家村鲜切花 146.8 公顷，盆花 2.93 公顷，总收入 6468 万元。粮食种植面积 248.87 公顷，亩产 474 公斤，总产 1770 吨；西瓜面积 56.93 公顷，总产 1695 吨；蔬菜面积 403.27 公顷，总产 1193 吨；花卉苗木面积 146.8 公顷。粮经比例 28.22 : 71.78，复种指数 442.73%。生猪全年饲养 11455 头，出栏 5760 头。

四、第三次调整：发展高产优质高效生态农业及精品农业

2010 年，浙江省在全面分析本省农业发展新形势的基础上，作出了大力发展高效生态农业的战略决策[2]。高效生态农业，就是以绿色消费需求为导向，以提高市场竞争力和可持续发展能力为核心，兼有高投入、高产出、高效益与可持续发展的特性，集约化经营与生态化生产有机耦合的现代农业。高效生态农业既不同于偏重高投入高产出的集约石油农业，也不同于偏重维护自然生态平衡、放弃高投入高产出目标的自然生态农业；既体现了现代农业的一般特性，又反映了人多地少地区农业发展的特殊性。大力发展高效生态农业是浙江农业走上科学发展轨道的新飞跃，是对效益农业的进一步提升和发展。[3]

被称为"浙江米袋子""上海菜篮子"的浙江省嘉善县，于 2009 年开始围绕粮食、蔬菜、水果、畜牧、花卉、水产、食用菌及休闲观光农业等八大主导产业，发展精品农业。根据《中共嘉善县人民政府关于加快发展精品农业全面提升现代农业水平的若干意见》（善委〔2009〕16 号）精神，嘉善县计划通过 3 年的发展，实现每个产业都有一定规模的精品示范区，区内全部实行无公害标准化生产，通过认证的无公害农产品和绿色食品分别达到 100% 和 30%。

缪家村立足自身现状，挖掘发展优势，从邻镇型村庄区位优势、社会经济发展优势角度出发，确定了大力发展现代农业，实现规模养殖、建设休闲农业园等农业发展方向。

---

① 潘菊明：《打造碧水云天的生态农庄，奉献鸟语花香的人间天堂》，2007 年中国农学会学术年会暨全国休闲农业论坛论文集。
② http://www.zj.gov.cn/art/2010/7/7/art_5494_192787.html
③ 顾益康：《要大力发展高效生态现代农业》，《农村工作通讯》2007 年 9 期。

　　休闲农业园的发展以碧云花园为代表。碧云花园近 100 亩葡萄基地从 2005 年开始就坚持按有机标准生产。为了保证质量控制产量，实行按生产规程操作：施农家肥，禁用激素，人工除草，果实套袋，一根藤上只留一串葡萄。2007 年 12 月在浙江省农博会上碧云葡萄获优质奖，2008 年 6 月，作为嘉兴市首家通过中国有机产品认证的葡萄品牌 26 个品种上市。2009 年，碧云花园葡萄基地被列入嘉善县精品农业示范点建设计划。由于坚持按有机标准生产，葡萄质量好，深受上海、杭州市民欢迎。"29 个品种的葡萄每斤的平均价格都在 15 元以上，不等下架，就会迎来上海、杭州等地的采摘团。"[①] 碧云花园花卉基地主要品种有非洲菊、百合、凤梨、鹤望兰等。这些品种自 2002 年起先后获得浙江省农业博览会、花博会的银奖、金奖。2007 年 12 月 10 日，碧云花园被浙江省林业厅认定为浙江省林业观光园区。2008 年 1 月，经浙江省工商行政管理局认定，在 31 类自然花商品基础上的碧云商标为浙江省著名商标。2008 年 2 月，碧云花园被浙江省农业厅授予浙江省高效生态农业示范园区。2008 年 6 月 18 日，碧云花园成为浙江省农业科学院花卉研究开发中心示范基地。2008 年 6 月，碧云牌鲜切花被评为浙江省名牌产品。2008 年 7 月，碧云花园被评为浙江省省级骨干农业龙头企业。2010 年，碧云花园 60 亩花卉基地被列为嘉善县精品农业示范点 2010 年建设计划。[②]

　　以农民合作社为主体发展现代农业。由缪家村丰乐农技专业服务合作社负责的大云镇精品水稻示范点被列为嘉善县精品农业示范点 2010 年建设计划。[③] 丰乐农技专业服务合作社 500 亩精品稻米示范点通过推行统一测土配方施肥、水稻良种、机械化操作、田间管理和病虫害统防统治"五统一"推进无公害水稻标准化生产。实施三年时间内，基地统一从种子公司购入 81200 斤优质晚稻良种秀水 114、嘉禾 218，通过示范点稻米精品建设和无公害技术的推广应用，每亩可节省农业投入品成本 50 元，节省劳动力投入 3 个工，折合人民币 60 元，每亩增产 40 公斤，折合人民币 90 元，实现品牌效应每亩增加 80 元，合计亩增效 360 元。同时，产生了良好的社会效益。通过示范点的示范带动，进一步提高了农业机械化水平，为实现农业生产现代化提供示范样板。通过有机肥投入，实施配方和统防统治以及无公害生产的应用、秸秆还田的推广，有效遏止了农村面源污染，使土壤环境

① 房宁：《嘉善精品农业标准产出》，《农民日报》2010 年 8 月 17 日。
② 《嘉善县人民政府办公室关于下达嘉善县精品农业示范点 2010 建设计划的通知》，善政办发【2010】76 号
③ 《嘉善县人民政府办公室关于下达嘉善县精品农业示范点 2010 建设计划的通知》，善政办发【2010】76 号

得到明显改善。依托合作社的 1000 余亩集体土地，轮番种植精品水稻和优质瓜果等，实现了农业的高效生态。

培育水产养殖业向品牌化发展。美华特种水产养殖场自 1993 年开始创办，现养殖规模 150 多亩，年产成鳖 50000 只左右，规格 8 两至 3 斤，养殖年份 3～10 年。2002 年向工商部门申请"华神鳖"注册商标，2006 年农业部授予"华神鳖"无公害食品证书，2007 年浙江省农业厅授予"华神鳖"养殖基地为无公害食品养殖基地，2008 年取得了中华鳖苗种生产许可证。2009 年全年商品鳖产量 5 万只左右，合计约为 15 吨，苗种亲本 30 万只左右。浙江省名牌推进委员会公布的 2014 年第一号公告中，美华特种水产养殖场的"华神"牌中华鳖被认定为"浙江省名牌产品"，直接带动了周边 50 多户农户从事甲鱼养殖，该养殖场也成功创建成为 2011 年度嘉兴市市级示范性家庭农场。2017 年年底营业额已达 800 万元左右。

为加快现代精品农业发展，缪家村加大对农业基础设施的投入，2013 年起投资 400 多万元用于农业园区基础设施建设，道路硬化、水利沟渠、绿化种植等全长达 2000 多米。2016 年，总投资 450 万元推进嘉善南部省级现代农业园区缪家片建设。建成 2500 亩的高标准农田示范区，通过加强灌排、道路、美丽田园等基础设施建设，形成了渠相通、路相连、林成网、田成方的现代田园，提高了机械化作业率，改善了农产品运输条件。以生态观赏产业为主导，配套形成"一心多点"的多业态、高科技大农业布局，全面实现区块内农业适度规模经营，全面提升现代农业发展水平。经过多年的发展，缪家村已逐步形成了碧云花园、缪家大米、华神牌甲鱼等知名品牌。

第二节　乡村工业及商业发展

一、大力推动乡村工业发展

缪家村从 20 世纪 70 年代开始创办工业企业，1970 年有缪家纱布厂、新南保温材料厂等，工业产值 3.79 万元。原西泾村有西泾清沙厂、西泾化纤加工厂，工业产值 19.79 万元。西泾服装厂建于 1984 年，厂房面积 230 平方米，职工 25 人，年产服装 0.6 万件。原高一村有高一预制场等，工业产值 1.5 万元，固定资产 2.9

万元；1984 年，高一玻纤厂占地面积 420 平方米，建筑面积 252 平方米，有职工 92 人，年产纤维布 59.3 万米。原金长村有金长编织袋厂、金长五金厂等，工业产值 15.41 万元。1986 年起，全国乡镇企业得到大发展，缪家村村办工业企业发展加快。

表 2-1　1990 年缪家村村办企业经营情况

企业名称	职工人数（人）	固定资产净值（万元）	销售收入（万元）	税金（万元）	利润（万元）	工资总额（万元）	所属村
新南保温材料厂	16	1.95	4.73	0.28	-0.26	1.78	缪家
缪家纱布厂	37	0.77	3.78	0.34	0.09	2.41	缪家
西泾清砂厂	6	1.68	5.39	0.23	0.87	1.07	西泾
西泾化纤加工厂	9	2.78	17.2	0.96	-1.12	1.38	西泾
高一预制场	5	1.26	2.73	0.13	0.1	0.62	高一
金长预制场	8	1.04	9.12	0.41	0.27	0.75	金长
金长编织袋厂	8	5.67	4.59	0.23	-0.89	1.55	金长
金长玻璃钢厂	5	0.55	8.15	0.71		1.13	金长
金长五金厂	6	1.8	0.76	0.05	-0.12	0.46	金长

资料来源：大云镇志。

1991 年，潘菊明借了 7500 元创办凯乐服装厂，主要是给嘉善服装三厂代加工。只有 8 台缝纫机，两年后增加到 40 台，有 40 个工人，4 个管理人员。该厂是大云镇第一家私营企业。[1]

1994 年，缪家村只有凯乐服装厂和水泥预制板厂两家企业。为鼓励乡镇企业发展和民营经济发展，1999 年起，嘉善县实施了两轮"百姓致富工程"。县委、县政府于 2003 年 4 月下发了《关于深入实施百姓致富工程的意见》，决定从 2003 年到 2007 年，用 5 年时间在全县范围内继续深入实施以发展民营经济为主题的"百姓致富工程"。主要工作重点是培育一批规模型民营企业、培育一批科技型民营企业、培育一批出口型民营企业、培育一批著名商标、培育一批名牌产品、培育一批现代企业制度示范户、培育一批特色（专业）工业园区、培育一批民营经济专业村，推进非公经济的发展[2]。2001 年起，县委县政府把招商引资工作列为"一号工程"，缪家村根据本村实际，积极实施"一号工程"和"百姓致富工程"，2001—2004 年先后签协引进项目 6 个并开工生产。其中，独资企业 4 个，引资总额 100

---

[1]　潘菊明访谈记录。
[2]　嘉善县地方志编纂委员会：《嘉善年鉴》，2004 年。

万美元。2004 年村里有各类企业 23 家，形成了一定的工业规模。

到 2005 年底，日资企业前川食品厂完成扩建投资 12 万元，厂房施工面积 294 平方米。天恒亚麻厂完成扩建投资 45 万元，厂房建筑面积 980 平方米，缪家玻璃锅制品厂完成投资 80 万元，厂房建筑面积 2275 平方米。

2008 年全村主要工业企业有：速净环保有限公司（台资）、嘉兴兆平玻璃钢厂、嘉兴天恒亚麻厂、前川天然味品有限公司、惠丰饮料厂、大光服饰公司等，工业产值 49725 万元。

表 2-2 2008 年缪家村规模以上工业企业情况

企业名称	工业产值 （万元）	利税 （万元）	出口交货值 （万元）	职工数（人）
嘉善大光服饰有限公司	3250	164.6	29704	170
浙江拳王实业有限公司	30039.5	2598.9	——	203
嘉兴前川天然味品厂	691.6	76.9	501.8	31
嘉兴天恒亚麻纺织有限公司	2248	125	916.3	192

资料来源：大云镇志。

2002 年缪家村工农业总产值 1.64 亿元，工业总产值 1.51 亿元，占工农业总产值的 92.07%；农民收入 5719 元，村级可支配收入 120 万元。2004 年工业总产值 1.78 亿元，比 2002 年增加了 2700 万元，占全村工农业总产值的 90%。农民收入 6642 元，村级可支配资金收入 165 万元。2005 年工农业总产值 2.2 亿元，其中工业总产值 2 亿元，占 90.91%。工业收入占村经济总收入的 92.18%。2017 年，为提高土地利用率，缪家村在村域内开展"低小散"企业腾退工作，腾退企业 14 家，减少收入 252 万元。

二、促进商业发展

1978 年改革开放后，随着商品购销全面放开，民营、私营商业发展较快。至 1988 年，大云有供销社、集体商业、国营商业、民营商店共 86 家。20 世纪 90 年代起，大云集镇扩建，商业、服务业迅速发展。2008 年大云镇有零售批发商场、商店 395 家，农贸市场 3 家，从业人员 1846 人。因邻近大云镇政府，缪家村商业也有很大发展，代表性的商业企业主要有：

碧云花园商务度假餐饮中心。2005 年建成于缪家村碧云花园内，占地面积 3660 平方米。底层为餐饮部，二楼设杜鹃厅、碧云厅、金钱松、寿星桃等包厢，供 400 人同时用餐。三楼住宿部，有 24 套客房。碧云花园商务度假餐饮中心是一家集商务、宴会、休闲为一体的多功能餐饮中心。该酒店有资质厨师 5 名，服务员 20 名，供应农家特色菜肴，提供自酿米酒、自酿葡萄酒。

拳王休闲农庄。2008 年建于缪家村，投资 3000 多万元。该农庄占地 250 亩，水面 60 多亩。内设东南西北四宫，大小包厢 35 个，大堂内设 38 张圆桌。烹饪技师 4 人、厨师 40 名、员工 120 名。庄内供应以杭帮菜为主，兼以粤菜、川菜、本帮菜（土特菜）。名菜有拳王卤牛头、拳王土鸡块、拳王醉蟹、拳王稻捆肉。农庄河心岛内有平台，设自助烧烤和情侣烧烤。

三、推动三产融合发展

三产融合是以农业为基础和依托，借助产业渗透、产业交叉和产业重组方式，通过形成新技术、新业态、新商业模式延伸农业产业链，由一产向二产和三产拓展，打造农业产业综合体和联合体，进而达到实现农业现代化、城乡发展一体化、农民增收的目的[①]。为适应中国经济发展进入新常态及农业产业面临"天花板"和"地板"双重挤压的新形势，满足居民消费多样化、高质量需要，拓展农业多功能，促进农业增效、农民持续增收，2015 年中央"一号文件"首次提出通过"推进农村一二三产业融合发展"的途径来促进农民增收。国务院办公厅《关于推进农村一二三产业融合发展的指导意见》（国办发〔2015〕93 号）及 2016 年中央"一号文件"再次强调，要推进农村三产深度融合，"推进农业产业链整合和价值链提升，让农民共享产业融合发展的增值收益，培育农民增收新模式"。浙江省政府于 2016 年 12 月出台了《关于加快推进农村一二三产业融合发展的实施意见》（浙政办发〔2016〕158 号），提出以五大发展理念为指导，以市场需求为导向，以农业全产业链发展为基础，以主体培育和利益联结机制建设为核心，以体制、技术和商业模式创新为动力，积极探索农产品生产、加工、销售与旅游、健康、文化、信息等产业融合发展新模式，着力构建农业与二三产业交叉融合的现代产业体系，加快形成城乡一体化的农村发展新格局。

缪家村积极探索，以市场需求为导向，坚持差异化、多样化探索一二三产业融合发展路径。缪家村发挥紧邻沪杭高速公路大云出口、嘉善高铁南站及善江公路的区位优势和现代农业基地优势，积极引导农业主体、企业投身农业，精心打

---

① 郑风田等：《产业融合需突破传统方式》，《农民日报》2015 年 9 月 12 日。

造集自然景观、设施农业、特色产品等于一体的农旅融合文章，推动以花卉、生态甲鱼养殖、"碧云"葡萄等一批安全优质的农副产品等品牌文化为核心的农业、文化、旅游产业融合发展。

（一）推动美丽乡村建设与休闲旅游融合发展

缪家村围绕"乡村游"这一主题，坚持以"规划+"引领"三生融合"，将村庄规划与大云镇总体规划、旅游度假区总体规划、甜蜜小镇规划、大云镇镇村布局规划、嘉善县中心城区土地利用总体规划有效衔接，整合乡村旅游资源，全面推动乡村休闲旅游快速发展。

缪家村抓住大云全域旅游开发、甜蜜小镇建设等重大机遇，促进美丽乡村建设与旅游开发深入融合。以歌斐颂巧克力小镇等一批旅游项目为平台，集聚产业，走"旅游+村庄"的特色发展之路。

利用状元浜、朱家浜等自然村落特色，依托南部省级现代农业综合区、丰乐合作社、农业大户等农业资源，引导农户转产、转业，鼓励村民建设乡村民宿、农家乐、农事体验等项目，形成集观光、餐饮、住宿、购物等旅游要素一应俱全的旅游产业链，在壮大村集体经济、带动村民增收致富的同时，打响缪家村"乡村休闲旅游"品牌。

2017年，缪家村累计投入900多万元，对照卫生保洁、污水治理、河道整治、道路沿线、村庄绿化等5大项内容开展环境整治工作，对新农村南北区片进行污水纳管与雨污分离改造工程。全村实现水泥路100%硬化，村内所有道路平整完好且干净整洁，投入2000多万元对村主干道——花海大道进行了绿化、亮化、美化提升工程。沿线的导向标识设立清楚、设计美观。景区内建有村部、新社区等4个停车场，以及新的停车场（一期）等旅游公共服务配套项目。

缪家村乡村休闲旅游度假区已初步形成了以碧云花园、拳王休闲农庄、巧克力乐园、十里水乡、鲜切花现代农业示范园区等一批富有浓郁地方特色、产业特色的农村休闲旅游项目，兼具村庄及景区特色。2018年，全村各种不同类型的农村休闲旅游点已经发展到8个，其中碧云花园、拳王休闲农庄被评为省级农家乐特色点。先后获得浙江省休闲旅游示范村、浙江省特色旅游村、浙江省绿化示范村、浙江省农家乐特色村、浙江省农家乐休闲旅游"十佳特色村"等荣誉称号。

（二）促进工、农业与旅游的融合发展

鲜切花和大棚果蔬是缪家村的两大农业特色产业。缪家村结合乡村旅游发展趋势，拓展农业多功能，鼓励当地农业产业与旅游业融合发展。碧云花海景区主要是鲜切花种植基地和水果种植基地，以农业生产为主。在政府的引导推动下，以市场需求为导向，在做好农业产业的同时，开发农业多功能，开发推出了鲜花观赏、水果采摘、拓展烧烤、餐饮住宿、情侣婚纱摄影旅游、亲子度假、主题研学等多个农旅融合项目。

成立于 2015 年的歌斐颂巧克力小镇是国内首家集巧克力生产、研发、展示、体验、休闲度假于一体的巧克力工业旅游与主题乐园相结合的特色旅游基地，是浙江省中小学教育实践基地和国家 4A 级旅游景区，同时也是浙江省旅游类示范特色小镇。在歌斐颂巧克力景区，游客不仅能观看、了解巧克力生产制造过程，品尝各种口味的巧克力，还可以了解巧克力的由来、发展历史，自己动手 DIY 巧克力。歌斐颂巧克力景区成为亲子游、研学游的热门地。2017 年共计接待游客243.79 万人次，实现旅游收入 4.3 亿元。未来，歌斐颂巧克力景区还将建设巧克力主题酒店、可可文化展示体验馆、巧克力学院、歌斐颂可可森林等多个项目，发展成为亲子、研学、休闲度假的工业休闲度假区。

（三）促进文化与旅游的融合发展

以缪家文化礼堂展示为主体宣传美丽乡村建设及乡村振兴经验和成就，借此发展红色旅游。每年吸引全国各地的党政人员前来参观学习，既增加了该村的经济收入，也提高了知名度。歌斐颂巧克力小镇每年举办"歌斐颂国际巧克力文化旅游节"，传播巧克力文化，促进工业旅游与文化的深度融合。碧云花海景区每年举办"杜鹃文化节"（已连续举办 12 届），以花为媒、以节会友，传承杜鹃魅力，传播嘉善杜鹃品牌。碧云花园的农业培训基地是农业部唯一一所农业干部培训实训基地。碧云花园同时也是青少年研学基地，集农业体验、观赏、学习于一体，受到青少年的欢迎。深度挖掘婚庆文化，歌斐颂巧克力小镇和碧云花海婚纱摄影基地已有较高的市场追捧度，2016 年接待量达 7 万多对。

同时，将农耕文化、善文化等传统因子植根于特色村落建设、农居民宿开发之中，让游客在休闲度假中品味本土文化、品味浓浓乡愁。依托村文化礼堂，陆

续开展了端午民俗礼、"尝新"礼、香囊手工制作、传统小吃集会、杂技顶凳子、灶画、押花画等多样式的乡村民俗展示、展览，传播乡村农耕文化和特色美食文化，强化人文历史功能的发挥。

第二章　不断壮大村级集体经济

　　如何发展壮大村级集体经济，确保集体资产的保值、增值，对于农村社会稳定以及实现全面小康社会具有十分重要的现实意义。缪家村后生产主义转型的过程也是不断壮大村级集体经济的过程。通过不断创新理念、改革驱动，缪家村一方面充分发挥自身靠近集镇和沪杭高速公路的区位优势，通过建造标准厂房，进一步规范厂房出租；另一方面，依托合作社经营村集体土地，念活"土地经"，借力"抱团飞地"计划，推进村级经济发展。

第一节　发展集体物业经营

　　缪家村充分发挥自身区位优势，大胆探索发展思路，抢抓发展机遇，建造标准厂房以及公建配套用房引进"金凤凰"。自 1994 年以来，已累计建造标准厂房 4 万多平方米，引进服装、食品、机械等企业近 30 家，每年为村集体经济带来 300 多万元的租金收入。

　　缪家村充分发挥靠近集镇和沪杭高速公路的区位优势，通过建造标准厂房发展壮大村集体经济。面对刚开始的村级资金短缺这一要素制约，缪家村积极与有承租厂房意向并有一定实力的企业主协商，通过企业主先垫付租金的方式解决资金问题。1994 年第一座 320 平方米的标准厂房建成，并引进了日本前川天然味品有限公司。随着"筑巢引凤"的成功，村集体有了稳定的收入来源，更坚定了发展信心，随后一大批年产值数千万元的企业不断落户。

　　面对企业在租赁厂房的过程中遇到的厂房面积不适宜、不符合生产需求等问题，缪家村大胆创新，提出了为企业量身定制标准厂房，即根据企业要求建造厂房，包括厂房结构、装修风格等。虽然比普通厂房租金高出 10% 左右，但这一思路的提出，立即引起了企业的兴趣。缪家村积极调研考察，选择了发展潜力较大、成长性较好的嘉善绿野环保材料厂，根据厂家的需求，于 2009 年为其建造了 3000 多平方米的标准厂房，助推了企业做大做强。

2008 年起嘉善实行首轮和第二轮"强村计划"，每年分别安排 200 亩和 50 亩土地指标，财政每年分别安排 1000 万元和 1200 万元扶持资金，并落实了对部分项目规费全免或部分减免、物业资产租金税收先征后补等多项扶持政策，涉及资金 600 多万元。缪家村依托县政府实施的"强村计划"，抓住大云镇建立村级经济创业园的契机，争取到了 29 亩的土地建设指标，同时加大招商引资力度，与嘉兴新友紧固件有限公司达成了承租协议，并根据企业的生产需求建造厂房。引进的企业 2014 年 4 月投产，年产值达到 1 亿元，第一年租金达 100 万元。

为确保集体物业收入稳定增长，2015 年缪家村对租赁的厂房实行拍租，并且租金预付，同时，提高村级厂房租金。与全村 33 家租赁企业中的 20 多家到期租赁企业重新签订租赁合同，在原租金基础上提高租金 200 多万元。2018 年，村收缴租金及清缴历年租金合计 700 多万元。此外，投入 370 多万元建造村级经济创业园生产服务性用房 4500 多平方米，用于出租。

随着新农村建设的加快推进，缪家村积极向上争取政策，在农村新社区整体配套建造店面、超市等营业用房，并通过服务配套用房的招标出租，不仅每年可为村集体增加 100 多万元的租金收入，还使社区居民足不出村就可满足生产生活的基本需求和一般消费。

第二节　依托合作社经营村集体土地

一是积极创新土地置换整理方式。在促进土地流转的同时，针对剩余的 450 多亩尚未流转出去的土地，2008 年，缪家村在全县率先尝试依托专业合作社自主经营集体土地，并充分考虑退职村干部的保障和他们自身的知识、经验和能力优势，为他们提供再就业岗位，安排他们做集体经营土地的具体生产经营管理者。村集体根据用工情况和劳动所得，发放工资补贴。这一做法，不仅每年可为村集体增加 50 余万元的收入，而且还很好地落实了组织关爱，有效解决了退职村干部的后顾之忧。同时，对那些不愿意耕种土地的农户，由合作社与农户签订租赁协议，将农户的自留地及承包地流转给合作社，合作社每年支付一定的租金。

二是发展精品高效农业。一方面，合作社进行精品水稻、小麦育种，生产的种子一部分高价销售给种子公司，一部分直接供给社员种植。另一方面，根据不同的季节，轮番种植精品水稻和大棚瓜果等高效生态农业，取得了较好收益。

三是提升营销管理水平。一方面，发挥合作生产的优势，统一采购优质可靠种子和种苗，同时按照标准化组织生产，统一购进无公害肥料和有机肥料、低残留生物制剂农药，在确保产品质量安全的同时，积极注册商标，打响品牌，提升农产品价值。另一方面，成立专门的营销队伍，负责销售、运输、搜集信息等，农产品统一进入市场销售，实现了产前、产中、产后的有机结合，减少了交易的中间环节，降低了销售成本，获得市场流通环节的利润，增加了收入，增强了市场竞争力。

依托省级无公害生产基地核心示范区优势，丰乐合作社生产的"缪家"大米全程实施无公害标准化生产，通过实施质量控制全面应用测土配方施肥技术，选用低毒低残留高效农药，建立二维码追溯系统，确保农产品的质量安全。此外，合作社充分发挥辐射作用，引导社员种植红心火龙果、铁皮石斛、葡萄等高质量的农产品，发展生态种养，形成"生态＋农产品＋品牌"的发展模式，进一步打响"缪家"品牌。

依托丰乐农技服务专业合作社的设施、技术等优势，设立了技术信息咨询、生产资料供应、产品销售等服务窗口，提供农业生产资料的购买、农产品销售、贮藏以及与农业生产经营有关的技术、信息服务。在农业生产过程中，由合作社实行统防统治，实现"五统一"：统一购种、统一病虫防治、统一生产管理、统一销售、统一结算。尤其在水稻种植方面，合作社对水稻种植进行工厂化育秧，机插秧，统一用喷洒式农药机用药、收割机收割，提供统一的育秧、机插秧、收割、烘干，形成专业的一条龙服务。除服务本村农户外，还将服务对象扩大到了嘉兴、平湖等周边地区的一些农户。

合作社引进先进种植栽培技术，如试验推广种植有市场竞争力的杂交水稻新品种。在千亩毛豆基地推广台湾 75-3 品种，推广面积达 350 亩。在百亩甜瓜基地推广"蜜天下"新品种种植。同时，大力推广棚室、遮阳网生产技术和使用频率杀虫灯，使用生物菌、生物农药和高效、低毒、低残留农药，带动种植户发展无公害蔬菜，提高蔬菜品质和经济效益。

多种方式组织农技培训。2010年全年先后在镇、村、组开展技术培训6期，参加培训的社员达500多人次。印发蔬菜信息、技术资料1532份，安排技术人员免费上门指导，提供技术服务。合作社社员种植毛豆、水稻、甜瓜收入比上年每亩增收5000多元。

第三节　借力"抱团飞地"计划　推进村级经济发展

很多村集体经济在发展过程中，既存在经济基础差、自身发展能力弱的"短板"，也存在土地资源不够、发展分散、"没有项目无处投"等问题。随着"强村计划""退散进集"等系列工作的展开，嘉善建立以"县域统筹、跨村发展、股份经营、保底分红"为主的"抱团飞地"模式，引导全县集体经济相对薄弱村以土地指标和资金入股，在省以上产业平台、特色小镇、县镇两级商贸区等优势地块，统筹布局"两创中心"，高标准建造标准厂房，吸引高科技优质企业入驻，实现经济效益和社会效益的"双赢"。

"抱团飞地"模式发轫于嘉善，首次实践在大云的强村富民"飞地"抱团扶贫模式，为解决村级"低小散"企业腾退和工业园区转型升级找到了出路。不仅入选浙江省26条经济体制重点领域改革典型经验，获评第五届浙江省公共管理创新案例，还被写进了浙江省《全面实施乡村振兴战略高水平推进农业农村现代化行动计划（2018—2022年）》，在全省得到推广。

结合全县强村计划，县镇两级先后出台了一系列配套政策，确保项目参与主体共享项目红利。一是强化资金支持。"飞地抱团"项目除享受县强村计划相关财政奖补、贷款贴息和薄弱村规费减免等政策优惠外，参加抱团的薄弱村由县镇两级补助160万元启动资金，并安排了最高200万元的银行贷款三年贴息资金。二是确保收益托底。大云镇每年按投资额的10%进行收益保底分红，不足部分由大云镇全额托底支付。未来租金上涨出现盈余收益也将全额分发各村。项目一期已进行两次分红，每次分红800万元，由22个村按出资比例分享红利。仅此一项，每年为缪家村村集体经济带来55万元的固定收入。

"强村计划·飞地抱团"位于大云镇中德生态产业园核心区，一期占地50亩，包括缪家村在内的全县 22 个村共同出资 8000 万元，其中，经济薄弱村每村出资 300 万元，腾退村每村出资 550 万～ 950 万元不等。建设 3 万平方米高标准厂房，成立嘉善县强村创业大云投资管理股份有限公司，吸引高科技优质企业入驻。建成后，所有物权属于该公司所有，由大云镇负责招商和出租厂房，引进以德国为主的欧美精密机械、装备制造企业，收益分配方式实行收益每年按投资额的 10% 保底分配，不足部分由大云镇政府托底支付。

大云镇在中德生态产业园核心区位布局发展"飞地抱团"强村项目，项目分三期实施，分别占地 50 亩、40 亩和 73 亩。该项目进一步打破了村集体经济发展的区域限制，一是通过集中整合土地指标，化零为整，集约布局"飞地"，实现跨镇、跨县、跨省的强村抱团发展。二是集合投资主体。"飞地抱团"项目一期由全县 9 个镇（街道）的 22 个村（包括 17 个经济薄弱村和 5 个腾退村）抱团成立公司投资建设，总投资 8 千万元。项目二期由全县 21 个村（5 个薄弱村、13 个退散进集村、3 个一般村）抱团成立公司投资建设，总投资 1.2 亿元。项目三期由丽水市庆元县和四川九寨沟县共同投资建设，总投资 2.2 亿元。三是集中服务功能。大云镇引入集中式大服务功能区理念，将客户服务中心、办公研发、商务会务、餐饮服务、员工之家配套齐全。同时，高标准建设云谷商务配套区，按 3A 级景区标准全面提升园区品质，着力打造"生产、生活、生态"三生融合的现代花园式园区，为项目平台持续发展注入活力。

"飞地抱团"强村项目充分对接欧美优质企业生产需求，一是高标准建设、高品质装修，实现企业"拎包入住"。同时县镇政府专门委派红色代办员，为项目提供全程绿色审批代办服务。二是高质量引进项目。项目厂房在建设初期同步启动招商选资。在充分考虑到该镇原有企业转型升级需求的基础上，大云镇对符合产业定位、有能力进行升级的企业选择提升入园。德国道博模具、中德合资卓瑞精密机械、中新合资田工机电、新加坡塑德精密设备、英国弈烯石墨烯科技、加拿大林川生物科技等 9 家优质企业和人才项目已成功入驻，实现总投资 3.4 亿元，投产后预计产值将达到 5 亿元以上，亩均税收突破 100 万元。小微企业园二期项目也将实施，二期项目位于一期项目西侧，用地面积 40 亩，由嘉善县所辖 21 个村共同出资。其中，4 个经济薄弱村和 11 个腾退影响较大村每村出资 300 万元，大云镇 6 个村每村出资 450 万元。项目按照高标准工业厂房整体规划设计、整体建造，总面积约 3.2 万平方米。厂区内配套屋顶太阳能发电、智能路灯、智能安防系统等绿色智能设施，并实现垃圾分类收集，完善物业管理。租金受益方面仍旧参照一期做法，各村每年按投资额的 10% 享受分红，不足部分由大云镇负责托底支付，随着租金上涨，增收部分股东再进行分红。

"飞地抱团"项目的实施实现了"村内经营到村外、粗放经营到集约、分散经营到集中"的转变，也实现了"被动输血"向"自我生血"的转变，解决了偏远薄弱村招引高质量项目的难题，有效带动了薄弱村实现由"被动输血"向高质量"自我生血"转变。

第三章　土地整治改革探索

  浙江的改革始于农村，浙江的快速发展也得益于农村改革的成功[①]。自实行家庭联产承包责任制，确立农村基本经营制度以来，缪家村在认真贯彻落实党和政府的改革方针政策基础上，抓住嘉兴市被浙江省委省政府确定为统筹城乡综合配套改革试点地区、嘉善县被确定为全国唯一县域科学发展示范点、缪家村被确定为大云镇首批村级土地利用总体规划试点村等契机，因地制宜，勇于改革探索，较好地促进了乡村的后生产主义转型。最突出的是"两分两换"的实施和全域土地综合整治的开展。

第一节　推动土地承包经营权流转

一、土地承包及确权

  中共十一届三中全会决定实行家庭联产承包责任制。1980 年 10 月，嘉善县善西公社鑫鑫一队在副大队长兼生产队长陈金命主持下，将集体农田包产到户，开启了嘉善县家庭联产承包的序幕。1980 年缪家村开始分田到户，由大队与社员签订承包合同，以生产小队为单位，按人口、劳动力比例把耕地分到户。粮、油秋收后按规定售给国家完成上交任务，多余部分由农户自行处理。承包合同期15 年。

  1998 年，第一轮承包合同到期，中共中央出台了承包合同期限延长"30 年不变"的政策，大云镇第二轮承包政策规定"增人不增地，减人不减地"。农户可以

---

① 顾益康、金佩华等：《改革开放 35 年浙江农民发展报告》，中国农业出版社，2013 年。

转让、转包、互换入股联合经营。有些农户因已转为经商、办厂等行业，第一轮承包的土地已转让别人，房屋也卖给别人，在签订第二轮承包合同时自愿放弃。根据自愿的原则全部签订 30 年的承包合同。大云镇第二轮签订承包合同 4162 户，占总户数的 94.5%，其中延续承包 152 户，合同承包面积 1685.33 公顷，占总田亩的 97.15%，机动面积 49.27 公顷，放弃承包 172 户，占总数的 3.9%。2005 年缪家村家庭承包经营的农户数 466 户，家庭承包经营的耕地面积 2802 亩。农户家庭承包耕地流转的总面积 390 亩，出租是主要流转形式。实行适度规模经营的耕地面积 517 亩，其中，经营面积在 10～20 亩的有 62 亩，经营面积在 20～50 亩的有 67 亩，经营面积在 50～100 亩的有 102 亩，经营面积在 100 亩以上的有 286 亩。已颁发土地承包经营权证书 466 份，签订家庭承包经营合同 466 份，农户家庭承包土地流转合同份数 122 份，涉农户数 122 份，涉及的耕地面积有 390 亩。

表 2-3　2005 年缪家村农户家庭承包经营及确权情况统计表

名称	数量
家庭承包经营的农户数（户）	466
家庭承包经营的耕地面积（亩）	2802
土地归村（原生产大队）所有的面积	2802
农户家庭承包耕地流转的总面积（亩）	390
其中：出租面积	390
实行适度规模经营的耕地面积（亩）	517
其中：经营面积在 10～20 亩	62
经营面积在 20～50 亩	67
经营面积在 50～100 亩	102
经营面积在 100 亩以上	286
已颁发土地承包经营权证书（份）	466
签订家庭承包经营合同（份）	466
农户家庭承包土地流转合同份数（份）	122
涉农户数（份）	122
涉及的耕地面积（亩）	390

资料来源：缪家村村委会。

二、"两分两换"

嘉兴市"两分两换"是指将农民的宅基地与承包地分开、搬迁与土地流转分开并以宅基地置换住房、以土地承包经营权置换社会保障的、以农村土地制度创新为核心的综合性改革。

（一）"两分两换"推动农房集聚的现实背景

相比较国内其他正在进行"土改"的地区，地处长三角的嘉兴市对于推进农房集聚改造有着更为现实的需求，而原有的土地关系已经阻碍了嘉兴市工业化、城镇化和农业现代化的快速发展。

随着改革开放的深入，城镇化、工业化水平的不断提高，城镇建设用地日趋紧张，建设用地缺口很大。特别是嘉兴地区毗邻上海，区位优势非常明显，经济发展速度快，建设用地紧张程度更高。2008 年，嘉兴市仅南湖区发展第二、三产业就使用建设用地 4000 余亩，而国家批准的新增建设用地指标仅为 800 亩。整个嘉兴市每年的用地需求大约为 3 万亩，而至 2020 年，年均新增建设用地指标只有 1.68 万亩，至少存在 1.32 万亩的巨大缺口[①]。与此形成鲜明对照的是，农村户均宅基地高达 0.96 亩，为全省的 2.5 倍，用于通村达户的道路占地也达 40 余万亩[②]。建设用地总面积为 135.4 万亩，农村居民点用地在居民点及独立工矿的 124.2 万亩用地面积中占近 50%。非农建设用地的需求越来越大，耕地保护和城市化用地的冲突越来越严重。

由于地处平原水网地带，嘉兴市农村房屋布局散乱的问题也较严重：每平方公里内平均有 4 个自然村，全市 60 多万户农户分布于 13111 个自然村。农村村庄布局分散造成了公共服务配套成本高、环境治理难等问题。

农村承包地规模过小。嘉兴市的农地承包面积人均不足 3 亩。同时，由于青壮年劳动力主要从事非农产业，全市农业从业人员平均年龄 57.2 岁，平均受教育年限只有 4.84 年。小农经营方式已经成为阻碍农业生产率进一步提高的制度性障碍。土地细碎化提高了使用机械的物质费用，降低了粮食生产的劳动生产率、土地生产率和产值率，降低了农户收入；同时，土地细碎化经营也妨碍农村劳动力向二、三产业转移，影响农户的非农收入。此外，根据相关法律，村民的宅基地只能自用，不能转让、抵押和出租，农民难以分享由城市化进程加速带来的土地增值收益。[③]

① 扈映、米红：《经济发展与农村土地制度创新——浙江省嘉兴市"两分两换"实验的观察与思考》，《农业经济问题》2010 年第 2 期。
② 王明姬：《"两分两换"中的情况、问题和建议——对嘉兴市土地使用制度改革情况的调查》，《中国经贸导刊》2010 年第 12 期。
③ 扈映、米红：《经济发展与农村土地制度创新——浙江省嘉兴市"两分两换"实验的观察与思考》，《农业经济问题》2010 年第 2 期。

尽管嘉兴城乡发展水平比较均衡，但城乡"二元结构"仍然导致城乡居民在分享教育、文化、医疗、社会保障等公共产品和公共服务时存在较大差异。

2008年10月21日，党的十七届三中全会通过了《中共中央关于推进农村改革发展若干重大问题的决定》，《决定》指出："建立健全土地承包经营权流转市场，按照依法自愿有偿原则，允许农民以转包、出租、互换、转让、股份合作等形式流转土地承包经营权，发展多种形式的适度规模经营"，"农村宅基地和村庄整理所节约的土地，首先要复垦为耕地，调剂为建设用地的必须符合土地利用规划、纳入年度建设用地计划"。嘉兴市在加快推进新农村建设、推进城乡一体化的实践过程中，被浙江省委省政府确定为统筹城乡综合配套改革试点地区，具备了一定的先行试验权。

正是在这样的背景下，嘉兴市在部分村进行了试点。自2008年下半年开始，嘉善县在姚庄镇开展"两分两换"试点。缪家村由于有较好的农房集聚基础，成为嘉兴最早一批搞"两分两换"的村。

（二）缪家村的主要做法

1. 以公寓开发为突破口促进农房集聚

2005年左右，缪家村提出搞新农村建设，进行农房集聚。主要做法是村里先建好8幢，每幢两层、每套面积110平方米。有意愿入住的村民付8万元就可以入住。原先的老宅如果不拆掉，可以先交一部分押金，等老宅拆掉后，村里再返还押金。

后来，随着项目的陆续进驻，适应村民需求变化，村里分别以独立式住宅、联排住宅和标准公寓房三种类型进行安置，有四层、三层、二层，农户可按自己的经济实力自由选择。村里又针对收入不高农户和单身户的需求陆续建了公寓房，规定每户人口两个人可分75平方米住房，3个人可分110平方米住房，5个人以上可分125平方米住房，住户只需承担装修费用。前提是原来的老房子拆掉，宅基地还给村里。

村里制定"一免一补"的激励政策，引导农户向新社区集聚。"一免"：每户农户免收基础设施配套费；"一补"：旧房补助。对农户原有住房按评估总价的70%给予补助。该政策受到了村民的欢迎。"比如像我，女儿出嫁了，就老夫妻2人，不享受宅基地了，就可以拿个公寓房。后来村里又出台了新的政策，就是不享受宅基地的，可以拿两套公寓房，第一套不用自己出钱，第二套只要出1600元一个平方米的造价费。那时候村里有出资联建的4层楼房，20来万，当时我们就借了些钱买了4层的楼房。"①

2013年起，嘉善开始全域推进农房改造集聚工作。缪家小区是嘉善县示范性新社区。2018年开始，村民可以用宅基地置换到镇里的安置公寓，有独立产权可以交易。

2. 以土地流转及征地拆迁置换社会保障

嘉兴市的做法：60周岁以上农民一次性办理城镇居民社会保险手续，次月起享受城乡居民社会养老保险中的城镇居民养老保险待遇；16周岁以上、60周岁以下的农民直接按城镇居民缴费基数办理年度缴纳手续。2006年推出的嘉兴市城乡居民社会养老保险已将城乡居民纳入全覆盖的养老保险体系。

缪家村为土地承包权流转的村民100%支付养老保险。一旦被征地，按征地拆迁处理，村里代为支付养老金。女的55周岁、男的60周岁开始领取养老金，平均每月有2000元左右。

农房集聚的效果：第一，农户可以获得一次性补偿收益和未来的预期收益，如农户可享受宅基地和商品房升值。比如，有村民当时分到两套安置房，第一套不用自己花钱的是125平方米，第二套是110平方米由自己出钱购买，每平方米1600元。村民缪建星因供孩子读书就把第二套110个平方米那套卖掉了②。村民王美娟把家里多余的3间房间出租，每月有一千元收入③。第二，推进新农村集聚既解决群众建房需求，又改善了村庄人居环境。居住条件、基础设施、公共服务配套都得到了极大的提升，农户可以分享城镇教育、文化、医疗、社会保障等高质量的公共产品和公共服务，提高了生活质量。第三，农房集聚促进了土地承包经营权流转。现在缪家村土地流转的收入用来解决村民的养老保险，每年老夫妻两人都能有4万元多养老金收入④。

2018年，缪家村新农村集聚农户929户，占缪家村村民总数的95%，陆续都搬进了缪家新村，集聚率88%。通过农房集聚，缪家新村社区户均占地0.33亩，大大节约了土地。宅基地置换后，除一部分用来复垦外，其余变为集体建设用地。

---

① 冯青访谈记录。
② 缪建星访谈记录。
③ 王美娟访谈记录。
④ 柴金甫访谈记录。

农房集聚既让缪家村的村容村貌得到了提升，也改善了村民的居住条件，更通过这一措施完成了土地等村庄转型发展所必需的生产要素的集聚。

第二节 全域土地综合整治

农村全域土地综合整治是指对乡村生态、农业、建设空间进行全域优化布局、对"田水路林村"进行全要素综合整治、对高标准农田进行连片提质建设、对农村存量建设用地进行盘活利用复垦置换、对新农村和产业融合发展用地进行集约精准配置、对乡村人居环境进行统一治理修复。缪家村通过推进全域土地整治，有效解决了产业规模化发展与土地碎片化、低效率化之间的矛盾。

一、以"规划""拆旧""建新"为重点的土地综合整治

自 2013 年起，缪家村围绕"规划""拆旧""建新"三大关键环节，结合"三改一拆"①"低小散"②腾退等工作，把分布散、效益低、能耗大、土地资源浪费严重的"低小散"企业列为拆旧对象。2015 年，缪家村土地综合整治立项涉及面积 18.384 亩，土地开发面积 4.734 亩，合计 23.118 亩，共拆迁农户 15 户。2015 年全年共拆除违章建筑 3500 多平方米。通过开展 7 个建设用地复垦项目，共复垦建设用地 600 多亩。该村还对农田进行提质建设，建成面积 2500 亩的高标准农田示范区。示范区通过灌排、道路、美丽田园等建设，提升了基础设施条件，形成了渠相通、路相连、林成网、田成方的现代田园，提高了机械化作业率，改善了农产品运输条件。2017 年年底，完成了对村内存量违法建筑的拆除工作，共拆除全村 38 个违建点，共计 13780 平方米。

二、"一保四化"为主要内容的土地综合整治

从 2017 年上半年开始，大云镇重点推进以地、田、房为核心的农村产权制度改革，并在全省率先开展省级整镇全域土地综合整治试点。缪家、曹家、东云、

---

① "三改一拆"是指浙江省政府决定，自 2013 年至 2015 年在全省深入开展旧住宅区、旧厂区、城中村改造和拆除违法建筑（简称"三改一拆"）三年行动。通过三年努力，旧住宅区、旧厂区和城中村改造全面推进，违法建筑拆除大见成效，违法建筑行为得到全面遏制。
② "低小散"是指产业层次低、规模小、布局散乱、效益低下，易引发安全事故、环境污染、职业病危害、资源浪费的企业（作坊）及存在其他违法行为的企业（作坊），还包括存在国家明令禁止落后产能的企业（作坊）。

大云4个村被确定为首批村级土地利用总体规划试点村，在用地整治、规划局部调整、土地开发等方面进行以"保耕地为前提，实现结构优化、资源节化、产业美化、红利转化"为主要内容的"一保四化"土地综合整治，建立规范统一的耕地占补平衡指标、城乡建设用地增减挂钩节余指标、标准农田指标、耕地质量等级提升指标等指标流转交易市场，以此激活城乡要素的优化配置。

缪家村集聚区北部2500亩地块作为大云镇全域土地综合整治示范工程样本，按照推进农业适度规模经营和一二三产业融合发展的要求，规划4个农业生产功能分区、1个集农业观光、农业展览、农事体验和农产品生产、加工、销售一体的一二三产业融合发展中心。示范工程项目实施后将新增高标准农田2361亩，新增耕地162亩。缪家村以全域土地整治示范项目为契机，开展区块内全域土地征迁和流转工作，优化功能布局、配套设施和农田生态环境。推进土地资源优化配置，将集镇、农村（度假区）、工业园区统一起来，不仅为产业发展盘出更多建设空间，而且在最大程度上实现全域布局再优化、农业功能再提升、农居环境再提升、公共服务再完善。

第四章 村民增收与村庄经济发展

在后生产主义转型过程中，缪家村的农业发展呈现出"接二连三"的效应，村民收入由以农为主向工农并举并向三次产业融合发展，经营性收入、工资性收入、房屋出租收入、养老金收入、土地流转及征迁收入、股份收入等成为缪家村村民收入的重要组成部分，并且收入显著提高。而村庄经济也呈现出同样的规律，农业收入所占比重呈逐年下降趋势，工业收入、餐饮业、服务业收入所占比重逐年增加。

第一节 村民收入变化

一、村民收入变化趋势

随着工业化、城市化、市场化、农业现代化的发展，缪家村村民收入呈持续增长趋势。2005 年缪家村全村人口 1638 人，农民人均纯收入为 11265 元，比全省农民人均纯收入高 3530 元。2008 年缪家村与高一村合并后全村人口 3315 人，农民人均纯收入为 12266 元，比全省农民人均纯收入高 3008 元；2018 年全村人口 3393 人，人均纯收入为 45530 元，比 2008 年增加了 33264 元，比全省农民人均纯收入高 18228 元。[1]

表 2-4 缪家村农民人均纯收入变化

人均纯收入（元）	2005 年	2008 年	2018 年
缪家村	11265	12266	45530

---

[1] 由于缪家村于 2005 年实施了并村，故而这里就从 2005 年开始写起。

续表

人均纯收入（元）	2005 年	2008 年	2018 年
嘉兴市	8007	11538	34279
浙江省	7735	9258	27302

资料来源：历年浙江统计年鉴，浙江统计信息网。

二、村民收入结构变化

随着改革深入及产业结构调整，缪家村村民收入来源结构也发生了很大变化。20 世纪 80 年代初，村民收入来源主要来自单一的种植业。随着产业结构调整加快，2005 年缪家村村民收入来源结构已发生较大变化。来自第一产业的人均所得占农民人均所得的 58.94%，其中来自种植业的占 82.72%，来自牧业的占 15.16%，来自渔业的占 2.12%；来自第二产业的人均所得占农民人均所得的 26.61%，来自第三产业的人均所得占农民人均所得的 14.46%。到 2018 年收入结构已呈多元化，经营性收入、工资性收入、房屋出租收入、养老金收入、土地流转及征迁收入、股份收入等成为缪家村村民收入的重要组成部分。村民陈乃珍、缪建星两个普通家庭的收入变化可以在一定程度上折射出缪家村村民收入结构的变化。

村民陈乃珍，女，1958 年出生，有一女儿（已结婚）。2003 年（约 45 岁）前，陈乃珍一直从事农业生产，农业收入是其主要收入来源。2003—2013 年间，在日资企业前川调味品厂做厨师，丈夫在窑厂打工，虽然家里仍有少量承包地，但种植业收入不高，大多数是自给自足，行情不好的时候卖不出钱，工资收入成为其主要收入来源。2013 年土地流转后，有土地流转收入每亩 1000 多元。此外，50 岁退休后有养老金收入，每个月 1800 元。丈夫养老保险金每月 1600 元，同时在某农场做农业技术员，每个月约有 3000 元收入。此外，作为村经济合作社社员还将有分红收入（目前村尚未分红，但每年村里给老年人有一些福利分配）。[①]

2018 年村民陈乃珍的家庭收入来源（理财利息收入未计入）主要有：

1. 工资收入：丈夫工资全年约 36000 元。

2. 土地租金收入：每亩 1000 元 / 年。

3. 养老金收入：妻子每月 1800 元，丈夫每月 1600 元，合计全年 40800 元。

合计家庭年可支配收入约为 70000 元，人均可支配收入 35000 元。比 2018 年浙江省农民人均可支配收入 27302 元多 7698 元。

---

① 陈乃珍访谈记录。

村民缪建星，男，1969 年出生。三口之家，女儿在上大学。以前有承包地十几亩，家里收入来源主要是种植业。2016 年前承包地流转给村经济合作社，2016 年被征用，租金每亩 1300 元，签 30 年合同。缪建星在村里做协警工作，保底工资 2000 元多点，另有奖金。妻子也在工厂上班，一个月三四千元。当时有安置房两套，出售一套用于供女儿上学。目前因没到退休年龄没有养老金收入，但其实村里已为他代缴了一部分。[①] 此外，作为村经济合作社社员还将有分红收入（目前村尚未分红，但每年村里给老年人有一些福利分配）。

2018 年缪建星家庭收入来源主要有：

1. 工资收入：夫妻二人合计全年约 75000 元。

2. 土地出租收入：十余亩，每亩 1300 元 / 年，合计约 15000 元。

合计家庭年可支配收入约为 90000 元，人均可支配收入 30000 元，比 2018 年浙江省农民人均可支配收入高出 2698 元。

第二节　村庄经济发展

一、缪家村经济发展变化特点

（一）收入结构由以农为主向工农并举并向三次产业融合发展

2007 年缪家村有人口 1638 人，农村经济总收入 35858.77 万元，村级经济收入 166.77 万元，人均纯收入 11265 元。

2008 年缪家村有人口 3315 人，农村经济总收入 55111.99 万元，村级经济收入 211.99 万元，人均纯收入 12266 元。

2018 年缪家村有人口 3393 人，农村经济总收入 121297 万元，村级经济收入 1061.49 万元，人均纯收入 45530 元。

从收入结构上看，2005 年农村经济总收入 24691.92 万元，其中，来自农业收入 1368.78 万元，占 5.54%；牧业收入 118.14 万元，占 0.48%；渔业收入 30 万元，占 0.12%；工业收入 22761 万元，占 92.18%；建筑业收入 197 万元，占 0.78%；运输业收入 125 万元，占 0.51%；商饮业收入 62 万元，占 0.25%；服务

---

① 缪建星访谈记录。

业收入 19.75 万元，占 0.08%；其他收入 16 万元，占 0.06%。

2013 年农村经济总收入 89409 万元，其中，来自农业收入 7922 万元，占总收入的 8.86%；牧业收入 417 万元，占 0.47%；渔业收入 233 万元，占 0.26%；工业收入 76352 万元，占 85.40%；建筑业收入 1067 万元，占 1.19%；运输业收入 779 万元，占 0.87%；商饮业收入 682 万元，占 0.76%；服务业收入 1841 万元，占 2.06%；其他收入 116 万元，占 0.13%。

2015 年农村经济总收入 107318 万元，其中，来自农业收入 8692 万元，占总收入的 8.10%；牧业收入 60 万元，占 0.06%；渔业收入 230 万元，占 0.21%；工业收入 91376 万元，占 85.15%；建筑业收入 1773 万元，占 1.65%；运输业收入 1000 万元，占 0.93%；商饮业收入 1356 万元，占 1.26%；服务业收入 2681 万元，占 2.50%；其他收入 150 万元，占 0.14%。

2018 年农村经济总收入 121297 万元，其中，来自农业收入 9240 万元，占 7.62%；牧业收入 0；渔业收入 802 万元，占 0.66%；工业收入 101060 万元，占 83.32%；建筑业收入 2057 万元，占 1.70%；运输业收入 1132 万元，占 0.93%；商饮业收入 2306 万元，占 1.90%；服务业收入 4507 万元，占 3.72%。

从 2005—2018 年缪家村一二三产业占农村经济总收入的比重变化，可以发现，农业（种植业）收入所占比重呈逐年下降趋势，由 2013 年的 8.86% 下降为 2015 年的 8.10%、2018 年的 7.62%。特别是随着畜牧业结构调整到全村取消饲养生猪，2015 年牧业收入比重下降为 0.06%、2018 年为 0。工业收入所占比重由 2013 年的 85.40%，调整为 2015 年的 85.15%、2018 年的 83.32%，变化不大；服务业收入所占比重呈逐年增加趋势，由 2013 年 2.06% 逐步增加到 2015 年的 2.49%，到 2018 年已增加到 3.72%；餐饮业收入所占比重由 2013 年的 0.76% 增加到 2015 年的 1.26%，到 2018 年已达到 1.90%。餐饮业、服务业收入所占比重的逐年增加进一步验证了缪家村产业结构调整的效果。

从经营效率看，缪家村农村经济总费用中管理费用占比呈逐年下降趋势。2013 年总费用 78679 万元，其中，生产经营费用 70025 万元，占总费用的 89.06%，管理费用 8654 万元，占总费用的 11.01%；2015 年总费用 95472 万元，其中，生产经营费用 85489 万元，占总费用的 89.54%，管理费用 9983 万元，占总费用的 11.68%；2016 年总费用 95931 万元，其中，生产经营费用 86102 万元，占总费用的 89.75%，管理费用 9829 万元，占总费用的 10.24%；2017 年总费用 106454 万元，其中，生产经营费用 95839 万，占总费用的 90.03%，管理费用 10615 万元，占总费用的 9.97%。

（二）美丽乡村建设为经济发展提供良好环境基础

2003 年，中共浙江省委、省政府决定实施"千村示范，万村整治"工程（简称：千万工程，下同），用 5 年时间从全省 4 万个村庄中选择 1 万个左右的行政村进行全面整治，把其中 1000 个左右的中心村建成全面小康示范村，以推动乡村文明向乡村辐射为目标，以农民反映最强烈的环境脏乱差问题为突破口，以万里清水河道建设为推动，开展以"垃圾处理、污水治理、卫生改厕、村道硬化、村庄绿化"为重点的乡村环境综合整治。在"千万工程"成功实践的基础上，2010 年 6 月，浙江省全面推广安吉经验，把美丽乡村建设升级为省级战略决策。2010 年，浙江省编制了《浙江省美丽乡村建设行动计划（2011—2015）》，全面推进美丽乡村建设。力争到 2015 年全省 70% 县（市、区）达到美丽乡村建设要求，60% 以上乡镇整体实施美丽乡村建设。进一步从居住、环境、经济、文化等四大方面着手建设美丽乡村，并在此过程中提出了"留住消逝的历史、留住乡愁"、不要"盆景"要"风景"等符合美丽乡村发展规律的理念。同时，康庄工程、联网公路、万里清水河道、农村电气化改造、农村危旧房改造等工程相继实施。

缪家村抓住美丽乡村建设契机，推动各项建设工作，提升村庄发展基础环境。一方面加快完善村公共设施。村里建有文化礼堂、室外涵盖了文化广场、篮球场、门球场、文化公益服务一条街、休闲公园以及青年创客中心等功能区。还建有公共服务设施一条街，社区卫生站、居家养老服务中心、文体活动中心、社会保障服务站、警务室等公共服务设施一应俱全，为村民生产、生活提供了便利条件。

全面开展人居环境整治工作。2014 年，成功创建"无违建村"，全村实行垃圾分类，投入垃圾桶 800 余个，建立覆盖全村的生活垃圾收集系统，做到垃圾日产日清，村庄卫生保洁实行"五位一体"社会化运营。为改善村民居住环境，开展"理飞线、清墙面、拆违建、整堆物、禁乱晒、治乱停、补设施、整绿化"为主的 8 大项环境整治工作。2018 年村投入 300 余万元，对建造时间久、外墙颜色退化明显的公寓房、农房进行立面改造。投入 200 余万元对村庄内 3 条主道路进行"白改黑"；完成全村 445 户出租房电瓶车充电桩安装 1200 只，总投入 12 万元；完成丁家浜精品亮点工程、游步道环线建设，总投资 420 万。村民的生活舒适感、幸福感明显提升。

另一方面推进开展了美丽庭院建设。2017 年开始，缪家村对集聚在新农村的住户开展了"美丽庭院"建设提升工程，有效提升了集聚区的人居环境。2018 年，村投入 350 万元对新农村小区内的 700 户农户进行庭院美化升级，全村 100% 家庭参加"优美庭院"创建，80% 的家庭达到村级"优美庭院"创建标准。真正做到"推窗见绿、抬头赏景、起步闻香"，实现缪家村的"美美大花园"。

二、缪家村可持续发展的思考

经过 40 年的发展，缪家村村集体经济不断壮大，村民收入得到较快增长。但是要实现高质量的、可持续经济发展，还有很多制约因素。

一是土地资源的制约。缪家村虽然土地资源很多，但经过土地整治、全域流转后，除 2500 亩耕地被划为基本农田保护外，可使用的土地建设指标越来越少。如何在有限的土地上提高亩均收益是今后发展必须面对的问题。

二是农业经营者老龄化问题。村里的丰乐合作社主要从事水稻、小麦生产销售。合作社里的员工都是年纪偏大的村民。"我到合作社 14 年了，2006 年 3 月份去的，属于最早进入的人，最早 3 个人，后来 10 多个人，现在剩 8 个人，农忙活干不过来的时候请临时工帮忙。合作社的人年纪都比较大，都 60 多岁了，最小的一个今年 8 月也要拿养老金了（60 岁）。我马上要干不动了，64 岁了。"[1] 在碧云花园以及柴金甫的鲜切花基地从事种植及养护的人员大多数都是 50 岁以上的中老年人。农业生产者、经营者老龄化问题日益严重，"谁来种地"是今后农业经营必须面对和解决的问题。

三是农民持续增收问题。目前，缪家村的村民收入主要包括工资性收入、经营性收入、土地租金收入、房屋出租收入及养老金收入几个部分。在工资性收入和经营性收入增长放缓的情况下如何保持村民收入持续增长是今后必须面对和解决的问题。

针对这些问题，我们也尝试提出一些改善的思路：

一是以融合发展推进高质量产业发展。缪家村作为大云镇开展全域旅游的重要区域，应进一步推动从"+ 旅游"向"旅游 +"转变，推动缪家村成为休闲旅游度假区。依托丰乐合作社精品水稻基地、华神生态甲鱼基地、碧云花园精品农业

---

① 缪锦章访谈记录。

基地、鲜切花基地、300多亩特色水果基地、森林亚洲苗木基地、拳王农庄等现代农业基地，以旅游为牵引，把精品农业、休闲农业做大做强；推进乡村振兴教育基地建设和农业技术人才培训基地建设，做大培训产业；依托巧克力甜蜜小镇、碧云花园婚纱摄影基地，做大甜蜜浪漫产业。通过加快融合发展，拉长产业链，提升价值链，进而推进产业的高质量发展。

二是进一步调整工业投入结构，提高亩均效益。在生态环境制约和资源要素制约的双重压力下，必须坚持生态优先，以提高"亩均效益"为标杆，推动从要素投入、投资驱动向质量驱动转变。要进一步整顿低小散企业，通过参加强村抱团项目等形式引进高科技企业，提高亩均效益。

三是拓宽村民增收渠道。在稳定村民工资性收入和土地流转收入、房屋租金收入等基础上，探索建立民宿合作社，以托管、入股、自主经营等多种形式共享旅游发展红利，实现村民收入的稳定持续增长。

治

理

篇

引领有力　善治有方

中国村庄发展

ZHILI PIAN

YINDAO YOULI SHANZHI YOUFANG

転　　　型　　　赋　　　能

　　乡村治理是社会治理的基础和关键，是国家治理体系和治理能力现代化的重要组成部分，是中国乡村振兴战略的固本之策。现代化的乡村治理结构主要是指在正式制度与非正式制度的共同运行空间内，乡村治理权力既来自国家的公共权力，又来自乡村社会的自治权力；党的组织、乡村自治组织、各类社会组织等共同作为治理组织的组成部分；党政、市场、社会、民众（团体）等多元主体通过沟通与合作，共同形成的一种多中心、互动式、合作型治理结构。在后生产主义转型过程中，缪家村的治理结构不断趋于现代化。

第一章　治理结构的现代转型

"治理"（governance）源于拉丁文和古希腊语，原义为操纵、控制、引导。在现代的使用中，"治理"常与"统治"相对，是一种由公共的或私人的机构或个人共同管理公共事务方式之总和，是一种突破了单一主体和一整套规则的动态过程。"乡村治理"则是指在村级与乡（镇）层级中所有涉及公共生活管理的事务中，乡村公共权威运用乡村治理权力基于协调基础之上对基本经济体制、财政体制、行政管理制度、公共设施建设等方面的安排、处理、调控和影响等。

第一节　乡村治理制度的变迁

改革开放以来，中国乡村治理大体上经历了由人民公社制度向"乡政村治"的村民自治模式的转变；随着后生产主义的到来，对基层自治的要求越来越高，村民自治模式再次进入新一轮调适与转型。传统的自上而下的制度模式逐步被一种上下互动的双向机制所取代，合作、协商、伙伴关系成为乡村公共事务有效管理的主要方式，乡村治理在制度的重构调整中，不断探索创新，逐步走向乡村治理的现代化转型。缪家村和大多数中国乡村一样，逐步开启了乡村治理制度的现代转型。

一、从人民公社到村民自治的制度变革

民国时期嘉善大云区设大云乡（镇）政府。1949 年 5 月嘉善解放后建立大云乡人民政府，设立人民代表会议制度。1950 年 5 月，大云乡划分为大云、高

庙、双溪 3 个乡，大云乡政府驻地江家村沈家浜，高庙乡政府驻地西泾村西泾汇。1950 年高庙乡西泾村于南片地域建立缪家村，因境内有缪家浜而得名。1951 年高庙乡状元村一分为二为高家村和金长村。1953 年，建立基层普选人民代表大会制度，其政权机构为乡人民政府，通过选举产生乡长、副乡长。1956 年 11 月撤区并乡，高庙、大云两乡合并为大云乡。1958 年 10 月，大云、大通、惠民 3 乡合并成立惠民人民公社，原大云乡分为七、八、九 3 个管理区。1961 年 4 月，调整公社规模，成立大云人民公社，设立人民公社管理委员会。1966 年"文化大革命"开始，1967 年 4 月，公社人民武装部主持工作。1968 年 3 月，召开"三代（表）会"（即革命干部、民兵、造反派三方面代表）建立大云公社革命委员会，选举主任、副主任、常委、委员共 22 人。1983—1984 年，实行政社分设，大云人民公社改为大云乡人民政府，生产大队改为村。高一村村委会设于殷家桥，金长村设于金草浜，缪家村设于短浜（丁家浜），西泾村设于鲍家浜。1988 年 9 月 14 日，撤乡建镇，大云乡人民政府改为大云镇人民政府，实行镇辖村体制。1999 年 4 月，大云镇调整下辖村规模，将原有 15 个村合并为 8 个村，高一、金长合并为高一村，村委会设于金草浜。西泾、缪家合并为缪家村，村委会设于短浜（西）。2008 年 3 月，高一村并入缪家村，村委会设于短浜，现今的缪家村由此定格。

20 世纪 70 年代，人民公社制度弊端日益凸显。一方面，对生产资料实行单一的公社所有制，分配上实行工资制和供给制相结合，取消了自留地，大大挫伤了农民的生产积极性，影响了农村生产力的发展。另一方面，"政社合一"制度把基层政权机构（乡人民委员会）和集体经济组织的领导机构（社管理委员会）合为一体，统一管理全乡、全社的各种事务，存在着管理过分集中、经营方式过于单一、管理成本增大和分配平均主义等缺点。

中共十一届三中全会决定实行家庭联产承包责任制。1980 年 10 月，嘉善县开启了嘉善县家庭联产承包的序幕，善西公社鑫鑫一队在副大队长兼生产队长陈金命主持下将集体农田包产到户。农村家庭联产承包制极大地调动了农民生产积极性，极大地释放了农村生产力。以"家庭联产承包责任制"为标志的农村土地制度改革，将土地产权分为所有权和经营权，在集体所有权不变的情况下赋予农民自主经营的权力，形成一套统分结合的双层经营体制，从而逐步恢复了农民的生产积极性，激发了农村的生产活力。

20 世纪 80 年代初，为适应新的农村经济体制的改革，农民自发突破人民公社体制，创设了村委会，直接行使民主权利，依法实现自我管理、自我服务和自我教育。1981 年 10 月，大云公社革命委员会改为大云公社管理委员会，设主任、副主任、委员。1983 年实行政社分设，恢复大云乡人民政府，设乡长、副乡长。1988 年 9 月撤乡建镇，大云乡人民政府改为大云镇人民政府，设镇长、副镇长、镇长助理。乡镇处于国家的行政机构的末梢，通过"乡政"实现政府管理，与"村治"在互动中形成有机结合。这样，以民主选举、民主决策、民主管理和民主监督为核心的村民自治，不仅使村民获得了参与公共事务的民主权利，并且解决了人民公社时期农民的利益诉求与国家发展的长远利益之间的协调问题，实现了农民与国家的双赢。因而，这一制度并不是凭空产生的，而是"在改革和破除计划经济体制及打破城乡分割的过程中建立的"①，它标志着中国乡村治理步入了民主治理的新时期，村民自治成为具有中国特色的一大草根民主治理制度。

由人民公社制转型而来的村民自治是基层民主的一大基本制度，是村民根据法律独立自主地管理本村事务的自治制度，也是乡村治理的一种有效方式。村民自治制度大体经历了三个发展阶段：一是 1980 年村委会产生到 1987 年村委会组织法试行前的萌芽阶段；二是 1987 年村委会组织法开始试行到 1998 年村委会组织法正式施行前的试验阶段；三是 1998 年村委会组织法正式施行后到目前的成熟阶段。此后，全国范围内逐步形成层次多样、形式多样、内容广泛、规范性与多样性相结合的村民自治制度体系。

缪家村村民自治同样经历了从萌芽阶段到试验阶段再到逐步成熟阶段的发展历程，以村民委员会为村民自我管理、自我教育、自我服务的基层群众性自治组织，通过民主选举、民主决策、民主管理、民主监督，办理本村的公共事务和公益事业，调解民间纠纷，协助维护社会治安，向人民政府反映村民的意见、要求和提出建议。

二、从村民自治到治理现代化之再升级

从人民公社到乡政村治的制度变革，体现了国家权力在乡村基层的结构性和运行性调整。如果说人民公社解体以后，国家通过分田到户的税费制度尚且能够实现现代化建设所需的资源提取和公共管理等基本任务，但随着市场取向改革的全面深入，出现了乡镇政府与村民自治组织对资源的过度汲取、村支两委冲突等

---

① 项继权：《农村基层治理再次走到变革关口》，《人民论坛》2009 年 3 月刊。

新的矛盾与问题，导致国家政权在乡村基层的合法性受损。

1998年12月，浙江省在全国率先作出大力发展效益农业、推进农业结构战略性调整的重大决策①。此后每年浙江省委省政府都会为发展效益农业出台新的政策。2001年浙江率先进行了粮食购销市场化改革，促进了农业特别是粮食产销走上了市场化轨道。新世纪以来，中央开始实行税费改革，并于2005年全面取消农业税费，乡村治理由此进入后税费时代。为了更好地重建乡村秩序，国家启动了乡镇综合改革策略，加强对乡村组织的权力限制，防止集体权力的滥用对农民利益的侵害。通过大规模的撤村并居，强化国家或上级政府对乡镇部门的垂直化管理，对乡村社会实行"直接管理"。然而这种治理形式的转变却造成了大量的设租和寻租空间、乡村组织难以参与其中、村民自治悬空等问题，乡村治理和村民自治重新面对新一轮的挑战与机遇。

随着经济环境的不断变化，乡村社会的内生性发展也对乡村治理提出了新的要求。全球化、市场化、工业化、城镇化浪潮的冲击必然会对乡村的政治、经济、社会、文化等产生综合性的深刻影响。经济结构的分化和集体经济的弱化，出现了多种经济成分百花齐放式的发展，个体经济、私营经济、股份制经济给乡村带来了新的生长点和发展力。嘉善近邻上海大都市，区位优势明显，且以发展城市依附度较高的产业为重点。随着长三角地区经济快速发展，外来人口急剧增加，对各类消费需求增大，消费量直线上升。同时，随着人民生活水平的提高，对花卉园艺产品的需求也在增大。因此，必须根据市场化和城镇化的客观发展需求适时调整农业经济结构，更加偏向发展产量高、品种多且上市期长的农副产品，是满足都市人多种需求、实现农业增效和农民增收的必然选择。

伴随经济结构的变化和社会开放的加剧，治理需求也呈现出新的变化。随着外来人口的比例激增，各种生活方式与文化习俗的冲突日益凸显，不同社会单元之间互动的增多，传统乡村的封闭状态被打破，城乡的界限变得越来越模糊，乡村的功能也由提供农副产品衍生出了工业、第三产业以及生态保护等全新定位。社会流动的增快也带来了村民身份结构的改变，大量农村劳动力涌入城市（近郊），尤其是城乡接合区域的村民身份大多体现出明显的异质性社会特征，利益诉求和思想观念也出现了同步多元化，各种复杂的利益冲突与矛盾纷争不断呈现；乡村逐步"空心化"和"边缘化"的现状必然造成"村民自治"各种自治功能的悬空，选

---

① 《浙江省农业和农村现代化建设纲要》，1998年12月18日，浙江省委九届十四次会议通过。

举质量不高，甚至受到地方宗族势力、金钱、市场等的干扰和破坏，民主决策、民主管理和民主监督更无法得到真正落实，"两委"矛盾突出、村务公开不到位、自治权与行政权相冲突等。

在市场化和城镇化大潮的冲击下，以村民自治为核心的乡村民主建设和治理实践遭遇诸多现实困境，客观上需要治理方式的再一次转型。"今天的中国农村，特别需要一种'治理'理念来指导农村工作，农村社会发展需要治理范式的转换"[①]。2004—2008 年，中共中央连续出台 5 个指导农业和农村工作的中央一号文件，分别以促进农民增收、提高农业综合生产能力、推进社会主义新农村建设、发展现代农业和切实加强农业基础建设为主题，共同形成了新时期加强"三农"工作的基本思路与政策体系，构建了以工促农、以城带乡的制度框架，开启了以"生产发展、生活宽裕、乡风文明、村容整洁、管理民主"为内涵和目标的社会主义新农村建设。党的十九大提出"乡村振兴战略"，坚持把解决好"三农"问题作为全党工作重中之重，坚持农业农村优先发展，按照产业兴旺、生态宜居、乡风文明、治理有效、生活富裕的总要求，健全自治、法治、德治相结合的乡村治理体系，加快推进乡村治理体系和治理能力现代化，加快推进农业农村现代化。

2008 年，镇党代会和人代会明确了全力打造美丽嘉善迎客厅、乡村振兴先行区、全域旅游示范镇的发展定位，全面拉响了乡村振兴引爆战，把推动农村综合改革作为乡村振兴的强大动力，按照"产业兴旺、生态宜居、乡风文明、治理有效、生活富裕"20 字总要求，在三次产业全面融合、全域旅游全线串联、平台能级全力提标等方面做好规划大布局，把现代农业园区、旅游度假区、工业园区和小城镇通盘布局、整体建设，全面提升小镇发展的融合指数、美丽指数、文明指数、活力指数和幸福指数，实现以城带乡、城乡共建，不断提升城乡建设品质内涵和城乡融合发展水平，最终实现村强民富的发展目标。

缪家村不断通过创新理念、改革驱动，全力发展党建引领模式，推动城乡统筹均衡发展，借势大云全域旅游发展和特色小镇建设的契机，将"甜蜜+"植根民生，发展壮大村级集体经济，改善农民生活，实现治理有效。在党的十九大报告提出"乡村振兴战略"以来，缪家村立足村情，围绕乡村振兴总要求，以产业兴旺为抓手，统筹推进生态宜居、乡风文明、治理有效等工作。大力推进基层党建，以"小网络"实现"大治理"；加强班子建设，充分发挥"头雁效应"；通过效能建

---

① 赵树凯：《新农村建设呼唤新的治理》，《中国发展观察》2006 年第 3 期。

设、强化党建引领、增进立体联动等；创新治理机制，助推"三治融合"，强化阵地建设，提升治理水平，打造治理平台，提升公共服务等，多措并举地加快推进乡村治理现代化。

综上所述，认识和把握中国乡村社会的历史性变迁，特别是乡村社会在面对市场化、工业化和城镇化冲击时所面临的结构分化、利益多元、矛盾叠加等多重治理瓶颈与法律困境，在乡村振兴战略背景下构建乡村治理体系，探索一种以合作、协商、伙伴关系为显著特征的现代化治理模式，提升乡村治理能力与有效性，既是中国共产党立足社会发展现状所作出的重大决策，也是乡村治理应对现实困境的客观选择；既能满足国家治理的现实要求，又能够切实维护人民群众的基本权益与利益需求。

第二节　乡村治理组织的变化

现代社会的重要特征之一是高度分化和高度组织化，随着现代化进程的推进，组织的作用也变得越来越大，能够为我们实现那些仅凭个人力量根本不可能实现的目标提供重要的机制和手段。改革开放以来，尽管中国农村的经济体制发生了重大变革，农民的生产积极性大大提高，但弱质性社会基础和相对较低的组织化水平，严重影响了乡村治理的效能。因此，在尊重个体权利与自由、保障个体利益的基础上，提高农民的组织化水平，扩大乡村自治体规模，实现农村基层的自主治理、民主治理和合作治理，是乡村后生产主义转型的重要内涵和构成性要素。

一、经济转型与乡村组织化

自 1980 年 10 月开始推行的集体农田包产到户，开启了嘉善县家庭联产承包序幕。这一经济组织方式的重大转变，极大地提高了农村生产力，传统农业开始向现代农业转型。从经济组织的方式来看，以农户为基本经营单位，构建合理而有效的农业生产组织模式，是发展现代化农业的关键[①]。与此同时，1983 年大云实行政社分设，恢复乡人民政府，设乡长、副乡长；1988 年 9 月撤乡建镇，大云乡人民政府改为大云镇人民政府。人民公社的解体致使农村社区从高度集中的被统

---

① 李明刚：《和谐社会与新型农村集体经济构建》，《毛泽东思想研究》2007 年第 2 期。

治状态进入到一种公共秩序维护与公共事务办理的"代理人"缺乏状态，组织真空和公共权力真空带来了新的秩序，新的社会矛盾和利益冲突大量产生。为了应对上述治理困境，广西宜州市屏南乡成立全国第一个"村民委员会"，到1985年全国普遍完成了建立乡镇政府和村委会工作，1987年出台《村民委员会组织法（试行）》，标志着改革开放以来乡村组织化的正式开启。随着改革的不断深化，乡村的经济组织方式、社会组织方式、自组织形态、民主自治组织形式等仍然需要适应新的经济发展状况进行相应的发展与创新，共同构成现代化乡村治理的组织体系。

进入21世纪以来，随着中国加入WTO、参与国际分工加速了城镇化、工业化、信息化、农业现代化的进程，一方面农民的自我权利意识开始增强，民主参与热情逐步高涨，成为乡村组织的发展和农民组织化水平的提高的内生动力；另一方面政府开始加快由传统的管制型政府向服务型政府转变，为了更好地回应民众，发挥政府服务职能，政府允许各类组织的创建并对其进行法律层面的管理与规范，客观上为乡村组织的稳定健康发展提供了外部条件与成长空间。

近年来，各类乡村治理组织迅猛发展，除了各种新型经济（合作）组织以外，还出现了诸多形式的社会性自组织，如"农村发展协会""农民协会""打工者协会""农民维权协会""上访农民协会""法律学习小组"；民主自治类组织包括"民主恳谈会""村务监督委员会""乡贤理事会""党群议事会""村民代表调查小组"等；社区服务类公益组织也快速发展，如老年协会、邻里调解会、能人会、红白喜事理事会、扶贫协会等；香会、庙会、路会等传统型乡村组织也得到进一步发展，等等。

缪家村现有丰乐农技合作社、村股份经济合作社、"村务监督委员会""乡贤理事会"等若干治理组织。其中，丰乐农技合作社为农民群众提供农业产前、产中、产后一条龙服务。村民监督委员会主要涉及村务公开、民主理财、工程建设和资产管理、重大村务决策等方面的监督事项。大云镇提倡建立的"新乡贤参事会"则是充分发挥本村或姻亲关系在本村，且品行好、有声望、有影响、有能力、热心社会工作的"乡贤人士"的治理效能，通过调动其积极参与镇村级公共事务，弘扬优秀传统文化，促进乡风文明；组织慈善公益活动，实现扶贫济困；积极引智引才引资，助推经济社会发展；参与公共事务管理，为村"两委"提供决策咨询；推动建立健全、实施村规民约，维护公序良俗；收集了解村情民意，反馈群众意见建议；协调邻里纠纷，促进社会和谐；等等。

二、乡村组织化与"多中心"治理结构

梁漱溟先生曾经指出，由于民国时期中国社会之传统组织构造已全面崩溃，中国乡村建设运动的真正意义即在于"重建一新组织构造之运动"，并且由于"中国是一个散漫的乡村社会"，因此藉由乡村组织建设而进行的乡村建设在某种意义上就是一种"建国运动"。① 可见，在他看来，中国问题的实质就是乡村问题，而乡村问题的关键就是乡村的组织化问题。要实现乡村的发展，就必须首先通过乡村社会组织结构的改造，改变农民的联结和合作方式，再造农村基层组织化的社会基础。

根据现代治理理论，与传统的"统治"不同，"治理"强调的是"多中心"治道、自主治理、去中心化等诉求，现代治理结构就是一种"多中心"结构。其中，一个首要的特征是以自主治理为基础而自发形成的治理秩序，"其中许多因素的行为相互独立，但能够作相互调适，以在一般的规则体系中归置其相互关系"②，这种"自发秩序"既不由政府刻意设计也不受其控制，是社会治理主体（政府机构、商业组织、公民组织、政党组织、利益集团及公民个体等）基于自主治理实践而逐步形成的一种公共事务治理模式。因而其第二个重要特征就是打破了唯一权威中心的单中心格局，形成了一个由多个权力中心和治理主体组成的权力系统和秩序网络，共同承担公共事务治理的职责。

缪家村的现有组织情况，基本呈现出现代治理理论所谓的"多中心"治理结构与特征。村党委处于组织结构的核心领导位置，由新社区一支部、新社区二支部、田园一支部、田园二支部和丰乐合作社支部等五个支部组成。村民委员会、村务监督委员会、乡贤理事会等是最主要的民主自治组织。村股份经济合作社、丰乐农技合作社等是典型的新型经济（合作）组织。另外，还有一些大大小小的非正式组织，如老年协会、邻里调解会、能人会、红白喜事理事会、扶贫协会等。这些不同类别的治理组织都在不同领域发挥着乡村治理的功能，对乡村秩序的构建起到重要的塑造作用，共同形成了一个多中心的权力体系和秩序网络，分担村级公共事务治理的职责。

---

① 梁漱溟：《乡村建设理论》，上海人民出版社，2006 年，第 4—19 页。
② 迈克尔·麦金尼斯：《多中心治理体制与地方公共经济》，毛寿龙等译，上海三联书店，2000 年，第 78 页。

　　村党委书记的主要职责有三：一是带头研究督查党建工作。履行好党建工作的主体责任，制订好年度党建工作计划和党员活动计划，每次党建工作会议都要对推进过程中存在的问题进行充分研究；坚持把党建工作与村的中心工作、重点工作同研究、同部署、同督查、同落实；对照责任清单和党建工作考核内容向镇党委作基层党建工作专项述职并接受"两代表一委员"评议，开展村干部向全体党员述职工作并接受评议；采取听汇报、现场查看等方式，每月1次对党建各项工作特别是村级组织的相关责任建设落实情况进行督查。二是带头管理党员干部。坚持每周1次的村干部工作交流会议，每年与村干部谈心谈话不少于4次，全面掌握村干部的思想情况、工作情况和家庭情况；全面推行发展党员全程记时量化管理工作，带头执行三会一课制度，参与党员活动，开展党员先锋指数考评并用好结果，加大不合格党员的处置力度；积极开展思想理论学习，不断提高党员素质，增强党员队伍先进性、纯洁性，运用各类载体平台，加强党员教育管理；带头执行村级重大事项报告、村级组织建设监督和村"两委"班子联席会议、党员议事会议、"五议两公开"、村代表联户、公章管理等制度；每年不少于2次，专题听取党建群建工作情况汇报，支持开展党员志愿者活动，服务美丽乡村建设。三是带头为民服务。带头发展村集体经济，加快新建活动广场、文化礼堂等设施建设进度，进一步丰富为民服务区功能，为群众提供多样化服务；落实丰乐合作社党群致富综合体建设，切实发展党支部战斗堡垒作用和党员先锋模范作用，打造"党支部＋合作社"的红色兴农模式；带头落实"走村不漏户、户户见干部"民情系统走访工作，结合党员联户制度，深化民情收集，推动党员干部全员进网格，访民情、听民声、解民忧、聚民心，筑起基层党组织与群众之间的桥梁和纽带；联合红色四方联盟，积极开展"1+X"组团帮扶，结合"微心愿"认领，为困难党员、群众提供切实帮助等。

　　民主自治类组织以村民委员会、村务监督委员会、乡贤理事会等为主。村民委员会是由村民选举产生的，村民实行自我管理、自我教育、自我服务的基层群众性自治组织，由主任、副主任和委员等人组成。村委会通过民主选举、民主决策、民主管理、民主监督，办理本村的公共事务和公益事业，调解民间纠纷，协助维护社会治安，向人民政府反映村民的意见、要求和提出建议。

　　村务监督委员会主要由村务公开监督小组、民主理财监督小组、工程建设和资产管理监督小组、重大村务决策监督小组等四个小组构成。对村级重大事务的监督主要是指对村经济和社会发展规划及年度计划，村集体资金资产资源的经营、管理、处置，村工程项目招投标等涉及村民切身利益和对本村发展有影响的重大事务是否按照"五议两公开"程序实施决策。村务公开监督主要是监督村务、党务、财务等"三务"公开情况，看内容是否全面真实，时间是否及时，形式是否科学，程序是否规范。对村级"三资"管理监督，主要是对集体资金进行监督，对村集体资金支出票据进行审核并签署意见，监督村集体各项收入支出等情况。监督村级合同的订立、履行、违约处理情况以及合同签订、变更、解除等是否经村民代表会议表决通过。对村级工程建设项目的监督，是对其进行全程监督，包括立项、招投标、施工管理、质量验收到资金预决算、工程审计及支付等各个环节。对村干部廉洁履职的监督，主要是监督村干部和工作人员工资、补贴和奖金等规范发放情况，监督村干部廉洁履职等行为进行民主测评。印章印鉴的监督，是对印章的保管、使用是否符合规定进行审核。

乡贤理事会是以参与农村公共服务、开展互帮互助服务为宗旨的公益性、服务性、互助性的农村基层社会团体，是中国乡村治理实践中萌发的又一新组织和新形式。2018 年，缪家村的新乡贤参事会成立。其成立过程充分参照了德清等地的已有经验，宗旨、职能明确，组织架构完善，由会长 1 名、副会长 2 名、秘书长 1 名（副会长兼任）、理事 6 名、会员若干等组成。其主要职责任务为引领先进文化、化解邻里纠纷、协办公益事业、促进村民自治。具体包括：弘扬优秀传统文化，促进奖教助学和乡风文明；组织慈善公益活动，开展扶贫济困等活动；积极引智引才引资，助推农村经济社会发展；参与公共事务管理，为村"两委"提供决策咨询；推动建立健全、实施村规民约，维护公序良俗；收集了解村情民意，反馈群众意见和建议；协调邻里纠纷，促进社会和谐；等等。

缪家村的新型经济（合作）组织以村股份经济合作社和丰乐农技合作社为典型。以丰乐农技合作社为例，自 2008 年设立以来，致力于农业技术的研发、交流与传授，在育苗、插秧和收割等方面实现了专业化和机械化，并为农民群众提供农业产前、产中、产后一条龙服务。2017 年，丰乐合作社被浙江省委组织部确定为服务创收型村级集体经济典型。

纵观缪家村的村民组织情况，农村（民）组织的形成与发育首先能够为乡村治理提供自发生成的自主治理主体，在此基础上成为乡村治理的一个中心，其次能够通过与其他治理中心（政府组织、非政府组织、各种社会组织等）之间的相互博弈、调适与合作，逐步形成新的权力网络与互动关系，实现基层社会与政府之间的联结与平衡。"一方面，社会中分散的利益按照功能分化的原则组织起来，有序地参与到政策形成过程中去；另一方面，从这种制度化的参与机制中，国家权力获得了稳定的支持来源（合法性）和控制权。"[①]农村（民）组织通过参与基层的经济管理、民主管理和社会建设，不仅能够在参与实践中提高自身的组织化水平和能力，进行自我治理的训练与提升，同时也能将乡镇政权从繁重的经济事务和传统的政治管理中解放出来，从全能型政府转向服务型政府，从服务的直接供给者和公共事务的全面管理者转变为"调停者、中介者甚至裁判员"[②]"政府与社会力量通过面对面的合作方式组成了网状管理系统"，农村（民）组织等多主体都能以平等的身份参与到公共事务治理中来，并通过对话、协商、合作等方式来共同构建一种多中心的现代治理结构，共同实现乡村善治的目标。

第三节　乡村治理主体及其互动

多中心的现代乡村治理结构意味着治理主体的多元化和治理主体之间协商性、开放型、合作式的持续互动。乡镇政治是乡村治理结构中的首要主体，体现着中国经济体制和政治体制的基本状况以及党和国家对农村工作指导思想和政策的发展变化。村民自治是乡村治理的基本主体，是以村委会这一"群众性自治组织"依法行使自治权，实行自我管理、自我教育、自我服务的基本直接民主形态。农村社会（中介）组织作为乡村治理的重要主体，是实行市场经济转型与构建服务型政府所必需的功能承接性载体，是市场—政府—社会关系调整的中间纽带，是政府放权于社会、弥补市场失灵的有效衔接。

一、"乡镇政治—村民自治—社会组织"的多元主体构建

乡镇政治是中国乡村治理的首要主体。乡镇政府作为行政体系的末梢，是最基层的政权组织，能够最紧密最直接地反映现行的经济体制和政治体制，最快速最灵活地落实国家对农村工作的指导思想与政策，因而在乡村治理和乡村现代化

[①]　张静：《法团主义》，中国社会科学出版社，1998年，第47页。

[②]　丁煌：《当代西方公共行政理论的新发展——从新公共管理到新公共服务》，《广东行政学院学报》2005年第6期。

建设中居于最首要的主体位置。缪家村所在的大云乡镇政府主要通过引导发展农村经济、引导生产、培育市场、进行基础设施建设、提供基本公共服务、管理公共事务等方式实现基层治理。

村民自治是乡村治理的基本主体。村民委员会作为群众自治机关，被法律赋予一定范围内的社区自治权（而非具有地方政权性质的自治权），是乡村治理的自治主体。"这种自治体不是作为政权组织存在，而是在基层政权组织之下，由基层社会的居民所组成的群众性自治组织"[1]，主要通过依法行使自治权，实现广大农民群众的自我管理、自我教育、自我服务。村务监督委员会和乡贤参事会等是新世纪以来村民自治实践探索的创新发展的新成果和新形式。村民自治既是一种基层治理模式，也是一种基层的直接民主形态，体现了改革开放以来农业经营制度的创新、社会关系的演变、权力中心的转移和个体价值与权利的彰显。

农村社会（中介）组织是乡村治理的重要主体，包括经济合作类组织、政治表达类组织、社会服务类组织等。随着乡村组织化的持续发展，社会（中介）组织在乡村治理中的重要作用越来越显现，如缪家村的丰乐合作社在帮助农民组织生产、适应市场、增加收益、缓解矛盾、表达诉求、维护利益、保持稳定等方面发挥着积极作用。尤其当前随着市场化、城镇化的深入，政府从诸多领域的退出必须以（中介）组织的有效承接为依托，发挥其在市场—政府—社会的关系调整中的桥梁和纽带作用，弥补市场失灵与政府失灵的双重难题，以此作为破解治理结构性困境的一大有效途径。

二、协商性、开放型、合作式的乡村治理模式

现代乡村治理的多中心结构决定了其权力的运作不再是传统管理或统治模式的自上而下的、单向的、行政命令的方式，相反是一种多元主体通过沟通、协调等上下互动的双向机制，共同形成的协商性、开放型、合作式的治理模式。"治理是政治国家与公民社会的合作、政府与非政府的合作、公共机构与私人机构的合作、强制与自愿的合作"（俞可平，2002）[2] "'参与''谈判'和'协商'成为治理的三大关键词"[3]（唐贤兴，2000），合作、协商、伙伴关系成为公共事务有效管理的主要方式。

---

① 崔智友：《中国村民自治的法学思考》，《中国社会科学》2001 年第 3 期。
② 俞可平：《治理和善治引论》，《马克思主义与现实》2002 年第 1 期。
③ 唐贤兴：《全球治理与第三世界的变革》，《欧洲》2000 年第 3 期。

改革开放以来，国家政权总是在基层创新的基础上，不断从制度供给上保障基层民主建设的持续推进，对于农村问题的政策导向也逐步从"汲取资源型"向"经济反哺型"转变，国家政权（通过基层政权）对农村社会所进行的资源整合也从"汲取式整合"向"供给式整合"转变①，这为村民自治和社会组织提供了广阔的行动空间与发展可能，为乡村治理的现代模式提供了最根本的前提与保障。村民自治作为基层直接民主的制度形态，广大农民群众始终代表着最草根的、内生的民主治理力量。

以浙江为代表的各地村民，从实际出发，不断地探索出各类协商的、民主的、有序的、参与的民主机制与方式来表达诉求、发展生产、改善生活、解决矛盾、维护稳定，等。农村社会组织则"在本质上是一种排斥国家公共权力介入过多的社会组织状态，其独立性、自发性、志愿性的特征，决定了它们的民主精神"②，也为多元主体之间的协商性、开放型、合作式互动模式发挥了积极的推进作用。总的来说，在乡镇政治—村民自治—社会组织的治理结构当中，一方面不同的治理主体都能基于自身的自治实践形成一种新型的多中心的权力格局，并扮演着不同的角色，发挥不同的功能；另一方面多元主体之间也逐步构建起一种协商的、开放的合作关系，其中政治系统的开放态度和制度政策的持续供给、村民基于民主诉求与意愿的地方性创新探索、社会中介组织的民主特质与承接功能等因素为三者之间这一现代化的乡村治理模式提供了制度基础、内生动力和有效衔接。

缪家村的治理运行主要通过重大事项决策"五议两公开"制度、村级重大事项报告制度、村务监督制度、组织建设监督制度、村"两委"班子联席会议制度、党员干部村民代表联户制度等制度体系展开。"五议两公开"工作流程，即"党员群众建议—村党委提议—村务联席会议商议—党员大会审议—村民代表会议决议—表决结果公开—实施结果公开"。党员群众建议环节主要是通过村干部深入基层，广泛听取梳理广大党员群众关于村级集体经济发展和改善民生等方面切实可行的意见建议。村党委提议是指根据征集到的重大工程和重要事项的意见建议，村党委须进行前期调研，在进一步征求广大党员、村民代表、群众意见的基础上，形成初步意见和方案。村务联席会议商议是指召开村"两委"班子会议对意见进行深入的研究论证，到会人数在应到会人数三分之二以上才可以召开会议，赞成票超

---

① 吴理财：《国家整合转型下的乡镇改革——以安徽为例》，《社会主义研究》2006年第5期。
② 李颖：《民间组织崛起的政治学分析》，《江南大学学报》（人文社科版）2007年第5期。

过应到会人数半数以上决定有效。党员大会审议则是将"两委"班子联席会议形成的意见提交党员大会进行审议，根据会议意见做出进一步修改，并积极组织党员进行广泛宣传。村民代表会议决议由村委会召开和主持，通过书面或举手表决的方式对意见进行表决。到会人数为应到会人数的三分之二以上，赞成票达到应到会人数半数以上，决议生效。表决结果公开则是指将村民代表会议表决通过的事项形成书面意见，在村务公开栏或显要位置进行公开，并通过村民代表向广大群众进行宣传。实施结果公开是指通过的决议在村党组织的领导下，由村委会负责实施，村务监督委员会实行全程监督。实施结果须及时、翔实、全面地向党员群众公开。

村级重大事项报告制度。其设立目的在于切实转变现有行政村干部的工作作风，改变不规范办事程序，增强为民服务意识，强化村务民主管理，规范村级办事程序。村级重大事项内容包括：涉及人员伤亡事故、集体上访等特别重大的事件，必须及时向镇主要领导报告，以便及时采取补救措施，使经济损失、社会影响和人员伤亡降到最低限度，如知情不报，将追究有关人员责任；村级集体资产处置、贷款、担保、借款等经济行为；各类预算计划开支 5 万元及以上的建设工程；村干部正常请假事件，书记须向镇党委书记请假、村主任向镇长请假，其他两委班子人员向村党组织书记请假，无故不得脱岗半天以上；组织各类外出学习、考察等活动；发生重大灾情或发现重大安全隐患；村干部操办婚丧喜庆事宜、建房、经商、出国（境）、婚姻状况变化、居住地及户籍变更等个人重大事项；其他需要向上级报告的重要情况；等等。报告程序为，凡涉及村级重大事项，经村两委班子人员协商后，填写《缪家村级重大事项报告表》，并附有关书面材料，及时向镇联村干部、镇联村领导报告。重大事项在形成决议并报请镇联村主要领导、经镇联村主要镇领导同意后，应同时在村务公开栏诚勉谈话进行公示。需请示的重大事项，必须提前 3 天以书面形式向镇党委、镇政府报告；遇重大事项或突发事件必须在第一时间向镇党委、镇政府报告，并及时上报详细书面报告。实行村级重大事项报告村书记负责制，村书记为执行村级重大事项报告制度的第一责任人，执行情况纳入村年终目标责任制考核内容。实行村级重大事项报告责任追究制，对不认真执行重大事项报告制度的，予以诚勉谈话或通报批评；情节严重，造成重大经济损失或不良影响的，予以党纪政纪处分。

村务监督制度主要通过村务委员会的履职而展开。在广泛听取群众意见建议的基础上，由村民监督委员会对民意进行集中议事，将议事结果上报镇纪委，同时报村"两委"，由村"两委"在镇纪委监督下调查处理，反馈村务监督委员会，同时公开办理结果，最后由村务监督委员会向村民报告工作，并接受群众评议。

组织建设监督制度，意在进一步完善村组织制度"立体化"监督机制，促进村各项工作规范运行。下设联村干部督导制（镇联村干部每周到所联系村至少走访1次，监督检查村落实"两委"班子联席会议、党员议事会、党员干部联系农户、重大事项决策"五议两公开"、公章管理等制度情况。各联村组每月向镇党委汇报一次联村工作及制度落实情况）、定期专项检查制（镇组织、纪检部门通过明察暗访等形式，每月联合检查村级组织建设各项制度的落实情况，对督查情况及时反馈通报，督促各村严格按照制度管人、管事、管钱）、重点工作月报制（村落实一名责任人员，每月梳理村重点工作推进情况、讨论决策的重大事项，上报镇党委和纪委）、村务监督评议制（发挥村务监督委员会、党员议事会的作用，对村务管理和制度落实情况进行监督评议。对制度落实不到位的，进行诚勉谈话、责令整改）。

村"两委"班子联席会议制度。其设立在于切实加强以村党委（支部，下同）为核心的村组织建设，进一步加强村"两委"班子工作合力。制度规定，"两委"班子联席会议对村日常工作进行讨论研究，对必须由村民代表会议表决的重大事项提出意见和建议；参加会议的人员为村"两委"班子全体成员，必要时可根据会议议题邀请镇领导或联村负责人等参加；会议一般每周召开一次，若工作需要经村党委提议可随时召开。村落实专人负责会议通知、议题收集和整理、做好会议记录、撰写会议纪要等工作；"两委"班子联席会议必须提前准备议题，议题应列明讨论研究的主要内容，并附相关依据。会议议题在会议召开前进行收集整理，将整理情况向村"两委"主要领导报告后，确定会议议题；会议主要内容包括上周工作完成情况，本周工作安排，听取各条线工作汇报，对工作中出现的问题及时提出办理要求，研究制定贯彻上级有关精神和工作部署的具体方案，提出需经村民代表会议讨论决定的事项，研究处理村民提出的意见建议，讨论决定有关事项，安排部署近期工作。会议一般由村党委书记主持，受书记委托也可由副书记主持，村"两委"班子成员到会，研究决定事项实行表决制，表决时赞成人数超过应到会人数的半数为通过。如遇讨论时意见分歧较大，双方人数接近，除特殊情况外，应当暂缓做出决定，进一步调查研究，交换意见，提交下次会议再进行表决，决议形成后按照各自分工认真抓好落实。

党员干部村民代表联户制度。其设立在于进一步深化"网格化管理、组团式服务"，推动党员干部"联系不漏户、党群心贴心"进一步深入。联户安排以网格联户为主，即以 260 户左右家庭为单元，划分四个网格，由村干部担任网格长。每名村干部联系 40 户左右党员、村民代表，每名党员联系 5 ～ 10 户左右家庭。其工作内容包括：①走访交心：经常性走访联户家庭，进行思想交流和沟通，及时听取联系对象对村各项工作的意见和建议。②困难帮扶：关心联户家庭的生产生活，帮助联户家庭排忧解难，重点对困难户、老弱病残户等弱势群体，力所能及地提供就医、就业、就学等帮扶。③宣传引导：宣传上级政策法规、文明创建等要求，引导联户家庭自觉维护环境卫生、公共绿化，完成村布置的工作任务。组织联户家庭积极参加各项村级建设活动，带领联户家庭、村民共创"文明家庭"，争当"文明村民"。④维护平安：协助村做好平安建设工作，加强对联户家庭的租房管理，对安全隐患及时提醒、互相帮助，对邻里纠纷主动进行调解，促进村与村民之间和睦相处。其基本要求有三：其一、联户工作要做到"三明确""三经常"，即：联系对象明确、联系内容明确、联系职责明确；经常了解联户的思想和生活情况，经常做好联系户的思想政治工作，经常为联系户排忧解难。其二、党员、村民代表对联系户要做到热情、耐心、主动，每季度走访联系户至少一次，认真填写联系手册。其三、对联系户的困难和不良思想行为，联系人要及时进行帮助、劝导。对不能解决的问题，要及时报告村党组织，集体研究确定解决措施。

此外，乡贤参事会等民主自治组织始终坚持在镇党委、村党支部的领导下开展工作，接受镇政府的监督管理，接受村委、村民小组的业务指导。同时，乡贤理事会要向群众作出公开履职承诺，并自觉接受村（居）委和群众监督，每年召开理事会总结大会，对理事成员履职情况开展评议，对不履职的理事，由村民小组直接撤换，并报告镇备案后，按产生程序进行增补。对违背党和政府政策方针和导向的理事会，由乡镇撤销该组织。

第二章　党建引领下的基层善治

改革开放以来，乡村建设一直是中国共产党全部工作的重中之重。乡村治理既是党根据经济社会发展提出的治国理政新思维，也是以协商、合作、参与等柔性方式协调利益诉求、化解基层矛盾、提升基层治理能力的固本之策和执政之基。在乡村治理体系中，党建工作引领始终居于最重要的核心位置，是实现基层善治的关键所在。"基层党建引领基层治理，就是充分发挥基层党组织的领导核心和党员的先锋模范作用，整合社会资源、推动社会参与，构建党组织引领下的群众自治和党群共治的组织体系。通过创新基层党组织建设和党员管理机制，创新党联系群众、服务群众的机制，扩大组织覆盖面和工作覆盖面，积极发挥基层党组织推动发展、服务群众、凝聚人心、促进和谐的作用。"①

第一节　一根红线：乡村治理中的基层党建

习近平总书记指出，社会治理的核心是人、重心在城乡社区、关键是体制创新②。基层社区日益成为社会群体的集聚点、社会矛盾的聚焦点，也是社会治理的着力点，因而要"把加强基层党的建设、巩固党的执政基础作为贯穿社会治理和基层建设的一条红线"③。在"甜蜜党建"的缪家模式下，乡村治理始终坚持党建引领、积极依托基层党建、立足本地实际，逐步形成了以党建为一根红线串联起来

---

① 《红色网格基层党建引领社会治理》，《广州日报》2018 年 9 月 17 日。
② 2014 年 3 月，习近平总书记在全国"两会"上参加上海代表团审议时的讲话。
③ 2017 年习近平总书记在全国城市基层党建工作经验交流座谈会上的讲话。

的诸多治理探索与创新实践，其中以网格党建、班子建设、效能建设（产业链党建、党群联动、红色代办）等几项工作最为典型、最具成效。

一、网格党建：以"小网格"实现"大治理"

社会治理创新重心在基层，关键在人。网格党建是指按照"支部建在网格上、党员服务网格中"的总要求，把党的组织和工作覆盖到每一个治理网格。网格是社会治理的最基本单元，只有把网格织密织实，把问题发现在端倪，把服务提供零距离，才能实现小网格大治理的目标。近年来，缪家村在嘉善县和大云镇等上级党委的领导下，大力发展网格党建，在已有的网格化社区管理基础上，把基层党组织和党员纳入"网格化"管理，确保"每个网格都有党组织、每名党员都在网格中"，从而常态化开展民生服务、矛盾调处、安全隐患排查等工作，形成以"小网格推动大党建"的工作格局。每个网格配网格长、专职网格员、兼职网格员和网格指导员等"一长三员"，注重从镇村干部、三小组长、老党员中选任网格员，做好信息采集、隐患排查、矛盾调解等工作，在基层治理中发挥党员骨干作用，形成突出党支部和党员的"红色网格"结构和运行机制。

缪家村"网格化管理、组团式服务"进一步深化，遵循社会治理"社会化、法治化、智能化和专业化"发展方向，采取"一网格一支部""多网格一支部"等模式，充分发挥网格党组织在基层社会治理中的主导作用，形成了"党政主导、公众参与、社会协同、上下联动"的基层治理新格局。通过深化全科网格、"民情在线"、选派"三官一师"担任"平安书记"[①]等工作，全面推行网格党建，提升乡村"全科网格"建设水平。同时，进一步加强网格精细化管理，探索建立网格协商议事组织，完善议事规则和会商制度，协商解决网格内的各类矛盾纠纷和问题，不仅强化了基层组织社会管理和公共服务能力，还进一步畅通了群众的利益诉求渠道，拉近了干部与群众之间的距离，促进乡村和谐有序发展。随着嘉善县率先建立起农村党员提议制和"数字点播、阳光村务""三务"公开平台，构建"基本站点＋实践基地＋党员中心户"等远程教育模式，开展"走亲连心"大走访活动，缪家村党员干部也更加积极地广听民声，快办民事，大大提升了为民服务水平。

---

① 选派"三官一师"担任"平安书记"，既以"一村（社区）一法律顾问"制度为依托，加快构建乡村法律公共服务平台，选派优秀党员"三官一师"（法官、检察官、警官、律师）到村（社区）担任"平安书记"，提供村务"法律体检"、选举公证等服务。深化乡村法制宣传，通过组建法律服务巡诊团、村（社区）法律法规讲师团、民情工作室、完善各类基层人民调解组织等形式，依法依规处理乡村民事纠纷和各类事务。

二、班子建设：充分发挥"头雁效应"

班子建设关系到领导班子的凝聚力、战斗力、创造力和执行力。加强班子的思想、组织、作风、制度和能力建设，不断提高领导能力和水平，把领导班子建设成政治坚定、作风过硬、团结奋进、务实创新、廉洁勤政的领导集体，是强化"三农"战斗堡垒、全面实现乡村振兴的重要政治、组织和思想保障。目前，缪家村紧紧围绕人才战略齐步走，提高两委班子人员选拔标准，加强班子建设，增强村党组织的凝聚力和战斗力，重点围绕坚持政治统领、发挥"头雁效应"、突出问题导向等几个方面开展班子建设。

坚持政治统领。牢固树立"四个意识"，坚持"四个自信"，强化理论武装，站稳政治立场，严守政治纪律，在政治方向上"把好舵"，强化农村基层党组织的领导核心地位，突出政治功能，提升组织力，全面巩固党在农村的执政基础。结合主题党日活动，深入推进"两学一做"学习教育常态化、制度化。开展"不忘初心、牢记使命"主题教育，切实用习近平新时代中国特色社会主义思想武装头脑。定期开展"善政、善治"学堂成员培训，与兄弟村开展交流学习。采取各种方式方法狠抓学习落实，不断提高班子成员的理论水平。以文化礼堂、党员先锋站为阵地，组织党员学习党章、党规、文化活动、志愿服务等活动，进一步将理论学习与实践相结合。

发挥"头雁效应"。实施村（社区）党组织书记"领雁工程"，加强农村基层党组织带头人队伍和党员队伍建设，引导农村党员充分发挥先锋模范作用，带动群众共同参与乡村振兴各项工作。多年来，嘉善县深化实施"领雁带创·活力倍增"工程，推进以"践行创业承诺、领办创新项目，推动中心工作、推动晋位升级"为主要内容的"双创双推"主题实践活动。村（社区）党组书记开展全面轮训工作，采取"善治论坛""导师帮带""上挂外培"等形式，提高综合素质能力。同时，坚持严管厚爱相结合，探索推行村干部"规矩指数"和不担当村干部"停职教育"制度，健全社会保障、积分管理、事业待遇、选拔使用等梯次保障激励链。

突出问题导向。以廉政文化建设、预警防控、警示教育、廉政谈话等活动为载体，以制度建设为抓手，建立健全涵盖村人事、财务、事务等方面的各项制度体系。深入开展"四风"新表现形式的排查、整改、自查、自纠，对查摆出来的问题进行再梳理，细化举措、统筹结合、建章立制，在对标整改上"带好头"，从严从实抓好整改工作。严格履行党组书记"第一责任人"职责，做到亲自抓、作表率；班子成员实行"一岗双责"，全面落实党建工作责任制。全面落实"三会一课"、民主生活会和组织生活会、谈心谈话、民主评议党员等制度，严格党内政治生活各项具体规定。

三、效能建设：强化引领、提升服务、增进联动

近年来，缪家村重点围绕效能建设，全面强化党建工作的引领作用，大力提升乡村治理的服务成效，从而有效地增进党群联动，增进干群感情。

推进农业产业链党建。采取"支部＋协会""支部＋合作社""支部＋电商"模式，在专业合作社、党员创业示范服务基地、农业龙头企业等产业链上新建一批党组织。注重从生产经营管理骨干、青年社员（会员）中发展党员，建立行政村党组织、产业链党组织、农业产业组织和群团组织联动推优机制，确保合作社党员发展源头足、质量优。鼓励、引导党员领办"党员带富责任田""先锋创业大棚"等，建立党员联系结对帮扶机制，在技术扶持、市场信息、产品销售、经营管理等方面提供帮带服务。

全面推行"党群联动、户比互评"机制。围绕农村环境卫生整治，由村（社区）党组织每月组织党员、村干部、小组长轮流开展卫生评比，因村制宜制定环境卫生具体标准。深化党员"三包五岗"制度，推进建立以党员联系指导、联带考评为主要内容的党员"双联"制度，每名党员联系10户左右农户，对党员户和联系户垃圾分类情况进行捆绑考核，定期公示考核结果，以党群联动推动环境卫生责任到户到人。

推进农村"红色代办"。整合基层党建、民生服务、治安管理"三网"资源，完善"民情在线"系统，将全县各村（社区）、民情网格和农户、镇村干部基本信息纳入系统管理。深化镇（街道）干部"五承办"机制，每名镇村干部分别联系100户左右农户，每年走访所联系的农户不少于2次，健全民情民事"收集、研判、交办、督办、评价、反馈"六项机制。梳理农村"红色代办"最多跑一次事项，实行在职党员与在册党员"1+1"工作模式，通过在册党员"上门代办"、在职党员"联动代办"，提升服务质量和效率。

完善机关干部"三式"蹲点服务模式。完善以"菜单式点题、承诺式蹲点、全程式联挂"为主要内容的"三式"蹲点服务模式，每年县级部门会选派200名左右

优秀干部到镇（街道）开展助力经济转型、环境整治、农村发展、社会治理等活动，落实新录用公务员到基层一线锻炼机制，不断推动干部转变作风、深入基层、服务群众。完善干部基层一线培养选拔机制，对在"三农"工作中成绩突出的干部，予以重点关注；对落实"三农"工作责任不到位、工作不力的，坚决调整并严肃问责。

第二节　善治安村：乡村治理的机制创新

近年来，缪家村大力推进基层治理体系"四个平台"建设，创新与完善相关机制，整合工作力量，形成综治工作、市场监管、综合执法、便民服务四个功能性工作平台。运用"三治融合"理念，大力创新乡村治理机制，深化德治、完善法治、强化自治，着力解决乡村面临的实际问题与困难。针对外来人口与本村人口倒挂现象、信访矛盾突出等问题，扎实开展治安小区打造、全科网格建设、信访矛盾化解等工作，全面提升乡村治理水平与能力，逐步实现善治安村。2018年，缪家村成功创建成为嘉兴市首批"三治融合"示范村，形成了"大事一起干、好坏大家判、事事有人管"的缪家村样本。

一、创新治理机制，助推"三治融合"

强化自治核心机制。近年来，村务民主管理进一步强化，民主制度进一步规范。缪家村紧紧围绕"四个民主"，充分发挥村民委员会自治功能，坚持发挥村民自治作用。完善"党员评议会""村民代表大会""户长会""群众听证会"四会融合发展，结合"乡贤理事会"加强自治组织规范化建设。在镇（街道）层面健全完善村级重大事项报告、村（社区）组织建设监督等制度，在村（社区）层面健全完善村"两委"班子联席会议、党员议事会、党员干部和村民代表联系农户、重大事项决策"五议两公开"和公章管理等5项制度。通过深化村务协商议事会、完善村级组织"小微"权力清单、实施重大村务公决、强化村务监督委员会作用发挥、健全村规民约等方式，全面推进村务民主管理。

深化德治引领机制。依托缪家村文化礼堂及周边一体的村级综合型文化阵地，围绕"社会主义核心价值观""善文化""讲文明树新风"等精神文明建设主题，以活动、讲座等为载体，不断丰富村民精神文化生活。通过乡贤议事会的建立、家风家训的传承、村规民约的修订，常态化开展"九星十美"系列评创活动、本村美德故事进礼堂活动，曝光不文明行为，让身边的德孝先进成为明星，鼓励村民人人争做美德缪家人，让社会公德深入人心，不断增强社会行为规范能力、矛盾纠纷调解能力、道德文化引领能力，促进乡村德治。

完善法治保障机制。通过开展平安法治巡演、法治讲座等活动，大力开展全民普法教育，提高全村人人遵法、学法、守法、用法意识；深化"三官一师"，设立公共法律服务窗口，建立法律援助绿色通道，配备村级法律顾问 1 名，保证群众在遇到法律问题和权利受到侵害时获得及时有效的法律帮助；完善公共法律服务平台"人民调解"功能，联合镇综治办、司法所，开展各类"调解"行动，连同平安书记参与村里矛盾纠纷化解、法律咨询和重要决策、重大工程项目合同合法性审查等工作，并形成常态。2017 年，缪家村成功创建嘉善县第一批民主法治示范村。

二、强化阵地建设，提升治理水平

高标准打造现代化综治中心。按照规范化综治中心建设标准，缪家村投入 15 万元，整合资源，对原有老旧综治中心进行全面改造提升，综治中心内设综治室、视频监控室、人民调解室、警务室、便民服务大厅，实现综治、司法、警务、人民调解等集体办公。综治监控室上接镇综合信息指挥室，下纳全村监控点位 60 多个，有效帮助重点人员管控及维稳工作落实。自提升以来，共调解矛盾纠纷 45 起、服务民生 366 件。

高质量完成治安小区打造。缪家村积极探索农村智安小区 2.0 版建设，对原有主要出入口增加高清网络车牌抓拍系统、人脸识别系统、电动车防盗感应控制器，通过"智安小区"管理分析系统，集成人脸识别、车牌识别、电动自行车防盗识别、重点部位巡更、小区公共视频、家庭摄录一体机、智能报警等"八大模块"，实现异动预警和违法犯罪的精准打击。

设立新居民"旅馆式"服务总台。为了进一步加强新居民的管理，缪家村设立"旅馆式"服务总台，由村委会主任担任"旅馆"经理、1 名专职管理人员负责日常工作，服务总台的搭建，转变了管理服务方式，方便了新居民，解决了出租房管理工作中的新居民"找房难""登记难"和"管理难"等问题，通过"四色管理"公安联网，进一步规范出租房市场管理，填补了新居民管理自治的空白。

三、打造治理平台，提升公共服务

通过打造治理平台提升公共服务，既是高水平全面建成小康社会的必然要求，又是破解基层治理难题的重要举措。缪家村着力从线上线下两个维度，打造互联网治理平台与便民服务实体平台，探索一种面对面空间与虚拟空间一体化的交互式现代治理平台结构，既是"互联网＋政务"在基层的具体实践，也是实现社会转型的重要抓手。

（一）建立网络治理平台紧密干群关系

近年来，缪家村充分利用"民情在线系统""缪家党员微信群""红色Ｅ家园"等网络平台，进一步整合资源力量，提高办事效率，全面提升乡村社会管理和服务群众水平；拓宽群众意见反映渠道，建立民情民事快速处置机制，密切党群干群关系；为党委决策提供参考依据，检验干部作风等。以"民情在线系统"为例，按照浙江省省委提出的镇干部"走村不漏户、户户见干部"的要求以及"互联网＋党建"理念，嘉善县打造建设"民情在线系统"，用以更好地推动干部经常性走访群众，提高民情民事的办理效率，引导群众参与对干部作风建设情况的监督等。目前全县104个村、14个农村社区、8.2万户农户的基本信息已经全部采集录入，包括户主、家庭成员、低保情况等。网络治理平台的建立集中体现了习近平总书记肯定嘉善县的"三句话整改思路"，即"常规性问题加大力度解决、新发现问题及时跟进解决、疑难问题集中攻坚解决"，能够快速反应和解决基层治理中出现的各种新问题，并以动态形式跟踪显示，从而确保有效、高效的社会管理与公共服务。网络治理平台的建立基本实现了"基层党建、民生服务、治安管理"的"三网融合"，通过收集、研判、交办、督办、评价、反馈这样六步机制，确保了民情民事件件有回音、事事有着落。一些群众反映较为集中的、较为强烈的、带有共性的问题都能够定期予以梳理，并提交镇级甚至通过县级层面联动予以办理。

（二）打造便民服务实体平台提升公共服务

按照全面推进"最多跑一次"改革和构建基层"四个平台"工作要求，缪家村以便民服务中心和便民服务一条街为基础，以信息化、智慧化为依托，将"最多跑一次服务"下沉到村，提升便民服务中心窗口设置，统一设立综合受理岗，提升村民办事效率；综合便民服务让村民及时享受到快捷、方便的服务，加强服务供给，化解社会矛盾。依托便民服务实体平台，缪家村不断拓宽为民服务范围，相继开展了红色代办工作，在村便民服务中心、为民服务一条街、党员先锋站设立了8个红色代办工作站、工作点；组建了以在职在岗村干部、工作人员、先锋站站长为主的11人代办员队伍，提供证明类、计生类等"六大"内容的事项，代办满意率高达98%以上；建立以文化礼堂、文化庭院、文体中心为主要阵地的公共文化服务体系，每年累计开展活动70余场，群众文化活动蓬勃发展；设立关爱资金，在节日期间对全村困难老党员、退职老干部、困难群众等进行走访慰问；对居家养老照料中心进行改造提升，增加独居老人送餐、生活洗护等服务。

第三节　村富民强：党建引领成效显著

从20世纪90年代的贫困村到如今走上一条富民强村的甜蜜发展道路，缪家村始终坚持以党的建设引领乡村治理转型，实现善治安村。2008年10月29日，时任中共中央政治局常委、国家副主席习近平到大云镇缪家村调研考察时，提出了"走在前列，作好示范"的指示，为缪家村的进一步发展指明了方向。十多年来，按照习近平总书记的指示精神，缪家村不断通过创新理念、改革驱动，全力推动城乡统筹均衡发展，借势大云全域旅游发展和特色小镇建设的契机，发展壮大村级集体经济；始终坚持以甜蜜党建引领发展、植根民生，创设红云党建品牌，推进基层党建全面进步，在集体经济、产业转型、民生改善等方面打造出独具特色的缪家样板。2009年，缪家村升格成为当时嘉兴市唯一的村级党委；2016年，缪家村被确定为省级干部现场教育培训点；先后两次获得了全国农村基层组织建设工作先进党支部、全国先进基层党组织、国家级农村实用人才培训基地、省级全面建设小康示范村、省级农房改造示范村等荣誉称号；2017年，被确定为嘉兴市唯一的省党员教育暨支部主题党日示范点；在同年的村级组织换届中，缪家村被确定为全市村级组织换届观摩点。

党的十九大报告提出"乡村振兴"战略以后，嘉善县重点推进党建引领乡村振兴战略专项工作，提出了党建引领"经济富村、绿色美村、改革活村、人才兴村、双创惠村、文明立村、善治安村、班子强村"的"八领"要求。[①] 缪家村立足村情，围绕党建引领乡村振兴总要求，以产业兴旺为抓手，统筹推进生态宜居、乡风文明、治理有效等工作，重点推进用"甜蜜党建"引领经济发展，加快农业农村现代化转型，壮大工业经济和旅游业发展；将"甜蜜党建"植根民生，不断增强百姓获得感、幸福感；以"甜蜜党建"打造文化品牌；等等。2017 年，缪家村被确定为全省 3 家乡村振兴样板村之一，以及全省唯一的多规合一村。

一、现代农业实现转型

多年来，缪家村探索土地集中经营，通过宅基地置换、承包地整体流转、土地租赁，已从农户手中流转土地 4200 多亩。依托丰乐农机专业合作社经营 1300 亩集体土地，以社会化服务盈利，为附近的种粮大户服务，带动了周边 1100 多户农户增收致富。依托省级无公害生产基地核心示范区优势，丰乐合作社生产"缪家"大米，发挥辐射作用，引导社员种植红心火龙果、铁皮石斛等高质量的生态农产品。以缪家村全域土地整治示范项目为契机，开展区块内 2500 亩土地的全域土地征迁和流转工作，优化功能布局、配套设施和农田生态环境。按田园旅游综合体建设思路，规划形成 4 个农业功能区和 1 个集观光、展览、体验等一二三产业融合发展中心，打造形态美观、绿色发展的生态样板区。全面实现区块内农业适度经营规模，全面提升现代农业发展水平，为缪家村配套高品质的农旅板块。

二、工业经济不断壮大

自 1999 年以来，缪家村依托靠近集镇和沪杭高速公路的优势，建造标准厂房发展物业经济，累计建造标准厂房 45000 多平方米，现有企业 10 多家。为了更好地发展村级集体经济，2016、2017 年村新建标准厂房在 10000 平方米左右。近两年继续响应上级党委政府要求，开展"低小散"企业腾退工作，腾退企业 14 家，租金减少 252 万元。村投入 1750 万元参与"抱团飞地"强村项目，与全县 22 个村共同投资中德产业园，实现每年固定回报最少在 175 万以上，持续推进"抱团飞地"强村投资项目。

---

① 《嘉善县党建引领乡村振兴专项行动实施方案（征求意见稿）》。

三、农村旅游创新发展

发挥区位优势，筑起"旅游链"。抓住大云全域旅游开发、甜蜜小镇建设等重大机遇，利用钱家浜、状元浜自然村落特色，依托南部省级现代农业综合区、丰乐合作社、农业大户等农业资源，积极引导农户转产、转业，鼓励村民建设乡村民宿、农家乐、农事体验等项目。全村现有不同类型的农村休闲旅游点 8 个，国家级 4A 景区 2 个。2017 年缪家村成为全市首批浙江省 3A 级景区村庄和全省首批休闲旅游示范村。村域内形成了以碧云花园、拳王休闲农庄、巧克力乐园、十里水乡、鲜切花现代农业示范园区等一批富有浓郁地方特色、产业特色的农村休闲旅游项目。

四、百姓生活持续提升

目前，缪家村新农村集聚农户 989 户，集聚率 95%。推进新农村集聚既解决群众建房需求，又改善村民的人居环境。在房屋安置上，分别采取了独立式住宅、联排住宅和标准公寓房三种类型。在政策激励上，通过制定"一免一补"的激励政策，引导农户向新社区集聚。（一免：每户农户免收基础设施配套费；一补：即旧房补助，对农户原有住房按评估总价的 70% 给予补助。）近年来，全村推进农村环境综合整治工作，提升人居环境品质。对照卫生保洁、污水纳管、违章拆除、河道保洁、道路整治、村庄绿化等整治内容，累计投入 1000 多万元进行全域环境提升工作，实现村全域环境的"亮化、美化、绿化"。全村实行市场化保洁后，实现政府购买，村级监督。以 2017 年为例，全村投入 900 多万元的南区污水纳管三期工程，以理飞线、清墙面、拆违建、整堆物、禁乱晒、治乱停、补设施、整绿化为主的 8 大项内容开展整治工作。

五、文化品牌日益形成

作为全省 12 个农村基层"文化礼堂"示范点之一，嘉善县大云镇缪家村文化礼堂由中国美院参与设计。以"幸福缪家"为礼堂主题，以弘扬社会主义核心价值观和"善文化"为内涵，开展形式多样的文体活动，形成以文化礼堂为主阵地，结合文化广场、篮球场、门球场、文化公益服务一条街等功能区的文化综合型阵地。围绕"积善之家，必有余庆"的文化内涵，整合各方资源，实行"五问工作法"，以群众需求为导向，提供菜单式服务，建立供需对接平台。每年定期面向全村开展"好家风 好家训""善行义举榜""善美文明家庭"等评选活动，在全村营造人人向善、人人为善的文明乡风。全村现有文体团队 10 支，将近 100 余人文体志愿者队伍。缪家村文化礼堂从 2015 年开馆，每年举办文体活动 60 余场，平均每年接待各类考察参观者 400 多批 16000 人次。先后完成了中宣部《党建》杂志社调研活动、中央电视台"心连心"演出拍摄、全省第三届农民春晚、全省文化礼堂现场会，中央电视台、浙江卫视《厉害了，文明的新时代》第二季《乡村振兴战略大家谈》拍摄等工作。2019 年度浙江乡村振兴带头人"金牛奖"评选巡回投票活动、2020 年长三角 V30 村书记论坛也都在文化礼堂举行。

　　综上所述，缪家村通过"甜蜜党建"的引领，立足大云全域旅游发展和特色小镇的建设契机，全面推进美丽乡村建设工作，通过加快农房集聚、企业腾退转型、新农村基础设施建设、文化礼堂建设等方面走出了一条多元化发展的基层党建"缪家模式"。

第三章　后生产主义背景下乡村治理转型

　　随着后生产主义的转型，中国农民、农业和农村也走向了现代化，同时也催生了乡村治理的同步转型。改革开放以来，中国城镇化进程明显加快，乡村经济快速发展，工业化和现代化的步伐加快，群众生活水平明显提高。随着乡村从农业发展到一二三产业共融，乡村从生产空间也转为了消费空间。后生产主义的转型，带来乡村经济快速发展的同时，也伴随着乡村社会、人口和文化等方面的急剧变化。也就是说，生产主义给社会带来活力、文明、进步的同时，也产生了新的破坏与问题，给乡村治理带来了诸多全新的挑战，传统的治理体系、体制和方式难以继续维系和有效运转，在客观上必然要求尽快实现治理的现代化转型。妥善处理后生产主义带来的一些社会问题和治理难题，适应社会经济发展以及民众需求地构建新型乡村治理体系，推进基层治理现代化，是当前中国面临的重大历史任务和时代使命。

第一节　党的建设：后生产主义转型的挑战及其应对

　　缪家村从20世纪90年代的一个村集体可支配资金不足5万元、农民人均收入不到1000元的贫困村，大力发展工农业经济，不仅摘掉了贫困村的帽子，2016年全村工农业总产值11.9亿元，村级集体可支配资金1000多万元，农民人均纯收入38281元，实现了村集体经济水平排名嘉善县前列的"凤凰涅槃"式发展。目前，全村已建造40000多平方米标准厂房，在全县范围内率先依托合作社经营1000余亩村集体土地，依托合作社为村民提供农业农机服务等。然而，与大多数后生产转型较快的乡村类似，缪家村在乡村经济快速发展的同时，家庭、社会、文化等各方面也遭遇了挑战，如传统农村生活方式被摧毁，乡土文化、道德与秩序面临冲击，乡村社会在日益开放、流动、多元化的同时产生了大量治理主体的流失与错位，原有的熟人社会被陌生人社会所取代，各种利益诉求产生，社会矛盾加剧等，迫切地需要构建能够适应新形势、解决新问题的现代乡村治理体制。

一、后生产主义转型的挑战：从封闭到开放

构建"党委领导、政府负责、社会协调、公众参与、法治保障"的乡村社会治理体制是现代乡村治理转型的重要目标。"党委领导"是现代乡村治理结构的核心，党的建设是现代乡村治理的关键一环。伴随后生产主义的到来，传统乡村社会的封闭性被打破，人口流动加剧，组织对人的控制日益减弱，个体在经济生活、政治生活、社会生活中均获得了更大的自主性。社会结构的巨大变化，导致原有的党组织结构基础和活动方式与社会结构之间的内在契合度下降，出现了基层党组织功能的弱化趋势。[1] 随着全国范围内的工业化发展和产业结构调整，迅速兴起大量"两新"组织，然而面对激烈市场竞争环境的企业往往具有变动快、动态组织难覆盖的特征，导致乡村党建工作难以摸清情况、难以顺利开展等问题。在后生产主义转型的背景下，藉由生产力和生产关系的重大变革，农村居民多元化，乡村地域已成为一个混合的空间，村民与迁入者、农业工人、休闲游客、旅行者、退休人员、乡贤等不同群体构成了乡村生活的主体，这其中便夹杂着大量"候鸟式党员""断线党员""隐形党员""口袋党员""挂名党员"等现象的产生。党员来源的多样、党员身份的变化、党员收入的差异，必然导致党员思想状况、认知感受和价值认同的复杂化，以及党组织整合工作难度加大等问题。

二、党建引领：乡村发展新动力

中国特色的社会主义政治制度是以共产党和政府的领导地位和主导作用为前提的，"强国家"作为"第一推动力"，对中国经济快速发展、地方公共基础建设高效进行、人民生活水平大力改善等方面，具有毋庸置疑的积极作用。在后生产主义转型背景下，乡村治理主体多元化、基于熟人社会的信任资源的丧失等，在客观上要求一个强有力的外部力量来重构乡村治理秩序。2015 年，根据习近平总书

---

[1] 陈怡：《基层党组织在社区多元治理中的功能转型及实现路径》，《求实》2010 年第 11 期。

记考察浙江时的重要讲话精神和全国农村基层党建工作座谈会精神，浙江省出台《中共浙江省委关于全面加强基层党组织和基层政权建设的决定》，大力推进健全六大体系①，强化基层党组织的领导核心地位。多年来，历届浙江省委都高度重视抓基层、打基础工作，将其作为长远之计和固本之举，一以贯之大抓基层，使浙江农村基层党建全面进步、整体提升。在省级层面不断完善乡村治理机制，加强工作指导，及时协调解决乡村社会治理重点、难点问题；省委省政府各部门主动参与、积极支持乡村社会治理工作；各市、县党委把乡村社会治理放在重要位置，研究制定相关政策措施；乡镇（街道）党委把乡村治理摆在突出位置，切实发挥在基层社会治理中的领导核心作用。全面加强农村基层党组织建设，强化村党组织对村级各类组织的领导，优化农村基层党组织设置，充分发挥战斗堡垒作用，党建引领逐步成为引领乡村发展的新动力。

缪家村"甜蜜党建"是具有乡村特色和个性化发展的党建引领模式，在应对后生产主义转型带来的挑战方面取得了良好成效：

始终紧密联系乡村事业发展，充分发挥基层党组织的政治领导和资源整合功能。党建引领是乡村经济、社会发展的客观需要，在乡村重大事项的最终决策过程中，规划、政策、法规的提出与制定，需要充分发挥基层党组织的政治统领和资源整合功能。在城镇化过程中，缪家村在乡镇党委的引领下，较早地开始进行村级规划，实现集中居住和土地整理，大力引进项目，实现了乡村事业的快速发展，村民的经济收入和生活质量的显著提高，以"经济强村"战略夯实乡村治理的发展根基。近年来，标准厂房的建设、"抱团飞地"强村投资项目、土地征迁与流转、农户转产、转业等重大事项的开展和推进，离不开强有力的组织领导，同时打破原有的系统、安排、行业等界限，通过统筹的方式积极运作存量资本，建立跨行业、跨系统的组织网络，充分调动社会力量参与乡村建设，激活、配置和优化各类公共性资源，实现"党委领导、政府负责、社会协同、公众参与、法治保障"的现代乡村社会共建共治共享新格局，也必须充分发挥基层党组织的领导和整合功能。

始终坚持以人民为中心，充分发挥基层党组织的利益协调和服务凝聚功能。农民是乡村振兴的主体，必须调动农民积极性，激活乡村社会各类治理主体。面对利益诉求的多元化发展，还必须使各类诉求得以合理表达、不同利益矛盾得以

---

① 六大体系是指工作责任体系、组织体系、治理体系、联系服务体系、制度体系、基础保障体系等。

合理协调。这就需要基层党组织总览全局，理顺各类主体之间的关系，充分融合基层人民自治组织、新型农业经营主体、农民和乡村居民、乡村社区等各治理要素。同时，还要始终坚持以人民为中心，密切党和社会、村民的联系，最大限度地满足群众的合理需求，不断拓宽服务群众的载体和渠道，提高服务群众的能力和水平，是执政党赢得民心、巩固执政地位的最基础工作，真正实现党组织凝聚党员、凝聚群众、凝聚社会组织的重要功能。缪家村的网格党建、基层民主和协商民主、乡贤参事会等都为诉求表达、利益协调提供了多元化渠道，产业链党建、红色代办、蹲点服务，以及现代化综合治理中心、治安小区、"旅馆式"总台、"民情在线系统"、便民服务一条街等载体平台的打造，着力提升了基层党组织的服务能力与水平，筑牢基层党组织的人民根基。

第二节 "三治合一"：构建乡村善治格局

党的十八大以来，以习近平同志为核心的党中央始终坚持把解决好"三农"问题作为全党工作的重中之重，积极贯彻新发展理念，勇于推进"三农"工作理论创新、实践创新、制度创新，农业农村发展取得了历史性成就。党的十九大提出了"乡村振兴战略""要坚持农业农村优先发展，按照产业兴旺、生态宜居、乡风文明、治理有效、生活富裕的总要求，建立健全城乡融合发展体制机制和政策体系，加快推进农业农村现代化"，强调建立健全"自治、法治、德治相结合的乡村治理体系"。"三治"建设就是要通过"大事一起干、好坏大家判、事事有人管"，以"自治、法治、德治"相结合的方法从源头预防纠纷、就地化解矛盾、在基层解决问题，从而实现乡村有效治理。"三治"建设既是应对城镇化背景下乡村社会发展挑战的有效路径，也是实现乡村振兴的秩序保障，是推进新时代农村基层基础工作的新方法与新思路。

构建自治、法治、德治相结合的乡村治理体系，是浙江创新发展"枫桥经验"的最新成果，也是新时代"枫桥经验"的精神所在。缪家村的治理实践始终坚持"三治"建设，强化自治核心机制、深化德治引领机制、完善法治保障机制，探索出多种乡村治理新机制、新阵地、新平台，走上了一条党建引领下"三治合一"的现代化治村之道。

一、自治：现代化乡村治理的根本

村民自治制度是我国的一项基本政治制度。1982 年我国修订颁布的《宪法》第 111 条规定："村民委员会是基层群众自治性组织。"1994 年民政部下发《关于在全国农村开展村民自治示范活动的通知》明确了村民自治的核心内容，即民主选举、民主决策、民主管理、民主监督"四个民主"。村民自治就是广大农民群众村民在党的基层组织带领下，直接实行民主权利，依法实行自我管理、自我教育、自我服务的一项基本政治制度，也是村民群众参与乡村治理、实行民主监督、共建美好乡村的基本形式。当前，村民自治已成为实现、维护和发展广大农民根本利益的重要保障。

伴随城镇化的快速推进，村民自治也面临着新的发展环境与时代挑战。乡村社会从封闭到开放的变化，一方面乡村基层社会经济利益格局调整加快、社会矛盾急剧增多；另一方面农村人口开始大面积流动，导致自治主体缺失、资源匮乏、结构不合理、外部力量频繁介入、自治功能空置等新情况、新问题。缪家村的实践表明，消解乡村基层内部矛盾、激发基层活力，是完善村民自治制度的关键。必须紧紧围绕"四个民主"，以"四会融合"、乡贤参事会等一系列制度建设为抓手来推进基层民主政治建设，进一步强化民主管理、凸显村民委员会的自治功能、发挥村民和社会组织的自治功能、增强乡村活力。在涉及乡村财务预决算、年度收益分配、集体资产变更、资金资源经营方式、重大投资项目等与村民切身利益密切相关的事项时，坚持通过"五议两公开"民主决策消除矛盾根源。多渠道、多途径扩展村民民主管理和民主监督方式，不断完善村务公开方式和内容，通过健全完善村级重大事项报告制度、村务监督委员工作机制，以及搭建村级民主协商新平台等方式，增强村民对于村庄事务的参与权、知情权和监督权，从而有助于确保乡村秩序，有效消解乡村内部矛盾。挖掘新型乡村治理主体资源，调动能人大户、返乡人员、留守农民等农村精英参与乡村治理的积极性，鼓励和吸引社会各界人士投身乡村建设，充分调动各类自治主体的积极参与和自我服务，形成多元主体合作共治的良好格局。

二、德治：现代化乡村治理的基础

乡村德治，是指一种以道德规范和乡规民约等手段，以农村的道德、伦理维护机制为基础，通过文化建设与思想引领，建立村民自愿遵守的行为准则，进而对乡村进行公共治理的方式。构建"自治、法治、德治相结合的乡村治理体系"，需要以德治为基础，用良好的道德规范引领乡村社会风气，推动乡村和谐发展，实现高质量乡村振兴，完成乡村现代化转型。2018 年 9 月，中共中央、国务院印发《乡村振兴战略规划（2018—2022 年）》，明确提出健全现代乡村治理体系要以德治滋养法治、涵养自治，让德治贯穿乡村治理全过程，强调发挥德治的融合、引导、教化等功能，是在农村弘扬优秀传统文化的政策体现，将为新农村建设注入发展的新动力。

在市场经济及现代主义思维的驱动下，乡村社会出现巨大的结构性变迁，在物质、经济、文化、价值观等方面不断呈现出新变化。现代化、城镇化的冲击以及乡村社会原子化等因素使乡村德治面临"传统解构"与"现代断裂"的发展困境，乡村道德体系存在诸多薄弱环节，亟待进一步完善与发展。缪家村的德治建设，主要从几个方面着手，突破乡村德治困境，提升乡村治理水平，充分发挥德治的基础性作用。其一，以社会主义核心价值观引领多元道德价值观，通过主题式教育建立村民道德规范，凝聚向上向善的强大正能量。其二，打造文化礼堂及周边一体的村级综合型文化阵地，加强乡村德治的实体和平台建设，让德治与村民的生活融为一体。其三，加强本地善文化的发掘与活化，强化本土教育与农民自信教育，通过评选的方式，挖掘普通村民身上的真、善、美，用身边的榜样发挥引领示范作用。其四，鼓励乡村本地文化组织、养老组织、妇女组织、合作经济组织等自治组织建设，充分发挥社会团体和组织在乡村社会公共治理中的组织、协调等功能，帮助解决群众日常生活中的难题，提供乡村公益服务，以自治为载体推动德治建设。其五，充分发挥家族、宗族、乡贤等积极作用，限制其消极影响，合理利用乡村治理中的非制度性资源，全方位动员各类乡村主体为乡村发展贡献力量，等等。

三、法治：现代化乡村治理的保障

乡村法治，是指在乡村治理中逐步引导基层乡村树立依法治理的观念，运用法治思维谋划社会治理各项工作，运用法治方式解决各类基层问题，形成办事依法、遇事找法、化解矛盾靠法的基本治理取向，用维护社会公平正义保障乡村现代化转型，助力乡村振兴。全面依法治国是我国国家治理体系和治理能力现代化建设的重中之重，乡村治理也必须坚持走法治之路。2018 年"中央一号文件"《关于实施乡村振兴战略的意见》明确提出"乡村振兴，治理有效是基础"，"坚持法治为本，树立依法治理理念"。法治建设的根基在基层，薄弱区域在乡村，乡村法治是国家法治和治理现代化的基点、重点和难点，村民的法治意识和水平决定了村庄秩序的生成方式，乡村的法治水平决定了国家治理的法治进程。建设法治乡村是实施乡村振兴战略的有力抓手，必须以法治保障有效的乡村治理和顺利的现代化转型。

在后生产主义转型中，必然涉及各类利益群体的分化与重组，会产生新的利益诉求与矛盾，需要更多地进行利益调整与协调。同时，乡村社会的结构性变化导致了"熟人社会"向"陌生人社会"的转变，传统的利益协调方式逐步失效，必须诉诸于现代法治思维①，乡村法治建设成为一大时代课题。缪家村的实践表明，法治乡村建设始终要以维护农民权益为根本，坚持以人民为中心。其一，通过平安法治巡演、法治讲座等各类形式的普法教育，彻底消除乡村"法律盲区"，让法律在乡村家喻户晓、有效实施，让农民知法懂法，为其使用法律手段维护权益提供认知基础，提高农民法治素养和维权能力。其二，充分运用法治思维解决村庄发展遇到的问题，通过完善公共法律服务平台，将国家法律、政策规约具体化、地方化、生活化，充分发挥其刚性约束功能，缓解农村法治化进程中基层政府与基层群众的利益纠纷和冲突，保障村民的民主权利，从而最大限度地凝聚乡村民众共识，最小成本地消解村庄发展矛盾和障碍。其三，通过"三官一师"等公共法律服务方式，强化法律在维护农民权益、规范市场运行、农业支持保护、生态环境治理、化解农村社会矛盾等方面的有效功能和权威地位，获得全民自觉守法的治理状态。

综上所述，构建新时代乡村善治格局，必须坚持以习近平新时代中国特色社会主义思想为引领，以党的基层组织为核心，形成"三治合一"的治理机制。自治、法治、德治是三位一体、互为促进的，乡村治理现代化必然是三者的融合推进，代表着当前中国基层治理的发展方向。

---

① 法治思维不仅包括成文的法律制度，还包括乡村既有的村规民约等不成文规约。

文化篇

勤和之家 美善之地

WENHAU PIAN

QINHE ZHIJIA MEISHAN ZHIDI

缪家村是一座浙北平原水乡上的村庄。平原水乡赋予了缪家村人的文化性格——勤劳、善良、平和。缪家村以"勤和缪家"作为村庄的文化标志，勤是勤思、勤劳，体现的是缪家村人创业、立业的精神；和，是和善、平和，体现的是缪家村人与人为善的风貌。勤、和二字，概括的是缪家村人的精神高度和心灵广度。在后生产主义转型中，缪家村人赋予了这两个字以新的时代内涵。

勤思勤劳、尊贤敬老、公益服务是缪家村人善文化的闪光品质。这些品质的形成离不开从上到下的各种宣传教育，同时也是在缪家村人的各项事业及社会、文体生活中生根成长的。真善美是人的高尚追求，但人也离不开求利、求乐的自然需求，在基层百姓当中，善和美的超越性价值更是与民众的经济生活、娱乐生活密切结合在一起。实用与审美的结合，也就是寓美于利，与思想道德建设中的寓教于乐一道，构成缪家村乡风文明建设的基本逻辑，也可以说是基层文化建设具有典型性的经验。

第一章　文雅和善的文化底蕴与开放包容的文明新风

缪家村及其所属的大云镇属于富饶的江南平原水乡地区，自古以来文教比较发达，涌现了姚绶、钱士升等著名文人士大夫，《了凡四训》的作者袁黄（袁了凡）作为嘉善人对大云镇地区也有影响。大云镇还有一个地理特点，由于靠近上海，受到海派文化与西方文化的影响相对较早、较大，体现出较强的城乡融合、中西结合的特点。

第一节　缪家村及大云镇的文化底蕴

一、文化名人与村民传统的文化生活样态

缪家村所在的大云镇地理位置优越，文化事业较为发达，文化名人辈出。明代诗人姚绶诗、书、画皆精，留下名画佳作，为历代文人推崇。姚绶著有《大易天人合旨》十卷、《谷庵集》三十卷（又名《云东集》）。著名画作有《秋江渔隐图》轴（北京故宫博物院藏）、《山水图》册页（上海博物馆藏）、《竹石图》轴（辽宁省博物馆藏）、《谷庵诗》30首（存嘉善图书馆）。大云镇文化中心辟有姚绶纪念馆，缪家村文化礼堂挂有姚绶的字画（高仿复制品）。大云镇政府所在地有著名的千年古寺大云寺，袁黄辞官后与大云寺僧云谷大师结下佛缘佳话。现代著名美术家张曦白是大云镇人，曾先后任越剧《红楼梦》《梁山伯与祝英台》和黄梅戏《天仙配》等20多部电影的美术设计。缪家村出的文化名人较少，当代自学成才的典范有擅长灶画的民间画家李桂荣，李桂荣是《嘉善县乡镇志（大云篇）》主笔、《中国城镇浙江卷（大云镇）》主笔、《中国城镇嘉兴卷（大云镇）》主笔。

　　大云一带民间文化历史久远，文艺形式丰富多彩，农村社戏、社书流行。大云庙会好戏连台，茶馆有农民书、滩簧。民间有唱小调、田歌、调龙灯、调马灯、走高跷、打莲湘等文艺表演，表演形式灵活多样。民间说唱有唱小曲，艺人拉二胡，边拉边唱。唱词有四季歌、十二月花名、孟姜女、青年男女爱情故事等，曲牌有四季调、杨柳青调、紫竹调、吴江调、无锡景调等，流传甚广。农村会唱的人很多，不管是农忙还是农闲，几人聚集在一起便信口唱曲，引来一群人围观欣赏。有钹子书，也称浦东书，说书艺人单人说唱，说书道具简单，一块醒木、一面钹子、二把折扇（一把好扇、一把破扇）。破扇可当作刀枪、灯笼等；书目有《三国》《封神榜》《水浒传》《岳传》《七侠五义》等。中华人民共和国成立后，也有说新编书目《肖飞买药》《铁道游击队》等，20世纪六七十年代盛行。还有温州人说锣鼓书，一面小锣，一只小鼓，在演唱时敲锣击鼓。有滩簧，上海地区叫申曲，在室外搭台，或在室内搭一小台，三四个艺人，有锣鼓、二胡、竹笛等简单的道具，简单的化妆，各自扮演角色，自奏自演自唱。班子较大些的也有六七个艺人，演员和乐队都是一家人或两家人组成，流动性大。传统戏目有《陆雅臣》《双推磨》《五姑娘》等群众易懂、喜欢观看的节目。中华人民共和国成立后，改为沪剧。这也可见上海的文化对大云一带的影响。

　　大云一带有舞龙的民间游艺。清末至民国时期，大云有青龙、白龙两条龙，大云寺庙会必舞龙，青龙、白龙一起舞。舞龙又谓"调龙灯"，青龙是大云镇，白龙是镇南嘉兴县，舞龙时要斗龙。龙做得又长又大，龙头重45千克，身强体壮的青壮年才能舞得动。1945年抗战胜利后，庙会时表现舞龙。有马灯舞，大云镇原西泾（今属缪家村）、甘泉等村，有民间自筹资金、舞马灯习惯，邻村、大云集镇、钟埭集镇商店，邀请表演。马灯用竹篾扎轮壳、彩纸糊成马，分成两半，舞灯人身前马头，身后马臀马尾，一般马灯队用四只以上马灯，另有提花篮、梅花灯。舞马灯者男扮女装，头戴花毛巾，身穿花衣，脸上搽粉点胭脂。领班人前面走，到每家每户门前舞，有的人家磨粉做糕团，敞开大门，大红蜡烛照明，八仙桌上放糕团，米酒供舞马灯人吃。领班人必须熟悉当地情况，不漏一家，老宅基地不能遗漏 。五圣庙前也要走一圈。有锣鼓敲打"马灯调"伴奏，调马灯从正月十五起，到当地二老庙供奉后沿村起舞，民间说唱有"正月里来是新春，家家门前调马灯"，至正月底停舞，还要到庙里烧毁。抗日战争胜利后，恢复调马灯。中华人民共和国成立后，马灯舞失传。

　　打莲湘是大云一带有特色的传统表演项目。莲湘用 1 米长、约 4 厘米左右粗细的竹竿，两头各开 4 个 5 厘米长的孔，每孔内穿 4 枚铜钱，竹竿用红、绿、白三色分段染色而成。莲湘队 10 人以上男女混合，边舞边有节奏地敲打，动作整齐，要变换队形，同时唱流行曲调，也有二胡伴奏。民国期间，大云寺庙会时必有打莲湘表演。中华人民共和国成立后，各村俱乐部仍有打莲湘节目传承，改革开放后，大云老年文艺活动，打莲湘作为一项传统节目表演。

　　水漫金山舞是一项具有水乡特色的民间表演，由虾兵、蟹将、乌龟精、蚌壳精组成，8 ~ 10 人表演，用竹篾编轮廓，彩纸糊成虾、蟹、蚌壳、鲤鱼、乌龟的造型背在背上，手拿古代兵器，表演者化装成虾兵、蟹将。蚌壳精外面黑色、里面粉红色，能开闭，表演者化装成美女在蚌壳里，蚌壳内用干电池和 20 只小电珠（灯）装饰。水漫金山舞随马灯队一起表演，表演者翩翩起舞，乌龟精做爬行状，动作滑稽可笑；蚌壳精舞步轻盈，以蚌壳的开闭来表现婀娜多姿。1947 年，西泾村（今属缪家村）农民曾演水漫金山舞，后水漫金山舞失传。

　　大云一带还有扎纸彩、纸扎、扎风筝、制作香袋和绣花、剪纸等各种民间工艺。纸扎是用竹篾、芦苇秆扎纸人、座亭（纸房）、纸箱、纸桥、纸船等，外糊彩纸，专供丧事使用。"文化大革命"时禁用，改革开放后恢复。缪家村蒋小英会纸扎，也有专业店供货。2000 年后，随着人民生活的提高，纸扎也有创新，纸船扎成机动高级游艇，纸房扎成二层、三层小洋房、高级别墅，新增高级轿车、彩色电视机、电冰箱之类供丧事选购。大云地区妇女心灵手巧，流行在枕头、鞋袜、衣裤、衣裙上绣花，花样有龙凤、花鸟、吉字、双喜等。新婚门窗等用大红纸剪双喜张贴，新娘嫁妆，橱箱上贴大红纸剪的元宝，建房扬筛上贴大红剪纸，图案为吉祥如意等，增加喜庆气氛，此艺延续至今。20 世纪 60 年代开始流行"十字绣"，绣伟人像，2000 年后又流行绣花草、山水等风景。图案、丝线、底板等材料装裱商店有整套出售，绣成后请装裱店装裱，自家挂用或作礼品赠送亲朋好友。2007 年 4 月，大云镇花乡艺术节在碧云花园举办，有剪纸现场表演。

　　大云地区流传的民歌民谣内容丰富，主要有反抗封建婚姻、劝人为善、期望美好未来等内容。大云地区农民爱唱"耘田歌"，流传时间较久远。清代至民国时期，农村里在耘田时有四五人以上就要唱田歌，田歌有"做"与"卖"之分，即领唱和附唱，边耘边唱，唱词有"五姑娘与徐阿天"等，一人领唱，其他人附唱："哎—嗨—嗯—哩—呵—呀—"，中午歇凉或夜晚乘凉时也唱。唱田歌用假嗓子，又会唱、嗓子又好的人不多，缪家村陈家大堰的李顺元唱田歌在当地颇有名气。

二、文化古迹

大云镇最著名的文化名胜是大云寺。大云寺位于大云镇西庄街东端，北宋乾德二年（964）建寺，名净众，治平二年（1065）改名为大云寺。大云寺古时四面环河，香花桥是唯一通道，寺前有净道街。元末兵乱，寺庙损坏破旧倒塌。明嘉靖年间，云谷禅师重建大云寺，香火逐渐旺盛。清乾隆年间，御僧穆如、居民张震相继募修，香火如故。据当地村民和干部称，大云寺规模盛时不亚于名刹杭州灵隐寺。每年农历八月初一开殿门，杭嘉湖、上海、苏州等地香客前来供奉、打醮、做水陆道场。邑人曹定栋有诗："年年八月寺门开，游女村村约伴来。社鼓咚咚喧日暮，像身插花满头归。"清咸丰年间遭遇战乱，香火渐稀，庙宇破落。民国27年（1938）12月，日本侵略军在大云肆意纵火，烧毁中山厅和东北房。大云寺因战乱兵祸，香火寥寥。民国后期，寺庙破旧，1950年和"文化大革命"期间因破除迷信拆除，分别建造卫生院、农修车间、学校。西南房主持"保太"、东南房主持"和坤"2人，政府给生活费养老，其余10多名寺僧还俗。2001年经省、县民族宗教部门批准，在原址重建大云寺，至2008年已建造天王殿、大雄宝殿、西厢房等，大云寺已初具规模，香火逐渐旺盛。

坐落在缪家村的古迹有丰钱桥、钱士升墓、姚绶墓。丰钱桥又名王家桥，桥孔上方刻有"清光绪七年重修"的字样，坐落于缪家村（原金长村）王家桥港，三环洞石拱桥。桥身用花岗石建造，跨度16.5米，中孔宽5.25米，边孔各2.27米，地面至桥高2.15米，两端有13级台阶。1988年被列为嘉善县文物保护单位，桥形宏伟壮观，桥体完好，是嘉善县现有保存完好的古桥之一，也是大云旅游的一个景点。

钱士升系嘉善魏塘镇人，明万历四十四年（1616）状元及第，授翰林院修撰。后受阉党陷害曾多次被贬，削发为僧。殁于1651年，安葬在大云镇缪家村（原高一村），新桥港东一浜边。墓前列石人、石马、石羊、石乌龟，该浜因此得名"状元浜"。据缪家村年老的村民回忆，小时候还看到过石人、石马等。姚绶墓位于缪家村杨庵滨北，1967年墓毁。其父姚圹墓，有碑文两块（缪家村陈大奎家），照片留存。

三、习俗信仰

缪家村属于江南平原稻作区，生产习俗多与稻作有关。传统有掼火把祈盼好收成的习俗。农历五月初五晚，农民将稻草扎成把，点燃后在自家的稻田边奔跑，边跑边喊："哗哗哗，逐逐逐，自家田里三石六（收获），人家田里一蚌壳。"同时点燃田头地边杂草。此日晚饭吃有馅的落汤团子，团子做得多大，稻秵就有多大，也称为"稻秵团子"。这种习俗合作化时停止，实行家庭联产承包责任制后又恢复。春天插秧时，村民有开秧门的传统习俗，农民把每年的第一天插秧称为"开秧门"，有约好两三家，四五人伴工（以工换工）插秧的习惯。开秧门插秧如同喜庆节日，有鱼有肉还有点心。粽子作点心，上午10时左右一篮粽子送到田头，面上放几只没烧熟的，先吃到生的后吃到熟的，讨吉利口彩，种下的稻苗既生稻谷又成熟。插秧时还有避土神咬手的禁忌，每年拔第一把秧时不要开口说话，如说话土神要咬，会烂手烂脚。有避结怨的禁忌，插秧时秧把多、少、余、缺，不要人与人手提交接，只能抛来抛去，如用手接，今后会变成"冤家对头"。

在畜牧业方面，养猪、养牛是村民重要的副业收入来源，有"斋猪栏"和"斋牛栏"的习俗。斋猪栏多举行于除夕夜，或母猪生小猪后，在猪栏旁边放一小方凳，摆上一小碗肉做祭品，点燃小红烛，主人作揖祈求。母猪棚上面倒吊一鬏，据说可以吸收震动和声响，保护母猪"胎气"。在农业合作化前，每家对耕牛也斋，谓"斋牛栏"，端午节给牛在脖子上挂香袋。手工业方面则有入门"收徒拜师"，学徒三年期满办"谢师酒"的礼仪。

中华人民共和国成立前，大云地区有"做社"的习俗。做社亦称"结社"。一般以自然村为单位做社，春季做"春社"，秋季做"秋社"。众家筹钱，请说书（农民书）先生，备褚幡祭神。先到当地"二老爷庙"里唱"送神歌"，后回村里唱几天农民书。做社是对土地神的崇拜，又叫作"太平社"。中华人民共和国成立后已消失。

在婚丧习俗方面，缪家村及大云镇与江南其他地区没有大的差别。中华人民共和国成立前结婚有喜娘的角色，姑娘出嫁，请喜娘，喜娘由祖传的中老年妇女专业经营，备有新娘礼服、凤冠、插饰、绣花鞋出租。姑娘出嫁前，给新娘开脸，当天来给新娘化妆，穿衣戴凤冠，陪同新娘到男方家，举行结婚仪式。至进洞房，挑头盖，叫长辈，到亲朋散尽才结束。大云有闹新房喜娘的习惯。中华人民共和国成立后，改用新式结婚，喜娘行业失传。另外，婚丧礼仪有掌礼乐的"大夫"，又称"先生"，既是吹鼓手，又是掌礼，红白喜事兼营，婚事吹唢呐（小喇叭），欢喜调；丧事吹大喇叭，悲哀调。大夫祖传或从小学艺，每班3～4人，婚事、丧事由大夫先生司仪，在新郎新娘进洞房时吹笛子、唱曲子（昆曲）。中华人民共和国成立后，逐渐改为只吹打，不唱曲子。

大云地区居民信奉宗教历史久远。佛教未传入之前信奉道教，自唐代佛教传入后，在信奉佛教的同时也信奉道教。清末民初传入天主教、基督教。中华人民共和国成立前，道教、佛教活动频繁，信奉天主教、基督教较少。中华人民共和国成立后，寺庙、庵堂、教堂活动逐渐减少，一度宗教活动停止。1980年起，宗教活动逐渐恢复，信奉基督教信徒倍增。2008年，大云地区有大云寺庙、基督教堂各一所。在访谈中我们问到村民的信仰状况，村民反映缪家村信基督教的相对少，西边大云村信基督教（村民叫"信耶稣"）的比较多。缪家村村民有信佛教的，丧事会请僧人念念经。[1]

佛教传入大云地区后，北宋乾德二年（964）开始建有寺庙，历明、清几经重建，佛教盛行。至民国时期，大云地区有大云寺、湾里桥庙、西林庵、长生庵、杨庵等规模较大的寺庙。大云寺于2001年在原址重建。大云地区在民国时代就已经建有天主教堂，民国八年（1919）嘉善天主教堂在大云镇（银杏乡）曹家村（上项村曹家河）设分堂，1932年在分堂设圣类思小学，新中国成立后改为曹家小学。中华人民共和国成立后基督教徒减少，"文化大革命"时期教徒活动停止。改革开放后基督教的传教活动开始恢复，1986年，信徒购买大云村蒋家浜（九队）原知识青年住房作活动场所，属魏塘基督教大云分堂，信徒约200人，1993年升格为大云教堂，2004年迁建到大云镇云溪南路，信徒趋多。另外，缪家村和大云镇人还有地方性的施王信仰、关公信仰等。

第二节　公共文化设施建设与精神文明创建活动

新中国成立前缪家村和大云一带由政府主导兴建的公共文化设施极少，寺庙、教堂都属于民间集资兴建的公共文化空间，施王庙、二老爷庙等更是地方性的信

---

[1] 村民王培根访谈记录。

仰空间。与之相关，中华人民共和国成立前本地区村民的文化生活多属民间自发的传统习俗活动。中华人民共和国成立后，由人民政府主导的公共文化设施建设与精神文明创建活动也逐渐增多，其中尤以改革开放后特别是进入新世纪以来力度为最大。由于缪家村距离大云镇非常近，故村民也乐于利用镇里的文化设施参加各种文化生活，缪家村的文化广场和文化礼堂建起来以后，村民有了家门口更方便的文化生活空间。

一、公共文化设施建设

（一）改革开放前的公共文化服务设施建设

中华人民共和国成立以后，在各级政府的积极组织和引导下，大云的文艺活动更为丰富多彩。1951 年 2 月，大云建立文工团，各村（大队）组织俱乐部，宣传队开展灵活多样的文艺活动。20 世纪 70 年代组建电影放映队，80 年代建造影剧院。1956 年底，大云公社下面各高级社成立农村俱乐部，购置图书，用流动箱供群众阅读。公社组织文艺宣传队，利用当地流行的"四季调""紫竹调""杨柳青"等小调以及戏剧唱段和快板等，自编自演宣传唱词，开展田间地头、会前会后、婚丧嫁娶等宣传演唱。1965 年俱乐部文艺宣传达到高潮，1967 年停止活动，1971 年重新组建大队俱乐部，恢复文化娱乐活动，农村实行家庭联产承包责任制后，俱乐部由村文化活动中心替代。缪家村组织有歌咏队、舞蹈队、排舞队、莲湘队等。

缪家村和大云地区村民有听说书的传统。民国时期，集镇和农村茶馆店内设书台，说唱浦东农民书、温州锣鼓书。中华人民共和国成立后，茶馆、书场逐渐消失。1962 年，大云地区恢复在茶馆内设书场。1972 年，大云合作商店建造 200 平方米云外楼茶室书场，演唱农民书、苏州评弹、评书，表演小型魔术等。改革开放后，书场随着家庭电视的普及而停办。村里老人讲，中华人民共和国成立前后大云一带每个村都有茶馆，男人上茶馆，女人不上的，茶馆里有些季节有唱书，茶馆也是信息交流和讲道理（即民间调解）的地方。[①]

（二）改革开放后的公共文化设施建设

2000 年，大云镇建文化活动中心。2008 年，大云镇有图书室、文化中心、文

---

① 村民李桂荣访谈记录。

化广场、老年活动中心，各村有老年活动室、图书阅览室，被嘉兴市授予"特色文化镇""东海文化明珠"称号。2003年，位于康兴路桥边，辟地8080平方米建大云文化广场，场内设演艺台，可举办容纳5000人以上的大型文艺演出。2005年10月18日，原大云镇中心小学校舍划拨为镇文化中心。2006年政府投入50万元，对文化中心重新装修，内设棋牌室、健身房、文体培训室、文艺演播室、文化科技教室、图书室、阅览室、台球室、健身房、篮球场、门球场等，成为多功能文化活动中心。文化活动中心总占地面积7048平方米，建筑面积1780.73平方米。2005年镇文化中心设图书室，8个村相继建图书室、阅览室，免费借读。2008年镇图书室藏书有政治、历史、小说、名人传记、社会科学知识等各类书籍5745册及部分报纸杂志，缪家村的图书室有藏书3895册。镇文化中心内专设老年活动室，内有棋牌室、文化培训演艺室、健身房、门球场，专供老年人文化体育活动。2008年，镇政府投入资金90万元，在镇文化中心南，筹建较为现代化的多功能文化广场。

缪家村的公共文化服务设施建设在最近十年获得较大的发展。2010年，缪家村兴建老年活动中心，面积达1200平方米，内设图书阅览室、球类活动室、书画室等文体活动设施，供老年人健身和娱乐活动，使老年人老有所乐。2013年，缪家村文化广场的扩建及门球场的新建工程完成招标，进入施工阶段，2013年初组建的舞花龙队获得嘉善县第二届舞龙大赛的银奖，组建的老年门球队多次获得县镇老年门球比赛的名次。2014年，缪家村投入近140万元将村农贸市场改建为文化礼堂，投入62万元改扩建文化广场、门球场、健身长廊、广场绿地、LED电子显示屏等设施。利用文化礼堂等平台，缪家村两委积极组织村青少年参与镇村的各项文体活动，在寒暑假期间，做好"春泥计划"和村道德讲堂的活动开展。2015年，缪家村文化礼堂正式启用，举办了"尝新"礼仪活动、戏曲演出、少儿书法培训、手工制作、技能培训、农耕文化展览等不同类型的大小文化活动20余场，受到了村民的喜爱，成为集会议、文艺演出、体育活动等为一体的村级精神文明阵地。2016年，缪家村在上级指导下进一步开展文化庭院建设活动，建立了以文化礼堂、文化庭院、文体中心为主要阵地的公共文化服务体系，累计开展活动109场。群众文化活动蓬勃发展，村级文体团队从3支增加到8支，包括舞龙队、扇舞队、押花画制作队、门球队、篮球队等，原创节目11个，农耕尝新礼、迎新祈福礼等文化传统得到进一步弘扬与传承。

　　除了文化礼堂、文化庭院、文化广场这些公共文化设施之外，近年兴建于缪家村的文旅项目也发挥着一定的公共文化设施功能。歌斐颂巧克力甜蜜小镇于2015年6月1日入选浙江省第一批37个省级特色小镇创建名单，2016年获评省级示范特色小镇和2015年度考核优秀小镇。歌斐颂巧克力景区每年举办"歌斐颂国际巧克力文化旅游节"传播巧克力文化；碧云花海景区每年举办"杜鹃文化节"，以花为媒、以节会友，传承杜鹃魅力，传播嘉善杜鹃品牌。"洋气"的巧克力与"传统"的农村相碰撞，给这个发展中的村庄带来了新的文化融合的机遇。以巧克力小镇与碧云花海等文旅项目的开发为契机，缪家村的下一个目标是成为既有传统江南水乡韵味，又有欧洲小镇浪漫风情的甜蜜浪漫之村。

二、精神文明创建活动

　　大云镇和缪家村的精神文明创建活动既忠实贯彻党中央精神文明建设的各项方针政策，又具有自己的地方特色。20世纪80年代以来，大云镇开展"五讲四美三热爱"活动，开展普法教育，争创文明单位、文明村，评选遵纪守法户、五好家庭、星级文明户，创建敬老院，开展尊老爱幼、礼貌待人活动。2006年，中共大云镇委员会、政府决定，争创省级文明镇活动，建立创建省级文明镇工作领导小组，由党委书记任组长，镇政府、镇人大主要领导任副组长，有关部门负责人任组员。下设办公室，制订实施规划考核细则，举办学习班，出黑板报，编印宣传资料，营造人人是文明创建参与者、人人是创建工作的受益者。2006年，大云镇评出4486户星级文明户。

　　在整个大云镇各村里面，缪家村的精神文明建设是卓有成效的，得到了各级政府的嘉奖肯定。1997年，大云镇缪家村获嘉兴市脱贫致富先进村。2000年，缪家村获评嘉兴市级文明村、嘉善县十佳新农村建设示范村。2001年开始，缪家村开展创建"三无村"（即青少年无犯罪、无懒汉、无不孝）活动，并且将创建"三无村"与争创星级文明户活动相结合，到2005年时缪家村有309户被评为星级文明户，其中12户被评为镇级"十佳文明户"示范户。2005年，缪家村获评县三星级民主法制村。2007年，缪家村获评嘉兴市民主法制村。2008年，缪家村获评省创文明、双结对先进集体和嘉兴市文明村。2009年，缪家村获评浙江省文明村、农村基层党风廉政建设示范村，大云镇则获"全国创建文明"先进村镇称号。另外，缪家村的科普宣传也做得比较有特色，2005年获评浙江省科普示范村。缪家村早在 2006 年就启动了集电视数字化、网络信息化和监控智能化为一体的新农村建设工程，开展远程教学，成为嘉兴首个数字化、信息化新农村。缪家村还成立了远程教育兴趣小组，下设花卉种植、果蔬种植、企业技术创新和村务管理等四个小组，由村干部和村民积极人士担任小组长，同时还将远程教育引入丰乐农业合作社、碧云花园等团体与企业。

　　缪家村的乡风文明建设在内涵上最重要的特色就是善文化的引领与审美氛围的营造。"善"文化的引领是整个嘉善县精神文明建设的标志，缪家村的"善"文化建设则在城乡融合的新农村建设中体现出了既有传统底蕴又富时代感的特色。缪家村审美氛围的营造则与融入大云镇全域旅游的发展规划相对应，紧扣大云镇花乡文化的主轴，又抓住建设巧克力小镇的契机，具有中西合璧的开放包容气质。

第二章 善文化的立体建设与多维闪耀

在平原的土地上，最能显出高度的就是人的劳动创造。而在人之中，最崇高的则是善举和良心。西哲康德有言，有两样东西最能激起我们的崇高感，"我们头上的星空，和我们内心的道德法则"[①]。缪家村的乡风文明建设紧紧抓住嘉善"善文化"这个主题，将扬善、劝善的精神贯彻到了老百姓生活的各个方面。在缪家村文化礼堂的"善行义举榜"中，我们看到有家庭和善、邻里友善、为人诚善、环境美善、富裕慈善五大方面，分别评选了五个方面行善的榜样。在文化礼堂的舞台一侧墙面上，有醒目的"劝善词"，从济物利人、忠国孝亲的各个方面劝人行善，并告诫人们"积善之家有余庆，积不善之家有余殃"的古训。我们以下分别从勤业立善、家风培善、公益广善、尊贤扬善四个方面介绍探讨缪家村的善文化。

第一节 勤劳勤思立善基

古语说，"民生在勤，勤则不匮"。对于劳动人民来说，勤劳是最基本的美德，勤俭持家是家业兴旺的根本，也是国家富强的基础。在缪家村文化礼堂所展示的优秀家风家训中，我们看到好几家都以勤俭持家作为自己的家训。其实，这只是部分写出来的，没有写出来而放在心上的会更普遍。缪家村将"勤和"二字作为村庄精神的标志，说明"勤"字在缪家村人心中的分量。缪家村人的"勤"体现在各个方面，基于调研的情况，我们从两个方面做一点管窥。其一是多业并举、不辞辛劳的立业精神。其二是勤于思考、勤于探索的创业精神。

---

① 康德著：《道德形而上学原理》，苗力田译，上海人民出版社，1988年，第72页。

一、多业并举，不辞辛劳

20 世纪 80 年代初，农村实行家庭联产承包责任制以后，缪家村人焕发了勤劳致富的积极性，在种植稻谷主粮之外，大量种植了各种经济作物，如西瓜、甘蔗、大棚蔬菜，还有一些养殖副业，如养猪、养蚕等，增加了家庭收入。在我们访谈的缪家村村民中，有好几位都谈到改革开放初家里养母猪的经历，如前妇联主任冯青、碧云花园有限公司总经理潘菊明，在改革开放初都养过母猪，获得过可观的收益。在村里有了企业之后，很多村民是白天上班，周末和下班后还去田里干活。村聘干部徐张娜就提到自己小时候"爸妈都是上班之余早晚去田里干活……父母下田的时候我基本上会帮忙烧饭"[1]。这种情况在缪家村村民中比较普遍。新缪家村人张名英从衢州过来租种当地村民的田地，还买了一套当地村民的房子。她也说到她丈夫"在厂里上班，星期天休息嘛，五点下班不加班就田里去弄一下"[2]。

缪家村人长期养成的勤劳习惯并没有因为经济发展富裕起来而改变。如今，缪家村村民在土地流转之后都能够享受到退休养老金，过上了衣食无忧的小康生活。但是很多村民还是闲不下来，到了退休年龄之后仍然去干活。徐张娜讲道，现在的缪家村村民"不种田可以拿养老金，每年基本都有差不多两万元的收入，老人都很开心，幸福感增加了。有些勤快的喜欢农活的老人会去开荒种菜，也挺好的。生活上还是保持节俭，虽然不缺钱了也会去搜集可乐瓶废品换点零花钱"。张名英也说缪家村人"很勤快、很淳朴，那些个八十多岁还去捡废铁废铜啊"。今天的年轻人生活条件比上一两代人好多了，但是这种勤劳的精神仍然值得世世代代继承发扬光大。这大概是缪家村人标举"勤和"精神的深意吧。当然，在科技越来越发达的新时代，体力的、机械性的劳动越来越被机器取代，人的勤劳更多会体现为勤于学习、勇于探索的事业心。

二、勤于学习，勇于创新

缪家村地处邻近上海的嘉善县大云镇东部，较早受到大城市辐射的影响，在发展工商业和现代高效农业方面都走在前列，呈现出产业兴旺的气象。当然，这也与缪家村人勤于学习、勇于探索的内在精神相关。曾任村妇联主任的冯青说：

---

① 徐张娜访谈记录。
② 张名英访谈记录。

"我刚嫁过来时，这边都是传统种植，农业机械化很少的。后来慢慢开始就种经济作物了，科学种地了。"①传统种植讲的是代代相传的经验，机械化的农业讲的是科学，更需要多向外部世界交流、学习。1978年，缪家村创办了第一个村级工业企业，2008年又通过村民的土地流转成立了丰乐农技专业合作社，在育苗、插秧和收割等方面都逐步实现了专业化和机械化。②2017年5月，丰乐合作社被省委组织部确定为服务创收型村级集体经济典型，被浙江电视台《党建好声音》栏目以《洒下一把黄金米》进行了专题报道。村里很早就设置了图书室，2012年缪家村农家书屋被评为"全国示范农家书屋"。村文化礼堂建成后，图书室被命名为"三味书屋"，取义书香之味、精神之味和财富之味。财富之味，是指这里有很多农技等技能类的书籍，可以学到致富的本领。③缪家村还善于利用现代信息通信技术的成果，村里设立了远程教育站点，组织干部和群众进行远程学习，设立了花卉种植、果蔬种植、企业技术创新和村务管理等方面五个远程教育兴趣小组，学习各方面先进知识。丰乐农技合作社还设立了远教助创孵化中心，为种苗培育、新品种试验等提供知识技能的服务。缪家村的花卉、果蔬、水稻种植等各方面现代农业做得有声有色，离不开缪家村人善于学习现代先进科技的勤学勤思精神，也离不开村委干部的先锋意识和服务意识。

缪家村人勤学勤思的精神鲜明地体现在各个创业先锋身上。缪家村人，嘉兴大阳服饰有限公司总经理、碧云花园有限公司总经理潘菊明在跟我们讲他的成长历程时说到，他在20世纪80年代末时曾有过几年从企业回到家里种田，在种田的时候也注意琢磨农业科技。他说道："我自费订了《浙江科技报》，学习种水稻以及一些养殖技术，还在大麦田里套种西瓜。当时我养了三头母猪，小猪能卖每斤4元，成本只有1元。在水田里养泥鳅喂小猪，小猪比别人家的长得快。我是村里第一个用薄膜种西瓜的人，用薄膜不仅保温，还能保湿，防止长草。"④正是因为有这样的学习钻研精神，所以潘总在办服装厂和经营碧云花园的过程中都能抢占先机捕捉商机，使得事业蒸蒸日上。在经营碧云花园的过程中，潘总还设置了公司董事会、总经理办公室、中层和亲戚、业余智囊团等四个机构。潘总聘请园艺专家浙江大学夏宜平教授做碧云花园的智囊团导师，在公司发展的总体设想、

---

① 冯青访谈记录。
② 缪家村大事记。
③ 缪家村文化礼堂解说词。
④ 潘菊明访谈记录。

产品的选择和定位等各个方面征求夏教授等智囊团成员的意见。这种虚心求学的精神成为碧云花园发展壮大的强大"知本"后劲。缪家村的村歌《缪家人》里面唱道："光辉的前景在哪里？就在科学的认知里。"这是缪家村人从创业、立业的实践中总结出来的真知灼见，并非泛泛虚言。

值得一提的是，缪家村人的"勤"不仅体现在普通村民的勤劳肯干、创业者的勤学敢干，也体现在缪家村历届村干部班子的勤政担当中。缪家村的一大幸运在于，好几届村委班子、特别是书记都有担当有作为。当被问到多年当干部印象深的事情时，老书记讲道："当书记的时候真是一心一意为老百姓搞好的。有一次下面村子里抽水机抽不出水来了，怎么办呢，要下到水里去，好几米深呢，我没办法，跟村长喝了老酒，我们两个人下去自己修理。你不修好不行的，老百姓要骂人的。我们自己修也不要叫人来修，叫人修又要花钱。当时当书记很苦的……。"[1]这种身先士卒的精神是缪家村的领导干部能赢得百姓信任、各项工作顺利开展的基础。新缪家村人张名英也说到缪家村的干部勤于了解村情、谋划村庄发展，说经常看到村领导干部"早上一早开着车到田里转来转去"[2]。现任书记丁法强讲起自己当本村李公桥村干部时每天晚上跑农家，将近700户农户都跑遍了，和农民结下了深厚感情，后来在大云村、缪家村担任书记，同样是以饱满的热情投入工作，"每天安排都很饱满，老百姓任何时候都能找到我"[3]。缪家村能有今天这样的成就与面貌，是村民们勤劳立业、勤思创业的结果，也是村领导干部勤政担当、勇于作为和善于作为的结果。

第二节　良好家风培善本

重视家庭和家教家风是中华民族的优秀传统。《诗经》和《周易》等华夏先民的古老经典中就饱含着重视家庭美德的经验与智慧。作为中国几千年文化的正统，儒家思想认为家庭中的孝悌慈美德是培养仁心善行的根基，历来就重视家教家风，对中国的政治文化和民间社会都产生了深远的影响。习近平总书记在2015年春节

---

①　王培根访谈记录。
②　张名英访谈记录。
③　丁法强访谈记录。

团拜会上提出："家庭是社会的基本细胞，是人生的第一所学校。不论时代发生多大变化，不论生活格局发生多大变化，我们都要重视家庭建设，注重家庭、注重家教、注重家风，紧密结合培育和弘扬社会主义核心价值观，发扬光大中华民族传统家庭美德，促进家庭和睦，促进亲人相亲相爱，促进下一代健康成长，促进老年人老有所养，使千千万万个家庭成为国家发展、民族进步、社会和谐的重要基点。"① 在这一讲话思想的指引下，全国各地掀起了立家训、培家风的热潮。浙江省通过文化礼堂建设的平台更是将立家训、培家风的活动做得有声有色，缪家村在这方面也有出色的表现。

缪家村是一个以外地移民为主要人口来源的杂姓村，移民来自温州、苏北、上海等各个地方。在缪家村，我们没有看到浙南山区那种强大的宗族传统，没有遗留的宗族祠堂或家庙。但是，我们仍然看到重视孝道、重视家风、尊老爱幼等传统美德在缪家村人身上的淳朴、深厚的表现。尤其让我们感兴趣的是，在我们访谈的几位创业成功人士身上看到了家风、孝道的深厚根基。嘉善美华水产养殖场场长杨珍是回乡创业的大学生，谈到为什么放弃在浙江农林大学做行政的舒适工作时，杨珍说起 2008 年的那场大雪让她想到应该回到父母身边工作，以便父母有需要时可以及时照应。小小细节让我们感到这位大胆敢闯的创业者身上的拳拳孝心。杨珍还谈到父母在她比较小的时候就开始了养甲鱼，而且一直坚持生态养殖，她回乡养甲鱼也是继承、光大父母的产业。在竞争激烈的甲鱼养殖市场上，杨珍秉持"做实在人，养放心鳖"的家训，始终坚持生态养殖，不去追逐温室规模养殖的短期效益。② 这条家训也作为代表性的优秀家训刻在了缪家村文化礼堂的"优秀家风家训"榜上。

另一位创业者，碧云花园的总经理潘菊明讲道："在我的成长经历中，少不了长辈们的谆谆教导，尤其是我父亲的两句话，让我受益终身。 第一句话：不要蚂蚁的力气、水牛的手脚。这句话告诉我，梦想是要有的，但不能好高骛远、眼高手低去做同自己能力不相匹配的事情。就是'目标要准，措施要实'。 第二句话：不要跟人家比过年，要跟人家比干活。这句话告诉我，任何成功的背后，都饱含着艰辛的付出，不要盲目地攀比。就是'心态要好，作风要实'。"③ 这两句话虽然

---

① 《习近平在 2015 年春节团拜会上的讲话》（2015 年 2 月 17 日）。
② 杨珍访谈记录。
③ 潘菊明访谈记录。

没有刻在缪家村"优秀家风家训"的墙上，但刻在了创业典范潘菊明的心里。从缪家村这两位乡贤身上，我们窥见了孝道、家风在缪家村的良好传承，并且感受到了缪家村人勤劳、务实的本色。

在村级层面上，缪家村一直重视家风文明建设，重视尊老爱幼。在21世纪初，缪家村就响应上级"关心下一代工作委员会"的号召，积极创建"三无村"。三无，即无犯罪、无懒汉、无不孝。在创建三无村的过程中，缪家村抓住了四个相结合：一是关心下一代工作与十佳文明户好婆媳评比相结合；二是与争创星级文明户相结合；三是与争创平安村和帮教、帮困相结合；四是与党支部、村民委下达的突击性工作任务相结合。[①] 从这四个相结合中我们看到缪家村一直将家风作为村风文明建设的基本着力点，其中星级文明户的评比是缪家村一直坚持不懈在做的工作。

近年来，缪家村始终围绕"积善之家，必有余庆"的文化内涵，积极推进"好家训""好家风"集中展示等移风易俗活动，通过宣传发动、民主推荐，开展"善人善事""最美家庭""九星文明户"等评选活动，不断提升村民参与文明创建的积极性和认同感。我们在走访中看到，有部分家庭庭院门口贴有"九星文明户"的标牌。"九星文明户"的九星分别是：志愿奉献星、邻里和睦星、孝老敬贤星、遵规守约星、诚实守信星、爱护公物星、绿色生态星、环境卫生星、文明新风星。缪家村根据这九个方面对全村的家庭进行评比，分别评出了九星、八星、七星、六星文明户，并在文化礼堂进行了张榜公布。缪家村还在文化礼堂里召开星级文明户颁奖仪式，提升文明家庭的荣誉感。

除了九星文明户的评比，缪家村还进行了立家训传家风的活动，鼓励各家各户将自己的家训提炼出来，并刻在自己家的院门上。村里还将优秀的代表性家训列出来，在文化礼堂张榜公布出来。如前面我们讲到的杨珍的家训是"做实在人，养放心鳖"，将家庭产业与家训结合出来，非常实际。有些家训非常朴实，富于生活气息，如"不要夫妻千担粮，只要夫妻好商量"（王爱英家）。

尊老爱幼是中国家庭的传统美德。随着老龄化社会的到来，养老成为中国社会的重要任务，农村也不例外。缪家村很早就重视养老问题，将家庭养老与社会养老相结合。缪家村的老年协会成立于2003年，以敬老、爱老、助老为宗旨，机构完善，活动多样。村里建立了老年活动中心，面积达1200平方米，内设丰富多

---

① 《缪家村2005年创建"三无村"工作总结》，缪家村档案室材料。

样的娱乐场所。重阳节的时候，村里会对 70 岁到 80 岁的老年人进行慰问，并送上礼品和慰问金。最值得一提的是，缪家村依托比较雄厚的村集体经济实力，为宅基地和耕地流转到村里的村民买了养老金，每个到了退休年龄的老年人都可以领到 2000 元左右的养老金，在经济方面免除了养老的后顾之忧。除了经济方面，村里还多方面观照老年人的生活，以居家养老服务照料中心为依托，开展形式多样的节日活动，并为本村 11 名病残孤寡的老人提供送餐上门服务，为 4 名空巢老人提供助医、清洗衣被、理发等各类免费服务，切实解决老人生活中的实际困难。

在文化礼堂里面还有一张寿星榜，贴出 90 岁以上老人的照片，并将他们的养生经验附在照片下面，如有一位 90 岁老人的养生经验是"不闲着，不累着，不气着"，充满哲理意味。在关爱青少年方面，缪家村的工作也做得有声有色。除了前面提到的创建三无村以外，缪家村常年推行春泥计划，关注寒暑假村里孩子的学习和生活，如 2007 年的青少年暑期社会实践活动有"争做文明小市民活动""节约资源，变废为宝"小巧手活动、"做父母小帮手活动"等。村里文化礼堂的宣传墙上显示了春泥计划丰富多彩的活动。缪家村的春泥计划不仅对户口在本村的村民孩子开放，而且对外来务工人员的子弟也是开放的，体现了一视同仁的开放、包容精神。

第三节　睦邻友善与公益慈善

中国的乡村社会自古以来就讲究邻里友善，把邻里的友善看得与家庭的和善一样重要。《周礼》里面就有乡饮酒礼，除了序齿敬老之外，也有和睦、团结乡邻的意思。孔子讲"里仁为美"，发挥的正是乡饮酒礼的精神。孟子在向当时诸侯主张恢复井田制的时候说"出入相友，守望相助，疾病相扶持"（《孟子·滕文公上》），对这一精神发挥得更详细。这个"里仁为美"的理想在北宋的时候被陕西关中大儒吕氏兄弟化为了乡约实践，就是著名的吕氏乡约。吕氏乡约以"德业相劝，过失相规，礼俗相交，患难相恤"为总纲，每一条下面各有细则，如"德业相劝"下面列举了"能治其身，能治其家；能事父兄，能教子弟；……能兴利除害，能居官举职"等各种善行，并倡导"凡有一善为众所推者，皆书于籍，以为善行"。[①] 我

---

① 陈俊民辑校：《蓝田吕氏遗著辑校》，中华书局，1993 年，第 563 页。

们看到，缪家村的"善行义举榜"正奉行了吕氏乡约中的这种精神——凡有一善为众所推者，皆书于榜。

缪家村文化礼堂的"善行义举榜"通过群众推荐和自我推荐两种方式，面向全村征集"五善"候选人，随后通过党员代表、村民代表、小组长会议对候选人进行讨论投票，最后面向全村群众进行公示意见征集，最终确定五善人选，张榜公布。这个活动每年年初进行一次，希望通过这样的评选机制，能在老百姓的生活生产中营造一种积极向善、与人为善、待人和善的氛围，通过榜样的力量给老百姓带好头、做好示范。

善行义举榜分为邻里友善、家庭和善、为人诚善、环境美善、富裕慈善五大方面。邻里友善有自发的层面，也有自觉和倡导的层面。在缪家村我们看到既有自发层面的亲邻友善，也有村域自觉倡导的睦邻乡风。自发的亲邻友善往往在亲戚同族之间表现得比较多。我们在访谈缪家村西缪浜的缪锦章大伯时，他讲到西缪浜姓缪的几户人家与杨庵浜姓缪的几户人家虽然平时来往也未必多，但是如果有丧事，听到了一定都会来帮忙，不用请都会自发过来。① 这就是吕氏乡约里面讲到的"患难相恤"。缪家村实行农房集聚后，大部分的村民都住进了缪家小区，大家住得更集中了，而且，由于并村之后住在一起的未必是原来自然村彼此熟悉的邻居，有很多是原来不太熟悉的，这就更加需要发挥自觉的邻里友善精神，要求突破邻里互助限于亲族、熟人之间的局限性，更加具有开放性、包容性。在缪家村"善行义举榜"的"邻里互助"这一栏中，我们看到有五个项目的评比标准：有困难相互关心、帮助；邻里守望相助、不吵架；自觉抵制各种不良言行的发生和传播；积极组织或参加"文化庭院"的活动；邻里相处胸襟大度，互助事迹突出。根据这五个方面的标准评选出了多位邻里友善的榜样，有的榜样在感言中说"大家和和气气了，日子才会好"，这是对"里仁为美"通俗真切的表达。有意思的是，在文化礼堂的"邻里友善"榜中，几位榜样全是女性，而"为人诚善"榜中则全是男性。这大概因为"为人诚善"更多与信贷、生意等方面的守约联系在一起，而这些属于"男主外"方面的事务。这也侧面反映了缪家村在男女分工方面大体还保持着"男主外，女主内"的传统。

缪家村实行土地流转和农房集聚后，居住形态上一个很大的变化是从原来自然村的相对散落居住变为农村小区的集中居住，这使得公共空间在生活中的位置

---

① 缪锦章访谈记录。

大大提升。目前在村民集聚居住的缪家小区中心，有缪家村文化礼堂、文化广场、便民服务一条街、党建公园等一系列公共性设施，以这些公共设施为依托，缪家村开展了各种公共服务活动，特别是党员的志愿服务活动起着重要的引领作用。

缪家村建立了勤和缪家党员志愿服务队，下设老年服务、便民服务、治安、妇女维权、医疗服务、养老服务、文化服务、环境整治和五水共治九个小分队，分别由有相关特长或担任相关职务的党员担任小队长，村党委副书记担任总队长。志愿服务队有96345的热线电话，制定了党员志愿服务驿站制度，号召党员志愿者做出"及时服务、优质服务、亮证服务、无偿服务"四大承诺。除了党员志愿服务队，缪家村还有一个党建文化公园。公园位于村里的丁家浜，在文化广场附近，以前是恶臭难忍的"黑臭河"，经过这几年的"五水共治"和党员河段长的设立（鼓励沿河而居的党员们认领河段，经常性开展日常巡查，发现问题及时上报），现在的丁家浜，已经成为村里一道亮丽的风景线。在村里，有党员河段长帮助巡查河道，在社区，还有党员楼道长，参与社区管理与服务。缪家村党委通过将党建与公益服务结合起来，既在村民中展现了"立党为公，执政为民"的宗旨，又引领了公益服务的志愿者风尚。

缪家村积极组建志愿服务组织，以服务村中心工作为基础，开展无偿献血、铁拳护航、人居环境整治宣传、食品安全巡查等一系列公益志愿服务活动。对于党员志愿者，缪家村党委要求党员提供及时、优质的无偿服务，体现党员的先锋带头作用。对于普通民众，缪家村则采取了志愿服务与物质奖励、精神鼓励相结合的做法，在居家养老服务中心设立了"善银小铺"，倡导广大低龄长者发挥余热，通过志愿服务时间实现公益互助，积极利用好空余时间帮助身边有需要的高龄长者，志愿时间以积分的形式存储起来，通过积分兑换的方式换取相应的商品，同时也累积了将来自己被服务的时间，实现"助人者自助"。

党员志愿服务队和善银小铺等志愿服务活动开展以后取得了很好的效果，缪家村的公益慈善服务蔚然成风，村民养成了关心公益、遵守公德的习惯，环境得到了改善和美化，各行各业的乡贤也热情地投入到慈善义举中，形成了良好的向善风气。在睦邻友善和公益慈善乡风的引导方面，缪家村特别重视先进典型的作用，除了在"善行义举榜"中宣传"富裕慈善"的典型之外，缪家村还在文化礼堂的醒目位置宣传了一位普通家庭妇女何春女的善行。何春女的邻居是一户特殊家庭，这个家庭生下女儿后父母生活缺乏自理能力，女儿无人照顾，何春女从女孩生下来之后就一直照顾她有十年之久，从学说话、走路到上学之后接送，何春女以点滴之爱呵护孩子成长，被评为 2012 年"感动嘉善十大善人"。这些发生在普通老百姓身上的淳朴善行，对带动崇善向善的村风文明有潜移默化的作用。

第四节　尊贤扬善

乡贤是乡村中才德、名望出众的明星，是乡村的骄傲，尊重乡贤、宣传乡贤、充分发挥乡贤在乡村建设中的作用，对于提振乡村风气具有重要作用。孔子说："见贤思齐，见不贤内自省。"（《论语·里仁》）树立贤人的榜样，对于乡风文明的培养具有引领性的作用。我国的乡村社会有久远的尊贤传统，亲亲和尊贤构成乡村社会道德仁义风尚的两大方面。

"乡贤"一词始于东汉，是对有作为的官员或有崇高威望、为社会作出重大贡献的社会贤达的尊称，也是对享有这一称号者人生价值的肯定。传统农业社会的中国人有强烈的落叶归根的意识，在外求学、做官、经商的乡贤到老了都不忘荣归乡里，这些乡贤为传统乡村社会的自治发挥了重要作用。但是，在工业化、城市化的现代大潮中，这个人才回流的有机循环遭遇了危机。费孝通先生在 20 世纪 40 年代就揭示了乡土人才的单方面流失，他说："以前保留在地方上的人才被吸走了；原来应当回到地方上发挥领导作用的人，离乡背井，不回来了。一期又一期的蚀损冲洗，发生了那些渣滓，腐化了中国社会的基层乡土。"[①] 改革开放以来，随着城市化进程快速发展，大批青壮年劳动力涌向城市，乡村精英大量流失，出现了空心化现象，费孝通先生当年所揭示的问题在很大程度上没有得到解决，甚至在很多地方变得更严重。近年来，随着优秀传统文化的复归，各个地方的乡村开始逐渐重新重视乡贤在乡村建设中的作用，浙江省湖州市德清县在这方面走在前列，在 2014 年开始创立了乡贤参事会、乡贤基金会，让乡贤充分参与到乡村各项建设和乡村基层社会治理中来。嘉善大云镇在 2018 年也向德清县学习，以缪家村为试点推广建立了乡贤参事会，以组织化的方式提升乡贤在乡村振兴中的积极作用。

缪家村一直以来比较重视人才和教育，出现了较多勇于进取、勤于创业、热心公益的榜样。在 2015 年建成文化礼堂后，专门设置了"我们的榜样"一栏，其

---

① 费孝通：《乡土中国》，上海世纪出版集团，2007 年，第 299 页。

中"能人榜"中介绍了创业能手潘菊明、董文松和养殖能手杨珍的事迹。在筹建乡贤参事会之后，村里将学习的榜样从"能人"提升为"乡贤"，赋予了"乡贤"更宽广的内涵。在"大云镇缪家村新乡贤参事会制度"中，新乡贤被定义为："因品德、才学、事业为乡人推崇敬重的本土代表人士；因求学、入仕、经商而走入城市的外出代表人士，也包括市场经济环境下在农村投资创业的外来代表人士；曾经居住、工作、下乡或姻缘关系在本村的代表人士。"这一定义将"品德"放在了优先位置，突出了崇德向善的导向。

在对乡贤故事的介绍中，缪家村分主题特色分别介绍了"人才回村——杨珍""产业旺村——莫雪峰""生态美村——潘菊明""文化育村——李桂荣""公益扶村——董文松""善治安村——杨金春"，除了介绍他们的成功经历外，也介绍了他们为缪家村发展作出的贡献。除了文化礼堂的乡贤墙之外，缪家村还在党建文化公园里面辟出了一块乡贤林，让缪家村县外乡贤逢年过节回乡亲手栽种，寄托思乡情；在便民服务一条街设置乡贤点。通过各种途径，缪家村全方位营造尊重乡贤的文化，引领乡风文明。其中最重要的是成立了缪家村新乡贤参事会，以组织化、制度化的方式让乡贤参与村庄公共事务，发挥乡贤的作用。

缪家村的新乡贤参事会成立于2018年，是大云镇第一家村级乡贤参事会。大云镇之所以会选择缪家村作为推行新乡贤参事会制度的试点，一个重要原因是缪家村的新乡贤比较多，也比较重视让新乡贤在乡村振兴中充分发挥作用。新乡贤参事会章程规定参事会的主要职责任务是引领先进文化、化解邻里纠纷、协办公益事业、促进村民自治。缪家村成立新乡贤参事会之后，乡贤参与村里公共事务的积极性更高了，参事会原则上每个月举行例会，设置每月议题，为村里的发展出谋划策。

缪家村成立新乡贤参事会，营造尊重乡贤的文化氛围，有两大重要作用：其一，加强了尊贤尚能的文化导向，为新时代的善文化赋予了时代内涵；其二，拓展了村庄治理的途径和资源，为完善德治、法治、自治三治融合的乡村治理体系做出了有益的探索。作为一个正在发展中的新生事物，我们有理由期待缪家村的新乡贤参事会在引领缪家村善文化风尚、完善缪家村村庄治理方面发挥更大作用。

第三章　寓教于乐、寓美于利的群众文化生活

在乡村三产融合发展的大趋势中，缪家村紧紧抓住大云镇发展全域旅游的机会，成功创建了村庄3A级景区，正在全面推动将整个村庄打造为全域旅游的大花园。缪家村以党的十九大报告中提出的乡村振兴战略为指导，推动缪家村实施从"一处美"迈向"一片美"，从"一时美"迈向"持久美"，从"外在美"迈向"内在美"，从"环境美"迈向"发展美"，从"形态美"迈向"制度美"，已制订三年村庄建设整体规划，并邀请嘉善县城乡规划建设设计院，为缪家村量身定制了村庄规划设计图。2018年，缪家村对新农村小区内的700户农户进行庭院美化升级，对集聚在新农村的住户开展了"美丽庭院"建设提升工程，真正做到"推窗见绿、抬头赏景、起步闻香"，实现缪家的"美美大花园"。在这样的"美美大花园"中，村民们经营着美，也欣赏着自己美的营造。

第一节　融入生活与生产中的美

乡村生活的美很少是像都市那样在美术馆、音乐厅中弄成与日常生活分离开的欣赏对象，而是融入生产、生活中的。马克思说："动物只是按照它所属的那个种的尺度和需要来建造，而人懂得按照任何一个种的尺度来进行生产，并且懂得处处都把内在的尺度运用于对象；因此，人也按照美的规律来构造。"[①] 勤劳聪慧的缪家村人在生产、生活中也创造了自己美的作品。

与山区的山民流行唱山歌类似，缪家村所在的大云镇农民爱唱"耘田歌"，流

---

① 马克思：《1844年经济学哲学手稿》，《马克思恩格斯选集》第一卷，人民出版社，1995年，第47页。

传时间较久远。清代至民国时期，农村里在耘田时有四五人以上就要唱田歌，田歌有"做"与"卖"之分，即领唱和附唱，边耘边唱，唱词有"五姑娘与徐阿天"等，一人领唱，其他人附唱："哎—嗨—嗯—哩—呵—呀—"，中午歇凉或夜晚乘凉时也唱。唱田歌用假嗓子，又会唱、嗓子又好的人不多，据村民反映只有缪家村陈家大堰的李顺元、江家村蒋金昌等几人唱得好。[①] 不过在我们向缪家村提出访谈会唱田歌的老人时，缪家村村委反映已经找不到了。大概由于机械化耕作方式的推广，田间劳作的人减少，男男女女大伙儿一块耕田的场景不再，田歌也随之趋于消失了。这是历史发展的自然情势，不以人的情感、意志为转移的。

大云镇一带另一项富有地方特色的民间艺术是灶头画。这项艺术的传人是缪家村还健在的老艺人李桂荣老师。据李桂荣老师介绍，"我画灶画拜过师傅的，师傅是平湖县人，我收过 1 个徒弟，其实我教过很多人，只是没有正式弄过收徒仪式。过去造新房子或者结婚，灶都要新砌的。房子、眠床、灶头，这三样东西过去的人最重视了"，打灶要挑专门的日子，都要选在九月九日打灶，当天轮不到打，就叫打灶师傅用砖先垒个灶圈，相当于奠基，等打灶师傅有时间了再来打。打灶师傅都会灶画，但灶画画得好的不多，灶画追求吉利，描绘的对象主要有红花、鱼、猫、凤凰、公鸡等。[②] 李桂荣老师是少有的既会打灶，灶画也画得好的师傅，他的公鸡就画得特别传神。

我们在访谈村民缪锦章家的时候，意外地知道他家的灶就是李桂荣打的。缪锦章家的房子是 1990 年造的三层楼房，灶头上标明了 1990 年 3 月的字样，应该是前一年的重阳节打的灶基，1990 年 3 月完工的。灶头上绘有红花、卷草纹、带着叶子的萝卜，灶头墙上用隶书写有"福星高照""寿比南山"，有香火台。可见在 20 世纪 90 年代缪家村的村民在盖新房的时候还很重视打灶，灶头是日子红火、家庭兴旺的象征，寄托了乡民对美好生活的希望。大概是到了 21 世纪初，随着煤气灶在大云镇一带农村的普及，传统的灶头开始少了，灶画也逐渐退出了缪家村的家庭，成为文化礼堂里陈列的非物质文化遗产。除了灶画之外，缪家村传统上还有竹编工艺。缪家村有小片竹林，竹子主要是为掘笋吃的，竹竿可作竹器，村里有篾匠，用竹子编农具、淘米箩等，村里也有会竹编艺术的老人。不过，与安吉等竹乡比，缪家村的传统竹编艺术不算发达，不像灶画那么有地方特色。

---

① 据《大云镇镇志》资料。
② 李桂荣访谈记录。

20 世纪 90 年代以来，浙江省开始倡导各地农村发展高效生态农业。大云镇抓住这个机遇，按照价值规律调整产业结构，于 1998 年开始发展新兴产业——花卉种植业，2002 年成为"浙江鲜切花之乡"，其中缪家村的鲜切花种植规模最大。伴随着鲜切花种植的发达，缪家村发展了盆花种植与欣赏、插花艺术、押花画创作等花卉审美，在这方面潘菊明所经营的民营企业碧云花园起了引领作用。

2004 年 9 月 18 日，大云镇在碧云花园举办中国花乡艺术节暨举行"中国鲜切花之乡"授牌仪式，以后每年举办花乡艺术节。2007 年 4 月 16—20 日，"2007 中国·大云花乡艺术节"在碧云花园举行，出席开幕式的有浙江省政协、农业厅、林业厅、旅游局、花卉协会，嘉兴市人大、政府、政协、市委办、宣传部、农经局、旅游局，嘉善县委、人大、政府及镇党委、政府等领导，在此期间，举行插花大赛及花艺表演等活动。碧云花园的花卉种植和花艺在浙江全省都有了名气。

2008 年 4 月 11 日，"2008 中国嘉善杜鹃花展"在碧云花园隆重举行，与此同时，中国优质农产品开发服务协会、省、市等有关部门授予极高的荣誉称号。嘉善的盆栽杜鹃历史悠久，可以追溯到清乾隆年间。通过多年的尝试、选择，碧云花园确定将嘉善杜鹃作为主打的品牌，嘉善杜鹃的造型和栽培技艺已经成了嘉兴市非物质文化遗产，碧云花园被授予"中国杜鹃花盆景产业化示范基地"，每年由碧云花园领头或发起的"中国·嘉善杜鹃花展"已经成为嘉善的常态农事活动，荣获"浙江省最具影响力十大农事节庆"称号。

如今，嘉兴碧云花园有限公司已经是一家具有国内先进水平的集研究开发、应用示范、规模生产、资源循环、生态旅游、婚纱摄影、会议度假、休闲于一体的、生产高档盆花、鲜切花、种子种苗、瓜果蔬菜和园林地被植物为主的综合性高科技生态农业龙头企业。说起开辟碧云花园的初心，潘菊明讲道，缘起是"1977 年春天的一个夜里，那年我 17 岁，我做了一个改变我一辈子的梦。我梦见在我外婆家附近有一个小院子，院子里草绿花香，中间有三间小房子，三间房子里有一间是青年人讨论大事的地方，第二间是放乒乓球台的地方，第三间是放书的地方。当时父母会把卖猪的钱给我们买小人书。我就想以后要买很多书让很多人共享"。在 2001 年的时候他就将服装厂交给自己的朋友管理，自己的主要精力放在了碧云花园的经营上。① 碧云花园的发展及时把握了第三产业与第一产业融合的时代潮流，实现了以美丽经济推动美丽乡村发展的产业兴旺之路。

---

① 潘菊明访谈记录。

第二节　营造欣赏、表现美善的平台——文化礼堂与文化庭院

在唱田歌、砌灶台烧灶火的时代，田野、家庭日常生活是美的舞台，在工业化、城镇化以后，美的舞台更多集中到了广场和室内，文化礼堂成了村民创造和表现美的主要舞台。缪家村较早开始重视公共文化设施的建设，2005 年镇文化中心设图书室，8 个村相继建图书室、阅览室，免费借读，缪家村的图书室是建得比较好的一个，2012 年被评为全国示范农家书屋。随着村里农房集聚程度的提高，村民对公共文化生活空间的需要日益迫切，在浙江省全省兴起建文化礼堂的热潮中，缪家村于 2015 年建成了村文化礼堂，并很快成为嘉兴市五星级的文化礼堂，为村民搭建了丰富多彩的文化生活平台。

作为全省 12 个农村基层"文化礼堂"示范点之一的缪家村文化礼堂于 2015 年 11 月 30 日正式启用。启用后，举办了"尝新"礼仪活动、戏曲演出、少儿书法培训、手工制作、技能培训、农耕文化展览等不同类型的大小文化活动，受到了村民朋友们的喜爱，成为集会议、文艺演出、体育活动等为一体的村级文化综合精神阵地。缪家村文化礼堂位于缪家小区的中心，是村里人气最旺的地段。正因为有了高人气，百姓对村级文化场地和对文化也有了更高的需求。为此，缪家村提出了"大文化礼堂"的概念，包括文化公益服务一条街、门球场、篮球场，计划中的青年创客中心、春泥计划园等文化礼堂二期建设工程。礼堂主体建筑由农贸菜场改建而成，由中国美院设计。礼堂以"勤和缪家"为主题，寓意为"勤劳致富，和善立家"。这与嘉善弘扬"善文化"的主旋律不谋而合。礼堂建成后，成为缪家村培育良好乡风文明的重要平台。

走进礼堂里面，我们看到中心舞台右侧的墙上写着很完整的一段"劝善词"。这是为了进一步弘扬"善文化"，体现"地嘉人善"人文内涵。善文化是缪家村文化礼堂品牌文化培育的一个重点，贯穿始终。据缪家村文化员的介绍，每次善文化道德讲堂开讲时，讲者和听众都要行尊善礼（鞠躬），通过这一个很有仪式感的环节接受"善"的洗礼。"劝善词"体现了"积善之家必有余庆"的核心内涵，通过"好家风好家训""善行义举榜""我们的乡贤"等评选活动，在全村营造积极向善、为善的良好氛围。

文化礼堂北侧的墙上挂的是明代著名书画家姚绶、元代著名书画家吴镇的几幅水墨画（复制品）。姚绶是大云镇人，大云镇文化中心有姚绶的纪念馆，有刻着

姚绶诗词的文化长廊。吴镇是嘉善人。缪家村文化礼堂挂上姚绶、吴镇的书画，既有尊重乡贤的意思，也给文化礼堂的整体情调添上了清新雅致的氛围。在吴镇和姚绶书画的下面，是对缪家村当今诸位乡贤的介绍，历史与现实相映成趣。

文化礼堂是一个存放村庄记忆的地方，部分承担着乡村博物馆的功能。伴随着城镇化的进程，村庄居民大部分从原来的农耕生活中脱离出来了，原来的生产、生活物件逐渐变成了古董。为了保存行将从日常生活中消失的农耕记忆，缪家村文化礼堂专门辟了一间名为"缪家记忆"的屋子，用来展示一些老物件。"缪家记忆"厅中有农事生活中的木犁、蓑衣、打稻机、风车，有传统农家生活用的樟木箱、秤盘、石磨、石臼、竹编、蒸笼等，这些农具都由村民无偿提供，搬入缪家小区后，他们也很高兴自己的老物件能保存在这。时常会有爷爷奶奶带着小孩子来这里看看，给他们讲一些过去的故事，这也是文化礼堂春泥计划农耕课堂的主要场所。

除了老物件之外，"缪家记忆"厅里还将村里的一些有特色的方言与习俗陈列在墙上，设置了"一声乡音、一口乡味、一生乡贤"的主题，在乡音部分，按照食、物、时等类别记载了一些缪家的方言土话。在谚语部分我们看到很多体现了农耕经验的谚语，如"娘好囡好，秧好稻好""六月不热，五谷不结""种田不蚀本，全靠手脚勤""种地不用脑，收成就要少"等。这些谚语和农耕物件一起被保存下来，成为留存和唤起缪家人农耕记忆的符号。

缪家村文化礼堂饶有创意地将怀旧与生机置放在一起，在"缪家记忆"厅中设置了一个种子交换站，里面的花种是村民可以免费自取的，村民可以将喜欢的花种带回去美化庭院，有花种的也可以无偿提供，实现"循环共享"的理念，受到了村民的广泛欢迎。我们看到种子交换站里面的很多花种是碧云花园提供的，也有一些是村民家里提供的。种子交换站让"缪家记忆"厅里除了满满的怀旧味，还蕴含了无限生机，不单单是一个承载缪家人乡情的地方，也是充满生机与友爱的地方。

缪家村还设有"习近平与缪家"的专题展室。2008年10月29日，习近平来到缪家村小区视察新农村建设情况，为了留下这一美好的时刻，村干部和村民们集体建议设计了这个展厅。展厅按照习近平同志当时来的足迹，以日历串的形式回顾了那一天的丰富内容。这个展厅是让缪家老百姓感到特别骄傲的地方，同时也是缪家村党员党性教育学习和春泥计划学生思想道德教育的重要阵地，每年村里都会有计划地组织缪家村的村民、小朋友前来参观，并且接待来自四面八方不同条线与层次的干部、学生、普通群众。

除了"习近平与缪家"专题展室以外，文化礼堂的"三味书屋"中还辟有"习近平总书记那些年读过的书""学'习'汇——习近平新时代中国特色社会主义思想推荐书籍"，让文化礼堂成为村民们接受思想文化教育的思想阵地。"三味书屋"的"三味"取义书香之味、精神之味和财富之味（财富之味，是指这里还有很多农技等技能类的书籍，可以学到致富的本领）。为了鼓励村民们多读书、读好书，书屋设置了阅读之星评选，实行"积花制"管理，通过"我寻我放"将借书还书连接起来，提倡阅读者还书的时候主动将从哪里借的书放回哪里去，比如借 10 本书放回 10 本，就给它累计一朵花，以此类推，每季度按照花数进行排名，取前 8 名上墙。三味书屋还是一个村里的文化志愿者免费对孩子进行文化教育的地方，活动的内容主要有汉字拼写、经典诵读、方言故事等，每一项活动内容都有几位相应的文化志愿者负责。

有了文化礼堂，村里的文化活动就有了设备完善的舞台，与外界的文化交流活动也更多了。文化礼堂礼聘了文化大使友情支援村里的文化建设。例如，大云镇泥塑艺人丁海龙老师就是缪家村文化礼堂的驻堂文化大使，丁老师作为礼堂的文化大使，为缪家村文化礼堂开设了许多关于泥塑创作启蒙课，很受欢迎。泥塑文化成为缪家村文化礼堂重点培育的文化项目之一。文化礼堂还实行了文化团队驻堂制，按照"零距离报到、网格化服务"的原则，推动文艺队伍定期驻堂服务，将文化礼堂作为文艺团队的固定服务场所。组织开展文明单位驻堂服务、文化大使驻堂、学校驻堂、志愿者驻堂、企业驻堂和文艺社团驻堂等"大驻堂"服务机制，在文化礼堂的墙上有"驻堂英雄榜"，对给予缪家村文化建设以支援的团队和个人表示感谢和激励。

缪家村文化礼堂在活动内容的确定上以群众的需要为宗旨，以群众点单的方式来实现，主要是通过一个完整的文化礼堂运作管理机制来实现，被称为"5 问工作法"——怎样设想？哪些项目？什么流程？如何点单？怎么支撑？在设想上，做好顶层设计，以群众需求为导向，提供菜单式服务，建立供需对接平台。同时，把"群众需求"作为礼堂发展的根基；在项目上，有公益培训、百姓课堂、阅读理解、文体活动、展览展示这几大类；在流程上，有清晰的框架图；在点单上，群众通过现场点、微信点、网页点进行下单；在支撑上，通过架构支撑、政策支撑、团队支撑、阵地支撑和机制支撑来为礼堂运转作保障。五问工作法保障了村民的文化需要，能有效地传递到文化员和上级文化部门，为村民提供丰富的文化服务。

缪家村提出大文化礼堂概念，除了室内的礼堂和陈列室之外，室外还涵盖了文化广场、篮球场、门球场、文化公益服务一条街、休闲公园以及青年创客中心等功能区，满足群众多方面的文化生活需要。文化礼堂是浙江省近年来一大惠民实事工程。大云镇和缪家村除了响应上级号召建设好文化礼堂之外，还创造性地延伸出文化庭院，方便村民就近根据自己的需要和爱好参加文化生活。我们访谈到的村民李桂荣家和张爱英家就是村里的文化庭院。李桂荣老师是非遗项目灶画的传人，也是村里的文化乡贤，擅长书画，他家里是村里的书画爱好者聚集交流的一个场所。张爱英女士是越剧爱好者，村里的越剧、舞蹈爱好者经常到她家里交流，有时候村里请来教唱戏和跳舞的老师，也在张爱英家里接待。文化庭院承担了多样的功能，是形势政策广播站——镇村干部会定期到文化庭院进行政策和法规宣讲；民情民意收集站——干部和群众谈心交流、收集民意的场所；阅读思考学习站——每户文化庭院由镇里统一配备书籍报刊，鼓励村民交流学习；文化活动交流站——开展群众喜闻乐见的小型文艺活动；便民服务联心站——将各类便民服务送到庭院、送向群众。承担这多种功能的文化庭院被称为"五站式"文化庭院。由于有大文化礼堂和文化庭院等多方面的平台，缪家村的文化生活近年来呈现出多姿多彩、红红火火的面貌。

第三节　美的传承与新创造

随着文化礼堂和文化庭院这些平台的搭建，缪家村群众的文化生活丰富起来了。据村民在访谈中反映，改革开放初期由于刚刚分田到户，村民们忙于发家致富，公共文化生活比较少，甚至相比集体化时期都有所减少。电视的普及更占去了村民们的休闲时间，像说书的书场等传统的民间文艺生活方式都衰微了。近些年，由于经济发展，村民们有了相对多一些的空闲时间，各方面的文化设施、文化惠民政策也多了起来，一些传统的文艺生活有所恢复，如戏曲、腰鼓等，一些新的文艺生活形态在发展，如押花画等。

近年，缪家村先后组建了舞龙队、扇舞队、腰鼓队、戏曲队、押花画制作队、门球队、篮球队等多支文体队伍。据缪家村文化志愿者张爱英回忆，大云镇、缪家村的集体文艺生活开始多起来是在 21 世纪初以来，与上级思想政策宣讲活动有一定关系。张爱英说："分田到户的时候大家没有什么文艺生活，集体的文艺生活比较少，整个村子都是这样的情况，那时候白天田里干活，晚上要么看电视……我很想演出，很想有一个舞台，自己的舞台。现在越来越好了，文化礼堂就在我们边上，我感到文化越来越好。""2004 年的时候，镇里面拿过来一个歌词，让我唱关于三个代表的，镇上强调就是让我唱的，然后我就在家里哼，然后到镇里唱。自己哼的一个调子，然后去各个地方演出唱了《三个代表三件宝》，一个唱工人，一个唱农民，还有一个我忘了。这个节目就在全镇各个村巡回演出，后来开始，镇上有什么演出，我就去了。后来一年一年的有演出都叫我去，好比三八节啊，有什么比赛啊。"[1]2014 年正好在五水共治的时候，镇里创作了一个戏曲节目宣传五水共治，张爱英带领一帮姐妹用越剧唱，7 月底到 8 月，到嘉善各个镇村巡回演出。2017 年七一建党节，村里排演了一个舞蹈节目《和谐中国、和谐家园》，也是张爱英领队。这些寓教于乐的文艺节目丰富了村里的集体文艺生活，也让党和政府的方针政策家喻户晓，起到了很好的宣传作用。

除戏曲、舞蹈之外，大云镇、缪家村近年蓬勃发展的民间文艺活动是插花和押花画的创作，这两项文化生活是与大云镇的鲜切花种植密切相关的。大云地区妇女心灵手巧，传统有绣花、剪纸等工艺，流行在枕头、鞋袜、衣裤、衣裙上绣花，花样有龙凤、花鸟、吉字、双喜等。新婚门窗等用大红纸剪双喜张贴，新娘嫁妆，橱箱上贴大红纸剪的元宝，建房扬筛上贴大红剪纸，图案为吉祥如意等，增加喜庆气氛。20 世纪 60 代开始流行"十字绣"，绣伟人像，2000 年后又流行绣花草、山水等风景。图案、丝线、底板等材料装裱商店有整套出售，绣成后请装裱店装裱，自家挂用或作礼品赠送亲朋好友。

大云是鲜切花之乡，花文化是缪家村重要的文化培育项目之一，村里有插花和押花画手工制作团队，有村里和镇里组织的培训，通过几年的培训活动，押花、插花都已经成为缪家村老百姓生活中的一部分，花乡人在种花之外插花、押花，展现另一种生活美态。插花的老师有碧云花园的资深花艺师，碧云花园也是缪家村文化礼堂的驻堂企业之一。押花画老师有来自嘉善县文化馆的老师。押花画创作题材多种多样，从最初级的制作书签，到用干花、树叶等创作山水画、人物画

---

[1]　张爱英访谈记录。

等。押花画的创作有时也会配合一些思想政治主题，如五十六个民族服饰的押花创作，用押花画方式表现社会主义核心价值观等。村里的缪秋平女士是押花画创作团队的积极分子，她说自己从小就喜欢画画，押花画活动延续了她小时候的绘画爱好，通过与队员一起创作、交流，她也扩大了自己的交际圈子、丰富了业余生活，在她的影响下，她儿子也增强了对美术的兴趣。[①]

缪家村的其他群众文化生活也很丰富，如舞龙队、腰鼓队在节庆的时候都要热闹一番，村里的篮球队、门球队也曾在镇里、县里的比赛中获奖。每到天气好的晚上，村里的文化广场上定时都会有广场舞，外地务工人员与本村人一起跳，务工人员的孩子与本村的孩子则在广场空地上一起玩耍，加强了外地人与本村人的融合。每年春节前，缪家村都会组织"我们的村晚"，节目以本村提供为主，也有文化走亲与文化礼堂驻堂团队的友情支持。缪家村的文化建设在全省赢得了知名度，先后承办了第三届全省农村文化礼堂"我们的村晚"文化走亲活动（嘉兴湖州）、全省文化礼堂现场会、县文化礼堂（庭院）现场会、小城镇文明行动现场会，还拍摄了直播《厉害了，我们的新时代》、第二季《乡村振兴战略大家谈》，并于央视新闻频道、浙江卫视播出。多样的文化活动除了美化人们的生活、提高村庄的知名度，也起到了沟通感情、凝聚人心的以文化人的作用。

第四节　启示与思考：在后生产转型中保留乡村韵味

缪家村的文化建设有两大基本特点：其一，公共文化设施比较齐全、公共文化服务体系相对完善，为村民的文化生活提供了良好的平台与政策支持。其二，文化生活的主题鲜明，在乡风文明建设方面紧紧抓住了"善文化"做文章，从多个方面让崇善向善的风气在村民心里落地生根，同时抓住发展全域旅游的机会对村庄进行美化，让美丽产生经济效益，也为生活增添光彩。第一个特点与缪家村相对雄厚的集体经济实力相关。缪家村位于大云镇和嘉善县城附近，地处靠近上海的长三角地带，有很好的区位优势，历届村干部也积极有为，抓住了周边工业化、城镇化发展的机遇，通过土地流转的方式盖厂房出租，获得了比较稳定的村集体经济收入，又以村集体经济为基础为土地流转过来的村民买养老金，实现农房集

---

① 缪秋平访谈记录。

聚。村民集聚起来的新缪家小区在居住形态上已经很接近城镇小区，因此在管理方式、文体生活上也需要配套跟进，这是经济基础推动上层建筑、社会存在推动社会意识发生转变的例证。另一方面，我们看到缪家村虽然城镇化、工业化程度比较高，但还比较好地保持了一些乡村的韵味，保留了农耕文明的一些优良传统，这也说明了文化传统中合理、优秀的部分能一定程度上经受时代变化的考验，具有相对独立性。

一、社会意识顺应社会存在的转变——农房集聚中的村民公德意识强化

在后生产主义转型中，缪家村在村庄形态上最大的变化就是农房集聚，原来的自然村减少了，村民们大部分都住到了缪家小区中。居住的变化带来人们生活与交往方式的变化。原来的交往方式更多是邻居之间的串门，现在更多是一起参加广场上、文化礼堂中的活动。我们在访谈中曾问到村民拆迁住到缪家小区后会不会不适应，村民回答说："一开始不适应，以前的房子和现在的房子不一样了。现在互相串门少了，大家吃过晚饭就都在广场上玩了。"[1] 还有村民反映搬迁过来后邻里关系改善了，"我们一起啊九户人家是东一户西一户，没有搬在一起，都是新邻居。人好像也都养成好习惯了，搬在这里家里矛盾也少，文明多了，没有吵架的。以前（吵架）很多，现在人家都多，大家觉得吵架也不好意思，影响不好。以前的话，为了自己菜被谁家的鸡吃了，为了鸡毛蒜皮的事吵架，讲话讲的难听的。现在好了，都是见面问好，都好的"[2]。我们看到，随着居住形态的改变，公共空间变得重要，对村民的心理也产生影响。

在文化方面，缪家村的产业集聚和农房集聚带来的一个重要变化是"善文化"的转型发展。在分田单干和自然村落的时代，善主要是亲戚和邻里之间的亲善，产业和农房集聚之后，生产和生活的公共空间变得重要，共同善的维度变得重要，公德心变得重要。一百多年前，梁启超就比较了中国人的传统道德与西方人的道德观，认为中国传统重私德，重个人的修养和"一私人与他私人交涉之道义"，而对于"一私人对于一团体之事"的公德则不甚重视，因此他呼吁中国人要提升公德，建立新道德。[3] 梁启超的观点有一定道理。实际上中国传统的老百姓比较重视私人情谊，而集体、公德意识相对淡漠，这是与其生活形态相关的。对传统的

---

① 徐张娜访谈记录。
② 王美娟访谈记录。
③ 梁启超：《新民说》，中国文史出版社，2013 年，第 34 页。

乡村居民而言，最重要的人际关系是亲友和邻里关系，公共生活、公共空间不甚发达，因此公德意识也就相对淡漠，这种情形即便在内地一些相对封闭的乡村仍然如此。在缪家村的善文化构建中，我们发现这种情况有相当大的变化。

在缪家村的善行义举榜中，我们发现既有传统的家庭和善与邻里友善，也有环境美善、为人诚善、富裕慈善的榜样，后面三项明显更偏重社会公德。更重要的是，缪家村大力提倡公益志愿精神，建立了多支志愿服务队，而且要求党员起先锋带头作用。这显然是超出传统私德的公共善的构建，与农房集聚带来的公共生活、公共空间的重要性提升密切相关。

二、把根留住——后生产主义转型中乡村记忆的保持、乡村韵味的提升

在后生产主义转型中容易发生两种弊端：一种是生活、居住形态变化了，但是一些落后的观念没有更新，例如，公共卫生、社会公德意识淡漠；另一种是一味地求新，把传统乡村的韵味和优良美德也一并丢失了。我们看到缪家村在很大程度上避免了这两个弊端。通过加强善文化构建中的公益精神，缪家村提升了村民的公德意识。通过保留缪家记忆、立家训传家风等活动，缪家村保留了一部分乡村记忆、乡村韵味。关于这一点，我们在前面已经介绍过缪家村文化礼堂"缪家记忆"陈列室的相关设置。对于留住乡愁、乡韵，缪家村还有一些举措，例如在文化礼堂中举行农耕尝新礼、迎新祈福礼等传统礼仪，陈列一些缪家村的农家出产并为其赋予文化含义。

缪家村保留乡村韵味最重要的举措不只是在博物馆展厅中陈列一些旧时农耕和日常生活的物件，而是做到了一、二、三产业融合发展，在工业化和城镇化的过程中保留了农业元素。目前来看，缪家村几家有影响的企业都在走、或准备走农旅结合的发展路子。碧云花园在经营培训业务、婚纱摄影业务之外，还培植出了碧云葡萄的品牌，发展蔬果种植业，贡献出土地的本色和方向。拳王农庄（后改名文松氧吧）的老板董文松也停止了原来的饲料生产，转向发展休闲农业。杨珍和她父母的美华水产养殖场一直坚持有机甲鱼的养殖，打出了有机生态华神鳖的品牌。村集体的丰乐农业合作社也坚持粮食生产，创出了"缪家大米"的品牌。通过发展这些现代高效农业，缪家村保存了不少农耕文化的元素，在城乡融合中留住了土地的芳香和记忆。在农房集聚、建设缪家小区的过程中，缪家村也没有一刀切，片面追求集聚率，而是遵循农户自愿的原则，使得一部分以自然村的形

态散居的农户庭院得以保持，也保留了一些原有的乡土特色。

　　缪家村在村庄景区与景点的规划中，突出"和而不同"的人文调性，将村庄的农家乐、农业休闲园与各景点紧密联系成一条线，通过差异化的文化特质进行市场细分，传播自身特有的文化标识。例如，歌斐颂巧克力景区每年举办"歌斐颂国际巧克力文化旅游节"传播巧克力文化；碧云花海景区每年举办"杜鹃文化节"，以花为媒、以节会友，传承杜鹃魅力，传播嘉善杜鹃品牌。缪家村在新的村庄规划中指出，希望"洋气"的巧克力与"传统"的农村相碰撞，让一场"甜蜜风暴"给这个发展中的村庄带来新的机遇，从"美丽村庄"发展为"景区村庄"，成为既有传统江南水乡韵味，又有欧洲小镇浪漫风情的甜蜜浪漫之村。我们期待勤和缪家人在乡村振兴的道路上继续创造更高的善、更多的美。

　　当然，缪家村在保留和提升乡村韵味方面也有一些不足、一些有待改善之处。例如，在发展农旅结合、打造3A级景区的过程中，传统耕读文化的元素体现得不足，像传统的状元坟、状元浜这类有文化蕴涵的村庄景点没有得到有效挖掘。在乡贤文化方面，缪家村虽然在文化礼堂中挂了一些姚绶、吴镇的书画，但是礼堂之外的空间没有体现，可以考虑在文化广场、党建公园，甚至还有碧云花园、拳王农庄这些旅游点放进姚绶等乡贤的诗词书画元素，展现出传统江南水乡的美，提升旅游和村庄的文化内涵。

生

活

篇

美好生活　现代转型

SHENGHUO PIAN
MEIHAO SHENGHUO XIANDAI ZHUANXING

中国村庄发展

　　缪家村地理位置优越，距离高铁嘉善南站不到 10 分钟车程，距离沪昆高速嘉善大云出口不到 3 公里，村委所在地与大云镇政府所在地隔路相望，距离嘉善县政府也不过 8 公里。不仅出行便利，而且在后生产主义理念的引领下，注重乡村环境提升，如今环境优美、绿化繁茂、设施齐备，为村民们提供了令人羡慕的生活环境。

　　经历了 40 年的奋斗与发展，缪家村完成了从贫困村向小康村的转变，缪家人完成了村民到居民的转变。便利的交通区位条件使缪家村甚至融入了上海半小时经济圈、工作圈和生活圈。衣食住行等物质条件极大改善，生活方式和观念也日益接近城市。

　　对缪家村的未来，村民们也都充满信心。"我觉得村里做得挺好的！""村里发展旅游我赞成。""搞旅游当然好的，搞旅游慢慢来，相信四五年后肯定能发展起来。"

第一章　衣食住行变迁

　　民生中最根本的衣食住行，是百姓生活品质最基本的表现，与百姓息息相关。在老百姓看得见摸得着的体验中，呈现老百姓的获得感、自豪感。衣着曾经是区分城里人和乡下人的标志，餐桌丰盛与否也是贫富差距的体现，如今在缪家村这样的差别已经不复存在。

第一节　饮食方面的改变

　　改革开放四十余年来，缪家村的饮食条件有了本质的提高，饮水设施和习惯发生了很大的变化，更加安全卫生；食品类别从单一到丰富，食品消费从吃饱就行到吃得安全、吃得健康；家庭烹饪便捷度也大大提高。

一、饮水：从河水到自来水

　　改革开放以后，缪家村村民饮用水条件逐步改善，从过去饮用河浜水到后来饮用井水，再到现在饮用与城市居民一样"同源、同网、同质、同价"的优质自来水。饮水安全的提高，大大减少了肠道传染疾病的发病率，保障了村民的健康。

　　缪家村所处地区地表水丰富，水网密布，取水便捷，传统上生产生活用水全部在河里，没有打井的习惯。新中国成立前夕，嘉善县城魏塘镇上也仅有公井6口、私井28口。[①]灌田、洗米、洗衣、洗菜、洗马桶都是河里的水。如果饮用就从河里打水倒进水缸，加入明矾简单沉淀，加热饮用。过去河里还通粪船，装卸粪便的时候极易污染河水。因此，嘉善一带疫病多发，到了20世纪五六十年代还深受血吸

---

① 《大云镇志》。

虫病、肠道传染病、肝炎、脑膜炎的困扰，这些都与饮水不卫生有一定关联。

1964年，为了消灭血吸虫病，政府号召饮用井水，嘉兴地区开始大量挖井。据村民徐根京回忆[①]，大约在"文化大革命"开始后村里家家户户开始挖土井。当时因为经费和材料的限制，井壁不用其他材料砌筑，只用原泥壁铲光，结果造成井水混浊，大多无法达到饮用标准。20世纪70年代以后土井逐渐改为砖井、水泥井，并增加深度，水质得到了提高。20世纪80年代分田到户以后，村民们不再挖河泥做肥料，河底淤泥堆积，河床渐渐抬高，加之本地地势平坦且海拔较低，河水流动性差，导致河水水质变差。最终村民们逐渐摒弃了饮用河水的千年旧俗。1996年，大云镇在东片跳渡浜、西片西窑厂建起了两座深井自来水厂，自来水管道接通到每家农户，从此缪家村民喝上了深井自来水。

但嘉兴地区长期过度开采地下水造成地下水枯竭，地面沉降。为了遏制这个趋势，提高饮用水安全性，2004年以来，嘉兴市实施镇村以下农村输配水管网扩改建工程。2010年嘉善县辖区农村居民喝上了"同源、同网、同质、同价"的优质自来水，在全市率先实现了城乡供水一体化。缪家村也因此受益。现在虽然用上了安全方便的自来水，缪家人还是保留了使用水井和节约用水的习惯。即便是现在集中居住在新社区，很多村民的院子里也都有一口井。除饮用自来水外，洗衣、洗菜、浇花种菜、庭院洒扫多用井水。

二、食品：从吃饱到吃好

在分田到户之前，粮食按人头配给，细粮长期处于不够吃的状态，村民们常年食用番薯、小麦粉作为补充。[②] 随着1983年村里分田到户，粮食产量有了显著提高。"交够国家的，留足集体的，剩下都是自己的"，粮食一下子富足起来，吃不饱饭成为了历史。到了20世纪80年代后期，粗粮食品逐渐从村民的餐桌上退出，细粮成为餐桌上的主角。缪家人喜欢吃大米，少量面食作为调剂。虽然也种植小麦，但小麦基本都卖给国家交任务粮，"每户分5～6斤，自己加工成面粉，做馄饨等食品吃"[③]。缪家人一直食用菜籽油，过去自家种植油菜，收获的油菜籽就用来榨油供自家食用。现在大多数村民已经把土地流转给村里统一耕种，米面粮油都从市场上购买，品牌和口味都有了更多的选择。

---

① 徐根京访谈记录。
② 据徐根京回忆。
③ 周志芳访谈记录。

　　主食充足了，副食也丰富起来。20 世纪六七十年代不允许搞副业，每家只允许养两只鸡[①]，供自家食用。改革开放尤其是分田到户之后，农副业又兴旺起来。村民们养肉猪、养母猪也多了起来，市场上的鸡鸭鱼肉供应量慢慢加大。菜肴也随之丰富起来，缪家人肉食以猪肉为主，兼有鸡、鸭、鱼。过去，肉类是作为年节才有的特殊食品，现在每天都可以吃。过去每家每户的餐桌的菜肴都是相似的，都是自家产的蔬菜加上一点肉食。现在供应充足的市场为村民们提供了丰富的选择，蔬菜和肉类品种多样。主食已不再是家庭食品消费的主体，大约只占全部食品消费的三分之一，副食品及其他食品的消费则占了三分之二。过去，很少购买的蛋糕面包、冰淇淋之类现在都已经是家常食品。

　　吃的变化还体现在健康绿色观念深入人心。现在饮食上村民们开始讲究营养均衡，粗细搭配，不但吃得好更要吃得健康。绿色食品、生态食品成为人们日常生活中饮食的首选。现在村民们家里餐桌上的鸡鸭鱼肉在渐渐减少，取而代之的是新鲜的蔬菜、海鲜和素食，粗粮产品又重新出现在餐桌上。

三、灶头：从柴灶到燃气灶

　　村民们的烹饪方式也有了很大的改变，从原来使用柴灶，以蒸食为主，到现在使用燃气灶，煎、炒、炸、炖样样都有，再也不用担心燃料不足的问题。由于嘉善地区没有山林，长期缺少薪柴，过去一般农家都以稻草为柴，家里还要空出一间柴房用来堆放稻草、柴草。稻草不仅用作柴禾，还要用来做肥料、牲畜饲料、垫猪圈，常常不够用，因此豆萁、豆秆、芦草和芒也被用来作为补充燃料。村民们为了省柴而形成了以蒸菜为主的烹调习惯。"为省柴，我们这里基本都吃蒸食，饭菜都一锅蒸好。"人民公社时代，村民们有时候就吃冷食或是没有热透的半生不熟的食物。"农忙时节，早上就把一天的饭菜做好，中午、晚上就简单热一下。"[②]

　　为了省柴，当地的灶头也做了特别的设计，叫作"三眼灶"。也就是在灶台的两个正常尺寸的灶眼旁设置一个小灶眼，可以放置一个小汤锅。烧菜煮饭时，灶头的余热能将汤锅里水加热，"灶上有汤锅，饭菜蒸好，汤锅里的水也热了，但汤锅利用的是灶膛里的余火，水其实是没烧开的，但我们烧饭菜、洗澡、冬天给猪拌料都靠这口汤锅水了"[③]。这种"三眼灶"的确充分利用了余热，达到了节能省柴

---

① 徐根京访谈记录。
② 陈菊英访谈记录。
③ 陈菊英访谈记录。

的目的。但是没有热透的饭菜在潮湿环境下很容易感染细菌，饮用没有沸腾过的水也会影响健康。

20 世纪 70 年代，大云镇开始推广沼气池，用猪粪、人粪作原料产生沼气，可煮饭点灯。但因猪粪、人粪原料有限，沼气池产气并不稳定。20 世纪 70—80 年代也有农户开始使用经济炉或煤炉，虽然比柴灶先进，但每天生炉子也挺麻烦，而且最困难的还是燃料问题。有的人家向住在城里的亲戚要一点煤油、煤饼票，燃料靠城里的亲戚、朋友省下来接济，或者"与城市居民换煤球票买煤球烧"[①]，"有时也拾点废煤渣当燃料"[②]。陈菊英就用过这两种炉子："我用过经济炉，平湖的姑妈给的，烧煤油的。还用过煤炉，父亲给的煤饼。"[③]

20 世纪 90 年代，液化气灶普及后燃料短缺的问题才彻底解决，柴灶渐渐远离了村民的生活。1990 年，大云镇多种经营办公室创建瓶装液化器供应点，推广使用液化气。1995 年，康兴路（桥）建立了液化气站。集镇首先使用液化气，而后逐渐在农村推广使用，至 2005 年全镇普及[④]。这一时期缪家村的农户既建液化气厨灶，又建柴灶，柴灶仍以稻草、豆萁、豆秆为燃料。

2005 年以来，随着村里农房集居的推进，搬入新社区的农户都改用了液化气灶。过去，给柴灶添柴控制火势也是一门技术活儿，既要省柴耐烧又要火旺。烧菜、煮饭时既要不时往灶膛里塞柴禾，又要起身翻炒锅里的蔬菜等食材，灶上灶下两头忙。而液化气灶火势容易控制，不用生火、不用添柴，轻轻一按就开启，旋转按钮就可以调节火势。液化气灶不但使用方便，更重要的是使村民们在烹调方式上有了更多选择。有了燃气灶，村民们煎、炒、炸、炖随心所欲，餐桌上的菜式也更丰富了。

第二节　居住及环境的改变

改革开放以来，缪家村的居住条件发生了翻天覆地的变化。房屋样式从一层的泥墙瓦房发展到二层砖楼，再到现在新社区里别墅式多层院落。居住形态从一

---

① 周志芳访谈记录。
② 陈菊英访谈记录。
③ 陈菊英访谈记录。
④ 《大云镇志》。

家一户凌乱散居在村庄各处，发展到现在集居于新社区。公共配套设施从无到有，原来缺少公共活动场所，而现在 800 米长的"服务一条街"上警务室、便民服务分中心、新居民管理站、医务室、老年活动室、图书室、棋牌室、乒乓室等公共服务设施齐备。

一、住房

过去，村民们普遍居住在平房里，墙是土坯造的，梁是木制的，屋顶铺红瓦或黑瓦。有些条件比较差的甚至还住草屋。村民陈菊英一家 1962 年从嘉兴搬来缪家村，很长一段时间都住在草屋里。"刚来时没地方住，借住在别人的房子里，后来搭了一个棚草房住，这里的本地人都是住泥墙瓦屋的，过去只有温州等地来的移民有住草屋的。"[1] 草房又叫草棚，一般三开间，四落戗，用毛竹作梁柱，竹椽子，泥打墙，只有一樘木板大门，无腰门，无窗户，用稻草盖顶。外来人的草棚檐口低矮，当地人的草棚高檐，有贴柱。草棚三年补漏洞，六年换顶。夏秋寒冬干燥季节常发生火灾[2]。

表 5-1 1961 年缪家村农民住草房情况

村名	总户数	总人口	住草房		草房比例	
			户数	人数	户数比例	人数比例
缪家村	748	2507	203	901	27.14%	35.94%

资料来源：《大云镇志》。

分田到户后，村民们一边种田一边搞副业、务工，生活条件很快有了改善。手头宽裕起来的村民最迫切的就是改善居住条件。当时的运输条件也有了很大提高，水泥船可以通过河道将黄沙、石子这些建筑材料运到村里。从 20 世纪 80 年代中期开始，村里掀起了自建房的热潮。很多农户将原有的一层泥墙瓦屋翻建成三开间两层的砖瓦楼房。造房子的时候还会搭个猪棚，方便养猪。随着收入的进一步提高，陆续有村民建起了三层楼。村民刘木林 1998 年就造起了自家的三层楼房。20 世纪 90 年代建房讲究现代化、实用性，村民们往往参照城镇商品房，设置液化气厨房和卫生间。

2005 年缪家村开始进行新农村集居，村里统一进行新社区建设，又一次掀起

---

[1] 陈菊英访谈记录。
[2] 《大云镇志》。

住宅建设的热潮，与 20 世纪八九十年代不同的是这次是统一建设，个人建房逐渐少了。2005 年缪家村搞新农村集聚试点起步的时候，最初只有 8 户人家参加。对放弃千百年来传统农家一家一户独门独院的居住方式，村民们还是有些顾虑的。要么进城，要么留下继续当农民，谁也没有想到在村里能住得像城里人一样。"当时农民有点钱，就想把老房子卖掉，买到城里去，（有的人）就把老房子卖给外来户。"① 这也为后来农房集居矛盾埋下了隐患，现在一部分外来户由于得不到适当的补偿而没有参加集居。

表 5-2　2003—2008 年缪家村新农村住宅建设情况

单位	新区名称	户数	人数	各层次楼房户数				面积（平方米）			投入资金（万元）
				二层	三层	四层	五层	占地面积	建筑面积	人均面积	
缪家村	高一新村	11	43	2	9			1310	3695	85.93	391
	缪家新村	259	923	47	173	38	1	28573	84655	91.72	8892

资料来源：《大云镇志》。

　　为了引导农户向新社区集聚，缪家村制定了"一免一补"的激励政策，不仅对每户农户免收 2.88 万元基础设施配套费，村集体经济出资对农户原有住房按评估总价的 70% 给予补助。还突破一户一宅的形式，引入了标准和复式公寓房。提供二层、三层、四层、独立式住宅、联排住宅和标准公寓房多种类型供村民根据自家经济状况和人口状况选择。对于经济条件比较差的买不起房子的，村里也有办法。据当年担任妇女主任的冯青回忆："单身的、贫困户造不起房子怎么办？村里就想了个办法，建公寓房！把公寓房建起来，你这个家庭符合政策，两个人 75 平方米，3 个人 110 平方米，这样就解决了。""老夫妻 2 人，不想要宅基地了就拿个公寓房。宅基地不要的，还可以拿第二套房，第二套只要出 1600 元一个平方米。"在村里优惠政策的吸引下和村干部挨家挨户的积极沟通协调下，越来越多的缪家村农户搬进了新社区。截至 2017 年年底，已集居农户达 989 户，集居率达到 90%，99.8% 的村民加入了城乡居民合作医疗保险。

---

① 冯青访谈记录。

二、道路与交通

过去缪家村与嘉善广阔的农村地区一样河浜纵横，村民多沿河而居，伴水而生。北人骑马，南人操舟，河道承担着重要的运输功能，一是为田间生产而运送肥料种子等；二是为生意而运输稻米果蔬等商品；三是为生活而运送人员物品。[①]随着 20 世纪 80 年代公路交通体系的繁荣，水路交通逐渐没落。1984 年村里开始建设简易公路，这种公路铺设有 1.5 米～2.5 米宽的石子路面，有些还铺成了水泥路。1984 年善云公路开始修建，1988 年 7 月 1 日客运通车。1993 年 4 月善平公路客运通车，善平公路原路段由缪家村施家桥（永兴桥，原善云公路桥）向东折向南至洪家溇（也称缪洪线），接通平湖市钟埭镇，全长 4.1 公里。1997 年建成平黎公路，平黎公路大云段自白水塘桥至缪家村大云港桥，全长 4.9 公里。改革开放后，缪家村还修建或重建了长浜桥、新木桥、殷家桥、陈家木桥、欢庆桥等一批桥梁。

除了修建道路之外，公交客运线路也逐渐开通。2004 年 9 月 1 日，从大云汽车站至嘉善火车站途经缪家村的公交车 211 路开通，每 20 分钟 1 班，极大地方便了村民们的出行。2005 年 7 月 1 日，大云镇内的环线 303 路公交车开通，沿途停靠大云站、云寺路口、江家村、包家浜、东云村部、计家桥、罗家桥、圣堂桥、9 号桥、金长、碧云花园、金长、状元坟浜、油车浜、缪家小区、大云站，把附近自然村和重要地理节点串联起来，解决了村民们家门口的出行问题。

现在缪家村的道路是由各条纵横交错的宽大的柏油马路组成，十几年前的泥巴路早已成为村民们的记忆。除了利用步行、公交车出行，私家车也是家家必备的交通工具，不少村民家里都有 2 辆车。村民在交通和出行方面已经和城市居民别无两样了。

三、环境卫生

过去缪家村和众多嘉善地区的传统村庄一样，家庭养殖盛行，尤其是生猪养殖。在计划经济时代，生猪养殖是粮食丰产、丰收的重要保障。随着市场经济的发展，特别是 20 世纪八九十年代以后，生猪养殖业迅猛发展，成为农民增收的主要途径之一。过去，畜禽粪便是不可多得的农家肥，家庭养殖规模有限，环境影响主要表现为散发臭气和滋生蚊蝇这类卫生问题。但随着耕地的减少，种植业中

---

① 陈忆蓉、肖榕、臧振涛：《浅谈嘉善历史沉淀下的浜溇文化》，《教育教学论坛》2019 年第 18 期。

化肥的广泛使用，农田作为消化畜禽粪便的载体失去作用。畜禽粪便带来的环境影响也日渐凸显。生猪的面源污染主要包括粪便污染和养殖场的废水污染和死猪丢弃所造成的水体污染，相关污染物包括 COD、全氮、全磷、铜和锌等。其危害主要体现在其对水体污染影响上。近年来，缪家村全域推进农村环境综合整治工作，提升人居环境品质。虽然新社区内没有养猪户了，但村内还有零散养猪大户，一年的存栏量达到几千头，村里对此也都进行了拆除。

从 2005 年开始，缪家村陆续进行新农村集聚，分批次将村民集聚到新社区，极大地改善了村民的居住条件。随着居住方式的改变，农户的生活方式也发生了改变。原来家家户户养鸡养猪，给环境带来不少负面影响。搬到新社区之后，没有地方可以养猪了，虽然吃不到自家的猪肉了，但牲畜粪便引起的蚊蝇减少了，自家院落的空气没有异味了，对河道水体的污染减少了，村民们也切实感受到环境卫生的提高。村民们说："以前在家鸡鸭鹅啊养起来脏兮兮，现在都干干净净蛮整洁的。"村民刘木林是 2008 年参加集居的，他家旧屋在杨庵浜自然村，是 1998 年造起的三楼三底的楼房。在农村，建成 10 年的楼房并不算旧，所以要入住新社区时，刘木林心里还有些不乐意。可看到新房后，他的想法就发生了改变。"新社区的房子都是水泥现浇的，比我们自己造的楼板房好多了。社区里里外外都是水泥路，不像老房子门前都是石子路。社区里还干干净净的，住着都舒服。"刘木林说，第一年搬到新社区感触最深的是，蚊子少多了，"以前住在老房子那里，一到夏天都是蚊子，蚊子都往人脸上撞啊"[1]。

2015—2018 年，缪家村开展全域环境提升，对村庄绿化、道路硬化、河道净化、墙面亮化、小区污水无害化等方面进行全面治理、改造和提升。缪家村文化礼堂一侧，有一条河浜叫丁家浜。原来丁家浜的一侧有几家老旧企业，河水污染严重，河浜的另一侧则是新农村集聚点，河浜的环境与农民现有的生活环境格格不入。经过整治后，河道水已经达 II 类水标准。改善水质的同时，村里还沿着丁家浜修建了休闲步道，供村民日常休憩健身。现在缪家村里 38 条河道每天有专人负责清理。

垃圾分类是缪家村环境卫生状况改善的重要举措。全村有垃圾桶 800 余个，已经建立了覆盖全村的生活垃圾收集系统，做到垃圾日产日清，村庄卫生保洁实行"五位一体"社会化运营。实行市场化保洁后，为了做好村庄环境保洁的监督工

---

[1]　《感受土地的力量》，《嘉兴日报（嘉善版）》2014 年 9 月 29 日 B8 版。

作，缪家村还成立了一支 20 多人的村庄"啄木鸟"监督队，每日开展全村域的日常巡查监督。全村 100% 家庭参加了"优美庭院"创建，80% 的家庭达到村级"优美庭院"创建标准。目前，全村绿化率达到 38%，道路硬化率 100%，实现村全域环境的"亮化、美化、绿化"。

缪家村改善人居环境的步伐没有就此停止，新农村集聚区提质行动、污水革命、垃圾革命、厕所革命、Ⅳ类水提质工程，美丽河道、美丽厂区等各项创建、建设工作正在开展。

四、公共设施

开展村民集居的同时，缪家村不断完善村庄基础生活配套设施，建立文化礼堂、文化广场以及居家养老服务中心、文体活动中心、社区卫生服务站等为民服务一条街，满足了村民生活的多元化需求。集居到缪家新村后，文化礼堂和文化广场成为整个社区的社交中心，也是村里最热闹、最有人气的地方。原来文化广场是一个篮球场，平时青年人打篮球、大妈们跳广场舞、老人休闲运动都需要使用这同一块场地。针对这个情况，缪家村对广场进行了扩改建。改建后的文化广场分别划分了三块场地用作篮球场、舞台、活动广场，还设置了一块健身器械区域。村民刘木林每天吃完晚饭后都会在文化广场上逛上一圈。散步时，他会时不时遇到老邻居、老朋友，这里集聚了他所在的自然村整体搬迁的村民。

缪家村文化礼堂是全省 12 个农村基层"文化礼堂"示范点之一，以"幸福缪家"为主题，由中国美院参与设计。文化礼堂内设"一堂三室"，包括礼堂、"习近平与缪家"专题展室、农耕文化展室、图书室，总占地 900 平方米。同时，外面还配有文化四廊、文化广场、灯光篮球场、百姓舞台、门球场、健身路径等文体活动阵地和设施，是一个集会议、文艺演出、体育活动等为一体的村级文化综合服务平台。文化礼堂自 2015 年开馆以来每年举办文体活动 60 余场。村民们的娱乐生活门类丰富，村里现在有广场舞、打门球、舞龙队、腰鼓队、戏曲队等文体团队 10 支，100 余人的文化志愿者队伍。这些场馆设施和文娱活动极大地丰富了村民们的业余生活。

缪家村还建立了现代风格的妇女之家活动室，专门为村里的女同胞服务。空闲时候可以到妇女之家的咖啡吧喝茶、聊天、休息。如果家里有矛盾，也可以到心理辅导室聊聊天，倾诉一下。楼上还设置了舞蹈房，为村里的文娱团体提供排练场地。除了文化活动设施，村里还建立了居家养老中心，为全村 60 岁以上的 953 位老年人提供养老服务。该中心每年为老年人举办各类活动 60 余次。

　　为了方便村民出租自家房屋和外来人口租房，村里还设置了旅馆总台，对外来人口进行登记。旅馆总台在工作日开放，向村民和外来人口提供出租合同文本、租房登记、查询服务。系统里每户生成一个二维码，可以通过二维码在手机上查看该户是否有房屋出租、价格多少等信息。

第二章　生活观念变迁

　　观念的变革是社会生活和社会关系在意识形态上的反映。后生产主义转型发展既促进缪家村人物质生活的极大改善，也促进缪家村人生活观念的变迁。缪家村人在继承传统的勤劳、节俭、和气、善良的乡风的同时，也开创了新的缪家风尚。

第一节　消费观念

　　改革开放以来，村民们手头富裕了，消费习惯也发生了很大的改变。"喜欢逛超市了，喜欢去大饭店里吃饭了，出手大方了，舍得花钱了。"[①]尤其在子女教育上面，比以前更舍得投入了。村里年轻父母对孩子的期望普遍是"上大学是最基本的"。有条件的年轻父母三岁以前就把宝宝送到早教班接受启蒙教育。普通家庭的宝宝到了三岁也都去上幼儿园，接受学校正规教育。多数上了小学的孩子课外都参加各种各样的兴趣班。傍晚我们在村广场上采访到的一位大姐，女儿小学五年级了，课外在学舞蹈，坚持了好多年已经拿到了舞蹈七级证书；还有一位卖西瓜的大哥，他侄子在学跆拳道。家庭子女教育支出比过去显著增长，村民们都认为这是非常必要的支出。

　　改革开放前，村民们在穿衣上的开销普遍很少。购买衣服更是少之又少，基本是购买布料后做衣服。平均每人一年购买或制作不到一套衣服，1978年时花销基本就在10元左右。家庭人均衣着消费约占全部生活消费的十分之一。比较常见的现象是年纪大的孩子穿新衣，穿不上了就交给下面的弟弟或妹妹穿，因此年纪小的孩子经常是没有新衣服穿的。而且那时农民们普遍对于衣服的料子讲究不多，

---

① 冯青访谈记录。

更不用说对品牌的要求了。相对于 20 世纪 80 年代出生的年轻一辈，五六十年代出生的老一代村民仍然保持着简朴的消费习惯。不会像年轻人那样经常买衣服，换季了需要了才去买。生活上也还是保持节俭的传统。而年轻人则更注重服装的品牌，已经没有人再去买布料做衣服了。

喜欢农活儿的老人会去开荒种菜；虽然不缺钱了有些勤快的老人也会去搜集可乐瓶等废品换点零花钱。1962 年出生的冯青阿姨说："我们每月有 1000 多块也够用了，因为我们农民省吃俭用，给我们那么多钱也不会用，不会高消费的。这里都有的，觉得已经很幸福了。像我这样，我很少逛超市，平时不用钱的，都是女儿给我买过来的。"蔬菜也都是利用村里已经复垦尚未开发的荒地自家种的。"大家都是很勤劳的，因为农民嘛，我们会去开垦荒地，自己种的没有农药，吃了也放心。昨天我采了一大袋的丝瓜、茄子呢！。"

第二节　生育观念

计划生育时代，缪家村计划生育政策贯彻得力，很多家庭响应政策，20 世纪 80 年代出生的人当中很多都是独生子女，这在农村地区还是比较不多见的。"我（冯青）女儿 8 岁的时候（1993 年，31 岁），地方政策来了可以再生一个。但是那个时候也基本上都不想生了。我们这里观念也比较超前的，基本都不生了。也有少数会生的。要么老板（经营工厂的人）会想多生一点，一般中等生活的家庭还是想得开，不是很想（再）生。"

现在政策允许生二胎，但是很多家庭主动选择只生一个。据负责妇女工作的村干部宋伟玲反映，村里超过五成的育龄妇女不愿意生二胎，除非家里老人特别强烈地要求她们生二胎。主要原因在于现在抚养子女的成本高，如果要生二胎，一来要有财力，用于未来多一个孩子的教育和生活开销；二来要有人力，用于帮助照看孩子，方便妈妈尽快恢复工作赚钱。"我就不想生二胎，第一个时间上，生二胎就意味着老人一直要帮你带孩子，剥夺了他们的时间。第二个经济上，虽然嘉兴地区条件还好，但是毗邻上海（消费水平高），想要给孩子更好的物质条件也不容易，想学个钢琴都要两百块钱一堂课。经济负担重，没时间没精力，抚养成本高。"①

现在，重男轻女的思想已经大大转变。现在村里老人不像以前那样在意生孙子，也不会给子女这方面的压力。"虽然生了孙子会更开心，但也不会那么明显地重男轻女了，老人现在都比较开通的。"②但是有的人家还是很重视子孙传承，希望外孙能继承自家的姓氏。因此，出现了很多小孩是复姓的现象，也有很多小孩虽然不是复姓，但名字中加入了母姓。

第三节　妇女地位

缪家村的妇女传统上都要跟男人一样下田劳动，还要操持家务、照看孩子，劳动负担非常之重。也因此造就了缪家妇女勤劳、坚韧、独立的品格。几乎所有接受访谈的本地妇女都给我们留下了"干练"的印象。

村民周志芳大伯也提到这里的妇女很辛苦："我们这里，一般插秧、除草、收割、晒谷以及小孩、家务，都是女人管的，挑担、耕田、播种、搞肥料等重活，都是由男人管的，新中国成立前就是这样的。"③村民陈菊英阿姨也说："拔秧、插秧、割稻都是女人的活。挑担是男人的活，男人挑大担，女青年有时也要挑小担的。一年四季几乎没有歇工。我们这里耘田都是跪着在田里手耘的。"那时农业生产多靠人工。姑娘们不愿意继续过这样辛苦的农耕生活，纷纷外嫁。"过去村里姑娘外嫁的多，喜欢嫁泥工、木工等手艺人、企业职工，或者其他稻田少的农村，稻田的生活实在是做怕了。所以村里光棍多，换亲的多。"④村民陈菊英的妹妹也是因此嫁到了南浔吴江，那里以桑蚕业为主，不像种稻那么辛苦。

农业生产虽然辛劳，却为妇女赢得了尊重。在分田到户之前虽然妇女的工分低于男性劳动力，但在一户家庭中没有妇女参与田间劳动也是万万不能的。分田到户后，妇女的地位更加重要。村里的妇女一边种田、操持家务，一边搞副业、进厂做工，也是家庭经济的主力，对家庭收入的贡献并不低于男性。女性在家庭中的地位得到了认可。1962年出生的村民冯青阿姨分田到户后开始养母猪，小猪

① 宋伟玲访谈记录。
② 徐张娜访谈记录。
③ 周志芳访谈记录。
④ 陈菊英访谈记录。

卖掉赚了些钱，他爱人花 600 元给她买了一副"金圈"（金耳环），她自己还舍不得，可是她爱人坚持送给她。回忆到这里的时候冯阿姨脸上露出了甜蜜的笑容。

经济上的独立带来人格独立。据负责妇女工作的村干部宋伟玲反映，"现在离婚率比较高，是因为女性的经济独立了。很多女性都是独生子女，离婚了娘家有房子，可以回娘家住，有这样一个经济基础在那里。以前嫁出去的女儿，娘家哪里还有房子留给你。我觉得现在女性的思想也越来越独立"。

村里工作的女性以往只有妇女主任一个，现在随着文化宣传工作受到重视，女性工作人员也渐渐多起来了。女性工作细致、容易沟通，她们的工作也能得到男性同事的认可。

第四节　就业观念

一、返乡就业

回乡就业在缪家村是一个比较普遍的现象，尤其是 20 世纪 70 年代末以后出生的独生子女。长久以来嘉兴一带交通便利，毗邻上海，乡镇工业发达，就业机会比较多。因此，很多村民并不会背井离乡出去闯荡，而是就近务工。但子女能在杭州、上海、嘉兴市里工作也是村民们理想的状况。随着本地经济的迅速发展，便捷的交通、发达的工业、惬意的小城镇生活吸引了很多年轻人在本县、本乡工作，回到村里任职或是创业的也不在少数。

从个人家庭因素来看，独生子女也是促进返乡就业的一个重要因素。一些返乡就业的独生子女因为考虑到未来父母养老需求而在职业选择中平衡取舍，最终选择回乡。杨珍，1983 年出生，是家里的独生女。2008 年她放弃留校任教的工作回乡来到父母创办的华神生态鳖养殖场帮忙。当问到她为什么回到村里的时候，她动情地回忆道："是因为 2008 年的那场大雪吧。我刚好赶在大雪下那天回来，如果再晚一天就回不来了。当时我在临安的浙江农林大学读书，就想，如果遇到类似情况高速封道回不来怎么办？爸爸妈妈养我这么大，如果有什么事情我回不来怎么办？可能综合各方面情况吧，我觉得还是回来好，总归可以多照顾家里一点。""当时很多人不理解，有些人就觉得我脑子搞不灵清了。还有一些要好一点的阿姨觉得我在学校工作挺好的，担心我蛮好的一个姑娘，回来后可能对象都找不到。"杨珍的父母也是有点矛盾的，既希望女儿在自己身边，又不忍心女儿放弃杭州的工作回家务农吃苦。杨珍回家后充分发挥了自己的管理营销才能，坚持"做实在人，养放心鳖"的原则，坚持有机生产标准，并且在各类农产品、水产品销售市场和展销会得到肯定和奖牌，因此她也获得了第七届"全国农村青年致富带头人"嘉善县第二批"农村实用人才带头人"、嘉善县"十佳巾帼创业之星""嘉善县第三届十佳青年创业先锋"等荣誉称号。

很多年轻人返乡工作，为家乡的建设出一份力。在村委里工作被视为体面的工作，因为收入也跟外面差不多。90 后小伙子李勇去年刚刚回到村里旅馆总台工作。作为家中独子，他的就业问题牵涉到全家的生活。"我也想去外面闯一闯，但要考虑很多，父母不愿意我走远，这里也还不错。如果去上海工作的话，消费也高。这里以后的发展肯定很好的。"他的父母都有养老保险，母亲经营一家小饭店，父亲在碧云花园做工，对他的期望就是成家立业、结婚生子。

村委的工作人员半数以上都是年轻人，女干部也越来越多。宋伟玲虽然不是独生子女，她还有一个哥哥，但是作为贴心的女儿，父母也是希望她能就近工作，方便互相照顾。宋伟玲听从父母的建议，放弃平湖企业里的工作，参加全镇后备干部统一招考，2007 年回到村里工作，2013 年开始任妇联主席（俗称妇女主任）负责村里的妇女工作。那时村里工资只有 1300 元 / 月，比她原来的企业少了一半。

尽管这样，宋伟玲也没有后悔过。凭着性格开朗、善于沟通的优势，她把村里的妇女工作开展得有声有色。对目前村里妇女面临的问题也有自己的独到见解。"现在的妇女姐妹主要是就业问题，一些女性从生完小孩到小孩念书这段时间是跟社会脱节的。那么作为妇联，怎么帮助她们把这段时间利用起来？是否可以开展一系列的培训？让她们至少在带宝宝的这段时间不会跟社会很脱节，以后能更快适应、融入社会，开展就业。我觉得妇联需要实实在在地做事情，一方面是帮助她们解决就业问题，另外一方面是解决自我素质提升的问题。"

这些年轻人虽然当时回到村里工作都各有各的考虑，但是他们的心中都充满了对村庄的热爱，利用自己所学奉献家乡。而缪家村也给了这些年轻人展示的舞台，让他们在各自的岗位上充分发挥自己的才干，做出一番事业。

二、职业农民

徐根京十四五岁开始就在田里劳动，算起来已经有五十余年的务农经验了。他对土地有着一种难以言表的深厚感情，看到土地荒芜他就着急。"种一点总比荒芜了好，荒着又难看又浪费。"2005 年他卸任村长之后就到合作社上班，也是合作社的创始人之一。现在，合作社里有 8 名全职员工，全部在 60 岁以上。社员们每个季度可以领到一笔生活费，年底结算工资，算起来年薪大约 4 万元。

徐根京自丰乐合作社创办以来一直在这里工作。夏天他每天五点起床，六点到合作社下田工作，中午十一点下班，吃好午饭大约两点又到田里工作，晚上五点回家。农田作业机械化水平的提高大大减轻了社员们的劳动强度，提高了劳动生产率。据徐根京回忆，70 年代初缪家村的农田里还看不到机械，牛和钉耙就是唯一可以利用的工具。那时候一年要种三季，早稻、晚稻和一季小麦、大麦、油菜，全年无休。直到分田到户之前村里才开始有了小型（手扶）拖拉机。现在从翻田、插秧到收割再到烘干、加工都有机器帮忙，喷洒农药可以利用小型无人机，种田不再像过去那么辛苦了。

虽然有了插秧机、收割机、拖拉机等机械的帮助，田里的工作还是少不了人力。边角地带和小田块更多的还是要靠人力。施肥还没有实现机械化，七八十斤的肥料箱背在身上，人必须到田里去撒肥料。还有除草，除草剂除不掉的地方需要人工去拔草。尤其在插秧、收稻子的农忙时节，社员们还是有些吃力，需要临时雇佣一些劳力帮忙。但考虑到成本，也不能大量雇佣临时工。冬天里虽然下田的工作少了，还是要每天到合作社里上班，要检修农机、加工粮食。到了十一月就要收晚稻，十二月份又要开始种麦子，到来年的五月份收麦子之前还要进行田间管理，工作量也是不少的，一年里农闲的时间非常少。徐根京笑称自己可能再做两年也干不动了要退出了。合作社最初的 13 个人由于年纪大了陆续退出了，目前 8 名社员都在 60 岁以上。村里 80 年代出生的一代人几乎没有在田里干过活，合作社可能面临着后继无人的问题。

第五节　人际交往

一、家庭和睦，老有所养

集居到新社区后，村民们居住的距离近了，矛盾反而少了。邻里间不再因为谁家的鸡吃了谁家的菜这种鸡毛蒜皮的小事而斤斤计较，大家见了面都互相问好，礼貌客气。原来分田到户的时候，各家往往因为农忙时节农田放水而发生矛盾；没有取消农业税的时候也会因为上交公粮款发生矛盾。现在农田统一耕种管理，农业税也取消了，这些矛盾都成为了历史。

原本农村里养老是最容易引发家庭矛盾的。以前老人没有养老金的时候，如果儿子去外地工作，老人拿不出家里油盐酱醋的开支，就容易有矛盾。有些孝顺的小夫妻会拿出几百元、一两千元给老人家里开支。集居后老人都有了养老保险，婆媳、兄弟间也和睦了。在缪家村，参加农房集居的农户女性达到50岁、男性达到60岁，就可以领养老金，每人至少每月可得1800元，多的2400多元[①]。村里逢年过节都会给60岁以上的老人发福利，2018年标准为60～70岁之间的老年人发放300元过年红包；70～80岁的发放500元；80岁以上的发放800元。到了重阳节每位老人都有月饼。村里有近1000位老人，这些开支都由集体经济负担。截止到2018年1月，村里已经给1700多位村民购买了城乡居民社会养老保险，解决了村民们的后顾之忧，促进了村庄和谐。"老人现在可以问媳妇今天想吃什么，要红烧鱼自己有钱买，口袋里有（钱）啊，开心的。现在孩子上大学，老人也有钱拿出来给小孩买个这个那个，（这样就）吵不起来了呀。"[②]有了养老保险，缪家人的幸福感增加了一大截儿。

二、新老居民和谐共生

缪家人和气善良，对外地人也丝毫不吝啬。袁先琴一家2009年搬来缪家村，她对本村人的印象就是"和气文明""这里的人对外地人不那么歧视，不会因为是外地人就瞧不起我们。之前我们在广东，本地人就瞧不起我们。这里邻里的孩子跟我的孩子都在一起读书、一起玩，没有把我们当外地人，人也和气文明。"搬来缪家村之后，根据当地外来人口子女入学政策，袁大姐的大女儿顺利地在当地

---

① 丁法强访谈记录。

② 王美娟访谈记录。

入了小学，接着小女儿出生了，她也享受到了社区提供的生育服务。村里文化礼堂有亲子活动，她也会收到邀请去参加。邻里之间也相处得很好，"我从老家带蔬菜种子过来种，从老家带来特产也会给邻居品尝。邻居也会把吃不光的蔬菜送给我们"。在袁大姐的心里，这里就是她的家，"我们带子女来，相当于把这里当个家"。

张明英大姐一家1997年来到缪家村。农房集居时无法解决过渡期间住房问题，当时的村书记就主动把自家房子腾出来给她们一家居住，一住就是三年。"时间过得好快，回想起来在这边二十多年了。以前老房子没拆的时候，（跟村民们）相处得很好。我们感觉刚到这里人生地不熟，他们真好。现在在小区里隔壁邻居都挺好。互相之间也都能够帮忙，这里人挺好相处的。这边的话我学会了，百分之一百都听得懂，说的百分之七十跟他们一模一样。和他们交流起来没什么障碍。就是他们这里水喝不来。我们那边山区的水都甜甜的，这里是咸咸的。来这里那么多年跟本地人没有红过脸的，人家说我素质好。我作为一个党员，隔壁邻居有矛盾我会给他调解一下……那时候拆迁呢，我乡下房子拆掉，小孩子读书，我女儿正好考大学，我儿子只读初中，然后租房子没钱就租村书记家。他一套三室两院的房子给我住，又不收我房租，都住了三年，过三个年嘞。新社区这里房子造好弄好了才搬过来。"在最困难的时候得到了无偿的帮助，令人倍感温暖。

第三章　村庄生活变迁的特点与动力

　　随着从生产主义到后生产主义的转变，缪家村发生了翻天覆地
的变化，村民的生活日新月异。村庄样态、生产方式和生活方式都
发生了重大改变。这些变化呈现出哪些特点，又是如何产生的呢？
本章将对这些问题进行探讨。

第一节　村庄生活变迁的特点

　　随着缪家村的发展，村民们的传统生活方式发生了巨大的改变，由散居变为
集居，从农业村变为非农产业主导，村民们的生活半径扩展，外来人口大量进入
村庄，成为长期定居在村庄的"新居民"。概括起来，缪家村人生活方式的改变可
以归纳为以下三个方面。

一、劳动生活方式由单一型发展为多种经营型

　　农村经济改革引起农村生产方式的变革，大部分村民离开了土地转向工业、
建筑业、交通运输业、服务业。由于发展了多种经营模式，农村居民生活方式发
生了翻天覆地的变化。这种劳动生活方式的变化，不但增加了劳动收入，也促进
了其他生活方式的变迁。改革开放前，绝大部分村民以种植粮食作物为生计来源，
劳动收入来源十分单一。落实联产承包责任制实行家庭经营后，家庭农副业逐渐
发展起来，农村工副业也迅速发展，村民们粮食作物加经济作物，种植加养殖，
务农兼做工，劳动方式从单一趋向多元，劳动收入从以农业收入为主转变为以非
农收入为主。

　　劳动条件和环境也有很大改变。种植业的机械化程度大大提高，不再靠肩挑

背扛。得益于缪家村平坦的地势，拖拉机、收割机在这里应用起来更加方便。粮食的粗加工机械也广泛得到应用。化肥和杀虫剂的广泛使用极大地减少了人力在土地上的投入。现在从翻田、插秧到收割再到烘干、加工都有机器帮忙，喷洒农药可以利用小型无人机。现在在机械的辅助下，缪家村丰乐合作社的 8 位 60 岁以上的职业农民可以耕种 1400 亩土地。

二、消费生活方式由温饱型向全面小康型转变

2018 年缪家村人均纯收入 45530 元，比全省平均水平高 18228 元。在村民收入持续增长的带动下，吃、穿、住、用、医疗保健、交通通信、文教娱乐等方面的支出比重均发生了显著变化。居住条件的改善是改革开放以来最直观、最明显的变化。居住面积逐年扩大，房屋质量不断提高，实现了由土坯结构到砖木结构进而向钢筋混凝土结构住房的转变。

生活消费结构序列由满足基本生存需要的"一吃二穿三住"变化为向其他更高层次的享受性支出大幅度提高，消费结构也明显表现出生存资料比重减少、发展和享受资料比重提高的趋势。1980 年前后，彩色电视机还是许多村民家庭的奢侈品，如今已经普及并饱和，成为生活必需品。购买各种高档家庭耐用消费品已成为村民生活水平显著提高的一个重要标志，20 世纪 80 年代末，老"四大件"自行车、缝纫机、手表和收音机迅速得到普及并渐趋饱和；90 年代后，以洗衣机、电冰箱、摩托车为代表的"三大件"逐渐成为消费主流。近年来，随着消费环境的改善和购买能力的增强，尤其是农村电网的改造以及"家电下乡"政策的推行，空调、热水器、汽车等已不再是奢侈品，正成为村民生活要素的重要内容。改革开放初期，人们交流信息更多依靠步行、自行车，电话还非常少，影响了人们之间的交流与交换；随着交通工具、通信手段的不断改进，信息交流突破了时间、空间的限制，给人们带来了巨大的利益。由于信息的作用日益增强，人们越来越多地依赖信息，信息已成为人们交往活动的关键环节。电视机、移动电话、电脑等数量的增长反映了村民生活方式的变迁，它们已不是一种普通的家庭消费品，已经成为一种传递思想、交流感情的信息工具，提高了村民生活方式的信息化程度，更成为村民娱乐、休闲的一种象征符号。

物质生活消费的追求日益高涨的同时，缪家村人也非常重视精神生活上的充实与快乐，农村居民的精神文化生活日益丰富，文教娱乐消费支出比重持续上升。

在休闲方面，体育锻炼、唱戏跳舞、打牌下棋都是农民们日常生活中常见的休闲娱乐活动。通过修建文化广场，搭建文化舞台，组建锣鼓队、秧歌队等团体，积极开展多种形式的文体活动，极大地丰富了村民的业余文化生活。

三、家庭生活方式由传统乡村型向现代城市型转变

随着市场经济的发展和嘉善地区交通、通信设施的大规模建设，缪家村居住条件大幅度改善，村民经济活动的区域也在不断扩大。社会化、商品化进程逐步加快的过程，改变了过去较长时期村庄经济的自给半自给状况和以农为主的单一生产结构，村民生产已经走出传统的自给自足的经济圈子，步入了商品经济发展的轨道，越来越多的缪家人开始享受现代城市同等的生活。

缪家村本身靠近集镇，加之近年来道路交通设施的不断完善，尤其是沪杭高铁嘉善南站的落成，进一步强化了缪家村的区位优势。现在缪家村距离高铁嘉善南站不到 10 分钟车程，距离沪昆高速嘉善 / 大云出口不到 3 千米，村委所在地与大云镇政府所在地隔路相望，距离嘉善县政府也不过 8 千米。居住在缪家村，工作在县城里，每天通勤也毫无压力。区位优势给年轻人带来了更多的机会，可以在本乡镇、县域、嘉兴市甚至上海地区、杭州地区选择工作。村里有些年轻家庭就是过着这样的"双城生活"，工作日在嘉兴市，周末就一家人回到村庄跟父母一起生活。从这个意义上说，区位优势有助于保持年轻一代与村庄的联系，从而增加村庄的活力，而不至于像一些偏远村庄产生"空心化"。

第二节　村庄生活变迁的动力

改革开放四十余年来，缪家村发生了巨大的变化，究其缘由，首先改革开放的大环境与地方政策的持续推动；其次，具体到缪家村本身，我们认为其动力一方面来自于村庄内部主动重构人地关系，充分发挥了土地作为资本的力量；另一方面在于村庄外部庞大的外来人口带来的影响。

一、人地关系重构

人地关系是乡村经济社会生活中最重要的方面。改革开放以来，在农村工业

化的潮流中，缪家村穷则思变，重构人地关系，把土地资本化，念活"土地经"，推动了村庄生活样态的改变。

在集体化时代，与全国所有村庄一样，缪家村村民也是通过村集体而与土地间接发生联系，人地关系结构可以简化为"人 ——→ 村集体 ——→ 土地"。当时农业技术水平低、机械化程度低，集体劳动生产率低，村民终年在田里劳动也仅能解决温饱。1983年缪家村分田到户以后，农业生产以家庭为单位实行个体经营，不再通过村集体统一调度，村庄的人地关系结构转变为"村集体 ——→ 人 ——→ 土地"。生产者与生产资料得到了紧密结合，农业生产效率大大提升，一部分劳动力从土地上解放出来寻找其他就业途径，形成了半工半农，工农兼业化生产的家庭经营模式。缪家村靠近集镇，务工机会较多，村民们往往白天到工厂做工，晚上回家种田。他们早晚不停劳作的精神让当时村里的外来户都感叹"这里的人太辛苦了！"

进入20世纪90年代，随着农业比较收益的下降，种子、化肥、人力成本上升，扣除农业税费负担，种田不但无利可图还成了占用家庭劳动力的负担。另一方面周边地区工业经济发展，带动劳动力进一步流向工业和服务业。缪家村这一时期也出现了严重的抛荒现象。也有把土地给外来农户耕种的现象。但附着在土地上面的社会保障功能使得农民又不能放弃土地，人地关系出现了矛盾。这一时期缪家村农业生产下降，集体经济仅仅依靠凯乐服装厂和水泥预制场两家村办小企业，缪家村沦落为嘉善县里的贫困村。

在这种情况下，缪家村决定利用靠近集镇的区位优势，盖厂房出租给企业。当时这个决定得到了全村上下的支持。1994年村里贷款建造了第一批厂房，3年后村里不但还清了贷款，收回了成本，集体经济还有了结余。土地第一次为缪家人贡献出农业以外的收入。为了充分发挥土地的效益，2005年起村里还把分散的村民聚居起来，如此不仅节省基础设施投入，便于管理，还能加强土地流转。就是在这些流转出的土地上，一个个企业入驻，一个个项目展开，村集体经济不断壮大，为居民带来更高收入。在缪家村的主动介入下，土地与村民的关系再次发生了重大改变，土地不再仅仅是生产资料，还是能赚取租金的资本。土地的资本属性被剥离了出来。

集居到新社区后，村民们彻底从农田里解放出来。一方面家庭收入不再依赖农业，另一方面村里通过土地流转为村民取得了城乡社会保险，原本土地上附着的社会保障功能也被取代。农用地再次回到了集体手中，人地关系结构转变为"人 ⟵ 村集体 ⟶ 土地"。与之前不同的是，土地的属性不再是单一的生产资料，还具备了资本属性。而村集体也不再仅仅是生产资料的管理者，村集体经济组织在不断的摸索和创新中发展成了现代经营主体，不但管理土地还经营土地。

二、传统农业生产方式转型

宅基地复垦、土地流转还让不少缪家村农户从传统的农耕中解放出来，他们或是就近进厂务工，或是自主创业，从而获得更多的工资性和经营性收入。而土地流转和集中耕作也可以为农户带来租金收入和粮食产出，同时解决了农民的养老和医疗保险。农民与土地的关系得以重构，农民从土地中取得了更丰厚的回报。

2001 年，缪家村开始土地整理工作，通过宅基地置换、承包地整体流转和土地租赁，为现代农业发展打下了基础。2005 年农房集居后，也出现了很多问题。例如，农具没有地方摆放，耕种下田不方便。于是村里就考虑要建立一个合作社。据当时的村干部回忆："当时，问题还是很多，农民说农具没地方放，农具放在里面不好看，稻谷去哪里晒等，很多不方便。所以村里书记又考虑建立一个农村合作社，你家的地你自己种也可以，不种就流转给村里，村里给你租金。有的农民不想种了，但有的农民还是想种的，那么你只要报给村里你种多少面积。到时候你只要把地弄好，合作社播种都是一条龙，合作社帮你插秧（机插）、施农药一起，统防统治。收的时候有收割机，你只要拿个袋子来收。有的农户稻子直接在田里就被人家（粮商）收走了。没收的，合作社直接给你收掉，我们合作社有烘干机，一次可以烘几十吨。合作社就是提高一系列的服务，所以我们的农民现在真的是很舒服。"

2005 年缪家村开始集中耕作，把农户不愿意耕种的土地通过流转集中到村里，除了一部分租给农业企业发展花卉、旅游，剩下的土地就交给村里统一耕种管理。在此基础上 2008 年正式成立了丰乐农技服务专业合作社（以下简称丰乐合作社），经营 560 亩村集体土地。丰乐合作社最初由退休村干部组织成立，缪锦章任社长，有 13 名社员，近年来有的社员年纪大了干不动了，就退出了，只剩下 8 人，全部在 60 岁以上，现在经营规模已经增加到 1400 多亩土地。现在主要是种植单季稻和部分小麦。

合作社一方面进行精品水稻、小麦育种，生产的种子一部分高价销售给种子公司，一部分直接供给社员种植。另一方面，根据不同的季节，轮番种植精品水稻和大棚瓜果等高效生态农业，取得了较好收益。发挥合作生产的优势，统一采购优质可靠种子和种苗，同时按照标准化组织生产，统一购进无公害肥料和有机肥料、低残留生物制剂农药，在确保产品质量安全的同时，积极注册商标，打响品牌，提升农产品价值。再一方面，成立专门的营销队伍，负责销售、运输、搜集信息等，农产品统一进入市场销售，实现了产前、产中、产后的有机结合，减少了交易的中间环节，降低了销售成本，获得市场流通环节的利润，增加了收入，增强了市场竞争力。依托丰乐农技服务专业合作社的设施、技术等优势，设立了技术信息咨询、生产资料供应、产品销售等服务窗口，提供农业生产资料的购买、农产品销售、贮藏以及与农业生产经营有关的技术、信息服务。尤其在水稻种植方面，提供统一的育秧、机插秧、收割、烘干，形成专业的一条龙服务。除服务本村农户外，还将服务对象扩大到了嘉兴、平湖等周边地区的一些农户。除此之外，还进行统防统治、拓宽增收渠道。在农业生产过程中，由合作社实行统防统治，实现"五统一"，即统一购种、统一病虫防治、统一生产管理、统一销售、统一结算，既节省了农户的生产成本，也增加了合作社的收入。合作社拥有晾晒场地 2000 平方米，库房 1650 平方米，2 台大型收割机，4 套烘干机，6 台插秧机以及 20 余台除虫植保机。这些家当不仅在合作社的经营中发挥着作用，也为周边农户提供服务，给大家带来了便利。

2011 年，缪锦章与合作社的其他 6 名党员带头创业种植了 70 亩生态大米，并注册了"缪家"品牌。2012 年，合作社第一次把"缪家大米"送到了浙江省农博会上。"缪家大米"颗粒饱满，质地坚硬，色泽清白透明，成饭食味清淡略甜，绵软略黏，饭粒表面油光艳丽，在浙江省农博会上得到了好评和热销。"缪家大米"的优良品质得益于全程实施无公害标准化生产，通过实施质量控制，全面应用测土配方施肥技术，选用低毒低残留高效农药，建立二维码追溯系统，确保农产品的质量安全。从育秧、插秧到田间管理，从生态、物理的病虫害防治到收割、烘干，全程机械化、标准化操作。2016 年，"缪家大米"售出 120 多吨，价格达到 10 元每千克，比品牌化之前翻了一倍。

此外，合作社充分发挥辐射作用，引导社员种植红心火龙果、铁皮石斛、葡萄等高质量的农产品，发展生态种养，形成"生态＋农产品＋品牌"的发展模式，进一步打响"缪家"品牌。

三、吸纳外来人口

"问渠哪得清如许，为有源头活水来"，这活水就是缪家村的外来人口。20世纪90年代，村里开始建厂房出租，起初多是本地人边务农边务工，随着企业增多，用工量增加，外来人口就渐渐多起来了。如果说外来企业入驻给缪家村集体经济注入了活力，那么随之而来的外来人口则具体而细微地改变了缪家村的生活样态。截至2019年7月，缪家村的外来人口已达到3822人，比本地人口（3388人）还要多出400多人。在缪家村，过去人们习惯称呼外来人口为"外地人"，而现在叫做"新居民"。称呼的转变一方面体现了缪家人对外来人口的认同，另一方面也映射出外来人口的影响。

第一，外来人口给本地人的生活带来了活力。新居民袁先琴大姐一家2009年来到缪家村定居，她跟爱人早年在华南一带工作，"相对广东、福建那些开发得比较早的地区，这里开发得比较晚，刚来的时候确实有点不习惯。比如说那时候这里公交车很早就没有了，人家厦门晚上10点夜生活刚刚开始。这边人晚上6点多就都回家里不出来了，外面开店的很少。我觉得外来人口改变了这里的生活方式。你看现在这里晚上也热闹了，有夜生活了"。的确如同袁大姐所说，傍晚7点多钟村文化礼堂广场上人流不断，跳广场舞的、散步的、杂货店门口聊家常的、嘻笑打闹的，文化礼堂里还有排练舞蹈节目的，到了9点多钟人群才渐渐散去。而路口卖西瓜的安徽大哥要等到10点才收摊。日出而作、日落而息的传统农耕生活节奏已经随着外来打工者的不断涌入而悄然改变。

第二，人口集聚带来新的收入渠道。居住于村里的外来人口大都在附近工厂里打工，他们就近租用村民的房子，与本村居民杂居。有的还拖家带口，把老婆孩子、父母、兄弟都带出来就业、就学。据村旅馆总台数据显示，截至2019年7月底，有445户本村村民出租了房子。租金水平单间约在350～500元/月，一整层一般在1000～1200元/月。附近企业工资根据具体工作的不同约在3000～5000元/月，有些技术工种甚至更高，因此房租负担并不重。除了出租住房当房东，一些村民还利用临街铺面开起了杂货店、小餐馆，为周围务工的人口提供餐饮服务。人口流入活跃了消费市场。

第三，外来人口增多促进村级公共服务提升。2017年筹备建立缪家村居住出租房屋旅馆总台，2018年开始运行。村长兼任经理，专职工作人员1名，负责采集信息录入电脑，系统接入嘉兴市房管通信息管理平台。旅馆总台在工作日开放，向村民和外来人口提供租房登记、查询服务。系统里每户生成一个二维码，可以通过二维码在手机上查看该户是否有房屋出租、价格多少等信息。外来人口入住本村和变更住所都需要到旅馆总台登记。本村村民出租房屋都发放了旅馆式管理登记手册，对租户信息进行登记。旅馆中心既提供服务又具备管理功能。年底年初旅馆总台的工作会比较忙，租户变动比较多一点，平时变化不大。缪家村居住出租房屋旅馆总台为子女提供好的教育环境，是外来户们选择留下的重要方面。外来人口随迁子女入托、就学都可以解决。本地孩子与外来人口子女共同成长，没有差别。

专

题

篇

ZHUANTI PIAN

后生产主义背景
下基层政府在休
闲农业发展中的
职能定位

中国
村庄
发展

20 世纪 80 年代中期，由于粮食生产过剩、环境资源的消耗、产业结构的转变，以及市场对于农业非生产价值的追逐，引发人们对"高投入—高产出"的农业生产模式的反思，进而掀起了一波农业后生产主义转向的浪潮。

在具体实践层面，休闲农业因其较好地体现了农业后生产主义的核心意涵而受到人们的广泛推崇。作为以农业生产、农村生态、农民生活资源为依托的复合型产业，休闲农业将传统农业从第一产业延伸到第三产业，实现了一、二、三产业的有机融合，突破了传统农业生产模式，实现了生态效益、经济效益、社会效益的统一，成为农业经济发展新的增长点。发展休闲农业能加快传统农业改造升级和农业产业结构调整，拓宽农业发展方向，提高农业发展层次，是促进农村经济、社会与文化全面进步的重要举措。

休闲农业能够为乡村发展带来巨大的经济社会效益，许多研究者从可持续发展理论、比较优势理论、农业区位理论、体验经济理论、环城游憩带理论、产业一体化理论、产业价值链理论、产业结构演进理论等区域经济学的研究路径出发，对我国休闲农业发展的现状特征进行了系统研究。与以上经济学取向的研究略有不同，本文将从后生产主义转型的背景切入，探讨地方政府在农村休闲农业发展中的角色定位问题，以期深入挖掘新型农业经济发展过程中的政治经济逻辑。

一、后生产主义与我国农村休闲农业的发展

（一）后生产主义与休闲农业的关联

在导语中，已经探讨了后生产主义的起源、后生产主义对乡村的重塑以及后生产主义的功能和逻辑。尽管研究者对于何谓后生产主义各持不同的看法，但从已有的研究中我们仍能看出一些共性，即农业发展的多元化取向。所谓的多元化，在政策层面主张以农业的可持续发展为目标；在环境层面注重永续发展性意识的崛起；在行动者层面则关注由下而上的草根行动；在经济层面则强调生产与经营形态的转型。那么这种后生产主义观念在本地扎根的具体操作路径是什么呢？换言之，通过何种运作模式能够体现后生产主义价值观呢？本文认为，休闲农业是传统农业向后生产农业转型的一条可行的路径。休闲农业的关键在于以休闲化的服务提供将消费者引入传统乡村与农业的环境，强调农业生产与休闲服务相结合，透过"在地消费"的概念振兴农村经济。

在西方国家面对农业部门萎缩、产业结构、人口外流、社会重组等问题时，休闲观光政策被施行，成为催化乡村经济发展的重要政策工具。例如在英国，有高达 56% 的农民转型从事多元化的农业经营，其中乡村休闲旅游又进一步吸纳了众多传统农业从业者。在台湾地区，为了解决传统农业发展所遭遇内在结构和外部环境冲击下的瓶颈，当地领导者提出了"地方生产，全球行销"的倡议，通过发展新型农业经营形态缓和日益衰微的农业产业。总之，休闲农业之所以日渐兴盛是因为其兼顾农业生产、农民文化和农村生态的特性，自然它就成为展现农业后生产体制的一种典型的实践方式。

（二）我国乡村休闲农业发展历程和主要模式

从历史角度看，我国休闲农业的发展大致可以分为三个阶段。第一阶段为 20 世纪 90 年代以前，属于兴起阶段。该阶段处于改革开放初期，主要是靠近城市周边和风景名胜区的少数农村地区根据当地的旅游资源，自发地开展了形式多样的农业观光旅游。第二阶段为 20 世纪 90 年代至 21 世纪初，属于初期发展阶段。该阶段处于我国由计划经济向市场经济转变时期，改革开放收到良好效果。在这一时期，随着我国城市化发展和居民经济收入提高，恩格尔系数从 1990 年的 56.5 降低到 2000 年的 44.5，消费结构开始转变，有了观光、休闲、旅游的新要求。同时，在农村产业结构调整和扩大农民就业的大背景下，靠近大、中城市郊区的一些农村利用当地特有农业资源，开办了包括采摘、钓鱼、种菜等多种形式的旅游活动。这些农业园区吸引了大批城市居民前来体验农家生活，亲近大自然，同时也在一定程度上增加了当地农民收入。第三阶段为 21 世纪初至今，属于规范经营阶段。该阶段我国人民生活水平由温饱型向小康型迈进，人们的休闲意识更加强烈，伴随产生的体验型旅游、生态型旅游等项目日益融入农业旅游项目中，极大丰富了农业旅游产品。人们绿色消费意识的增强，农业旅游与绿色、环保相结合，同时，政府的积极关注和支持，组织编制休闲农业发展规划，制定评定标准和管理条例，使休闲农业开始走向规范化管理阶段。

从共时的角度看，要素禀赋的差异形塑了各地区当下不同的休闲农业发展模式，大体可以划分成以下几类：

农业体验型。传统农家体验型，跟农家乐模式相似，只是其中侧重点是注重游客的亲身体验和参与原则，除了吃农家菜、住农家房、观农家景、干农家活之外，还有如市民公园、市民农场等也都属于此种类型。农业体验型休闲农业的主要目的是让城市居民体验农业生产的全过程，享受从播种、管理到收获的农家乐趣。

高科技主导型。高科技主导型，即是以高科技产品为支撑，利用现代高科技手段，以较大规模的农业生产基地为主要依托发展休闲农业的模式。以杭州的传化科技城为例，该项目是在政府、企业、院校的共同努力下建立的。科技城强化科技引领，改造传统农业，重视科技服务，是全国最大的商品种苗基地之一，不但优化了区域农业产业结构，也带动了大批农户增收致富。

新农村建设型。新农村建设型，即以新农村建设为基础和出发点，带动当地整个农村建设，缩短城乡之间的差距，促进农村的整体发展。如宁波天宫庄园，其建设始于宁波鄞州湾底村的新农村建设。历经三个阶段的发展后，该村被打造为蚕桑文化、红酒文化、乡村民俗文化有机交融，集农林观光、科普教育、乡村体验和休闲娱乐于一体的社会主义新农村的样板。

综合休闲体验型。综合休闲体验型主要以休闲和娱乐为目的，以乡村意境为核心，不仅有农家参与的功能，还有科普教育、产业带动等方面的功能。但主要是开发具有乡村氛围的综合性休闲旅游产品。这对空间地域没有限制，可以在乡村，也可以在城市。比如：开发建设高标准的休闲渔业垂钓基地，开展垂钓、划船、烧烤等休闲活动；利用农场提供农作、垂钓、骑马、狩猎等活动；开发建设高山农庄，方便游客休闲、度假、娱乐、食宿等。

（三）作为农业经济发展推动者的地方政府

许多研究者指出，迄今为止，在中国 40 多年成功的市场转型过程中，中央和地方政府起到了重要的作用。无论是用政府援助、地方政府法团主义还是发展型国家来刻画这个观点，总是暗含着这样一个观念，即政府（国家）在创造和形成用以保障和激励中国经济奇迹的制度安排上起到了至关重要的角色。中国的发展主要依赖于国家主导的制度变革过程，政治精英创造了提高效率的规则和政策。许多研究不止一次地聚焦并指出地方政府官员是如何运用治理手段和财政权力，并通过加大地方基础设施投资，或建立地方产业园区的方式，成功地推动了地方经济的发展。

当我们运用这种"国家中心论"的视角来分析农村发展的问题时，不难看出，在改革初期，之所以地方政府更多充当"扶助之手"而非"攫取之手"可以由"政府产权论"和"政府监督论"进行解释。"政府产权论"强调农村乡镇企业是由地方政府投资创办的，作为企业实际上的所有者，他们掌握了从人事任免、重大投资决策到资产处置和利润分配等方面的权力。"政府监督论"则意味着基层政府透过对企业进行直接而密切的监督改善了企业的经营效率，推动地方经济发展。具体地说，村镇两级政府面临着较少的来自中央的干预，所有权上更有保障，因而对企业有着更少的非财政目标，也没有动机解救亏损企业。此外，由于村镇企业控制的企业数量少、规模小，因而对企业有着更强的监督能力。鉴于上述原因，村镇政府有着更强的动机和能力去行使作为一个所有者的权益，乡镇企业的发展成型也解决了长期困扰国有企业并导致其效率低下的软预算约束和委托代理问题。当 1994 年分税制改革被推行后，地方政府对本地经济进行有选择性的干预又是由两大制度激励因素决定的。一是"分灶吃饭"的财政体制改革使得地方经济发展水平与地方政府的收入密切相关，为地方官员谋求经济增长提供了强大的经济激励。二是干部考核与选拔标准从政治忠诚向经济绩效的转变，以及官员在升迁过程中表现出的政治竞标赛性质，为地方官员积极推动经济增长提供了强有力的晋升激励。

那么，在当下的环境，地方政府经济行为是否依旧是乡村经济发展的主轴？如果是的话什么样的制度和结构因素会影响地方政府的行为？市场力量的不断被释放以及社会被不断地生产出来是否会为新一轮的农村制度变迁引入新的变数呢？本文认为，尽管农村的一些行业协会、龙头企业等非政治因素不断壮大，但"政治团体作为游戏规则的制定者和实施者是经济绩效主要来源"的观点依然无法被撼动。国家从来不是地方经济发展的决定因素，但不可否认的是它一直是一个引领主导力量。凭借着使用合法强制手段的专断权力，国家享有制度变革的实质性成本优势，而相反为了建立和实施游戏规则而发起的集体行动会产生成本，而"搭便车"问题限制了经济活动参与者承担这些成本的能力。此外，在当下重新回到国家还有另一层历史的原因。如果我们把历史发展看成是稳定和变动期不断交替式的螺旋上升过程的话，那么当下中国无疑是处在一个稳定时期，因此那些引发突变的因素也就不如维持常态的因素具有重要意义了。

具体到休闲农旅产业的发展，政府行为主要体现在制定正确的发展政策，合理配置资源以促进发展。地方政府的工作涉及以下几方面内容：一是将旅游业确定为主要产业，在相关设施的建设、行业规范的制定等提供更好的基础条件，同时介入旅游形象宣传，投入旅游发展必要的资金；二是起到市场培育作用，即采取宏观调控的方式，由点到面、从局部到整体，循序渐进地放开市场，提高市场的活力；三是发挥政府规制作用，在市场资源配置起不到作用，或者作用不明显的前提下，运用各种手段，对旅游业中各个主体做出直接或间接的具有约束力的限制、规范。旅游业是一个同时具备生产、消费、公共性服务业性质的现代服务业，只有充分发挥政府主导的作用，从旅游的政策制定、实施、监督，到投资项目的规划、开发、引导，再到相关设施的建设、维护等方面入手，营造良好的发展环境，才能更快更好地促进旅游发展。当然，在预防政府政策、服务、监管缺位的前提下也要避免政府主导力量过于强势，遏制旅游市场自身发展的积极性与创新性。

二、大云镇缪家村休闲农业开发模式

（一）缪家村休闲农业开发概况

嘉善县大云镇缪家村位于大云镇东部，村域四周北至大云镇曹家村、东云村，东至惠民街道王家村，南至平湖市钟埭街道，西至大云镇区。紧邻沪杭高速公路大云出口、大云高铁南站及善江公路。全村区域面积 7.07 平方公里，农户 1048户，户籍人口 3369 人。近年来，缪家村围绕"乡村游"这一主题，从村庄发展引导、村庄建设布局，坚持以"规划 +"引领"三生融合"，将"多规合一"的规划成果与大云镇总体规划、旅游度假区总体规划、甜蜜小镇规划、大云镇镇村布局规划、嘉善县中心城区土地利用总体规划进行了充分衔接，整合乡村旅游资源，全面推动农家乐休闲旅游快速发展。

在休闲农旅产业开发过程中，缪家村立足自身现况，挖掘发展优势，从邻镇型村庄区位优势、社会经济发展优势角度出发，确定了大力发展现代农业，实现规模养殖、建设休闲农业园等的农业发展方向；以乡镇工业为主，三产协同并进发展的工业发展路子；以巧克力小镇等一批旅游项目为平台，集聚产业，支撑旅游，走"旅游 + 村庄"的特色发展之路。

目前，缪家村乡村休闲旅游度假区已初步形成，区域内已经形成了以碧云花园、拳王休闲农庄、巧克力乐园、十里水乡、鲜切花现代农业示范园区等一批富有浓郁地方特色、产业特色的农村休闲旅游项目。目前，全村各种不同类型的农村休闲旅游点已经发展到 8 个，其中省级农家乐特色点 2 家，分别为碧云花园、拳王休闲农庄。先后获得浙江省休闲旅游示范村、浙江省特色旅游村、浙江省绿化示范村、浙江省农家乐特色村、浙江省农家乐休闲旅游"十佳特色村"等荣誉称号。

（二）基层政府在休闲农业开发过程中职能定位

在没有大山大水、没有千年古镇，本身资源并不具备突出吸引力的情况下，嘉善大云缪家村是如何成为一、二、三产业融合发展的全国样板的？基层政府的引领作用是缪家村实现华丽转型的关键所在。但现如今的地方政府是否在经济发展过程中依然扮演着如同过往一样的角色呢？为了更好地回答这个问题，我们需要细致地梳理地方政府在农村休闲农业发展中具体的实践行为。总的看来，大云村镇两级党政机构主要通过顶层设计、硬件升级、产业打造和品牌运作探索出了一条具有大云特色、符合缪家村实际的美丽经济发展模式。

顶层设计。大云休闲农业发展的一大特色是突出规划策划的引领作用，按照接轨上海、对标上海总规的要求，坚持上海缺什么我们补什么的发展方向，谋划好小镇的定位和发展思路。规划上，对照全域旅游的要求，在抓好大云镇总规修编的基础上，做好全域旅游规划编制工作。同时根据新的旅游规划报批要求，抓好度假区总体规划批复工作，推进度假区总规批转评审，目前已完成县政府报批报告。策划上，与景域集团开展全方位合作，按照全域旅游的要求同步跟进小城镇、中德生态产业园专项策划。

硬件升级。在农旅基础设施的建设过程中，大云镇镇政府对标"镇域景区化、景区全域化"要求对度假区、小城镇、工业园分别按景区标准进行公共配套和环境提升。度假区以国旅创建为抓手，联动省级特色小镇验收和风情小镇创建，以5A 标准加速基础设施大建设和旅游配套大提升。目前度假区 6 个基础设施建设正在全面铺开。①游客服务中心、南区公交站、公共停车场：占地 45 亩，总投资 1.34 亿元，近期将开工建设。②殷家桥码头公园：占地 10.8 亩，总投资 6400 万元，新建码头、公园绿地及配套用房，近期将开工建设。③度假区北区公共停车场：占地 21.4 亩，总投资 4980 万元，目前一期停车场和管理用房已基本完成建设，计划年内完成云宝生活馆装修，启动二期建设。④度假区主入口迎宾大道：全长 1.5 千米，总投资 5000 万元，目前已完成善江公路—双庙桥港段基础工程建设。⑤云海路改造工程：全长 2.55 千米，其中新建 1.5 千米、宽 30 米，拓宽 2 千米

（由 7 米拓宽至 30 米，含 4 座桥梁），总投资 1.2 亿元，目前中段已进场施工。⑥全域导视系统：包括度假区、集镇、工业园区，总投资 500 万元，一期 6 月份完成，年内完成整体工程。

小城镇则以争创省级样板镇为抓手，划分 12 个片区，由班子领导领衔，开展环境整治百日攻坚，目前小城镇的白改黑、线乱拉治理、节点景观打造等各项工程都在紧锣密鼓推进。同时，派出所大楼、云宝主题幼儿园上半年均将投入使用，公寓房安置小区一期即将启动建设。

工业园以 3A 景区标准加快主要道路改造提升，目前云寺西路、卡帕路改造提升工程正在以"工业 1.0—工业 4.0"发展历程为主题，打造个性节点景观，构建完整连续的整体道路景观。同时，将以 4A 标准、创 3A 为目标，年内启动云谷空间建设，并确定了 10 家美丽厂区创建任务。

在村落层面上，2017 年，缪家村累计投入 900 多万元，对照卫生保洁、污水治理、河道整治、道路沿线、村庄绿化等 5 大项内容开展环境整治工作，对新农村南北区片进行污水纳管与雨污分离改造工程。全村实现水泥路 100% 硬化，村内所有道路平整完好且干净整洁，投入 2000 多万元对村主干道——花海大道进行了绿化、亮化、美化提升工程。沿线的导向标识设立清楚、设计美观。景区内建有村部、新社区等 4 个停车场，以及新的停车场（一期）等旅游公共服务配套项目。

产业打造。在一、二、三产业深度融合上，大云镇坚持以"旅游 +"串联产业振兴。在"旅游 + 工业"发展方面，具有代表性的项目是歌斐颂巧克力园区。"歌斐颂"巧克力小镇的定位是"打造以巧克力产业链为基础、文化创意创新链为支撑、休闲蜜月度假配套链为核心的宜业宜居宜游的特色小镇"。距缪家村 1 千米外，一座"欧洲小镇"在田野间格外引人注目，它是全国首个巧克力"旅游 + 工业"项目，也是浙江省特色示范小镇。2017 年成功创建为国家 4A 级景区，目前正在加快项目二期建设。二期占地 125 亩，总投资 6 亿，建设可可文化展示体验馆、巧克力学院、青少年探索研学中心以及巧克力文化主题展示中心，目前正在办理开工手续，计划 6 月份启动建设。

在"旅游 +"引领农业大开发方面，大云镇用工业理念推进农业退低进高、退散进集、退乱进美，依托全域土地流转，目前小镇范围内已累计流转农田 1.4 万亩，流转率达 88.7%，下一步将大手笔推动 5400 亩农田大招商、大开发，以自然河道及主要道路为界，以 200 ~ 400 亩大小共划分 15 块区块进行农旅招商，目前正在与嘉佑农业、台湾精品农业对接农旅开发项目，做靓小镇农业大底色。同时，高品质推动一批农业主体快出形象。（1）拖鞋浜美丽乡村项目：计划总投资920万元，打造精品民宿，目前正在实施立面整治、"六化一配套"改造提升、庭院提升等项目，并积极开展招商工作。一是与莫干山民宿公司合作，对方提供设计图纸，我们负责装修，再出租给对方；二是与台湾民宿公司在谈合作，房屋外部我们装修，出租给对方，内部对方装修。（2）云端花事（笠歌生态）项目：占地150亩，总投资1000万元，露天卖场月季区近期将试营业。（3）缪家村全域土地整治样板区：共2500亩，将打造成田园旅游综合体，规划形成4个功能区和1个集观光展览体验为一体的展示中心，通过嘉德园艺、美华养殖场等主体提升以及项目引入、业态丰富，做透农业生态大底色，并适度配置游步道、观光线和农旅产品的开发，做靓农旅融合大文章。

品牌运作。大云休闲农业开发的精髓在于借力专业团队进行品牌运作。这里的专业团队指的是景域国际旅游运营集团。从资料来看，该集团是中国领先的旅游产业O2O一站式服务生态圈企业，2017年进入"中国旅游集团10强"。集团董事长洪清华深耕旅游行业多年，创新提出"旅游IP"概念，强调新时代下的旅游产业从流量化到品牌化、IP化的重要转型，被誉为"旅游IP第一人"。每年的景域集团旅游IP大会更成为行业内品牌、IP运营交流的峰会标杆。

2016年，嘉善大云和景域营销便达成战略合作，全面启动品牌整合营销策划工作。景域集团作为旅游全产业链生态圈企业，在旅游规划、旅游营销、旅游文创产品等诸多方面做足文章，帮助大云镇打造新型农旅经济。在争创"国家级旅游度假区"总体目标中，围绕"甜蜜"这一特色基因做文章，帮助大云明确了"中国甜蜜旅游度假目的地"的目标定位，向市场推出了"把你宠上天"的品牌口号，帮助大云建立了明确的市场品牌定位，并因此加深、明晰大云在游客心中的品牌形象。2017年，为了增强大云品牌吸引力，景域又为大云推出了卡通IP形象"云宝"，成为品牌"甜蜜宠爱"价值的具象表现和感知。

如前文所述，有关地方政府与经济发展这一话题已经积累了大量的经验研究。在考察大云镇缪家村近几年来的经济发展的动力机制的过程中，我们依旧主张要回归国家中心论，其目的不在于附和这些已有的研究。因为通过上述的归纳，我们发现：在当下，地方政府并非如改革开放初期那样呈现出浓重的"公司化"特征，地方官员也并未扮演"企业家"的角色。换言之，缪家村农旅经济得以发展并非因为政府采取一手包办的策略，动员资源创办集体企业，并以所有者的身份直接干预企业内部的经营运作。与八九十年代那种"法团主义"模式相比，现在的地方政府参与地方经济发展的手段和方式发生了显著的变化。首先，在以前，地方政府工作的重心在于集中力量创办集体企业，而现在地方政府主要通过创办工业园或者产业基地、改善投资环境以及提供各种优惠条件吸引更多的企业迁入当地，以壮大地方政府的财政收入。其次，在当下，地方政府也不再扮演"企业家"的角色，转而为企业提供各种外部的扶持和服务。所以，现在的地方政府更像是一个"经纪人"，起到营商环境的营造作用。这种从"法团主义"向"后法团主义"发展的轨迹是大云镇缪家村发展的一大特点。

三、休闲农业开发中政府职能的提升空间

缪家村在较短的时间内完成了农村休闲旅游业大框架构建和核心景观的布局，与新农村建设相结合，极大改善了村庄面貌，提升了乡村美誉度，受到了当地村民的肯定和支持。然而，值得指出的是，这种"自上而下"的产业开发路径也有其先天性的不足，具体体现在以下几方面：

（一）开发规划不够周详

缪家村的农旅发展从规划之初就是在当地政府扶持下进行的，虽然农旅产业的规划考虑到了田园风光的自然美和江南农家的安静祥和，但景区内的道路、绿化、照明等设施在设计上缺乏特色。在设计细节的把握上，简言之就是独特性不够。

传统旅游六要素包括"食、住、行、游、购、娱"，窦群和田大江（2015）提出新旅游六要素，即"商、养、学、闲、情、奇"，新六要素是在传统六要素基础上的提升，反映了旅游者的高层次追求。乡村旅游项目应当充分研究旅游者需求，从品质和舒适度入手，延伸消费链，在满足游客多样旅游需求的过程中增加经济效益。大云镇旅游景区开发规划中，政府重视了游客"游"的项目建设，忽视了游客的其他需求，如面向普通游客提供餐饮、住宿、购物服务的规划。餐饮经营户过少，无法满足游客的临时性就餐需要；购物超市仅包含部分特色农产品和满足村民日常生活的生活用品，无法满足游客短期住宿停留的需要。旅游消费链不完整，既影响了整体经济效益的转化，也影响了游客对乡村旅游的满意度和重复观光的意愿。

乡村旅游既具有事业属性又具有产业属性。这种双重性体现在规划发展乡村旅游，必然会在道路交通、环境整治等方面产生较好的社会效益。过去发展旅游业要强调不能过分重视经济效益，也要关注社会、生态、文化效益；在增加农村居民经济收入的同时，也要提升地区形象、改善民生福祉。在具体操作的过程中，基层政府有时候过度僵化教条，对于景点不收或者以极低的价格收取门票，最后导致景点的基本运营成本都无法收回。一个好的农旅项目应该是能够实现景区盈利目标的。为了达到这一目的，在乡村旅游项目对外开放初期，可以使用"低价门票"策略吸引人气，扩大知名度后再收取门票，这样门票及娱乐项目收入、旅游商品收入、商户摊位租金及管理费用等也有了着落，农旅事业从而也就扎下根来。总之，当前政府开发乡村旅游，就要防止乡村景观沦为单纯的形象展示载体，缺乏盈利点的乡村旅游项目无法脱离政府扶持实现可持续发展，因为经济效益决定了市场主体参与乡村旅游的积极性和方式。缺乏盈利前景的乡村旅游项目开发规划，既对村民投身经营缺乏吸引力，也增加了吸引社会资本投资大型乡村旅游项目的难度。

（二）引导和激励不够充分

乡村旅游的主体应当是农村居民，政府推动景区（点）建设，归根到底是为了带动景区所在地及周边的农户获得经济效益。村民通过乡村旅游直接获得经济效益的方式有直接创业作为经营户参与、作为员工为旅游业服务。农村居民在乡村旅游发展中的边缘化与乡村旅游发展的初衷是相背离的。当前大云乡村旅游直接从业者人数较少，大部分村民能够享受到乡村旅游带来的环境效益、文化效益，但关键的经济效益是空白的。

政府可以从以下三个方面对当地村民开展引导。一是引导农村居民利用拥有的土地、房屋、技术资源进行经营，提供旅游产品，解决旅游者的吃住问题，有条件的可以提供采摘、垂钓等娱乐项目，获得农业经营增加值。二是引导农村居民文明对待外来旅游者，农村居民及其生活本身就是乡村旅游"乡村性"的一个部分，政府通过引导农村居民理性看待旅游开发，接受与旅游者共享生活空间和公共基础设施，避免当地居民与旅游者的冲突。三是引导农村居民参与乡村旅游区规划、项目引进决策等，这同时也是推进基层治理民主化的需要。

乡村旅游项目的直接利益相关者主要包括各级政府和部门、经营户、村委会、旅行社、游客和当地居民。在激励设置方面，当前政府的激励措施和考核办法，对景区创牌有一定的激励作用，但对各级政府创新发展乡村旅游的激励不足；对投资数额较大的大项目的奖励和补偿多，对规模小、投资少的个人或小企业的帮扶少；对具体负责推进景区建设、市场开发、创新宣传的政府工作人员缺乏必要的肯定和激励。适当的物质和精神奖励的缺乏，导致政府工作人员在工作中缺乏创新实干的动力，个人经营户和小企业缺乏作为本地乡村旅游业一环的自我认知和归属感，政府在推进乡村旅游项目开发过程中重视物质的项目建设，而忽视乡村的文化内涵和人文包装。

（三）宣传和培训有待加强

当前各地旅游业纷纷兴起宣传营销，刺激群众消费欲望，将潜在消费市场转化为实际消费的游客。一定区域范围内同类型的旅游项目的潜在市场是一致的。在信息不对称的情况下，宣传推介的力度和策略，较大程度影响游客心目中的乡村旅游目的地排位。景区自身能够投入宣传推介的资金受景区实力的限制，跨区域的宣传推介多在政府整体的旅游目的地宣传中实现。

大云的旅游整体宣传还存在不足，制约了宣传推介效果的实现。尽管已经打造了旅游 IP，但对于这一形象的认知度仍然有限。在传统媒体和新媒体上的宣传以文字报道、图片展示居多，缺乏有影响的网络营销活动和手段。此外，在信息公布上也存在渠道过于单一的问题。若缺乏一个统一专业的农村旅游信息平台以呈现景区产品和客户口碑，那乡村旅游发展的可持续性也就成为一纸空谈了。另外，政府组织人员参加乡村旅游展销活动时，展现形式较为单一，吸引力不足。市政府举办的节庆活动影响力较弱，活动中招商引资成果丰富，但与乡村旅游有关的项目少，存在宣传工作重形式、轻效果、以会议宣传会议的现象。

最后，农村居民没有专业的旅游管理教育背景，缺乏服务行业培训也是一个制约因素。良好的培训能够提升乡村旅游从业者的服务质量，规范经营餐饮、住宿、娱乐项目，提高旅游者的满意度。当前受资金和培训规模的限制，只有部分从业者有机会参加外出培训，培训内容对实践的指导不足。到乡村旅游点进行的培训，授课内容较为浅显，除满足日常接待外，对农村居民创新旅游产品缺乏启发和引导。

（四）政府依赖度过高

政府推动乡村旅游开发、维护市场经济秩序，归根到底应当是"政府搭台、企业唱戏"，发挥市场的资源配置作用，政府应当在自身的职权范围内发挥作用。越位、越权违背市场经济规律、制约市场活力，造成经营户对政府作用的过度依赖，一切等政府、靠政府，都不利于市场主体通过经营，实现经营水平的提高和经济效益的增长。

大云缪家村各旅游景区项目作为重点旅游建设项目，受到各级政府重视，但在实际管理运行中，运营主体未能独立经营。景区没有能够成为一个独立的个体，负责自身的宣传、促销、产品策划。在地方政府重视下，虽然能够保证各项工程按序进行并完成，但政府和景区经营主体权职混乱，既加重政府工作负担，又削弱了乡村旅游项目根植于乡村的创造力和活力。

此外，在乡村旅游项目开发中，有些项目支出由政府财政负担，建筑施工、手工艺人工资、标志牌制作、宣传资料制作等依赖于地方财政。旅游公司、景区资金上的短板，也是其对政府支持过度依赖的原因。短期内充足的资金能够让项目开发维持较高的效率，迅速调配各项资源，完成基础设施建设、提供公共服务，但政府负责了各项支出，村级组织、旅游公司等筹集资金、创新经营管理的主动性减弱，村民建设乡村、参与乡村旅游开发的意识和归属感不强，村民成为看客，将自身隔离在本村的乡村旅游开发之外，缺乏发展乡村、推动旅游业发展的动力。

实现景区长期独立发展，必须接入市场，增加盈利点，用获得的利润投入环境维护、新项目开发，用市场竞争倒逼产品升级、提升管理水平。财政包揽景区运营支出的扶持方式，长期持续维持的可能性低，应当转变政府对乡村旅游开发的支持方式，由简单报销转变为奖补，逐渐摆脱景区对政府资金支持的依赖性。

四、完善休闲农业的有关对策

自提出建设社会主义新农村以来，农业的转型问题再次成为人们关注的焦点。休闲农业的出现，既解决了农业的转型问题，同时也拓展了生态建设的内涵。然而，休闲农业要在农村经济中占据一席之地，必须走产业化这条路。浙江休闲农业的产业化过程必须结合浙江的实际情况，以市场为导向，以提高农民收入为根本，以保护生态环境为基础，充分利用各方面资源，加快休闲农业产业化发展，以促进新农村建设。具体地说，可以通过加强以下几个方面的工作来提升当地休闲农旅业的市场竞争力。

（一）加大政策支持力度

休闲农业的发展不仅要有资源上的前提、体制机制上的条件，更要有国家政策上的支持，这样才能更快更好地发展。重视农业的多功能性已成为世界各国的共识，许多国家已逐步将农业多功能性视为政策调整的基础和目标，为此，浙江大云应当借鉴国外的经验，以现有休闲农业发展为基础，加强政府扶持引导，制定相应政策措施，倾斜财政支持政策，培育特色鲜明的乡村旅游产品，真正实现"一镇一貌，一村一特色"，使本地旅游业朝着差异化、专业化的方向发展。

（二）拓宽融资手段，引导资本投入

休闲农业的发展，不仅要依靠政府的优惠政策，更要拓宽融资手段，引导各类资本的投入。第一，金融机构要积极为休闲农业经营单位和农户提供信贷支持，通过信用村的评定，提供多种形式的金融服务，帮助解决休闲农业发展过程中的资金需要，并在贷款利率上给予适当的优惠支持。第二，也要同时吸引民营资本投入，重点推动农村休闲项目的开发与支农资金挂钩。第三，引导大型旅游企业参加休闲农业项目的开发和经营，完善农村土地使用权流转机制，激活农村宅基地资源，在满足农民居住自用的基础上，引导将多余的产权房入股参与建设集中的、规模型产权式的农业旅游住宿设施。第四，适当采用项目融资和基金融资模式。项目融资是以项目本身拥有的资金以及收益作为还款的来源，而基金融资则利用资本市场扩大融资渠道，由政府、企业和个人联合投资形成融资平台。两者相结合能够克服农村休闲农业因其规模小和运作不规范而产生的资本积累难以完成的问题。

（三）加强科学规划和指导，合理开发休闲农业

规划是指导产业发展的重要依据，发展休闲农业也要有总体规划。浙江各级政府要重视加强对休闲农业产业的规划和指导，特别是对农业生产基地、加工基地进行总体规划，引导休闲农业的发展。要把休闲农业规划区的建设视为社会公共事业，投入资金建设硬环境，并配以优良的软环境条件。农业部门和旅游部门要配合，整合农业资源和旅游资源，制订浙江各地的休闲农业发展规划，并纳入地方经济社会发展总体规划，与现代农业发展规划、旅游业发展规划、城镇发展规划和新农村建设规划等结合起来。规划起点要高，内涵要深，坚定不移地秉持

"守住绿水青山才有金山银山"的理念，以农业为基础，以农民为主体，以发展的眼光看待每一种资源，逐步向"布局更加合理、定位更加科学、特色更加鲜明"的方向推进。

（四）加大产业规模，建立合理的产业组织形式

休闲农业不是纯粹的农业开发，也不是传统的旅游项目开发，它的发展必须包含并兼顾农业、环境、生态、经济、社会、文化的内涵，只有这样休闲农业才能走上健康的发展之道。浙江休闲农业的产业化发展一方面取决于产业规模，另一方面也受制于产业化组织模式。由于浙江旅游资源分布的不平衡性，导致不同地区旅游产业化水平和潜力有所不同，由此应该采取的产业化发展政策和组织制度也应有所区别。在产业化水平比较高的地区，应当偏重于旅游企业集团化和品牌化，而发展水平比较低的地区则应该鼓励个体和私营经济的参与。就目前缪家村的实际情况来看，加快培育休闲农业龙头企业，并使其发挥带动能力应该是当地产业组织发展的主要路径，只有这样才能充分发挥集团化发展所具有的整合全产业链生产要素的功能。

（五）提高横向联合管理水平，建构新型的产业管理模式

作为产业融合的新生业态，休闲农业所涉及的产业内容广泛，与农业、旅游、工商、质检、环保、财政、电信、劳动保障等部门都有联系。而现实中部门之间仍然存在联系不紧密、沟通不顺畅的问题，需要建立一个具权威性的协调管理机构进行统一协调与管理。这种跨界治理机制强调各利益主体之间持续的互动，以认可的目标为前提，实施对公共事务的管理，以实现资源有效配置为目的。2007年农业部与国家旅游局签订的关于促进社会主义新农村建设与乡村旅游发展合作协议在某种程度上体现了横向联合管理的理念，值得地方各级部门学习和效仿。

（六）建立休闲农业培训体系，加大人才的培养

休闲农业的产业化发展是一个复杂的系统工程，而人才是这个系统中最主要的因素之一。休闲农业产业化培训主要包括经营人员的培训、社会中介机构从业人员的培训、相关从业农民的培训等，其培训对象涉及相关产业链方方面面的从业人员。其中，相关产业农民的素质是制约休闲农业产业化发展的主要因素。没有高素质的农民，就不可能实现农业生产方式的转变，建立生态、集约、高效的农业也就会成为一句空话。对于农民的培训核心在于两点：一是生产经营技术；二

是服务意识。抓住这两点就能迅速打造出一支高水平的休闲农业开发经营团队。

总之，休闲农业的兴起和发展，符合建设资源节约型社会的政策导向，符合农业自身发展特点和绿色消费市场兴起的时代特征，是进行农业结构调整，拓展农业的多功能性，转变农业生产增长方式，发展高效生态农业的一次飞跃。近年来浙江各地休闲农业发展成绩斐然，在新农村建设、农业产业结构调整、农民致富等方面发挥了积极作用，浙江休闲农业产业的发展前景必将更为广阔。

访

谈

篇

我们的故事

FANGTAN PIAN
WOMENDEGUSHI

深度访谈法是本书搜集资料，开展研究的重要方法。总共对村干部、村民进行了24人次的访谈，包括历任、现任的村干部、退休教师、致富带头人、返乡创业者、普通村民、外来人员，涵盖了各阶段年龄层，整理访谈资料12万余字。每份访谈基本包含了个人经历、家庭情况和对乡村发展的感受、评价三个层面的内容。每一份访谈都是如此珍贵，是村干部和村民对我们的莫大信任和支持，每一份我们都想完整地保留，但限于篇幅及我们关注的研究旨趣，选出7篇访谈记录作为村民生活的实录，并在篇末附上所有访谈名单，以示对被访谈人的尊重。

张爱英访谈

被访人：张爱英，女，1962 年生，村民，文艺爱好者
访谈人：李旭
访谈时间：2018 年 7 月 23 日下午
访谈地点：缪家村文化礼堂
整理人：李旭等

李：张大姐您好，谢谢您接受我们的访谈。我是我们课题组负责文化一块的。请问您在文艺方面的主要爱好是什么？

张：我原来唱歌的，后来喉咙做了一个手术，为了保护嗓子，所以改去跳舞，2005 年的时候，文化馆开馆，说我们村怎么没有一个文艺团队，我就带着村里面的姐妹们组建了一个舞蹈队。

李：唱歌有没有什么团体组织？

张：我唱歌就喜欢戏曲的，大云村 2017 年 3 月成立了一个戏曲团，我是团长，我们有演出的都是穿戏服，和电视里一样的。像《碧玉簪》《梁山伯与祝英台》，去年五月份有一场演出。像《王老虎抢亲》，都是越剧方面的。

李：张大姐，我想了解下你在村里的生活，你是嫁到村里的还是本来就是村里的？

张：我原来就是村里的，不过原来是四个村合并过来的，我是高一村并过来的，我的房子十几年前就造在这里的。

李：到这个村多久了？

张：我 2005 年过来的，原来的高一村就是现在巧克力厂那里。碧云花海种花的田就是我们的田。我们反正就是在中间，南面碧云花园，北面巧克力小镇，西面是拳王农庄。小时候我就是这里土生土长的。我从小就喜欢唱啊跳啊，从读书的时候就是对文艺方面比较感兴趣，出来演出感觉自己比较开心，不是为了报酬。

李：你十几岁出来读书是 80 年代还是集体化的时候？

张：我是 1977 年初中毕业，1962 年出生，我们老早就初中毕业在田里干活了。

李：有没有做过什么副业的东西？

张：我在娘家的时候就是种田的，我老公跟我是一个小队的，老公是做生意的，他1991年的时候就做造房子的砖块生意，我在家里带孩子，干干农活。

李：几个孩子？

张：一个，1986年出生。

李：现在在外面还是本地工作？

张：在嘉善开宾馆。

李：张大姐，你十几岁的时候就在学校里开展文艺活动，你觉得从集体化到80年代，村里面的文艺生活有什么变化？

张：1980年的时候，我还没结婚的时候，我就参加镇里面的一些活动，镇里抽调人搞活动。结婚生孩子之后我就不怎么出去演出了，分田到户的时候大家没有什么文艺生活，集体的文艺生活比较少，整个村子都是这样的情况，那时候白天田里干活，晚上么看电视。儿子出生后，电视里看到个节目《十五的月亮》，我就跟我老公说叫他带孩子出去，我自己在家唱，我很想演出，很想有一个舞台，自己的舞台。现在越来越好了，文化礼堂就在我们边上，我感到文化越来越好。

李：村里的集体文艺生活什么时候开始多起来的？

张：在文化礼堂建成之前就已经有了，2004年的时候，镇里面拿过来一个歌词，让我唱关于三个代表的，镇上强调就是让唱的，然后我就在家里哼，然后到镇里唱。自己哼的一个调子，然后去各个地方演出唱了《三个代表》，"三个代表三件宝"（用越剧唱腔哼），一个唱工人，一个唱农民，还有一个我忘了。这个节目就在全镇各个村巡回演出，后来开始，镇上有什么演出，我就去了。后来一年一年的有演出都叫我去，好比三八节啊，有什么比赛啊。2010年是三八节一百周年，缪家村冯青妇女主任叫我去唱，我说我代表妇女，唱《杨开慧》，毛主席的夫人，穿一件风衣，然后演出音乐一起，我就唱出来了，镇上的书记说，这个是不是我们剧团请来的，人家说，这个是我们村的。书记说，不会吧，你们骗人的。这个本来的剧本是上海越剧队演的。我就看了电视后学的。然后村里就让我出去比赛，表演这个节目。现在带一个孙子，一个孙女，孙女大一点2010年出生的，虚岁九岁，孙子五岁。

李：你们舞蹈队现在有多少人？

张：30个人差不多，晚上跳排舞很多的，我晚上不跳，儿媳在家里开网店，做蛋糕，还有带我孙女读书，我晚上很忙。现在我在镇里跳秧歌舞，难度很高，请老师来教的，他们叫去跳，我很忙，我孙子是跟我睡的，本来我很年轻的，就是这几年很辛苦，感觉一下子老了5岁。今年我们村有个片子拍摄，我也在里面，《厉害了我们的乡村》，杭州的导演过来问我，"阿姨你这个气质很好，肯定是文艺骨干"，主持人问我，我们村里有哪些文艺团队，我们有很多，包括舞龙队等，我参加的有戏曲队、腰鼓队、排舞队。

李：你们有没有剪纸啊手工方面的？

张：有的，押花。押花我本人忙不过来，有一批阿姨，她们没有带小孩的，有功夫的，参加下。他们白天押花，晚上跳舞，偶尔要凑人。我们楼上有个妇女之家，就是排舞蹈的，在演出前一天都会在室内的舞台上彩排，我不是文化员，我就是有个爱好，大家也都愿意听我的。

李：你们戏曲队有多少人？

张：十几个。我们有小乐队，我们自己的水平不高，都是邀请外面的朋友帮我，我跟镇上的领导说了，我们要出去演出的话，我们自己的水平是不高的，所以一定要请一个专业的，这样唱上去就比较好。

李：一般什么时候演出？

张：平时周末在家练一练，什么时候演出我们都知道的，我们在家里练，家里有碟片的，基本上演出前几天，大家在一起排一排，练一练，村里面的村晚也有我们的节目的。

李：除了村晚，还有什么时候会有你们的节目？

张：重阳节有的，去年的时候我们去敬老院演出，我就穿着平常的衣服去唱。我去唱两个节目，《沙漠王子》，茅威涛唱过的，阿姨们都说好听，跟电视里唱的一样，后来我又唱了一个《祥林嫂》。我就说，现在的妇女顶起半边天。

李：村里演出的时候，观众多不多？

张：2012年的时候，平湖叫我们去唱。那时候八月份天气很热，在里面有打空调，领导要求我们穿戏服，但是天气实在太热了，我们就穿了旗袍演。我在台上瞟了一眼，人山人海，都站到了马路边上。

李：年轻人多不多？

张：你是说演出的还是看戏的？看戏的年轻人也蛮多的，平时看电视要八点后，所以他们先看演出，再回去看电视。

李：戏曲队里年轻的人多不多？

张：也有的。戏曲队有个大学生，男孩子，他大学放假回来，说我怎么唱得那么好，就拜我为师。我问他要唱什么，我指点你，你学赵志刚的唱腔。他一边上大学，一边勤工俭学，他是画画的，是美术生，每个星期天都在我家，中午在我家吃饭，下午我教他，后面他去比赛，就唱赵志刚的，赵志刚就在下面做评委。他现在早就在教学生画画了。他妈妈是这个村里的人，他也是土生土长的这里人。他本来也是一起参加演出的。镇上领导（文化站长）让我找四个人唱戏，戏曲联唱，有黄梅戏、京剧、沪剧、越剧。我教的那个学生让他唱越剧。现在越来越多的人开始参加文艺，八几年没有多少，有了文化礼堂就更加多了。

李：就你们缪家村是这样，还是每个村都这样？

张：我们大云是这样的，你到我这里来，我到你那里去（文化走亲）。比如今天是重阳节，我们缪家村也会出两个节目，去其他村演出，其他村也会到我们村来。

李：您唱戏家里人是不是很支持？有没有受您影响？

张：我老公很支持，但是我儿子一点都没遗传到我的唱戏细胞，有一次枫泾戏曲沙龙，邀请了我，介绍了老师给我，我心里可担心了，怕唱得不好。但是老师很好，给我耐心指导，现在没关系了，我儿媳给我生了个孙女，我打算好好培养我的孙女唱戏，小时候，她看到我唱戏，很感兴趣，我给她唱"书房面前一枝梅"，现在么她不高兴学了，现在喜欢体育，我气死了，但是体育方面还拿了个冠军。

李：你儿子、儿媳有没有受你这方面的熏陶？

张：没有，但是他们也不反对我唱戏。杭州戏曲的老师来教我动作，舞蹈队就是我请来的老师教，老师枫泾过来的，都是我招待她吃个便饭，晚上都是我老公开车去接的老师，我老公晚上要喝老酒的，教完之后叫别人的车子送一下。有一次我们村里要排一个开门红的表演，然后，我们姐妹们就说，以前都是你出钱出力的，这次就他们来。

李：你们请老师是花钱的还是公益支持的？

张：老师也不收钱，公益的，一般演出会有小的纪念品，我们拿一份给老师。

李：你们戏曲队、舞蹈队的发展过程是怎么样的？

张：戏曲的话，一开始就我们两个人练练嗓子，慢慢领导就看中了我们，后面再出去演出，随着文化礼堂建好，我们的素质就越来越高，对服装什么的要求都提高了，我们自己也感觉随便穿不行了，我们专门唱戏的四个人，决定自己排一台节目，2014年正好在五水共治的时候，创作了一个戏曲节目（"美丽大云……"，哼曲调），7月底到8月，到嘉善各个镇村巡回演出。我给您看照片（手机翻出老照片来一张张介绍）。

我们的文化站长说每个月两场戏剧演出，能达到吗？我说能达到的。

李：你们的村歌有唱吗？

张：这个我们还真没唱，因为没人教。我是文化庭院，有一个微信群，有什么活动都会在群里通知。我每次看到舞台上没有节目，我都自告奋勇，我叫了一批人过来，老师来挑，挑不到也不要生气。我跟老师说这个节目要大气一点。这个节目是我打算开馆的时候用的，旗袍走秀，12个人。我们的节目，给领导看下，看中的，衣服什么的就给我们报销，看不中就当我们自娱自乐，这不光是走秀，还带舞蹈的，这个节目轰动了我们镇。我们领导说了，张阿姨啊，你这个舞蹈是真的好。去年七一的时候演的，叫《和谐中国、和谐家园》。先是舞蹈，然后是旗袍走秀。

李：你们的很多演出都是配合主旋律，跟镇里村里的宣传都结合的啊。

张：对的，去年，为了我们"勤和缪家"的主题，排了一个《我编斗笠送红军》的舞蹈节目。上面领导来了要叫一个节目我们就能出的。

李：有了这些文艺生活之后，对老百姓的精神状态、家庭生活和氛围有没有什么影响？

张：现在我们晚上有活动之后呢，老百姓都很开心，有节目可以看。老年人他们自己会说，全靠领导，靠习主席，我们有养老，有各种福利，想不到下半生有这么美好的生活。

李：没有这些活动之前，老百姓农闲之后干嘛呢？

张：没有什么，顶多看看电视的，文艺生活很少的。我们这边打麻将也比较少的。

李：你们唱戏有没有一些劝孝、劝善之类主题？

张：那个主要是一些小品吧。今年上半年我母亲去世后，三八妇女节的时候他们让我来演一个小品。我没答应，我说不是我不演，是我确实没有这个（能力）。

郑发勇访谈

被访人: 郑发勇,男,1958 年生,村返聘老干部

访谈人: 张秀梅

访谈时间: 2018 年 7 月 24 日下午

访谈地点: 缪家村文化礼堂

整理人: 张秀梅等

张:郑老师,我们是浙江省社科院过来的,主要是想了解下村里的一些发展情况,村民的生活,打算以后写一本跟我们这个缪家村发展相关的一本书,他们跟您讲过了是哇?

郑:没有讲过,我听么听说过。

张:哦,听说过,什么时候听说过的?

郑:昨天前天,我也在村里上班的。

张:哦。然后就是想跟您聊一聊,能不能先简单介绍一下您自己?

郑:我自己,什么时候说起呀?

张:从小说起吧,哈哈。

郑:我从小说起是怎么说呀,是从大集体的时候说起还是从分田到户说起呀?

张:大集体。

郑:大集体的时候呢。

张:您是哪一年出生?

郑:我是 1958 年。读书就在村里读的,算起来我读书呢读得不好,为什么不好,我就是当时不是评到个地主嘛,当时,我们家地主呢,我祖籍呢是平阳的。我的爷爷搬过来,在这里的,我生在这里的,搬过来的时候,这里不是都是荒田嘛,田很多,人少。当时人少嘛,我爷爷过来就是种一百多亩田,还养了几头牛,就评了个地主,所以我读书呢,8 岁开始读书读到五年级就没读了,因为当时“文化大革命”了。地主读书总归是……

张:那还读吗?

郑：哎，不让读了，读上面去不让读了，一个么就是"文化大革命"就是很乱的，跟我老爸叫去游斗啦什么东西很多的，一点读书都不想读。没心情读了。

张：当时种这么多地自己种还是要请很多工人？

郑：请人的，有长工的，就找长工喽。后来我读书读到五年级之后，当时邓小平是四类分子平反嘛，平反掉，我是1979年还是1980年去入个团，我要想进步喽。80年下半年么做民兵副队长，当时就是想上进的人喽，就这样。那么后来就是村里领导了，治保主任、调解主任，到1984年么就是调解治保民兵连长、团支部书记，全部是我，就是相当于副村长的级别。当时呢，大集体的时候呢，是真的很穷，我家是我爸爸生了七个，姐妹三个，弟兄四个，七个人，当时很穷的，吃都吃不饱的啦，干活去干，干了回家吃吃地瓜。诶，地瓜，当饭吃的喽，那我到八几年的时候呢，我自己也想钱，我自己搞点小钱喽，就是发发豆芽，知道哇？豆芽我去发发，去卖点钱。我八几年的时候我就买了手表了，当时买了个广州牌手表，九十块钱。我去做这个发点豆芽去卖卖，这样搞点，收铁，破铁收来去卖给人家，都搞的，我做小生意都是做的。

张：那你发豆芽是卖到哪里去呢？

郑：卖到平湖那边，新埭，新埭镇，还有那边去西塘也去。摇船的，这也蛮好的，十几块，一次赚个十几块二十块，钱是不得了，多了。后来么，村里八几年的时候呢我就是有工资了，我工资呢33块一个月。那么就是当时大集体的时候我还是小队长，我都搞的，治保员都搞过，后来看什么发展好么我都去搞的，八几年的时候我还开了一个肥料部，卖肥料。肥料，当时赚钱蛮好赚的。这样么副村长做到95年，95年就叫我做书记了。当时党委书记呢，1995年叫我这个不要开了，叫我做书记了，就转给我哥哥，我自己当时赚钱也蛮好赚的，当时1988年1989年的时候，当时一万块钱拿出来人家看到是，你怎么钱那么多呀，当时是很稀奇的，后来做书记之后，工资稍微高点，条件么越来越好点，那么这里发展呢比较快，嘉兴发展比较快，种稻谷也好，种什么也好，后来种大棚也种，发展是快的。后来我就开了个砖厂。

张：哦，还开了砖厂？什么时候开的砖厂？

郑：开砖厂开了十几年么，是2004还是2005年就开了，开在惠民。

张：不在我们村里？

郑：哎，这里么赚点钱的，我自己呢开了个注塑，就是注塑料的，就是这个手机外壳套什么，我买了两台机器，家里造的房子，开了个注塑厂。2005 年种了30 亩地，人家那个地，钱给他么，自己包下来，种过苗圃，几个人合作的。现在还在。现在搞得也还可以，对我自己来说还可以，脑子赚钱我还是可以的。

张：做了很多事情哦。

郑：哎，还是可以的。

张：那你这个做生意是家族里有人带着你做呢，还是自己想的？

郑：自己想的。我看人家开的这个厂蛮好的，我去朋友开的那边，嘉兴，我说我去看下，他说这个可以赚钱，我自己想办法也要叫几个人拼起来先开喽。当时的时候，投资 200 万，钱也是蛮厉害的，我这也投资了 50 万。

张：苗圃吗？

郑：就砖厂，苗圃呢我们总的投资是 30 万。

张：那你就是说 80 年就入团了，然后就到了村里面当这个民兵副队长啊，这个时候不会因为你说这个地主身份……？

郑：已经平反了，1978 年的时候平反了，邓小平不是 1978 年的时候到广州深圳喽，开发喽，当时就是平反了，我入党了，不平反入党不能入。

张：那在这个期间，平反以前对你有没有什么影响？

郑：有，讨老婆也要难点。

张：哦，讨老婆也难……那后来您这个老婆哪里讨的呢？

郑：是村里的。

张：也是村里的？

郑：我呢，读书读得少，滑头呢蛮滑头的，人家看我这个人也有点技术的，那我就是这样了，对我这个人也蛮好的，真的，这个是肯定的，我现在退休了，我书记做了 13 年。2009 年并村，并了村么我这里做村长，也做了三年，缪家村。三年村长做好了，我跟镇长说我不要做了，镇里后来也蛮照顾的，给我安排在镇村建站。造房子、做路的这个村建，村镇建设啊。我 2010 年去的，到去年退休。那么镇里书记和村里书记对我都蛮关心，那叫我再来干点活，到村里来，管拆迁喽。

张：哦，现在管拆迁？

郑：老高那边我熟悉，他们对我评价都是很好的，我做得还是可以的，不吹牛，这个不是瞎说的。

张：这个，治保主任、调解委员这个工作还是蛮难做的，大家吵架啊什么的都得管吧？

郑： 现在是没有了，当时吵架是很多的。

张：所以这个你要出来调解的话，你说的要人家能信服才行。

郑： 我呢，自己村里最难搞的这几个人啊，我说句他们都听么，我搞起来就好搞了。

张：那这几个人为什么能听你的呢？

郑： 因为他看到我做人可以，都听我的。这个呢就是做工作比较好做。

张：以前你当治保主任的时候，调解比较多的是什么矛盾？

郑： 调解比较多啊，调解比较多的是放水。以前不是分田到户嘛，就是你要放水，我要放水，都要放水，这个矛盾最大。这个渠开掉，那个渠开掉么，后面就没有水了喽。其他么就是当时的都很穷，上缴款交不出，这个矛盾也很大，公粮款，上交款，交不出的很多，这个矛盾最大，都穷的不得了的，八几年最穷。

张：当时这种情况，您做工作有没有压力？

郑： 压力呢是肯定有的，但是我去的话，我第一次做书记，上缴款，1995 年，一个小队有很多很穷的哦，我都先给他垫掉，他后来还我。那么后来，人家都见我很服我的……

张：那这么多年，你觉得我们村里的发展变化最快的最大的是哪些方面？

郑： 发展最快的就是最穷的时候，邓小平说一部分同志先富起来的时候……当时不算快，就是上一个台阶，分田到户了嘛。81 年分田到户，公家田分出去，分给私人，这里呢，上一个台阶。

张：这个算一个阶段，可能大家的积极性更大了，产量什么也都高了？

郑： 高了，那么后来不是这个也是邓小平手里的，当时的不是镇里的嘛，厂也给了老百姓承包什么（乡镇企业），这个是几几年的，我想不起来了。真的发展快了，最主要是村招商引资，招商引资这个钱就多了，包括现在的绿化也好、美化也好，都搞得相当好。特别是大云，大云搞的旅游，碧云花园、拳王农庄、巧克力小镇，这几个还有几个，缪家村是现在还有个叫梦东方，还有个人搞了个2500 亩的一个园区。旅游来了，一个是美化了，环境好了，旅游好了，人多了，卖卖东西么，老百姓收入高了，对老百姓这肯定是好的，这几年大云是靠这几个地方，发展很快呢。总体上就是招商引资引进来，招商引资招得好，那么钱就多了，可以支配资金也就多了，那么村好了，路做得漂亮，什么都美化，环境啊什么都好。

张：那么 1995 年到 2008 年期间，我们集体收入主要靠什么呢？

郑：1995 年的时候到 2008 年的时候主要靠企业。像缪家村在镇边上呢，招商好招一点，企业招得多，那么就是九几年（集体收入）就有几十万，几十万呢，村里就摆得平了喽。

张：是把地、厂房租给他们吗？

郑：厂房租给他们，招商招进来，这个呢就是对村里呢，就是集体资金增加了。

张：那村里自己有集体企业吗？

郑：村办企业没有。

张：所以那个时候主要的还是厂房出租？

郑：厂房出租，你田里一分钱都收不到的，对哇，现在是打水费都要免掉，老百姓打水都给他免掉，你还哪里有钱啊，都靠厂里租房子拿出来的钱，现在缪家村比较好，最主要是村里的班子，两委班子，比较团结，这个团结了什么都搞得好。

张：那当时我们这个农房集聚这个做法是我们村里自己想出来的，还是镇里面有这个试点啊什么的？

郑：缪家村这里之前的事情我倒不大清楚，应该，镇里么这个事情也有，他大概 92 年开始，这里北面搞了十几个，当时我们还没并村了。

张：这个政策可能对百姓影响挺大的哦？

郑：养老一买么就是后顾之忧没有了，你养老不买的话就是要叫他们迁过来很难的，就是这个道理，当时养老，大云就这个村，迁进来养老买的，其他村没有的，就他这里有，这个搞得还蛮好的。

张：那我们村里的老百姓现在有养老保险，可能幸福感就不一样了哦。

郑：不一样，不一样，现在我在搞拆迁嘛，拆掉了，养老年龄到了都给你买掉，田么反正都租给村里，700 块一亩地租给村里么，你现在假如不是种大棚种什么呢，700 块都收不到，种稻谷的话，搞得不好，700 块都收不到。你租给村里么，村里倒还给你 700 块，三年之后再加 50 块，750 块，再三年 800 块，加上去。

张：那我们现在村民手上是没有田地了，都流转到集体这里来了？

郑：是的，我自己 2016 年已经拆迁了，田地流转给村里了。到 2028 年的时候，30 年到期。到时候看中央政策喽，还是算我们还是怎么，这个是政策，政策说给收去么，我们也没办法了，这个要看中央政策。

张：你们 2016 年才拆迁？我们早的可能很早就拆迁了哦？

郑：早的大概是 1994 年，差不多是这样。

张：那你们现在宅基地在哪里呢？

郑：就在缪家村南区这里，我还没搬过来，装修没装好。

张：那你原来的房子拆了吗？

郑：没拆，我这个房子呢要搞，旅游公司要收去，要搞民宿什么，他们要收去。钱已经拿到了。

张：那他有没有要求你什么时候要搬走？

郑：我们一个小的队还剩十几户人家没搬，说八月份，叫他们一起搬，现在搬呢就是太热，考虑老百姓，到农历八月份，大概十月份，稍微风凉点，这个工作叫我去做。

张：那你们房子都给你们造好啦？

郑：自己造，统一的，高低什么都统一，这个没有办法的。我盖了四层别墅，500 个平方米。

张：那很大了，你们家几个人？

郑：我们家五个人。我孙子 11 岁了。我女儿是在商投公司，农商投。我们这里小菜场都是商投公司的，嘉善有四个投资嘛，交投、城投、商投、水投，有四个国企公司，我的女儿在商投公司。

张：那现在你女儿生的是儿子，他们还要再生二胎吗？

郑：要看他们自己，随便他们。主要他们太舒服了，我们这个苦过来的，思想都很好的，他们现在到读书读到初中，高中啊大学啊好，他们不会吃苦，所以他们这个世界观跟我们两样的。

张：郑老师，那现在村里拆迁这块工作您在做喽，您觉得现在难度大不大？

郑：难度么肯定有点，不过我去做工作，肯定不拆么……我去做做工作，能够拆么拆，现在宅基地快要没有了，跟他们宣传宣传，他们有的要宅基地，后来只有商品房呢，他们老百姓都不喜欢的，今年呢价格调价了，就跟他们说，宅基地没有了，明年就肯定没有了。老百姓都喜欢宅基地，宅基地没有么他们都有点怕，就要拆了。

张：哦，明年就肯定没有。那我们今年全部能拆完吗？

郑：拆不完，就外地人，外地人反正没有宅基地，就不搭界。本地人呢就比较好点，但是外地人现在价格还是很高的，价格调得很高，要赔钱给他们。

张：那外地人现在是什么政策呢，给他们？

郑：外地人这个房子给他评估好，评估呢比如是25万，装潢什么的都弄好，30万左右，外加楼房的3300元一个平方米，就是最高180平方米，不好超过180平方米。180平方米要60万。30万加60万，他们拿到90万。今年再调价到3800元，价格调得很高了。

张：那他们还可以拿商品房吗？

郑：商品房可以的，但是要出钱的，就是最便宜的2800元，第一套2800元，一户人家可以拿两套，第一套2800元，第二套就是3600元到4000元，这样的。

张：最多能拿两套？就是这个评估完了之后，这个钱给你，你再用这个钱买村里的房子？

郑：对。

张：那外地人这么给他弄的话他们有意见吗？

郑：今年是有几户人家不想拆，主要呢是我们这里跟北边江家跟新城区价格是两样的，他们价格比我们这里贵很多，我们这么低，就这样，他们是归县的，我们是镇里的。

张：本地人工作可能还好做点哦？

郑：讲的通点，外地人有的讲不通喽。

张：外地人他们是投资买的房子还是生活做生意？

郑：都有。丽水的啊，四川的啊，贵州的什么都有的。当时我们这里的老百姓种地不想种，包袱大，种不好，上缴款什么的都要交，有的就户口买到镇里面去了，买到县里去了，只要12000元买上去，有的读书，小孩要到嘉善读书么就买上去了，出去的人，房子就卖给外地人，田也给外地人种。

张：那这部分人，他还能享受村里的这个宅基地什么的吗？

郑：这个不行。户口迁走就不可以享受。户口如果在才可以。

张：这种外地人买本地人房子的情况多不多？

郑：蛮多的。一个村总有五六十户。

张：那量还挺大的。您在2008年到11年做这个村长的时候，我们村里管理方面主要做了哪些工作？

郑：我管农业。

张：哦，管农业，那这时候我们基本上已经是流转到大户去种了吗？

郑：大户也不是大户，村里自己种，我们就是收过来，当时村里村长、副村长也好，全部留下来种田，当时是四个村并起来，老干部都留在村里，让他们种地，当时种地呢就是有补贴的，搞一个项目，然后有补贴的。

张：哦，然后你就是负责管农业这块。那我们种什么，都是种水稻吗？

郑：基本上种水稻。卖在嘉善，粮食局，收入是集体收入。这主要是上面补贴，这个还有人工么，村里种肯定赚不到钱，主要是上面补贴。一个园区种葡萄的，就是种 5000 元一亩地，种西瓜么 3000 元一亩地，都这个样的，补贴还高的，就是靠政策来赚点钱。

张：现在还有没有这个政策？

郑：现在有是有，就是很少了。

张：您当干部这么多年，就是有没有特别印象深的事情？

郑：我当干部的时候呢，我就是很顺的，人家都可以的，我出去说话都还可以的。印象深的就是收上缴款，白天都不在家，都是晚上去收的，当时村里没企业，都是靠收上缴款发工资的，开支啊，都是靠收上来的。

张：那我们村子里那么多年有没有一些对环境有污染的企业什么的？

郑：环境污染企业？基本上都还可以的，有么肯定有，还是可以的，不算多。

张：我们这个村子，是不是发展起来比周边其他村子要好一些？

郑：应该算的，主要是上面也重视，政策也支持，合作社啊什么的，对我们要求也是要搞得好一些。缪家村这里呢离镇上也近一些，厂房什么的也好租出去，以前一直也比我们高一村、金家村好的。

张：对并村老百姓有没有什么看法的？

郑：这个还好的，我们主要也没有像其他村一样的，逢年过节发钱之类的，生活没有影响的。老百姓么之前也认识，走动也好的。

张：现在生活矛盾还多吗？

郑：现在也少，现在说老实话老百姓生活也好了，文化娱乐活动也多的，矛盾也搞不起来的。

张：好的，谢谢郑老师。今天就先访谈到这，后续有需要我再请教您。

郑：好的。

冯青访谈

被访人：冯青，女，1962 年生，村返聘老干部

访谈人：闻海燕、李明艳、羊芳芳

访谈时间：2018 年 7 月 24 日

访谈地点：缪家村文化礼堂

整理人：羊芳芳等

闻：冯大姐，您好。根据课题安排，我们想给您做个访谈，到时候放到书稿里，您先介绍一下您的基本情况吧。

冯：我是 1983 年从嘉兴市步云镇云东村嫁到缪家村。那时候刚刚开始土地承包给农民，大多数农民都是很赞成的。我们家三个女儿，我妈妈就着急了，因为家里都是女儿，这些田地分到家里该怎么做呢。后来慢慢就学会了做农活，就觉得承包给农户后感觉特别好，自己可以种经济作物了，就有钱了。我刚嫁过来时，这边都是传统种植，农业机械化很少的。后来慢慢开始就种经济作物了，科学种地了。从一开始几百一年到后来一千两千一年，总之，日子就慢慢好起来了。1987 年，我女儿四岁的时候，村里创办了一个幼儿园，我就到村幼儿园当老师了，一教就教了 10 年。

闻：那您是什么学历？

冯：当时我学历不高，只上了 5 年书。但是上学的时候，我也是尖子生，每门功课都是第一名的，后来辍学是因为家里没有劳动力，经济也困难，就不读书了。

李：您是家里的老几？

冯：我是家里的老大，所以知道家里穷，我也就听了妈妈的话不上学了。但是我们家里也是有文化的人，我爸爸算盘很会用，字也写得很好。我父母是很爱学习的人，我虽然没有去上学了，但是我爸爸就在家里教我。他们爱看书，我也就跟着一起看书了。我父母是从江苏江阴过来的，所以平时跟亲戚都有书信来往的。所以我拼音什么都会的。

我在村里的幼儿园教了 10 年后，镇里让我去镇中心幼儿园教书，我觉得镇里幼儿园要求高，我怕跟不上其他老师，我和家里商量了一下，不打算去了。后

来他们又一直来做我的思想工作，于是我就去了。镇里中心幼儿园有很多要学的，比如墙画、跳舞、风琴等。我当时都不会的，但我一直努力学，学好了再教小朋友。我也是通过自己的努力，让家长们从开始的担忧到后来很认可。1996 年 9 月，村里让我来村里开会，想让我回村里工作。我一开始怕做不好，镇里说让我服从安排。于是我从 1996 年 10 月开始回来工作。

闻：那您回来具体做啥工作？

冯：我当时回来工作是村支部委员、村民委副主任兼妇女主任。

闻：您是什么时候入的党？

冯：1995 年 10 月。

闻：为什么记得那么清楚？

冯：我是负责组织工作的。从进村开始一直到退休，村里的组织工作都是我负责的。

李：那跟我们聊聊您回村后的工作情况吧，后来怎么样？

冯：回村工作以后，当时计划生育抓得很紧，我就慢慢开始学习，特别是避孕节育措施等。镇里组织我们到县里培训，然后我就再上门跟育龄妇女去讲解。

李：当时村里的政策是可以生两个孩子吗？

冯：当时有条件可以生两个孩子的，这些都是条例有规定的，符合十种情况的可以生二胎的，比如说夫妻双方都是农村的、井上矿上作业的等。在我工作将近 20 年，我的计划生育分管工作一直都是名列前茅的，每年考核都是第一名的。其他村的妇女主任都来找我请教的。我觉得做好工作最重要的是千万不要结怨。后来退休了以后，镇里村里都可以返聘我，对我的工作都非常肯定。后来，我还是选择留在了村里。我是真的舍不得村里的村民、党员，我们的关系都很好，他们也都非常配合我的工作。

羊：那您自己有几个孩子？

冯：我有一个女儿。

闻：当时政策不是生女儿的可以再生一个吗？

冯：当时政策是这样的，一方在国营企业工作的就不能生二胎。我老公原来是国营企业工作的，所以就不能生了。

羊：您女儿现在在哪里工作？

冯：我女儿原来在上海工作，后来我觉得只有一个女儿，我也舍不得她太远，所以让她回来，现在在嘉兴工作。

羊：那您女儿现在多大了？

冯：我女儿现在35岁了。现在也结婚了，有两个小孩。大的6岁，小的2岁。

李：您一直从事计划生育工作，这方面大家的观念怎么样？

冯：我们这里本地人和外来人口的观念很不一样。外来人口很多是生了三胎还要再生第四胎，他们认为生得越多越好。我们本地人很多都是生一个就不生了。

李：为什么大家都不太愿意生二胎呢？

冯：我们本地人不太愿意生二胎，除了是老板会想多生一点，一般人家都不是很想生，所以计划生育工作一直都搞得很好。

李：那现在二胎政策放开以后，年轻一代人是什么样的想法？

冯：年轻一代人也很多都不想生二胎，但有些人因为家里老人的劝说，所以还会再生的。

李：那您之前的工作是盯牢他们不要生，现在是符合政策的要劝他们生？

冯：所以我们做工作也很难做。有些老百姓不理解，说你之前不让我们生，现在要让我们生。当然，现在也不是硬要他们生，就是去跟老百姓说，你想生的意愿有没有，有的话，政策是允许的。

李：那现在要上门去宣讲吗？

冯：发宣传资料。基本上都会认字的嘛，宣传资料一发，他们就知道了。

李：您这个计划生育工作是做了多久？

冯：从1996年开始一直做到2013年退休。

闻：您除了做计划生育工作，做别的吗？

冯：还做妇女工作、调解、建房审批、出纳、民政、残联等。当时我们村干部少，刚刚进来连会计只有5个，后来连会计6～7个，慢慢多起来。每个人都要兼很多职务。一开始我管计划生育兼建房审批，那么还有民政、残联，养蚕、养猪也要管，卫生也要管，做的事情很杂、很综合。

闻：那您在幼儿园工作和村里工作的收入有差别吗？

冯：有差别的，收入比幼儿园稍微高点。刚刚开始幼儿园的时候200元一个月，进村里第一年每年3000元多点，第二年有七八千一年，第三年就近1万一年了。

闻：那到您退休一年有多少收入呢？

冯：6 万一年。

羊：工资是村里发的吗？

冯：村里发的，村集体经济里开支的。

闻：退休金有吗？

冯：有的。但我比较亏的，因为我教了 10 年的书，我们后来有政策的，社保不买的话，可以补的。我在村委会刚开始做了 6 年，也是没有社保的。也就是说这 16 年我是没有交社保的。从 2002 年开始交社保的，到我退休才交了 10 年，然后因为我是失地农民，失地农民交了 11 年，加社保的 10 年，所以我总共社保交了 21 年，拿 2064 元一个月。

李：那退休之后村里还有退休金吗？

冯：没有了。

李：退休之后收入就减少了？

冯：对的。

闻：当幼儿园老师可以转成正式编制的吗？

冯：当幼儿园老师当时有个政策的，比如你当了 10 年的幼儿园老师，可以补一点你，5 年也可以，3 年也可以，都可以补一点的。这些我都没有享受到。

李：现在村里有没有返聘你？

冯：返聘的。所以后来我就决定留在村里，现在也做了几年了。

李：那你现在是做什么职务呢？

冯：就是做村委会村监会的副主任，还有配合我们管卫生的主抓新农村环境整治一块的工作。

李：你刚才提到这个副业，养蚕养猪这种，养蚕现在还有吗？

冯：现在没了，当时我进村委会的时候还养蚕的。

李：1996 年的时候？那时养蚕的规模大吗？

冯：那时大概我们村有三分之一的人养蚕，规模还是挺大的。

李：那什么时候开始不养的？

冯：大概 2000 年左右开始没有了。

李：为什么呢？

冯：这一带开始种经济作物了。刚刚分地后，我们还是种水稻这些传统作物，后来听说种经济作物更赚钱，就开始种西红柿、毛豆、甘蔗、西瓜这些。

李：种植经济作物是从哪一年开始兴起的？

冯：90年代初，我们开始养母猪，再加上地里种甘蔗，西瓜熟了就又可以种毛豆，一开始种植的人少的时候是要自己拿到城里卖，到后来成规模了以后就有人来收购。冬季水稻收好了，就种麦子，然后套种西瓜，西瓜收掉可以种茄子、西红柿，但是收益不高。等收益高起来的时候就是开始种大棚蔬菜。

李：大棚是什么时候开始的？

冯：90年代中期就有人种了。

李：什么时候普遍开来？

冯：2000年开始比较普遍了。

李：您刚嫁过来的时候还是原来的老缪家村吗？

冯：对的，我们缪家村已经经过两次合并，第一次是1998年老缪家村和西泾村合并。当时我们镇有16个村，合并为8个村。我们村和西泾村合并后，两个村的村干部要竞选，原来西泾村也有一个女的做我这块工作的，跟我一起参加竞选，后来是我选上了，就把西泾这边的计划生育工作放给她做。她到现在也一直做得很好。2008年再和高一村合并，高一村在1998年和金长村合并的。所以我们现在四个村并为一个村了。

羊：你们现在的土地都是流转掉的吗？

冯：你说起土地流转，这个整个嘉善我们做得最好了。我们是做得最早的一个村，从两分两换开始做的。

闻：什么时候搞两分两换？

冯：我想一想，应该是2005年左右开始的，我们搞新农村建设。那时候搞了8幢两层的房子试点。我们村里那时候大胆地提出要搞新农村集聚，先试了8幢房子110个平方米，先建好，如果有人要来的话，你可以把家里的老房子不拆掉，这里付8万左右的钱，住进来就好了。但是需要交一点押金，等到家里的老宅拆掉了，押金就还给你。

羊：那时候8万块钱是什么概念？

冯：那时候8万块钱我们觉得很贵了，那个时候我有个万把块钱就不错。但是当时就有人把房子买下来了。

羊：当时这些房子谁建的？

冯：这个房子是村里集体建的。后来稍微有些项目过来，就又有几户人家建了二层半的房子了。后来慢慢有拆迁户进来，一直到 2005 年的时候，嘉善县要搞一个新农村农房集聚试点，县里土管局在全县 160 几个村里寻找，放哪个村最合适，因为这个是要专款拨到村里再专款专用的，需要找一个放心的村，后来就落到我们这个村了。因为相信我们的书记能够做好。

李：当时怎么做的？

冯：当时涉及 3～4 个自然村，总共有 100 多户农户。当时我们这边农民有钱了，就想把老房子卖掉，买到城里去，就把房子都卖给外来户了，承包地和房子一起卖了。针对这些外来户政策怎么办？针对困难户怎么办？当时我们村搞得很成功的，县里来看，说我们搞得很好，很成功。当时政策，新农村有四层的、三层的、二层的。农户按自己的实力选，你能够建得起几层就几层。包括我也选了二层。这样分了之后，还是有些农户没有钱，自己建不起房子，还有单身的大龄男青年，这些人自己造不起房子怎么办？所以村里就想了个办法，建公寓房，把公寓房建起来，符合政策，2 个人 75 平方米，3 个人 110 平方米，5 个人以上就 125 平方米，这样就解决了。公寓房建好后，你只要自己装修就可以了，村里不收一分钱。

闻：这个前提是不是要把老房子拆掉？

冯：老房子拆掉，土地还给政府。然后通过这样子的方式就解决了。比如像我，女儿出嫁了。就老夫妻 2 人，不享受宅基地了，就可以拿个公寓房。后来我们又出台了新的政策，就是你不享受宅基地的，可以拿两套公寓房，第一套不用自己出钱，第二套只要出 1600 元一个平方米的造价费。

闻：那你的房子是建的？

冯：我当时想建两层的，我们两个当时都没有时间。那时候村里有出资联建的 4 层楼房，20 来万，当时我们就借了些钱买了 4 层的楼房。

羊：所以等于说你们当时有各种不同的选择？

冯：是的，当时我们的书记魄力足，方法也很多。当时，我们去做工作，问题还是很多。比如说，有些农民说种地不方便、农具没地方放、稻谷去哪里晒等，有很多不方便。所以我们村里书记又考虑，建立了一个农村合作社。你家的地你自己种也可以，不种就流转给村里，村里给你租金。那就有很多人就把地流转给了村里。还有些农户自己还是想种的，那么合作社从播种到收割都提供一条龙服务，村里给你统计好，你只要自己把地弄好，合作社帮你插秧机插秧，统防统治。收割的时候村里也有收割机，农户只要袋子来收就可以了。有些农户的稻子直接在田里就被人家收走了。没收的，直接合作社也可以帮你收掉，合作社还有烘干机，一次可以烘几十吨。

李：所以合作社就是提高了一系列的服务？

冯：是的。所以我们的农民现在真的很舒服，比你们城里舒服。因为城里我来过的，你们5点下班，路上还要1个小时，还要去市场买菜，吃好饭七八点。像我4点半下班，有的人已经吃好晚饭在外面溜达了。钱是不多，但是我们农民有1000多块也够用了，因为我们农民省吃俭用，给他那么多钱他也不会用，也不会高消费的。我们都觉得已经很幸福了。像我这样，我逛超市很少的，平时不用钱的。平时都是女儿给我买过来的。

羊：那你们平时买菜呢？

冯：我们都是很勤劳的，我们都去垦荒地种点蔬菜，昨天我采了一大袋的丝瓜、茄子。

羊：哪里的荒地？不是都流转了吗？

冯：我们腾出来宅基地进行复垦了，有些村里也暂时没有利用的，有些已经征用去了，老板还没用。然后他们都很勤劳，都去垦荒地种，自己种的吃了也放心，没有农药。

闻：当时习副主席、车书记为啥要接见你们？

冯：当时我是负责组织工作的，习副主席来的时候很多前期工作都要我去做的，我要去选一户村民，落实好，包括那些安全、安防都要做好，我是工作人员，也在场。当时他来的时候，正好有个农户到我这里办合作医疗报销，然后他就问我报销的比例有多高，问我分管什么工作，我们交流了一下。

闻：习总书记当时是副主席哦，都问了哪些事情？

冯：合作医疗，还有计划生育，他问我计划生育有哪些政策？

闻：当时为什么会选择你们村呢？

冯：因为我们村先后两次被评为全国先进基层党组织。

闻：那个时候就是啊？

冯：是的，党建工作一直做得很好。

闻：那你这个很值得回忆啊，被国家领导人接见。

冯：是的，是一种精神鼓励。

闻：人的一生也不是那么容易见到国家领导人的。

冯：当时我们这些村民都在说，跟习主席握了几次手，有的说握了三次，有的说握了两次。在小区里嘛，随便谁都可以，手伸出来，都可以握到手。很多都留下了照片。

羊：村里现在还是有很多年轻人在的？

冯：是的，这几年有很多年轻人回来。现在我们大学生回乡的比较多，我们这里跟城里也差不多。像我们村里的小姑娘都是大学毕业的。在家里舒服呀，比城里好多了。

羊：那你女儿准备回来吗？

冯：我女儿是中国美院上海分院毕业的，学美术的，当时户口在杭州，为了儿子上学，就把杭州的户口迁回到嘉善了，在嘉善买了房子，她婆婆家在嘉善，方便一点。我女婿家户口也是户口迁走的。所以在城里买了房子，把户口迁回嘉善了。

羊：现在村里有分红吗？

冯：现在没有。但是我们福利也有一点，像对老年人，去年过春节，对60岁以上老年人发红包，分三个年龄段：60～70岁之间，每人300块的过节红包，70～80岁之间的，每人500块；80岁以上，每人800块。到了重阳节，又是每个人发一些纪念品什么的。

羊：可是你们这里集体收入很多啊，都用在哪些地方呢？

冯：像我们从来都没有分红，就是像合作医疗补贴会有一点，像家里做得好的，评星级文明户，会有一壶油啊什么的奖励。我们村的集体经济村一级的算好的，当然不能跟杭州城中村比。我们村原来的书记思想比较超前。一开始是借钱去建厂房，建厂房的钱都是借来的，借钱要有担保的，他去找企业老板担保。厂房建好了出租出去拿租金，就这样每一年每一年增加起来。我们村厂房建了很多的，租金收入一年就有400多万。但是我们新农村建设需要大量的配套设施投入，我们这个村还要搞环境整治、河道整治，这些都要钱的。

李：80年代还有养蚕的主要是做什么用的呢？

冯：80年代到90年代养蚕，到1996年还有一些，现在没人养了。

李：后来就变成养猪了吗？

冯：是的，后来就养猪了，但是现在我们这里没有人养猪了。都整治掉了。

李：这是什么时候整治掉的？

冯：大概是三四年前吧。

李：那就是大概养猪这个产业养了十五年左右啊？

冯：我记得刚开始我们家养母猪，开始这头母猪养之前我是没钱的，后来猪卖掉了，我老公就给我去打了一副金圈，要 600 块钱，我不舍得，我老公一定要给我买，还是赚了钱了的。大概一头小猪要赚一千多块钱。

李：那时候有没有成规模？

冯：都是家家户户自己养的，规模没有的。到 2000 年左右开始有养殖大户。

李：规模有多少？

冯：那多了，有些一年出售近千头猪。

李：那当时对环境有影响吗？

冯：当时也不觉得，因为都有河道的，流到河里，上面水遮住了，也没感觉。有的弄干粪池的，都弄到地里。

羊：最近几年发展旅游，你们感觉怎么样？

冯：前景是好的，但是现在对农户呢，还没有体现经济收入什么的。我想五年以后肯定是好的。

李：那这几年猪不养以后，环境有提高吗？

冯：那肯定提高的，提高多了。

李：体现在哪些方面呢？

冯：猪不养环境是肯定提高的，但是我们吃的肉就不好吃了。自己养的猪肉肯定好吃。

李：后来农房集聚之后，也没有地方给家家户户养猪了？

冯：没有了。

李：当时那个养猪产业，就伴随这个农房集聚就没有掉了？

冯：我们村里农房集聚，这些土地都流转掉的，流转给大户种鲜切花，发展高效农业。以前我们觉得大棚就很好了，后来大棚比不上高效农业。高效农业就都是连栋大棚，种鲜切花、百合花，现在还种虫草。像我们的碧云花园还种一些草莓、葡萄什么的。碧云花园的大棚都是缪家村流转出来的土地。

闻：业余做些什么？

冯：我业余喜欢看电视，有时间出去走走路。现在我一直很忙的。我的思想是受雷锋的思想影响了。像今天一早6点就有农户打我电话，说那个垃圾地上满地都是。像这种垃圾不搞掉的话，车子一开满地都是。那我说好，我过来拍个照片，传上去叫保洁公司注意一下。

闻：那你这个监督委员说话，村里会听吗？

冯：应该会听的，会采纳的。

羊：刚集聚的时候会不会不习惯？

冯：习惯的，都觉得好、太好了。装修好了进来感觉太好了。我们搬过来也有院子的。到了晚上，我有点时间，有人要找我聊聊天，有时候一起出去逛一下。其他没事的话我就看看电视，平时我不喜欢串门的。我也是喜欢跳排舞，排舞也是我创建起来的，他们几个妇女到我家里来找我，说镇里居委会在跳。这个我也喜欢的，我去跟村里领导反映一下，领导也支持的，马上去买了音响，刚开始的时候我也去跳，后来没时间了就不去了，有事情都还是我在管理的。

李：像你们这个年纪的村民一天的生活节奏是怎么样的啊？

冯：我们这里的人都有工作。我们这里50多岁的女的，60多岁的男的都拿养老金，但是也都有事情做。那么我喜欢多管闲事的，帮剩余劳力介绍出去工作。哪里需要厨师、保洁、会计、管理人员等，我也都愿意去管。平时多关心他们，那么做工作的时候也能让他们更愿意配合。

李：村里现在像五六十岁左右的人是不是都还在参与各种工作？

冯：是的，都有工作，没有闲人，我们70岁的老人都还要做呢，像环境卫生方面，需要割草、扫地，这些都是70岁左右的人帮我在做。60岁左右的人都在厂里做。

李：70岁的人的工作都是临时性的？

冯：都是临时性的。平常嘛在家里烧烧饭啊什么的。70岁左右的在厂里也有的，在家里的接点零活，做做装拉链这种手工。

李：小型加工很多吗？

冯：有的。还是比较普遍的。我在职的时候，一直帮他们介绍。我们这里的人就突出一个"勤"字，勤劳。因为我们这里的人一边在企业打工，一边家里还有地要种，一边还要养殖。外来打工的人跟我说，你们这里的人这么能干。外来人上夜班后白天就睡觉，我们本地人上夜班回来，还要去种地，最多中午回来睡几个小时，又要去做了。小青年，像我女儿这一代，就不如我们了。像我老公，上完班回来还要干很多活的。

李：那你老公现在还在上班吗？

冯：上班的，在厂里上班。

李：现在常住在村里的人，消费观念有什么大的变化？

冯：喜欢逛超市、喜欢去大饭店吃饭了，舍得花钱了。

李：以前崇尚节俭的观念有没有改变？

冯：这个是受传统观念影响的，还是简朴的。

李：观念上其他有什么大的变化？过去大家觉得认同或者不认同的事，现在态度上有所改变？

冯：这个我还没有考虑好，我想想看。

李：比如宗教信仰、生育上、家庭关系上，之前几代一起，现在都分住啊？你能想到的任何方面，比较大的转变？

冯：教育方面的转变比较大，舍得投入了。以前学校上什么就学什么的。现在的大人有点望子成龙了，要求小孩子学这学那。我是幼儿园老师过来的，我觉得没有必要让小孩子太辛苦。我们以前幼儿园教育的方式就是不要教得太多，有很多都是小学里面要学的。前几天看到，说幼儿园不要太小学化，我们家长往往要小孩子学得太多，这个转变比较大。

李：信基督教的、信佛教的有没有比原来多了？

冯：差不多的，你这个家庭本来信的还是信，不信的还是不信。我们这里思想比较开放，信仰比较自由的。

李桂荣访谈

（编者注：李桂荣老人于 2021 年 1 月 14 日辞世，谨此哀悼）

被访人：李桂荣，男，1939 年生，灶画非遗传承人

访谈时间：2018 年 7 月 24 日

访谈人：俞为洁

整理人：俞为洁

俞: 李大伯您好! 听说这里移民很多, 您家也是移民吗?

李: 我家大概是 30 年代从上海松江县迁来的, 因为原籍地少人多, 我爷爷家只有一间半房, 两亩地, 所以我父亲就迁过来了。

俞: 为啥往这里迁呢?

李: 这里地多, 无人租种, 因为当时这里是血吸虫重灾区, 还有鼠疫等瘟疫, 人很少。

俞: 村里的移民主要是从哪里来的?

李: 绍兴、温州、苏北江阴等地的移民是成群迁来的。绍兴移民有牛, 但没有种番薯的经验, 所以种水稻。温州移民没有牛, 只能种番薯。

俞: 您能介绍一下您自己的基本情况吗?

李: 我 1939 年出生。农民, 读过 5 年书, 母亲去世后, 没钱交学费, 就参加村里劳动了, 后来参加过宣传队, 又去学泥工, 当过建筑工程队队长。

俞: 那个建筑工程队是什么时期组建的?

李: 1964 年组建, 当时只有 16 个人, 1984 年增加到 800 多人, 嘉善县里的人最多, 知识青年和生产队里的农民都有, 知青大概有五六十人。

俞: 后来呢?

李: 我们这里原来都是泥路, 1984 年大云乡成立公路指挥部, 我被调去做副指挥, 1988 年通车, 这是嘉善县第一条公路。1994 年, 政府机构改革, 我退休了。

俞: 以前运输主要靠水路吗?

李: 是的。以前主要靠船, 西瓜、甘蔗等都靠船运销上海。公路通车后, 我们这里就发展蔬菜种植业, 供应上海, 买菜收入高很多。

俞: 以前这里种稻捕鱼吗?

李: 这里传统上种水稻, 野生鱼也抓的, 但江小, 无大荡, 鱼不多的。螺蛳过去河里多得不得了, 黄鳝、泥鳅、田螺, 田里多得不得了。中间有一段时间乱打农药, 这些东西都很少见了, 现在河蚌、螺蛳又多起来了。

俞: 以前稻作都是牛耕吗?

李: 嗯, 种稻的人家, 家家户户有耕牛, 大多是水牛, 也有少量黄牛。

俞: 以前女人也下田干活吗?

李: 女人也下田劳动的, 但温州移民家庭, 女人传统上不下田的。

俞: 男女劳作上有分工吗?

李：田里的劳动，插秧、除草（我们叫"耘田"）、割稻、捆稻都是女人做的，耕田、打稻、挑稻、挑粪等重活是男人干的。

俞：女人也下田，那农忙季节，怎么解决吃饭问题呢？

李：新中国成立前，三顿饭都是烧起来吃的，因为自家种自家的，不赶时间。合作化后，一早起来把三餐饭都烧好，中饭甚至晚饭都吃冷的。

俞：为啥不热一下再吃？

李：因为这里燃料很紧张。

俞：这里主要烧什么？

李：主要烧稻草。另外会在荒地上种点"杆枯"（土音）当柴烧。"杆枯"是一种类似于芦苇的植物，一人多高，生旱地，可编篱笆。

俞：年年种稻，稻田的肥料是怎么解决的？

李：稻田普遍缺肥，有少量牛粪可用，有钱人家会到外面买豆饼当肥料，也种紫云英当绿肥。

俞：村里现在主打的"缪家大米"品牌，是有机大米吗？

李："缪家大米"种的时候也用化肥的，之所以特别好吃，主要是因为这个水稻品种好。

俞：其他还种些什么？

李：油菜，用于榨油。大集体时种小麦较多，分田到户后种大麦较多，因为大麦可以酿啤酒，收购价比较高。

俞：种大豆吗？

李：大豆种的比较少。

俞：这里农业灾害严重吗？

李：我们村地势高，容易发生旱灾，但水灾比较少。用的水车都是牛转水车，因为河岸高差大，人踏不动的。高地大多种番薯。

俞：有比较有名的蔬菜水果吗？

李：以前河里种菱，不是南湖菱，是红菱，品质没有南湖菱好，因为这里的水质不如南湖好。西瓜比较有名，此外还零星种点桃子。

俞：畜牧业呢？

李：养猪、湖羊、山羊、鸡、鸭、兔子。圈养为主。猪，20世纪50年代养得多起来，以前很少养。湖羊主要喂干草、革命草。兔子五六十年代养的是草兔，吃肉的，这里有吃兔子肉的传统，70 年代开始养长毛兔，剪兔毛卖钱。

俞：这里种棉花吗？会自己织布吗？

李：棉花会在地里零星种点，自家用的，絮棉衣、棉被。上海松江一带过来的移民会织布，我母亲和姐姐都曾为镇上的布坊织布。

俞：以前村里有手工作坊吗？

李：有打油坊，有好几个地方就叫油车浜。镇上有打铁铺，村里只有铁匠担子，在庙前、桥头摆摊打制铁器。竹子主要是掘笋吃的，竹杆可作竹器，村里有篾匠，用竹子编织农具、淘米箩等。70 年代开始有砖瓦厂、农机厂（生产铁、木工具）、毛纺厂、水松纸厂，水松纸是做香烟嘴用的。两个砖瓦厂是 1971 年建成的，烧红砖。

俞：有经商传统吗？

李：村里做生意的人不多，温州移民也不经商，有少数经商者经营药店、茶馆等，大云镇上就有 13 家茶馆。一个清朝的嘉善知县说这里的民风：民风淳厚，淡于经商，出门百里，脸如土色。

俞：为啥"出门百里"就"脸如土色"了呢？

李：因为都是泥路呀，泥尘飞扬。

俞：听说您是村里有名的灶画师？能介绍一下灶画吗？

李：我画灶画拜过师傅的，师傅是平湖县人，我收过 1 个徒弟，其实我教过很多人，只是没有正式弄过收徒仪式。过去造新房子或者结婚，灶都要新砌的。房子、眠床、灶头，这三样东西过去的人最重视了。

俞：打灶要挑专门的日子吗？

李：都是九月九日打灶的，当天轮不到打，就叫打灶师傅用砖先垒个灶圈，相当于奠基，等打灶师傅有时间了再来打。

俞：打灶和灶画是同一个师傅完成的吗？

李：是的。打灶师傅都会灶画，但灶画画得好的不多。

俞：灶画主要画点什么呢？

李：灶画追求吉利，描绘的对象主要有红花、鱼、猫、凤凰、公鸡等。

俞：这里有祭灶习俗吗？

李：普遍祭灶的。

俞：有祭祖习俗吗？

李：有的。请祖宗，祖宗都有牌位的，平时牌位放阁楼上。七月半请一次，除夕请一次。

俞：还有其他的祭祀仪式吗？

李：初四晚上接财神，我们这里供的是文财神。

俞：以前村里有庙吗？

李：以前村里有土地庙、二老爷庙、五圣庙。二老爷庙信仰范围不大，就在我们这一带有这个信仰。每座桥旁都有 1～2 座二老爷庙，二老爷可能是个生前有造桥修路之类德行的人。五圣庙每个自然村都有的。

俞：这里的人主要信什么教？

李：信佛的比较多。新中国成立前，大云镇就有教堂，现在信基督教的人数在上升。

俞：以前村里有私塾吗？

李：新中国成立前村里有私塾的，要交钱。我 6 岁去读书，取六六顺之意。有 3 本书。我学费是交米，不交钱的，一个月给 10 多斤米。私塾老师就是村里的老先生，靠授徒为生。后来办新式学校了。

俞：村里是怎么办红白喜事的？

李：红白喜事，有专人组织，吹喇叭、打鼓、撑礼。吹喇叭，红、白事吹的调子是不同的。白事有专业扛棺材、殓衣、放铳和布置灵堂的人。一般会请庙里的和尚做法事，少数极贫者不请。但绍兴移民不请和尚，请道士的。红事有喜娘，喜娘就是新娘子的化妆师，还要一路陪着新娘子去夫家。

俞：在绍兴这些事都是"堕民"做的，地位很低，这里也是这样吗？

李：不是。这些人的地位不低的，大家都尊称他们为"先生"。

俞：以前有些什么娱乐？

李：新中国成立前后每个村都有茶馆，男人上茶馆，女人不上的，茶馆里有些季节有唱书。茶馆也是信息交流和讲道理（即民间调解）的地方。

俞：这里的人有喝茶习惯吗？

李：本地不产茶，喝茶基本去茶馆喝，家里不喝。为了省柴，家里多喝冷水，或者喝雀梅树叶、夏枯草、车前草、蚕豆皮煎泡的茶。雀梅可作篱笆、盆景。剥蚕豆豆板时剥下的豆皮，炒一下就可泡茶喝。

俞：这里平时喝井水还是河水？

李：喝河水，河水打来倒在缸里，用明矾沉淀水中的杂质。60 年代开始打土井，再打砖井、水泥井。1949 年有部队驻扎在村里的地主庄园里，因为吃不惯河水，打了一口土井，部队撤走后，这个井就归大队用了。

俞：以前农民自家酿酒吗？

李：米酒以前家家酿的，种半亩到一亩糯米，用于自家酿酒、做团子。

俞：您觉得这里的民风怎么样？

李：这里的生活比较悠闲，因为移民来自不同地方，人情世故上比较淡漠的。

俞：谢谢李大伯！

徐张娜访谈

被访人：徐张娜，女，1984 年出生

访谈时间：2018 年 7 月 24 日

访谈人：李明艳

整理人：李明艳等

李：你是哪年出生？

徐：我是 84 年的。

李：你是独生子女吗？同代人中独生子女多吗？

徐：我家就我一个女儿，跟我同年龄段同学 7 个都是独生子女。其他乡镇基本上都是有弟弟妹妹的，我们大云这一块就很好，镇基本上是没有的。

李：这是什么原因呢？为什么大云这边就独生子女多？

徐：因为那个时候就在倡导只生一个好，这边政策各方面落实得比较好，那时候我也很小。

李：那你现在做什么工作呢？

徐：之前我在嘉善县城开了一家儿童绘本馆。我经常应村妇女主任的邀请，也是作为村里妇联的执委委员，然后又本身在做这个事业，所以就经常带一些绘本回来村里给村里的小朋友讲故事，村里有一些活动，比如儿童节，就会来村里给孩子们做做手工，讲讲故事。

李：你现在住在县城吗？

徐：没有，因为我父母都住在这里，我大部分时间还是住在村里，房子就拆迁在小区里面。

李：那你爱人呢？你爱人是做什么工作的？

徐：爱人在县机关。

李：他是本村人吗？

徐：不是，他是外地的，之前是警校毕业的，嘉善公安局招来的，落户在嘉善。

李：那你的户口在哪里？

徐：我的户口在村里，我先生的户口是公安局集体户。

李：现在有几个孩子？几岁？

徐：现在有两个孩子，老大是女儿 12 岁，老二是儿子 9 岁。我生孩子比较早。

李：儿童绘本馆是哪一年开办的？

徐：2015 年，主要是绘本借阅，针对 0～12 岁宝宝，主要是绘本借阅的。因为买绘本的价格比较贵，很多人不太注重给孩子看书。我自己有孩子之后，觉得看绘本很重要。所以就加盟了一家儿童绘本借阅馆，让家长以借阅的方式，在我这里看，或者借回去都可以，采取会员制，费用大约是 1000 元 / 年，每次可以借四本书，如果每天都来借阅，一年的阅读量就可以达到 1000 多本。

李：经营情况怎么样？

徐：一般吧，不是特别好。主要是为了培养孩子的阅读意识。大城市还比较好。小县城不太多。很多家庭还不太了解这个行业，主要还是理念问题。从顾客人群看，教师背景的家长比较注重给孩子看绘本，百分之六七十的家长都是教师。孩子的阅读习惯其实是家长培养起来的。

李：你之前做过哪些工作？

徐：第一份工作是 2003 年，刚高中毕业的时候，在我们县公安局做过内勤（协警、出纳）。高中毕业后就直接工作了，后来自己进修在电大读了函授大专和本科。

李：第一份工作大概做了多久？

徐：3 年，然后因为村里招团支部书记，团支部书记是需要团员选的，就选上了，然后就回来村里做团支部书记。

李：团支部主要做些什么工作？

徐：主要还是负责村里的团支部的工作，比如篮球队、文艺演出等，主要组织青年的一些活动。

李：你们舞蹈队的成员都是大妈吗？

徐：我们舞蹈队都是以青年组织起来的，以前有花乡艺术节表演、年底文艺汇演、走亲活动等。还负责协助村长做一些工作。

李：青年人的比例高吗？经常能组织起来参加活动的有多少？

徐：青年团员不多，大多数年轻人都出去工作了，企业也有团支部有自己的活动，村里有些年轻的嫁过来的媳妇也参加我们的活动。能组织起来的大概20～30人。

李：团支部工作做了几年？

徐：做了3年（2005—2008年）。之后在家生二宝。2013年去镇拆迁办公室又做了3年。去镇拆迁办工作之前一直在家带孩子，虽然中间也去企业做过，主要还是想自己出去干点什么。不能一直在家里闲着，所以去企业做了几年，这家企业也在我们镇上，我是做董事长助理及办公室主任。后来因为企业不太景气，倒闭了。正好拆迁办招人，然后我就回来镇里工作了。

李：镇里这份工作有编制吗？

徐：没有编制，是镇聘的。工作比较单一，与拆迁户打交道。于是我2015年自己出来创业，想挑战一下自己。

李：创业这个事情，在你身边的认识的一些女性朋友有这样的吗？

徐：有，比如开美容店的、服装店的。我当时也纠结过开什么。后来经过选择后，还是开了一家绘本馆，可以学到东西。因为我喜欢孩子，这件事情挺有意义的，多一个孩子可以喜欢上阅读挺有意义的。

李：是全县第一家吗？地点开在哪里？

徐：是第二家。就在县政府往南一点，不是很热闹的地方，不是重要的商业街，在一个小区门口，辐射范围比较小，面向附近的小区居民。每周会有亲子阅读活动，希望家长可以就近带孩子来参加。

李：面积多大？雇了几个员工？

徐：180平方米，50个平方米左右是做活动的。有一个员工，主要负责图书管理等工作。

李：图书怎么消毒？

徐：有专业的图书消毒柜，紫外线和臭氧消毒。

李：你的这家店是加盟店，那么之前有去考察过吗？

徐：有的。之前绘本比较少，我自己带娃的时候经常给孩子看，也在图书网站上买，但发现绘本比较贵，后来听说有上海图书展，我就跟老公去看上海的图书展。图书展给我们印象很深，感觉到自己的眼界特别窄。我一直觉得孩子的阅读很重要。我自己家两个孩子阅读习惯就很好。

李：两个孩子经常来你的绘本馆吗？

徐：放学基本上都待在绘本馆看书，所以现在两个孩子的阅读习惯很好，尤其是老二，我馆里 8000 册书基本上他都看过。老二在学校语文基础很好，因为阅读量达到了。

李：开办绘本馆遇到什么困难？

徐：困难蛮多的，我们自己资金有限，一次性投入了 15 万左右。包括前期学习成本、加盟费、硬件设备等。比如，学习如何讲故事让孩子喜欢、如何用废品做手工。

李：有没有合伙人？

徐：有一个，她原来做大学生村官，我们聊得来就一起全职做这个绘本馆。我们两个是 1 ∶ 1 出资。

李：现在运行怎么样？跟当初设想的一样吗？

徐：跟当初设想的差距蛮大的。我原来认为像我这样的妈妈会很多，愿意给孩子投入阅读的。开了店后我发现完全不是这么回事。很多家长并不喜欢阅读这个事，没有时间陪伴孩子看书，借回家也没空看。有家长说每天上班都很累。很多人有这种意识，没办法沟通。也有很好的家长在网上发现了我们的店就会自己找过来。

李：你们做推广了吗？哪种推广效果好？

徐：做过，在学校门口发传单，也联系一些单位做公益故事会，在公园里做公益活动。就是我跟合伙人两个做推广没有雇佣过人，为了节约成本，而且我们也会讲故事。公园里推广效果比较好，但是容易受天气影响。我们也在幼儿园给他们免费上课讲故事，孩子们都很喜欢，但是家长没有参与所以推广效果差。孩子们来到我们的绘本馆都是非常喜欢的，但是家长觉得又不是兴趣班学不到东西。

李：未来有什么打算？

徐：因为这几年没有什么起色，也没有大的收益。我的合伙人也已经在去年（2017 年 10 月）退股了。我一个人也难以维持。维护、更新绘本的成本比较高。

李：那你有没有想过用什么途径来继续支撑经营？

徐：其实之前也有想过坚持，但是我们整个总部平台都在转让，所以确实没有办法再做下去了，只能讲绘本经营模式太单一。

李：那你关了的话，你的书怎么处理？会员怎么安置？

徐：书由会员回购，会费没到期的都退给他们。绘本馆不开了，也有机构找到我想要回购我的书，也有人邀请我去做讲故事老师。

李：你个人接下去有什么打算？如果有人愿意投资，你还会坚持下去吗？

徐：不管我开不开绘本馆，村里只要有阅读方面的活动我都会乐于帮忙，因为我喜欢。其实之前也找过投资，但是都失败了，都不看好这个东西，找过风投、老板，都没有人愿意。把我这个想法跟他们说，但是基本上没有人愿意投资，因为大家都觉得这个产生利益太慢了，可能 5 年、10 年。我也要养家糊口，还有两个孩子要养，所以就坚持不下去了。

李：有没有跟政府部门进行一些合作？

徐：之前跟妇联、县团委也有过一些合作，但是效果也不太好。他们也没有好的项目支持，包括资金上的。政府没办法帮助你做一些商业上的宣传。我们被归在培训类的，因为有会员、有收入，所以得到的扶持不多。

李：那你觉得自己做了这几年，有什么收获？

徐：收获还是很大的，我一直跟我先生说，赚不赚钱不是最重要的，但是对我影响很大，首先是对自己的帮助大，对我的孩子帮助也很大，这是最大的收获了，不用每天催着看书，而且他们对书的兴趣浓厚。他们都很自觉地每天定时看书。我现在还会经常录一些故事放在群里，给孩子家长，让他们给孩子听。主要是体现在两个孩子的阅读习惯上。

李：对你个人方面呢？你努力地创办一个企业，对孩子有什么影响？

徐：孩子经常会很骄傲地说我妈妈是开图书馆的，我妈妈讲故事可好听了。之前去公园做公益活动，孩子经常会帮我给小孩子们推荐很多小孩子那个年龄段上可以看的书。非常受欢迎。

李：那你家人的态度是怎样的？

徐：都是不支持的。我先生一开始也是不支持。男人比较理性，他说你短期一定是赚不到钱的。当初我不这么认为，因为我觉得阅读是对孩子非常好的一件事情，一定会受家长喜欢的。我公公婆婆倒是没有说什么的。我父母一直很反对，反对我离开原本舒适、体面的工作环境。他们非常生气，甚至说如果我放弃原来的工作就不帮我带娃。

李：你当时犹豫过吗？

徐：当然犹豫过，因为之前的工作比较安逸、稳定、体面，又有很多的时间可以陪孩子。刚开始的时候我爸妈真的就不帮我带孩子了。后来我让爸妈来绘本馆看我们的活动，他们觉得看上去会员还挺多的好像还挺赚钱的，然后就慢慢和解了。但绘本馆其实很难维持收支平衡，只是让父母更加理解一些。虽然现在绘本馆不做了，但阅读推广这个事情我还是会继续做。推广并不一定需要实体店。

李：现在店不做了，你家人的态度有转变吗？能够理解你想要做事情的心情吗？

徐：家人都松了一口气，觉得只要我不开店了就好，因为我一直在往里面垫钱。我先生其实在我开店一年多的时候就开始理解我了，并且支持我绘本馆的活动。父母一直其实不太理解。我爸还可以，我妈就没什么转变。

李：接下来你是回到村里工作吗？主要负责什么？

徐：是的，已经定下来了，主要负责食品安全、环境卫生的工作。

李：是因为你是本村人吗？

徐：一个是因为我是本村人，对本村情况比较熟悉，一直居住在缪家村，开展工作比较方便。

李：现在在村里也很需要像你这样的工作人员吧？

徐：是的，因为我们村比较大嘛，工作量也多。

李：我观察到现在很多村里基层工作的女同志比较多，是这样的吗？在你看来什么时候开始女同志多起来的呢？

徐：从 2005 年到村里做团支书的时候，村里还是男的多、女的少，整个村也没有几个工作人员的，也就两个女同志。2008 年底我离开的时候，就已经开始女的多起来了，后来大学生村官开始招的时候，女的就明显多起来了。后来镇里开始统一为每个村招文化员的时候，基本上都是女孩子。

李：文化员主要是配合文化礼堂，是吗？

徐：是的，那个时候只有我们村有文化礼堂，文化员主要负责文体活动的开展，也就是在 2012—2013 年开始的。

李：在实际工作中，男同志认可女同志的工作吗？村里男同志和女同志都是怎样分工的？

徐：现在都比较认同，主要分工不同，有些工作比较适合女孩子，比如文体活动、文化宣传等工作。女同志心思比较细腻，比较容易沟通。但有些工作的确女同志去做不太方便。男同志主要负责新农村在建工程、征地拆迁、土地方面的事务，女同志主要负责妇联、民政、计生、文体、食品安全、环境卫生等，分工明确。

李：从你的角度来看，从小到大，村里变化比较大的方面有哪些？先从看得到的来说吧。

徐：就像新农村建设。一开始我家住在北区河边，那个时候我家房子前面一眼望出去全是田。后来 2004—2005 年的时候开始新农村建设，我家前面开始造房子，从两层到三层、四层，然后望不到田了。然后我妈妈就想参加拆迁。其实拆迁对缪家村的老百姓确实很有利，土地复垦，以前的田也都征掉了。搬到集聚区后生活品质也提高了很多，老人有养老金了。

李：会不会不适应？

徐：一开始不适应，我们是 2008 年拆迁的，以前的房子和现在的房子不一样了。现在互相串门少了。大家吃过晚饭就都在广场上玩。

李：就是说人与人的沟通方式改变了，是吧。那老人之间怎么沟通呢？

徐：基本都是在广场上，或者约几个人一起去绿道散步、走路。广场的功能还是很大的。像我妈就是这样，吃过晚饭，就约上三五人一起去走路散步。我妈妈这辈的农村里的人还是习惯于空闲时候大家一起聊天这种方式。

李：你父母原来都种田吗？

徐：我父亲原先是缪家村的村长（1995 年做村长），后来 2005 年退休。后来在丰乐合作社工作。我觉得我父亲太辛苦了，但我爸就觉得很开心，因为和一帮人在一起工作。我们自己家都没有地了（农地流转了）。我母亲原来是在村里纱布厂工作，后来又自己开一家超市。我外公早年弹棉花，然后开了村上第一家饭店，他三个女儿都在饭店帮忙，不是靠种田过日子的。我奶奶家条件就差一些，爷爷在外面跑轮船，奶奶生完小叔就驼背了，我爸是家里唯一的壮劳力。我爸爸年轻时候想当兵，但为了家里没有去。我外公看我爸勤快把我妈嫁过去。

李：你自己干过农活吗？

徐：基本没有干过。我们这代就还好了，没有怎么干过农活。我家过去就只有六七亩田，爸妈都是上班之余早晚去田里干活。一般很多家里都十几亩，我家田是算少的，也不太需要我参与，父母下田的时候我基本上会帮忙烧饭。（我爷爷奶奶是山东人，我爸爸在本地出生。我外公家原来是嘉兴的，后来到村上的。）

李：这些年还有哪些转变？看不见的观念上有哪些变化？

徐：其实我不太喜欢城镇的生活，农村人比较朴实。我比较喜欢待在这里。我先生也很喜欢这样的生活。大家都认识，又热闹。隔壁邻居都熟悉。

李：你年轻的时候有没有想从村里走出去？

徐：有，之前一直想走出去，所以在城里买了房子，但现在还是觉得农村好。

李：你这种想法的转变，跟你一样有这样想法的同辈人多吗？

徐：并不多。很多人还是愿意去城里。我们觉得跟家人住在一起很好，很和谐。这可能跟我是女孩子有关，我爱人跟我爸妈也很和谐也特别喜欢来村里。我自己家族里的亲戚氛围特别好，我家跟我两个阿姨家都很亲近。

李：老人家对种田的看法有没有变化？

徐：以前种田很辛苦也赚不到钱，后来不那么辛苦了但是还是赚不到钱。现在不种田可以拿养老金，每年基本都有差不多两万的收入，老人都很开心，幸福感增加了。有些勤快的喜欢农活的老人会去开荒种菜，也挺好的。生活上还是保持节俭，虽然不缺钱了也会去搜集可乐瓶废品换点零花钱。

李：老人在生男生女方面的观念有没有什么变化呢？

徐：像我们家族，我外婆本身就生了三个女儿，我妈妈和两个妹妹相处的就特别好，我们有一个家庭群，经常聚餐，特别和谐。一起旅游什么的。所以就觉得女儿也很好。现在的老人不像以前那样在意了，我觉得每个老人都是更喜欢孙子的，虽然生了孙子会更开心，但也不会那么明显的重男轻女了，老人现在都比较开通的。

李：老人在姓氏方面呢？比如你父母有没有要求你的孩子要跟你姓？

徐：我父母没有要求。我先生比较开通，让女儿跟我姓。我儿子是复姓，把我的姓氏也加上去了。我公婆也没有意见。我其实不太赞同，有点担心孩子们会不太亲。我父母当然很开心。村里也有家庭为此闹矛盾，甚至分居闹离婚，主要是因为女方的父母要求姓氏。

李：不改姓，但是把孩子名字中加入母亲的姓，现在多吗？

徐：很多。

李：我注意到你的名字比较特别，徐张娜的"张"是你妈妈的姓吧？姓名里加入妈妈的姓氏在你这一代的人当中就已经出现了吗？

徐：是的，在我这代人中就已经有这种情况了，不止我一个。

李：你外公只有女儿，有没有要求招赘女婿？

徐：虽然外公没有儿子，但是没想要我爸入赘，思想还是比较开放的。

李：你觉得跟过去比村民穿着方面有哪些变化？

徐：不会像以前那么破了，但是也不会经常买衣服。换季的时候会买。我小时候家里条件比较好，我家里开饭店，每天吃得好，我妈妈会裁缝，衣服都是妈妈给我做。

李：其他家庭呢？

徐：很多人小时候还是比较艰苦的。平时穿旧衣服比较多。过年可以添置新衣服。

李：现在村里 70 岁以上的老人还参与劳动吗？

徐：也有的，像我弟弟家的孩子比较小，我外婆就会经常去照看一下。

李：在你这代人中，目前女性普遍都有工作吗？

徐：基本上都有的，也有在家的，每个人观念不一样吧。

李：你成长的过程中，你父母对你有什么期待？现在你对自己的孩子又有什么期待？

徐：我高中读完就不读了，就想工作，父母也没有强求。我对我的子女没有特别大的要求，大学是肯定要上的。其他也没有什么要求，健康快乐就可以了。

袁先琴访谈

被访人：袁先琴，女，1980 年生，新缪家村人

时间：2019 年 7 月 25 日晚上 6:30

地点：缪家村文化礼堂广场

访谈人：李明艳、张秀梅

整理人：李明艳

问：你和家人是什么时候来这里生活的?

袁：2005年我过来，2003年老公过来，2007年大女儿出生，2009年来缪家村这里，在这里上学（大云中心学校）。办好养老保险，积分满足就可以子女入学入托。我们有绿色居住证。户口没有迁过来，还在老家。我们一来这里就办理了暂住证，之前在广东打工（电子厂），1997—1998年那里管理很严，没有暂住证要被抓起来。有个小姐妹原来在广东打工，回老家生完孩子再出来打工就来了这边。我后来到了福建打工，身体不好，听她们说这边好进厂，我就来这里了，一待待了这么多年。相对广东、福建那些开发的比较早的地区，这里开发的比较晚，刚来的时候确实有点不习惯。比如说那时候这里公交车很早就没有了，人家福建厦门晚上10点夜生活刚刚开始。这边人6点多就都回家里不出来了，外面开店的很少的。我觉得外来人口改变了这里的生活方式。你看现在这里晚上也热闹了，有夜生活了。我们书没读多少，初中毕业就出来生活了，经历的生活比较多。

问：怎么会在这里生活这么久呢?

袁：这里的人对外地人不那么歧视，不会因为是外地人就瞧不起我们，在广东的话本地人就是瞧不起我们。这里邻里的孩子跟我的孩子都在一起读书，一起玩，没有把我们当外地人。人也和气文明。再有，这里的治安好，比广东啊福建那边好多了。唯一就是温度比我老家和广东那里要低那么点点，不过习惯就好了。我大女儿两岁半才带过来，小时候不适应总生病，小女儿在这里出生，身体就很好不总生病。再有小孩的教育，贵州赶不上江浙地区，大家都知道嘛，江浙的教育是全国都有名的，为了孩子接受更好的学习环境。我们自己当时没有好的学习条件，现在要给孩子提供好的条件。

问：想回老家吗?

袁：很纠结。家里公婆都年纪大了，家里三兄弟一个姐姐，幸好老家有二哥二嫂和大姐照顾。以后老人万一生病，我们可能也不得不放弃外面的生活回去照顾老人。但是回去的话我们能做什么? 要重新开始，这点比较麻烦，在外面工作、生活惯了。现在老人都还健康，我们也尽量多回去看看老人。我们在老家镇上买了门面房。老家的村子离镇上不远，就在一下高速的地方。

问：收入寄给老家吗？

袁：不用。我公公种植铁皮石斛，有收入。

问：老家还有土地吗？

袁：有的，但都流转了。

问：在大云镇买房了吗？

袁：没买。现在买不起，当时把买房的钱投资去了，没有回报，就错过了买房的时机，现在要100多万实在买不起。

问：你老公做什么？收入怎么样？

袁：箱包配件厂里当内里贴合师傅，8000块/月。这个工作比较精细需要一定的经验和技术，工作条件也比较辛苦，200摄氏度高温。一般员工大约4000元/月。我在家带孩子。工厂里我们入了点股，年终也会有点分红，要看年终工厂做下来的产值，大概10万元（比较保守，不愿透露）。

问：你做什么工作？

袁：我结婚后开了一年饭店，总共工作两年，其他就带孩子、烧饭、做家务。家里两个孩子。老公上班辛苦，我就搞好后勤。

问：来到缪家村后一直居住在现在的房子里吗？有没有搬家过？

袁：过来缪家村三四年了，一直租住在这里，租了两层，没有搬过家。房东很好，是以前我老公工厂的会计，小孩子同年还是同班同学，每层70多平方米，一楼不收租金其实也是我家里小孩的车啊玩具堆在那里也是我们在用，三层是卧室，四层是厨房。二层是另一户人家住，我们一家走前门，另一家走后门。租金原来1000元/月，去年涨到1200元/月。

问：平时跟邻居有交往吗？

袁：我从老家带蔬菜种子过来种，从老家带来特产也会给邻居品尝。邻居也会把吃不光的蔬菜送给我们。我个性开朗，喜欢跟当地人交流。

问：有没有租户跟本地人相处不和谐的？

袁：没有的。

问：有没有觉得自己是本地人？

袁：也没觉得自己是外来人，但是本地也买不起房，也算不上是本地人。

问：村里这几年变化大吗？

袁：凭我从广东福建过来的经验，缪家村这里有一点点不好的地方就是马路边到处停车不安全，妨碍行人，小孩子跑来跑去也不安全。我觉得绿化搞在前院就好，后院不必做绿化，做成停车位更好，还可以减少养护成本。广东福建那边我们住过的小区原来也是这样搞的，后来就把绿化全部挖掉建成停车位了。这里也应该这样搞，不要花冤枉钱。

问：你的这个建议很好！有没有途径向村里反映？

袁：没有向村里反映，如果问到我就会说，不问到我，我也不会去反映，没有那么多时间。

问：村里有没有向居民征集过合理化建议之类的？

袁：我没有遇到过。村里可能也有其他考虑吧。

袁：我们外地的带子女来，相当于把这里当个家，但是又有多少打工的把这里当家呢？有时候我房东过来看看，挺满意的，说我房子搞得还蛮整洁，我说我把这里当我自己家一样的，自己要住得舒心。那么也有些租户一旦搬走就发现房子乱七八糟的，引起房东反感。

问：生育服务是属地管理，你生小孩时候有没有享受到？

袁：我怀孕时候我家还住在中埭，我登记是在中埭，生孩子时候刚搬来缪家村，在平湖生的。生好 20 天中埭那边就打电话来，我说我已经搬到缪家村了，他们就打电话到这边，这边就派人过来上门服务。没有说我搬迁了没管我。

问：那么你们初来浙江的时候是在中埭那里？

袁：我 2005 年在平湖开发区上了两年班。老公就在中埭那边上班，一待就是十来年。后来为了孩子上学搬到缪家村，2015 年 8 月 31 日从中埭镇搬到缪家村，刚好是大女儿读二年级。在中埭的时候到处搬家，我老公工厂搬迁我们就跟着搬家。以前跟那边老板合作了很多年，现在跟缪家村这边老板合作就把家也搬到这里来了，也兼顾小孩上学。因为孩子在这里上学了，基本就稳定了，即便老公工作地点变动也不太可能搬家了。我老公说，以后除非买房，再也不想搬家了。

问：中埭跟缪家有什么不同吗？

袁：最近几年中埭那里很好，有的逛，樱花小镇挺好的。不过我们在那里的时候都没有这些设施。缪家这里现在也还可以。

问：那有没有后悔搬过来？

袁：没有，一切以孩子上学为主。

问：村里的文娱活动会叫你们吗？

袁：上次在广场上遇到，就邀请我带小孩去礼堂涂鸦。

问：听得懂本地话吗？

袁：基本上可以听懂，说不来，沟通没问题。

问：吃住水平怎么样？

袁：我家比较好吃，每餐都几个菜，搞得比较好，人家都说我们怎么吃那么好。

问：对未来有什么期望？

袁：没有太大的想法，船到桥头自然直，平常心对待。我是 80 后，老公是 70 后，做事稳扎稳打，不像 90 后敢拼敢闯。他们大不了失败了重来，我们已经四十岁，还有小孩，经不起失败了。

问：近期的生活理想包括在本地买房吗？

袁：小孩（大女儿）马上六年级快要升初中了，要在这里上学是应该买房，想买但是也要看自己家条件。我小孩和我们自己商业保险都买了，也在老家镇上买了房子。

潘菊明访谈

被访人：潘菊明，男，1961 年生，任碧云花园有限公司总经理

访谈人：闻海燕等

访谈时间：2019 年 6 月 26 日

访谈地点：碧云花园

整理人：闻海燕

闻：您好！按照课题安排，我们想跟您做个访谈，您愿意吗？

潘：好的。

闻：潘总，请问您在办碧云花园之前是做什么工作的？

潘：我 1966 年上小学，一直到 1976 年初中毕业。毕业后在镇供销社上班，每个月 32 元。个人还是有一点文化气质，也想跳出农门到远方看一看，1981 年就去当兵。在安徽定远，是装甲兵，3 年。转业后在村里待了几个月后被安排在

乡办大云服装厂上班，当主办会计，每月还不到 20 元。回想起来当兵这个决定虽然让我吃了一些苦，但尽了一个公民保家卫国的义务，也完全改变了我的人生，学会了吃苦，学到了战术与战略的思考方式，以及一些管理方面的理念与方法。因自己专业知识不足以及其他一些原因，第三年即我 25 岁时由主办会计被调到看仓库。当时在仓库里看到一本报告文学《希望》很受启发，觉得不能就此消沉下去。26 岁时我当上了副厂长。后又因种种原因辞掉了职务回村里种田，种了 3 年。

闻：当时有多少地？

潘：当时家里有 12 亩地，包括两个妹妹的承包地都在我这里。我有一个哥哥，两个妹妹。当时家里条件不好。在分田到户前，劳力少，欠村里的钱。哥哥小学没毕业就下田里干活供我上学，一直到初中毕业。父亲在我 16 岁时过世，之后母亲就跟我在一起生活。我主要是种水稻，在上交公粮和留足家里的余粮外种些经济作物。我自费订了《浙江科技报》，学习种水稻以及一些养殖技术，还在大麦田里套种西瓜。当时我养了三头母猪，小猪能卖每斤 4 元，成本只有 1 元。在水田里养泥鳅喂小猪，小猪比别人家的长得快。我是村里第一个用薄膜种西瓜的人，用薄膜不仅保温，还能保湿，防止长草。这样种地三年我把结婚、造房子的欠的钱都还掉了。

闻：之后您又做什么工作了？

潘：我后来到李哲乡（现惠中村）一家服装厂，担任厂长，老板比较信任，让我负责全面工作，锻炼了管理能力。

闻：什么时候到缪家村办厂的？

潘：1991 年我到缪家村办服装加工厂，借了 7500 元办起来的。当时我是高一村的。那时候高一村比较偏，缪家村离镇里近，交通方便。主要是给上海第一丝绸厂嘉兴分厂代工。借 7500 元办厂，买了 8 台缝纫机，两年后增加到 40 台，有 40 个工人，40 个管理人员，实行计件工资。当时我对技术要求比较严，这也要感谢上海丝绸厂技术科长的返工要求。但是经营不到半年，就亏空了所有投资。春节时因上家没按时返还资金，工资发不出来，我贷款 2 万元发工资。过了半年我瞒着老婆把家里的房子卖掉，卖了 14000 元用来发工资。后来逐渐有了转机，经营走上了正轨，完成了最初的原始积累，成了当时少有的"万元户"。借贷卖房子这件事也让我的口碑有了分化，有的人觉得我能力不行，但也有的人看重我哪怕借贷也要给工人发工资，人品过得去。我这个厂也是大云镇上第一个私营企业，也是县里第一个与外资合资（日本）的企业。

闻：哦，日本人是怎么找到您的？合资是怎么运作的呢？

潘：1993 年底日本人托人找到我时我还在车间里工作。1994 年 11 月份日本人再来时见我还是在车间工作，当时觉得我这个人认真、负责。其实，我是没有办公室只好在车间里。当时，我的厂与其他厂比没有优势，厂价值 15 万，日本人要求把厂子作价按 30% 出资，日方控股，我不同意，这是受了当时电影《父子老爷车》的启发，绝不让步。1994 年，我出 30 万，一部分是镇里支持让信用社借我 15 万，乡财政借了 15 万，与日本阳光株式会社合资成立大光服饰公司，日方出任董事长，我负责全面管理，主要是加工真丝产品。

闻：服装厂效益怎么样？

潘：1991 年开始到 2000 年产值每年翻一翻，只比县里一家大企业低。我赚钱后不买房子不买门面，就买地扩大再生产。2013 年合同到期后，合资企业注销，改名为大光服饰有限公司。目前服装厂有 60 人左右，当初建厂时的 8 个人还在，最多时有 300 多人，现在这个企业还在，由老丈人管理。

闻：您什么时候开始做碧云花园的？

潘：2001 年开始的。当时有多个因素促成的。第一个因素是我生了一场大病。卧床三个月后发现服装厂运行得很好，我完全可以放心地去做别的事情了。

第二个小因素是我 17 岁时做过的梦，这个梦我一直都记得。1977 年春天，我做了一个改变我一生的梦。我梦见在我外婆家附近有一个小院子，院子里草绿花香，中间有三间小房子。三间房子里有一间是青年人讨论大事的地方，第二间是放乒乓球台的地方。第三间是放书的地方。当时父母会把卖猪的钱给我们买小人书。我就想以后要买很多书让很多人共享。我病好后就想做一件有意义的事，圆我少年时做的梦。我那一代人受雷锋精神影响，"做好事不留名"的理念还很强。

2001 年我把服装厂交给战友打理，回到老家高一村租了 110 亩地，开始创办碧云花园，取"碧水云天"之意。当时租金是每年 10500 元。当时也比较有法律意识，在一个律师朋友建议下，对合同年限坚持不违反国家政策规定，签了 28 年，租期到 2028 年。我这时候回农村与以前在农村是完全不一样的心态了，以前做农民觉得低人一等，现在我回农村是有备而来的，相信自己做的事是会让大家逐渐看得起农民的。

当时做了规划，种水果、水稻、杨树、蔬菜等主要供应服装厂食堂。当时管理人员有 3 人，我的第一个贵人恩人周志芳，碧云花园也是在他的启发和建议下一起开起来的，另外还有我以及承租人。当时政府也鼓励发展现代农业，2002 年得到政府补贴 5 万元。后来逐渐从村集体流转土地，规模不断扩大，最多时有 3000 多亩。2003—2009 年公司快速膨胀。上各种项目，看到挣钱的项目就上，几乎涵盖了所有类型的农业项目，最后十个有九个亏损。后来吸取教训陆续砍掉了很多项目。

闻：碧云花园有限公司的管理方式是怎样的？

潘：我有个业余智囊团，包括前面的律师在内。其他还有小学同学、浙大教授、复旦大学老教授、中国美院设计师、农业方面的工程师，2007 年时共有 27 人。大家有钱出钱，有力出力，有智出智。在管理结构上，公司高层没有自家亲戚，有一个常务副总，一个总工，4 个毕业的大学生。对这个项目很有感情，真是当自己孩子一样的。从 2009 年开始规划，2012 年开始就已经建成现在这个基本样貌。世博会的时候，把对于碧云花园的构想和感情，请嘉善电视台拍成了片子。这个项目投入的成本也一点都没有考虑，当孩子看的。为了这个"孩子"，我卖掉了两个厂子。对于村子里村民也考虑到，协助村民购买了养老保险，让他们没有后顾之忧。

闻：我们看到碧云花园里除了蔬菜、果树外还有杜鹃花园区。

潘：嗯。随着碧云花园的发展，跟着规划一步步实施，园区的定位也越来越清晰。我们从最早的鲜切花百合、天堂鸟、非洲菊、剑兰到后来的观赏凤梨、大花蕙兰以及各类水果，不断摸索，最终我们选择了嘉善杜鹃。嘉善杜鹃栽培历史悠久，最早可追溯到清乾隆年间。现在嘉善杜鹃造型和栽培技艺已成为嘉兴市非物质文化遗产，碧云花园是嘉善杜鹃非遗传承基地，被授予"中国杜鹃花盆景产业化示范基地"，每年由碧云花园领头或发起的"中国嘉善杜鹃花展"已经成为嘉善的常态化农事活动，至今已举办十二届了，荣获"浙江省最具影响力十大农事节庆"称号。

现在花园产品除了杜鹃花外还有鲜切花、盆栽花，还有葡萄、桃子、无花果、草莓等生态农产品。

闻：我们还看到今天有很多学员在培训，他们是哪里来的？

潘：这是农业部组织的，学员来自全国各地的。我们这里是嘉兴农业部唯一的农业培训基地。我们这里还有婚纱摄影基地。今天虽然下雨，但是来拍婚纱的还是很多，45个化妆间全都满了。此外，我们还有青少年研学基地。

闻：碧云花园成立快20年了，对缪家村和大云镇的农业发展会有一定的带动作用吧？

潘：碧云花园带动了嘉善花卉产业的发展。从2007年开始已连续举办了十二届嘉善杜鹃花展，促进了杜鹃花在美丽乡村建设中的作用，开辟了杜鹃花展在乡村举办的先河，我们成功举办了全国第七届杜鹃花展。我们还被评为浙江省第一批生态文明示范基地（嘉兴市就两家），我本人担任嘉善花卉协会会长、中国花卉协会杜鹃花分会副会长。

碧云花园带动了大云旅游的发展。现在碧云花园已成为大云甜蜜旅游线上的重要景点。我担任大云旅游协会会长。碧云花园也推动了浙江省休闲农业的发展。在2007年8月2日成功举办了浙江省唯一一次休闲农业现场会。我本人担任浙江休闲农业协会副会长。

碧云花园这个项目一定程度上也促进了村里人的社会人际关系，以前村里有些小矛盾，农村人甚至会老死不相往来。现在一个是环境好了生活好了，另外一个是文化氛围孕育出来了，我本人也是村里婚丧嫁娶一定尽量到场，人不能到的心意也要到，来往多了矛盾就少了。

闻：下一步的设想是怎样的？

潘：我们将建设一个中心、三个基地、十大看点。以杜鹃花为中心，以农业培训基地、婚纱摄影基地和研学教育基地三大主要模块，结合园区建设十大景点：杜鹃园、杜鹃盆景园、中心花园、花海田园、热带植物园、杜鹃花街、花世界、乡土植物园、蓉溪水村、英式花园。

闻：发展中面临的困难有哪些？

潘：面临的困难主要是资金困难。我们是全国第一批做休闲农业的。我们的主要贷款银行是农商银行。现在的主要问题是银行支持小微企业发展，不扶持大企业发展。希望县里或市里能设立一个基金专用于扶持农业休闲企业发展。此外，农业面临的风险比以前大了，以前农业主要的风险是自然风险，现在面临的除了自然风险外还有市场风险、媒体舆论的风险、食品安全风险等。而目前的政策性保险的保障作用很小。

闻：您经营碧云花园这么多年最大的感受是什么？

潘：第一个感受就是做事业要有高度的定位和定力。不能看哪个赚钱就干哪个。我是把碧云花园当女儿来养的。第二个感受是要有好的导师。第三个感受是有好的用人机制。

访谈对象名录：

被访人：柴金甫，男，1965 年生，鲜切花企业主，2003 年开始在缪家村经营

时间：2018 年 7 月 24 日

地点：柴金甫办公室及种植基地

访谈人：课题组集体

整理人：李明艳

被访人：陈菊英，女，1949 年生，村民

时间：2018 年 7 月 25 日

地点：缪家村文化礼堂

访谈人：俞为洁

整理人：俞为洁

被访人：陈乃珍，女，1958 年生，村妇女联络员

时间：2018 年 7 月 24 日

地点：缪家村文化礼堂

访谈人：闻海燕、羊芳芳

整理人：羊芳芳

被访人：丁法强，男，1963 年生，时任缪家村党委书记

时间：2019 年 6 月 27 日

地点：缪家村村委会

访谈人：闻海燕、张秀梅

整理人：闻海燕、张秀梅

被访人：刘木林，男，1942 年生，村民

时间：2018 年 7 月 24 日初访，2019 年 7 月 24 日补访

地点：缪家村文化礼堂

访谈人：俞为洁

整理人：俞为洁

被访人：缪建星，1969 年出生，村居防控队队员

时间：2018 年 7 月 25 日

地点：缪家村文化礼堂

访谈人：闻海燕、羊芳芳

整理人：羊芳芳

被访人：缪锦章，1956 年生，村民小组组长、丰乐合作社社员；缪锦章的女儿缪秋平，
1982 年生

时间：2019 年 7 月 25 日晚

地点：西缪浜缪锦章家中

访谈人：俞为洁，李旭

整理人：俞为洁，李旭

被访人：潘菊明，男，1961 年生，碧云花园有限公司总经理

时间：2019 年 6 月 26 日

地点：碧云花园

访谈人：闻海燕等

整理人：闻海燕

被访人：宋伟玲，女，1986 年生，时任村妇女主任

时间：2018 年 7 月 24 日

地点：缪家村村委

访谈人：李明艳

整理人：李明艳

被访人：王美娟，女，1967 年生，妇女联络员、村民小组组长

时间：2018 年 7 月 25 日上午

地点：缪家村文化礼堂

访谈人：张秀梅

整理人：张秀梅

被访人：王培根，男，1946 年生，村老干部

时间：2018 年 7 月 24 日上午

地点：缪家村文化礼堂

访谈人：张秀梅

整理人：张秀梅

被访人：杨珍，女，1983 年生，嘉善美华水产养殖场场长

时间：2018 年 7 月 24 日下午

地点：美华水产养殖场办公室

访谈人：张秀梅、闻海燕、羊芳芳、李明艳、李旭

整理人：李旭

被访人：张海强，1948 年生，村民

时间：2018 年 7 月 23 日下午

地点：缪家村文化礼堂

访谈人：李旭

整理人：李旭

被访人：周锦娣，女，1955 年生，村民，曾为"赤脚医生"

时间：2019 年 7 月 25 日

访谈人：俞为洁

整理人：俞为洁

被访人：周志芳，男，1947 年生，村老干部

时间：2018 年 7 月 24 日初访，2019 年 7 月 24 日补访

访谈人：俞为洁

整理人：俞为洁

被访人：董文松，男，1957 年生，文松氧吧董事长

时间：2019 年 7 月 24 日

访谈人：李旭、张秀梅

整理人：李旭

被访人：杨金春，男，1954 年生，村老干部（于 2020 年 5 月 12 日辞世，谨此哀悼）

时间：2019 年 7 月 25 日

访谈人：张秀梅

整理人：张秀梅

被访人：冯青，女，1962 年生，村返聘老干部

时间：2018 年 7 月 24 日

访谈人：闻海燕、李明艳、羊芳芳

整理人：羊芳芳

被访人：李桂荣，男，1939 年生，灶画非遗传承人（于 2021 年 1 月 14 日辞世，谨此哀悼）

时间：2018 年 7 月 24 日

访谈人：俞为洁

整理人：俞为洁

被访人：徐张娜，女，1984 年生，村工作人员

时间：2018 年 7 月 24 日

访谈人：李明艳

整理人：李明艳

被访人：袁先琴，女，1980 年生，新缪家村人

时间：2019 年 7 月 25 日晚上 6:30

地点：缪家村文化礼堂广场

访谈人：李明艳、张秀梅

整理人：李明艳

被访人：张爱英，女，1962 年生，村民，文化爱好者

时间：2018 年 7 月 23 日下午

地点：缪家村文化礼堂

访谈人：李旭

整理人：李旭等

被访人：张名英，女，1965 年生，新缪家村人

时间：2018 年 7 月 24 日上午

地点：缪家村文化礼堂

访谈人：张秀梅

整理人：张秀梅

被访人：郑发勇，男，1958 年生，村返聘干部

时间：2018 年 7 月 24 日下午

地点：缪家村文化礼堂

访谈人：张秀梅

整理人：张秀梅等

文

献

篇

见证发展

中国
村庄
发展

WENXIAN PIAN
JIANZHENG FAZHAN

转　型　　　赋　　能

本篇主要是课题开展过程中从镇里、村里搜集的资料，由于篇幅所限，只截取了部分资料，包括基本情况介绍、工作记录、工作总结、工作推进等，分门别类后按原始资料呈现，未做加工。

一、简介资料

（一）大云镇基本情况介绍

大云镇位于嘉善县南端，区域面积 28.7 平方公里，总人口 3.5 万人，其中户籍人口 1.5 万人，外来人口约 2 万人，下辖 6 个行政村、1 个社区，共有党员 1010 人。2008 年 10 月 29 日习近平总书记曾到缪家村视察，提出"走在前列、作好示范"的殷切希望。近年来，大云镇认真贯彻"两山"重要思想，深入践行五大发展理念，加快转变发展方式、积极主动接轨上海、推进城乡统筹协调，实现了又好又快发展。2017 年实现公共财政预算总收入 3.65 亿元，同比增长 3.4%；固定投资 27.22 亿元，同比增长 10.74%；实现农民人均可支配收入 41659 元，同比增长 10%。相继获得全国文明镇、国家生态镇、国家园林城镇、中国鲜切花之乡和省级卫生镇、省级旅游强镇、省级森林城镇、省级教育强镇、省级文化强镇等称号。

1. 大云是接轨上海的桥头堡。有两大突出优势。一是区位优势强。大云位于上海西郊，是嘉善新城的重要组成部分，沪杭高速嘉善出口、嘉善高铁南站均设在大云，高铁到上海虹桥仅需 20 分钟、到杭州仅需 28 分钟，是嘉善接轨上海第一镇。二是主动接轨强。近年来大云坚持把"立足上海、接轨欧美"作为推动开放发展的首位战略，利用区位优势借梯登高，按照"上海缺什么，我们补什么"的要求，做好"补位上海"文章。在农业生产方面，逐渐由菜园、果园向花园转变，由农业生产向农业观光体验转变，由卖产品向卖风景转变，不断满足大都市人对乡村生活的体验和观光需求。在旅游度假方面，借助上海大平台，在上海外滩举办大云旅游品牌发布会，让更多的人了解大云，2017 年接待游客 245 万人次，同比增长 40%，其中约 70% 的游客来自上海。

2. 大云是转型发展的试验田。围绕旅游度假区和中德生态产业园两大主平台，明确特色和质量两大发展方向，借助改革发展优势，实现借力转型。一是东部的旅游特色产业集聚区。依托省级旅游度假区和嘉善巧克力甜蜜小镇两大主平台，坚持走"旅游 +"特色之路，引领工业旅游、农业旅游、文创旅游、休闲旅游等特色旅游产业融合共生，文化多元交融，走出一条独特而甜蜜的发展之路，实现了从鲜切花之乡到巧克力甜蜜小镇再到中国甜蜜度假目的地的华丽转身。目前已有碧云花海—十里水乡、云澜湾温泉、歌斐颂巧克力三家国家 4A 级景区。同时，啤酒庄园、云野·歌谣、童话王国、灯彩光影等一批"旅游+"项目相继签约。二是西部的德资生态产业集聚区。规划了1000亩的中德生态产业园，重点引进以德国为主的欧美精密机械、装备制造企业，目前已集聚德资企业10多家。其中占地50亩的"两创"中心项目，按照花园式园区的要求全力打造集高端产业、商务服务、生活配套为一体的产业创新服务综合体，目前已投入使用。二期也即将开工建设，全力推进中德生态产业园产城游一体发展。

3. 大云是城乡统筹的先行区。始终坚持共享发展理念，早在2003年就启动农房集聚工作，真正做到"两分两换"，实现百姓增收，让群众共享发展成果。一是住房转移，住进了新农村安置小区，目前全镇已累计集聚农户3429户，集聚率达71.7%，列全县第一。二是就业转移，通过土地流转，让更多的农民从土地上解放出来，实现由传统农民向产业工人转变，已有500多人在度假区实现了就业。三是产业转移，引导农民由"猪棚"向"花棚、菜棚、果棚"转变，增加农民收入。2017年农民人均可支配收入超过4.1万元，走在全县前列。四是购买保险，对土地流转拆迁进新社区的村民全部办理了养老保险，以解决其后顾之忧，达到人人能安居养老。

（二）缪家村村域建筑总平面图

（三）缪家新村建筑总平面图

二、年度工作报告

缪家村 2017 年工作总结及 2018 年度工作计划

各位党员同志们：

大家上午好！

今天，我们在这里举行缪家村 2017 年年终总结大会。这既是对我们村两委新班子在过去一年所做工作的回顾，也是一次工作的检阅。一年来，全村围绕上级党委政府提出的"美美大花园"建设，努力在工作上做实，在方法上创新，在载体上突破，通过征地拆迁、三改一拆等工作进一步推进缪家村美丽乡村建设。下面我就缪家村 2017 年工作情况总结如下：

过去一年的工作回顾

一年来，村级组织建设不断加强。围绕基层党建责任清单内容，以"两学一做"学习教育为抓手，以"整乡推进、整县提升"66 条指标为契机。全面提升村 2 个党群服务中心和党员先锋站。贯彻落实好"三会一课"、组织生活会、民主评议党员等制度，2017 年我村有预备转正党员 1 名，发展对象转预备党员 2 名，无不合格党员。通过"民情在线系统""红船党建云平台"等在线管理系统实时更新各项数据信息。认真开展党风廉政建设，始终坚持从严治党，促进"一岗双责"的落实，加强党员干部廉政教育，以清单式定责、痕迹化履职，实现干部日常履职监督。

一年来，村级工业经济不断壮大。2017 年，我村积极响应上级党委政府的号召，在村域内开展"低小散"企业腾退工作，腾退企业 14 家，减少收入 252 万元；村投资 550 万元参与的"强村计划，抱团飞地"项目实现了 55 万元的分红回报；新建的 3900 平方米的第 4 期生产服务性用房已经完成交付使用，预计能为村级增收 80 万元；投资 650 万元建造嘉善县南部农业现代园区培训大楼将于今年开工，村家宴中心、农贸市场和公建配套房进入招投标手续，预计在今年开工建设，待所有项目建成后能为村级集体增收 180 万元。

一年来，村级农业结构不断优化。通盘兼顾，以缪家村全域土地整治示范项目为契机，开展区块内全域土地征迁和流转工作，优化功能布局、配套设施和农田生态环境。以生态观赏产业为主导，配套形成"一心多点"的多业态、高科技大农业布局，全面实现区块内农业适度经营规模，全面提升现代农业发展水平。党建引领农业发展，积极探索党内创业帮扶机制，依托丰乐合作社党支部，建立起"支部 + 专业合作社 + 党员创业服务"三位一体的带创平台。去年 5 月，丰乐合作社被省委组织部确定为服务创收型村级集体经济典型，被浙江电视台《党建好声音》栏目以《洒下一把黄金米》进行了专题报道。

一年来，村级旅游产业不断发展。今年，我们先后被评为了嘉兴市首批浙江省"3A 级"村庄景区和"浙江省休闲旅游示范村"。借助大云旅游度假区的发展契机，集聚一大批工业旅游、农业旅游、文创旅游等特色旅游项目，为我村打造集餐饮、民宿、观光、农事体验于一体的可展示、可游玩、可示范的乡村休闲旅游景区提供了支持。也希望更多的党员同志加入到村级旅游建设中来。

一年来，新农村建设不断完善。目前，我们新农村共集聚户数 929 户，集聚率 88%。今年我们总投入 200 多万元，对建造时间久的公寓房、农房进行立面改造。投入 90 多万元，对花海大道沿线联建房进行屋顶修缮。投入 900 多万元的南区污水纳管三期工程将于年底开工，实现全村生活污水集中处理。实现了覆盖全村 980 户农户的垃圾分类，投入 30 多万元统一购置分类垃圾桶安装到每家每户。对全村 474 户出租房完成了改造工作。投入 9 万元改建综治工作站，实现全村电子监控实时化。

一年来，村级生态环境不断升级。在五水共治方面，全村河道实行社会化保洁管理，其中西缪浜、新木桥港、长浜 3 条劣五类河道水已全部"摘帽"。对长浜、朱家浜等河道投入 150 万元进行绿化景观提升。以丁家浜为中心的精品游步道环线建设项目已完成规划。在三改一拆方面，今年 8 月以来，我们圆满完成了对村内存量违法建筑的拆除工作，全村 38 个违建点，13780 平方米的违章拆除任务数，1868 平方米"蓝色屋面"整治任务数，已全部清零。

一年来，村级制度管理不断规范。深化"三务"公开制度。健全完善政务、财务公开制度。规范财务管理制度和对印章使用的管理工作。严格实行"零招待"，规范票据流程。规范企业承租合同，对于到期的厂房统一进行拍租，实现村级资产的保值增值。坚持"重大事项五议两公开"、便民服务"AB"岗等工作制度。设立综合受理岗，进一步规范村级事项决策和村便民服务事项办理流程。认真开展党风廉政建设。坚持从严治党，促进"一岗双责"的落实，加强党员干部廉政教育，以清单式定责、痕迹化履职，实现干部日常履职监督。

一年来，村级民生服务品质不断提升。文化惠民成效明显，不断完善了以文化礼堂、文化庭院为主要阵地的公共文化服务体系，全年开展活动 82 场，群众文化活动丰富多彩。接待来访参观的市政领导考察团 163 批。养老服务进一步升级，投入 80 万元改建的村居家养老中心投入运营，为全村 60 岁以上的 953 位老年人提供养老服务，为老年人举办各类活动 64 次。民兵、妇女群团组织工作稳步推进，1 年来，共有入伍士兵 2 名，退伍士兵 1 名。新生儿 26 名，发放独生子女费 15350 元。社会保障不断夯实，缪家村为 350 名村民办理了征地养老。全村每年城乡居民合作医疗保险参保率达到 99.8%。推出一系列"关爱工程"，为全村 70 周岁以上的老年人在每年中秋节、重阳节和新年等节日统一发放慰问金和慰问品。社会治理卓有成效，调处历史疑难案件 5 件，县长热线 25 起，全村未发生群体性上访事件和重大刑事、治安案件。

2018 年的主要工作任务

今后一年我们的指导思想是：认真贯彻党的十九大精神，以建设"美美大花园"为抓手，以经济建设为中心，以提高村民物质生活为目标，努力实现全村经济社会更好更快发展。

一是加强村级组织建设。全面落实从严治党，以甜蜜党建引领发展，植根民生，推进基层党建全面进步。深入开展"两学一做"学习教育，健全落实完善"三会一课"、党员固定学习日等制度，提高党员思想政治素质。深化党员设岗定责、志愿服务工作，进一步发挥党员河段长等先锋模范作用。

二是着力壮大工业经济。为了进一步发展壮大村级集体经济，希望在明年能够投资参与"强村计划"两创中心的二期建设，稳步提升村级集体经济收益；继续新建 4000～5000 平方米的标准厂房，对明年动工建设的家宴中心、农贸市场综合楼进行招租，为集体经济进一步增收。

三是加快农业产业结构转型。进一步发挥丰乐农技服务合作社作用，提升改造育秧房、育秧棚，添置自动化输送设备，为村民提供育种收"田保姆"服务。探索"农业＋旅游""农业＋电商"发展模式，将村里缪家大米、华神鳖、铁皮石斛、优质蔬果等特色农业产品通过旅游和电商平台进行推广。

四是大力推进旅游产业联动。将村级基础设施与旅游区的建设标准相结合，以旅游景区的标准建设村级基础设施，以公厕为例，将农村的公共厕所结合旅游景区的厕所要求进行"厕所革命"，争取上级部门补贴。打造缪家村"红色文化之旅"，结合村域内的文化礼堂、合作社等站点，做好"旅游＋村庄"的结合文章，让缪家村的"红色文化之旅"可看、可玩、有意义。

五是加大文化建设创新力度。通过三年时间，争创省级文明村，将创建工作融入到村级文化建设中，将缪家村勤和文化品牌与甜蜜文化做融合，运用现有的文化阵地和文化活动，打造出缪家村的甜蜜文化特色。对村文化广场、文化公园、习近平与缪家村专题展厅、村部展厅全面进行提升建设工作，目前以上 4 个点都已有了初步的提升方案。

六是优化村域人居环境。进一步打造丁家浜精品亮点工程，目前丁家浜游步道环线建设规划已完成，现进入县平台招标，预计投资 600 多万元；结合旅游开发不断完善村公共厕所、停车场等基础设施建设，在全村开展"垃圾分类互比互评"工作，通过建立大众评审团，引入"红黑榜"做好农村垃圾分类全覆盖，保障村级垃圾分类的常态化落实。

同志们，回顾 2017 年，我们团结一致，克服了种种困难，交出了一份满意的答卷。展望 2018 年，我们将继续弘扬"克难担当抓落实"的精气神，在新时代的背景下，乘势而上，将缪家村打造成为乡村振兴的样板区。时刻想在前，切实干在前，让我们共同努力，把缪家村的明天建设得更加美好。

最后，值此新春来临之际，我代表缪家村全体人员给大家拜个早年，祝大家新春快乐，阖家幸福，谢谢大家！

三、党建工作

（一）党建引领乡村振兴重点方向

重点方向	初步计划
班子强村	紧紧围绕人才战略齐步走，提高两委班子人员选拔标准，加强班子建设，增强村党组织的凝聚力和战斗力。定期开展"善政、善治"学堂成员培训，与兄弟村开展交流学习。结合主题党日活动，深入推进"两学一做"学习教育常态化、制度化。
经济富村	拓宽增收渠道，依托区位优势，持续建造标准厂房，发展物业经济；继续投入二期"抱团飞地"强村投资项目，增强村级集体经济造血功能；持续推进全域土地征迁和流转，优化功能布局，打造生态样板区配套高品质的农旅板块。依托全域旅游开发，利用现有自然资源，积极引导农户转产、转业，统一规划建设乡村民宿、农家乐等项目，进一步完善 3A 级景区村庄建设，融入红色旅游线，打造缪家村特色旅游产业。
善治安村	围绕党建引领探索社会治理创新案例，持续推进"三治融合"示范村建设，配合新农村智安小区 2.0 建设，警务室进行重新规划建设，融合综治、司法、人民调解，实现集体办公。提升规范化综治中心，内设综治室、视频监控室、人民调解室、便民服务大厅，视频监控室上接镇综合信息指挥室，下纳全村监控点位 30 个，做好实时监控。
人才兴村	紧紧围绕人才兴村战略，持续推进缪家村培训大楼建设，扩大人才培训范围，依托碧云花园内中组部与农业部联合培训基地，做好农村实用人才培训；用好党员先锋站、远教广场等党建阵地，强化党员群众教育培训，宣传人才振兴政策，鼓励有志青年回村创业，重点打造村级人才培育点。
改革活村	坚持改革创新，拓宽征收渠道，改变原有低小散型土地利用模式，优化功能布局，打造生态样板区配套高品质的农旅板块。依托全域旅游开发，利用现有自然资源，积极引导农户转产、转业，统一规划建设乡村民宿、农家乐等项目，做好"+旅游"到"旅游+"的转变，打造缪家村特色旅游产业；贯彻落实"最多跑一次"服务改革下沉到村，融合红色代办服务，使村级便民服务得到有效提升。
双创惠村	围绕双创惠村，加快一、二、三产融合发展，延续"抱团飞地"模式，深化"1+X"组团帮扶，依托丰乐农技服务专业合作社，对辖区内农户及农业主体进行精准扶持及专业培训，鼓励有志党员带头致富；吸纳例如杨珍（美华水产养殖）现有返乡创业成功案例，现身说法，运用自身所学，结合电商创新发展模式，带动辖区内其他创业者共同致富。

（二）2018 年缪家村主题党日活动安排

月份	5 日学习日	25 日服务日
1 月	邀请联村领导上党课	雨雪天气志愿服务
2 月	召开组织生活会，并做好年度总结大会	助力全国文明城市创建志愿行动

续表

月份	5 日学习日	25 日服务日
3 月	开展党员学习分享会	助力环境整治志愿行动
4 月	红船党课	开展红色代办站里送学专题活动
5 月	学习习近平总书记系列讲话	助力老年活动志愿服务
6 月	开展上半年先锋指数考评会议	开展"党建＋文化"融合系列活动
7 月	七一红色教育基地现场教学	开展红云志愿助力小城镇环境综合整治行动
8 月	村党委书记上党课	组织党员参与暑期社会实践，青少年开展不文明劝导活动
9 月	组织党员学习党章	开展党员河段长河道巡查活动
10 月	观看红色电影，开展系列学习	开展爱心一日捐活动
11 月	红船党课	组织党员开展出租房安全宣传
12 月	开展下半年先锋指数考评会议	开展冬季平安巡查志愿活动

四、全域旅游推进

（一）嘉善县推进全域旅游发展奖励暂行办法

为全面贯彻落实中央和省市精神，推动旅游业创新、协调、绿色、开放、共享发展，加快旅游业向"全域旅游"发展模式转变，促进旅游业转型升级、提质增效，将旅游业打造成为县域支柱产业，特制定本办法。

一、扶持旅游投资建设

1.各镇（街道）、行政村编制的旅游发展建设方案，符合我县县域旅游规划体系的，经旅游主管部门组织评审通过，纳入县域旅游发展规划，由县旅游主管部门统一组织实施，规划编制经费在旅游发展专项资金中列支。

2.经批准新建的旅游项目（旅游景点 500 万元以上，旅游饭店 3000 万元以上），在项目竣工验收后，按其实际投资额的 5% 一次性给予补助，最高不超过 100 万元。对以完善功能、扩大规模、提升经营水平为目的，投资额在 100 万元以上的旅游投资项目，经认定在项目投入运营后，按其实际投资额的 5% 一次性给予补助，最高不超过 100 万元。

3.行政村开发符合县域旅游发展规划的乡村旅游项目，且被评定为 A 级旅游景区（含浙江省乡村 A 级旅游景区）的，按其旅游相关设施投资额的 50% 一次性给予补助，每个项目最高不超过 100 万元。

4.符合县域旅游规划的项目单位，用于本县旅游购买的游船游艇、旅游营运车、环保电瓶车等新购旅游设施设备，经认定，投资额在 100 万元以上的，设施设备交付使用后，按经审计的设施设备投资额的 8% 一次性给予补助，单个项目原则上不超过 100 万元。

二、推进旅游产业品牌建设

1.鼓励旅游景区实行规范化、标准化管理。对新评定为 1A（含浙江省乡村 A 级旅游景区）、2A、3A、4A 和 5A 级的旅游景区，分别一次性给予 5 万元、10 万元、20 万元、50 万元和 100 万元的奖励，进档升级的给予两档之间的差额奖励。

2.鼓励旅游饭店实行规范化、标准化管理。对新评定为三星、四星、五星的旅游星级饭店，分别一次性给予 20 万元、50 万元、100 万元的奖励，进档升级的给予两档之间的差额奖励。对新评定为国家银叶级、金叶级绿色饭店的旅游星级饭店，分别一次性给予 10 万元、20 万元的奖励，进档升级的给予两档之间的差额奖励。对新评定为浙江省"银鼎""金鼎"级"特色文化主题饭店"的企业，分别一次性给予 20 万元、50 万元的奖励。

3.鼓励旅行社实行规范化、标准化管理。对新评定为三星级、四星级、五星级的旅行社，分别一次性给予 5 万元、10 万元、20 万元的奖励，进档升级的给予两档之间的差额奖励。省、国家"百强旅行社"在本县设立分社并独立核算的，分别一次性给予 5 万元、10 万元的奖励。旅游企业被政府及旅游部门认定为全市行业十强、全省行业五十强、全国行业百强的，当年度分别给予 5 万元、15 万元、50 万元的奖励。

4.旅游星级饭店、旅游定点饭店、省特色文化主题饭店引进中国饭店业集团 50 强著名饭店集团品牌（以中国旅游饭店业协会公布的年度排名为准）或委托其管理（期限在 3 年以上）的，一次性奖励 10 万元（以委托合同生效日为准）；引进全球酒店集团 300 强著名饭店集团品牌（以酒店业权威杂志《HOTELS》公布的年度排名为准）或委托其管理（期限在 3 年以上）的，一次性奖励 20 万元（以委托合同生效日为准）。

5.为推进全域旅游融合发展，对新获得的，由各级政府部门主导评定的旅游类示范基地、示范区等，按县级、市级、省级、国家级分别给予一次性奖励 10 万元、20 万元、30 万元、60 万元。

6.鼓励研发生产有嘉善地方特色的旅游商品（纪念品）。获得县、市、省、国家级旅游商品称号的，对旅游商品的县内开发、生产企业或单位，分别给予0.3万元、0.5万元、1万元、2万元的一次性奖励，同一商品当年获多个级别命名的，按最高级别。获得县、市、省、国家级旅游商品荣誉的，对旅游商品的县内开发、生产企业或单位分别给予0.3万元、0.5万元、2万元、5万元的一次性奖励。同一商品当年获多个级别荣誉的，按最高级别。本办法以申报主体为准，一种商品只奖励一个申报主体。对新评定为四星级、五星级的旅游商品购物点或者商场，分别给予一次性奖励5万元、10万元。对获得国家级旅游商品大奖赛金、银、铜奖的企业，当年度分别给予10万元、8万元、5万元的奖励；获得省级金、银、铜奖的，当年度分别给予8万元、5万元、3万元的奖励。

7. 鼓励旅游企业开展安全生产标准化建设。对于新评定一级、二级、三级国家安全生产标准化企业，分别给予10万元、5万元、2万元的奖励。

三、鼓励旅游企业做大做强

1. 对经物价部门批准的旅游景点门票收入，按当年门票收入给予分档奖励：年门票实际收入300万元以上、500万元以上、1000万元以上、3000万元以上，且年环比增长比例达到15%的，分别一次性给予10万元、15万元、20万元、25万元的奖励；年门票实际收入1亿元以上的，年环比增长比例达到10%的，给予一次性奖励25万元。

2. 年营业收入1000万元以上的星级饭店、旅游定点饭店、绿色饭店、特色文化主题饭店，第二年起营业收入环比增幅10%以上的，给予一次性奖励5万元。营业收入首次达到3000万元、5000万元、10000万元的，分别给予5万元、10万元、20万元的一次性奖励。

3. 鼓励旅行社拓展县内游线业务。旅行社组织或接待县外游客10人以上团队来我县旅游，年累计接待2000人次以上的，游览2个以上、4个以上A级收费景区，分别按每人5元、10元标准给予奖励；游览2个以上A级收费景区，并住宿1个晚上旅游饭店的，按每人20元标准给予奖励；游览4个以上A级收费景区，并住宿2个晚上旅游饭店的按每人30元标准给予奖励；旅行社组织或接待境外游客5人以上团队来我县旅游，年累计接待量达到100人次的，游览2个以上A级收费景区，并住宿1个晚上旅游饭店的，按每人50元标准给予奖励。以上每家最高不超过20万元。

4. 对旅游企业引进县外会议、会展，且单个会议、会展营业额3万元以上的

（以会议发票为准），按营业额给予 3% 的奖励，单个企业全年奖励最高不超过 10 万元。

四、加快公共服务和信息化建设

1. 对符合嘉善县旅游发展规划，并承担全县旅游公共服务功能的咨询服务中心、景区（含度假区、各类旅游示范基地等）游客服务中心，符合浙江省《旅游咨询服务中心等级划分与评定》标准，经年度考核评定为良好、优秀的，分别给予 1 万元、3 万元奖励。

2. 对旅游企业智慧旅游及旅游信息化建设项目，投资额在 50 万元以上的，经验收合格的，按每个项目实际投资额的 20% 给予补助。

3. 对开通旅游专线的企业（不含旅行社组织的散客班线），专线正常运营一年以上，经年度考核合格的，给予每条专线每年 6 万元的补助。

4. 符合《嘉善县旅游交通指引标识系统专项规划》在旅游景区、度假区等区域，以及镇（街道）、村庄新设置的旅游标识系统，经有关部门验收通过，投资额在 20 万元以上，项目已完工交付使用并经审计的，按照实际投资额一次性给予 20% 补助，单个项目补助不超过 20 万元。

5. 对列入嘉善县旅游厕所整治提升计划的，新评定为 A、AA、AAA 旅游厕所，分别给予 5 万元、10 万元、20 万元的一次性奖励。

五、强化旅游形象宣传和市场拓展

1. 每年安排不少于 500 万元的资金用于全县旅游营销，由县旅游主管部门负责每年制订旅游整体形象宣传方案。鼓励旅游企业积极参与全县旅游整体形象宣传，对参与的旅游企业按宣传费用的 50% 给予补助，单次不超过 20 万元。

2. 对举办旅游节庆活动的单位，规模在 200 人以上的，旅游活动列入县旅游主管部门每年旅游节庆活动计划，并且活动方案报经县旅游主管部门审核同意的，每个活动给予一次性补助 5 万元，同一单位每年补助额不超过 20 万元。

3. 受县旅游主管部门委托，企业或社会组织承办的综合性旅游产品采购推广会（活动），邀请旅行商超过 50 家、100 家以上，在县内住宿一晚以上的，经县旅游主管部门考核达到预期效果的，分别给予 5 万元、10 万元的一次性补助。

4. 对参加旅游部门组织的出国（境）设摊展示的企业，按服务业政策标准进行奖励。

5. 鼓励发展旅游演艺项目。对文化演艺公司，利用我县丰富的文化旅游资源开发特色鲜明、艺术性强的旅游演艺作品，并在县内驻场演出一年以上的，经旅游、文化部门认定，按创办、举办方所支付基本费用20%的标准进行补贴。

六、强化旅游人才引进和培养

1. 加强导游人才培养。对本县户籍新取得国家导游资格证、中级导游资格、高级导游资格的专职导游员，分别给予3000元、3000元、5000元的一次性奖励。对考取外语或小语种导游证的专职导游，给予报销考务费和一次性3000元的奖励。申报奖励的专职导游需与本县旅行社签订三年以上劳动合同，并由旅行社发放工资缴纳社会保险一年以上。

2. 鼓励提高技能水平。对参加国家、省、市、县旅游主管部门举办的行业技能比赛获得名次的选手给予奖励：国家级的奖励2万元，省级的奖励1万元，市级的第一至第三名分别奖励5000元、3000元、2000元；县级的第一至第三名分别奖励2500元、1500元、1000元；对新获得劳动人事部门认可的、在旅游企业工作的旅游及相关专业中、高级职称（不含中、高级导游资格证）的经营管理人才、技能人才一次性奖励3000元、5000元。

3. 加快旅游人才教育培训基地建设。对投资额100万元以上且主要为县内旅游企业培养专业人才的旅游培训基地项目，在项目竣工验收并实际运作满1年且经有关部门考核合格的，按其设施设备投资额的30%一次性给予补助，最高不超过100万元。

4. 创新旅游人才培养模式，建立政企学研联合培养机制，在嘉善注册的旅游企业在旅游专业院系开设本企业员工定向培养班，且每个班级学生不少于20名的，视其培训时间满40学时、80学时、120学时，分别给予每班2万元、3万元、4万元补助；鼓励旅游企业积极参与旅游主管部门组织的专业培训，每次给予培训费50%的补助，对纳入全县年度旅游培训计划的，培训经费统一在旅游发展专项资金中列支。

5. 鼓励旅游企业加强行业紧缺人才的引进，参照《关于打造最优人才生态、促进县域人才创业创新高地建设的若干意见》（善委发〔2017〕12号）执行。

七、附则

1. 县财政每年安排不少于3000万元的旅游发展专项资金，并逐年增加。主要用于旅游投资建设、旅游产业品牌建设、旅游企业做大做强、公共服务和信息化建设、旅游形象宣传和市场拓展、旅游人才引进和培养的相关政策性奖励及补助。

2. 以上奖励（补助）办法实行申报制。符合条件者向县旅游行政主管部门提出书面申报，县旅游局、县服务业发展局等相关部门组织审核。

3. 本办法所称"以上""超过"均包含本数；投资额及奖励、补助金额均为人民币，如涉及外资投资项目，按同期汇率折算为人民币。本办法中涉及同类奖励、项目重复的，按"就高不重复"的原则确定；已经享受县政府、各镇（街道）一事一议优惠政策或其他部门财政补助的，不再执行本办法。

4. 本办法中旅游企业，是指县旅游行政主管部门确认的旅游景区（点）、旅行社、旅游饭店和经认定的融合旅游项目企业。

5. 申报营业收入环比增长规模奖励的企业，其营业收入增长达标的可享受扶持政策。如以后年度营业收入下降或不达标，将取消其增幅奖励，直到其营业收入超过以前年度最高额增幅达标后，再恢复享受扶持政策。

6. 企业必须诚实守信、依规经营、依法纳税，对当年发生重特大旅游安全事故或被查处有瞒报虚报、偷税骗税等违法行为的旅游企业和个人，取消当年度享受扶持政策的资格。申请奖励（补助）者应当自觉遵守旅游行业管理有关规定，若存在违规申报奖励（补助）项目的，一经核实，不得享受扶持政策，并取消三年的奖励（补助）申报资格。

7. 本办法由县旅游局负责解释，此前出台的政策与本办法不一致的，按照本办法执行。

8. 本办法自 2017 年 1 月 1 日起施行，有效期暂定三年。

（二）2017 年大云镇智慧旅游建设工作总结

"智慧旅游"是一个全新的命题，它是一种以物联网、云计算、下一代通信网络、高性能信息处理、智能数据挖掘等技术在旅游体验、产业发展、行政管理等方面的应用，使旅游物理资源和信息资源得到高度系统化整合和深度开发激活，并服务于公众、企业、政府等的面向未来的全新的旅游形态。就是游客与网络实时互动，让游程安排进入触摸时代。

智慧旅游是以云计算为基础，以移动终端应用为核心的，以感知互动等高效信息服务为特征的旅游信息化发展新模式，核心是以游客为本的高效旅游信息化服务。智慧旅游的建设与发展最终将体现在旅游管理、旅游服务和旅游营销的三个层面。

大云镇智慧旅游平台的搭建工作从今年 5 月份起开始运作，明确大云国际旅游度假区智慧旅游的三大基本智慧表现。智慧旅游的"智慧"体现在"旅游服务的智慧""旅游管理的智慧"和"旅游营销的智慧"这三大方面。为了更好地体现这三大表现，势必要让游客完成实现导航、导游、导览和导购（简称"四导"）四个基本功能在传统旅游上得到质的提升。

大云镇在智慧旅游明确实现目标后，在市场积极寻找相关智慧旅游企业，实地去智慧旅游企业内观看其成果演示片，不断地学习相关方面知识，在 10 月份明确了大云智慧旅游实施方案，确定了具体实现目标和相应的时间节点。11 月初，向社会公布嘉善大云镇智慧旅游招标文件，并于 11 月 30 日完成智慧旅游招标工作。

在完成招标工作后，与合作方嘉善力通信息科技有限公司立即展开合作。马上在甜蜜小镇迎客厅进行智慧旅游演示厅的施工工作，现已完成演示会务系统和大屏幕的拼装工作，力争 2018 年元旦前后，完成迎客厅二级演示厅的施工工作，紧接着，开始搭建智慧旅游分析大数据库，并介入度假区主要道路和各景区制高点视频，使得智慧旅游基本架构搭建完成。在迎客厅演示厅搭建同时，开始对大云镇智慧旅游平台机房的施工工作，确保大数据起来后的硬件配套工作。

到 3 月份，智慧旅游的个推数据上传完成。2018 年 4 月中旬，整个度假区范围内的 3 维和 2.5 维地图制作完成，基本上完成度假区导游导览功能，同时智慧停车、智慧票务等子系统搭建完成，以及完成了大云旅游官网、官方微信等对外线上媒体的完善工作，基本实现手机端大云吃住行游购娱全部要求，进一步提升旅游体验，实现中国甜蜜目的地的目标。在实现游客目标的同时，实现后台管理者的智慧化，方便日常管理，提高工作效率。

（三）嘉善县大云镇缪家村乡村旅游发展可行性分析研究报告

一、项目概况

嘉善县大云镇缪家村位于大云镇东部，村域四周北至大云镇曹家村、东云村，东至惠民街道王家村，南至平湖市钟埭街道，西至大云镇区。紧邻沪杭高速公路大云出口、大云高铁南站及善江公路，道路通达，交通便利。

缪家村全村区域面积 7.07 平方公里，农户 1049 户，户籍人口 3388 人。2008年以来，缪家村在"两山"理论的指引下，坚守农业底色，依托土地流转，农业种植开始向规模化、标准化、产业化转型，由单一的非洲菊等鲜切花种植向百合花、铁皮石斛、盆栽等高效农业转型，并逐步在主要道路沿线打造花田景观，做靓农业底色，展现乡村美景，形成了以乡村游为主的"一带六园"休闲区，实现由"卖产品"到"卖风景"的转变。

目前，缪家村集聚了碧云花园、文松氧吧、巧克力乐园、十里水乡、鲜切花现代农业示范园区等一批富有浓郁地方特色、产业特色的农村休闲旅游项目。先后获得浙江省特色旅游村、浙江省绿化示范村、浙江省农家乐特色村、浙江省农家乐休闲旅游"十佳特色村"等荣誉称号。2017 年 9 月被确定浙江省 3A 级景区村庄。

二、目标要求

缪家村积极探索生产、生态、生活"三生融合"发展之路，自然风光、田园生态优势日益变成旅游产业发展优势，中国甜蜜度假目的地的定位进一步清晰，甜蜜产业的金山银山越做越大，围绕甜蜜主题，先后集聚了歌斐颂巧克力、十里水乡·云野、德国啤酒、世界童话王国等一批优质的在建、待建项目，累计总投资近 70 亿元，缪家村成为省级旅游度假区和嘉善巧克力甜蜜小镇的核心区所在地，实现了从"+旅游"到"旅游+"、从"乡村游"到"观光游"到"度假游"的蝶变，进一步将缪家村打造成环境优美、生活舒适、游玩便利，既有传统江南水乡韵味，又有欧洲小镇浪漫风情的嘉善东南甜蜜浪漫之村。

三、建设内容

（一）游客服务中心

将毗邻十里水乡景区停车场的游客服务中心，配套建设 3A 级旅游公厕一个。在中心内设有票务销售、旅游咨询、特色农产品展示销售等服务，同时设立缪家农产品的展示区。其外观应与缪家村的传统民居样式相适应，将老旧房改造成接待中心，布局以花草树木、篱笆围墙等。

（二）改造提升农家乐

保留朱家浜、状元浜等两个自然村落保留点，统一进行民宿升级改造，民宿样式参照江南水乡的设计风格，民宿内提供住宿、餐饮、休憩、娱乐等多种功能，与江南水乡文化相适应，体验江南水乡的别样柔情。

（三）漫游花乡项目

1.环村步道：规划沿花海大道至碧云花园，沿路 8 千米观光步道。充实道路沿线风格独特的民居建筑、景色优美的田园风光、民风淳朴的村民形象，开发自行车道，在适当的间距布置休息长廊、蔬菜销售亭、歇雨亭、水车休闲站等配景建筑，并在架子两边配以四季常开的花卉，形成花海成片的美丽景象。

2. 田间拾趣：引导农户在田边规划建设生态农家乐活动，参与游客互动体验。进行家庭亲子游，配套休闲娱乐设施，为游客提供一个走进自然，走进田园，体验野趣、农趣和童趣的好去处。

（四）德国啤酒

德国啤酒项目将沿用 FUCHS 公司的品牌、配方及酿酒师，同时引进全套的德国啤酒生产设备及原材料（除水以外），计划年产纯正德国风味精酿啤酒 1000 吨，从而使国人不出国门就能享受纯正、新鲜的德国啤酒风味。除传统精酿啤酒外，项目还将以德国技术为依托，研发各种风味的精酿啤酒，并引入德国传统文化、传统节庆活动、特色主题酒吧、欧陆特色美食、欧洲进口食品、德国乡村酒店以及啤酒博物馆等业态功能。

四、工作重点

（一）健全乡村旅游服务体系。加强基础设施建设，全面推进乡村环境整治、乡村旅游基础设施和公共服务配套建设。目前全村水泥路硬化 100%，村内所有道路平整完好且干净整洁，进一步提升花海大道进行整体的绿化、亮化、美化提升工程。目前村域内有 1 条"村—镇"公交循环线贯穿全村和 1 条城乡公交线专设缪家村站点，景区内的公交场站已经完成规划，日后有望形成旅游专线。

（二）开展环境卫生综合治理。加强乡村环境卫生综合整治，全面治理乱堆、乱搭、乱建、乱丢、乱刻、乱画等现象，坚决杜绝乱排乱放等行为，严格按照 3A 级乡村旅游示范点建设要求，合理设置旅游景区垃圾箱和旅游公厕，做好旅游沿线的绿化、美化工作。在 2014 年缪家村已经成功创建"无违建村"，现在，全村 100% 家庭参加"优美庭院"创建，80% 的家庭达到村级"优美庭院"创建标准。全村实行垃圾分类。

（三）强化景区旅游项目带动。充分发挥县域内西塘、云澜湾等旅游景区项目对乡村旅游的带动作用，重点发展旅游景区周边、高速公路出口及平黎公路沿线的乡村旅游，着力打造景区（点）与乡村旅游联动发展的有效平台，实现乡村旅游的链条式、连片式发展。

（四）加强乡村旅游文化建设。强化文化对乡村旅游的支撑作用，大力发展农耕文化、民俗文化、传统文化等乡村旅游特色文化，我们依托文化礼堂的队伍资源，陆续开展了端午民俗礼、"尝新"礼、香囊手工制作、传统小吃集会、杂技顶凳子、灶画、押花画等多样式的乡村民俗展示、展览。新社区有文体中心、文化礼堂、篮球场、门球场等开放休闲场所，歌斐颂有小火车、DIY创作室等游览游乐设施。

（五）加大乡村旅游资源保护力度。严格遵守国家文物保护法律法规，切实加强对乡村古建筑、民宅、文物、古树名木的保护，避免人为因素对乡村自然环境、人文景观的破坏。村内现有一座丰钱古桥，有一项县级非物质保护项目灶头画，加强对文物古迹和非物质文化的保护作用，做好古桥的日常和管理工作，对非物质文化项目做好项目资料的保存完整性和录音等记录性工作。

五、组织实施

（一）加强领导，健全组织机构：项目由缪家村村委会作为主体组织实施，成立专门的领导工作小组，村书记丁法强担任组长，村主任沈欲新、村党委副书记张雷担任副主任，同时，发动群众积极筹资参与民宿、餐饮、农业等乡村旅游项目建设。

（二）整合资金，加大政策扶持。积极向上级部门争取资金支持，重点用于人才培训、表彰奖励等。积极整合各类支农、旅游、扶贫、生态、文化、水利项目资金，优先用于满足乡村旅游项目需要。与银行合作，加大涉旅农户和企业的信贷支持力度，探索推行动产抵押、权益抵押、土地使用权抵押等担保形式，着力解决乡村旅游资金难题。

（三）营造氛围，开展创先评优。全面提升乡村旅游的社会影响，充分调动干部群众参与乡村旅游发展的主动性、创造性，形成全民关注乡村旅游、热爱乡村旅游、参与乡村旅游、支持乡村旅游的良好氛围。

五、乡贤榜

（一）人才回村——杨 珍

杨珍，大云镇缪家村人，中共党员，1983年10月出生。2008年3月，她放弃留校任教的工作回乡来到父母创办的华神生态鳖养殖场帮忙。她回家后充分发挥了自己的管理营销才能，坚持"做实在人，养放心鳖"的原则，坚持有机生产标准，并且在各类农产品、水产品销售市场和展销会得到肯定和奖牌，因此她也获得了第七届"全国农村青年致富带头人"嘉善县第二批"农村实用人才带头人"、嘉善县"十佳巾帼创业之星""嘉善县第三届十佳青年创业先锋"等荣誉称号。

（二）产业旺村——莫雪峰

莫雪峰，1985年5月出生，美国波士顿大学金融学硕士。现任歌斐颂巧克力小镇集团有限公司总经理、麦可可贸易（上海）有限公司总经理。2011年10月，归国后的莫雪峰如愿走上了甜蜜的"巧克力实业"之路。2012年，莫雪峰开始在缪家村着手打造"歌斐颂巧克力小镇"。目前，8种口味的歌斐颂巧克力已经进入上海、江苏、浙江3个地区20000多家大型优质商超及喜铺店；电商方面已成功入驻天猫、淘宝、京东、1号店等电商平台。他本人也获得了"浙江省向上向善好青年"、嘉兴市"南湖百杰"青年菁英、嘉兴市"十大青年创业风云人物"、嘉兴市"十大优秀青年"等多个荣誉称号。

（三）生态美村——潘菊明

潘菊明，大云镇缪家村人，中共党员，1961年5月出生。他是中日合资嘉兴大阳服饰有限公司总经理、嘉兴碧云花园有限公司总经理。最初创业时，他凭着借来的7000元钱，一步一步创建、壮大，发展了自己的事业，随后又以工哺农、投资家乡、发展新兴科技农业及旅游行业，带动一方鲜切花产业发展，拓展出一条农民增收新途径。他的公司先后被评为"浙江省重点林业龙头企业""浙江省科技型企业"，他本人也获得了嘉兴市劳动模范、嘉善县优秀党员等多个荣誉，曾当选为嘉兴市人大代表、嘉善县政协委员。

（四）文化育村——李桂荣

李桂荣，大云镇缪家村人，中共党员，1939年11月出生。李桂荣老人退休后，一直非常支持村各项工作开展，特别是在青少年教育以及文体活动开展方面。作为一名老共产党员，李老一直保持着老党员的先进性，积极参与村各项党员活动；作为镇侨联理事会成员，李老多年来致力于为侨联事业服务，献计献策；作为首批文化礼堂志愿者，他定期给村里的孩子们免费上书法课，教授书法，受到家长和孩子的欢迎。

（五）公益扶村——董文松

董文松，大云镇缪家村人，无党派人士，1957年7月出生。现任浙江拳王实业有限公司董事长。他非常欣赏拳击台上的拳王，也立志做企业中的"拳王"。在他的带领下，公司从初创时以生产畜禽配合饲料为主到后来发展成为一家集房地产开发，配合饲料生产、水产品深加工以及度假村项目开发为一体的多元化发展公司，并荣获省重点私营企业、省科技型中小企业、省农产品加工示范企业、省诚信示范企业、省知名商号、全国乡镇企业创名牌重点企业和全国饲料工业科技进步先进集体等称号。

六、各级荣誉

截至 2021 年 6 月。

国家级：

1998 年全国先进基层党支部；

2006 年全国先进基层党组织；

2014 年国家级农村实用人才培训基地。

省级：

2005 年浙江省科普示范村；

2006 年浙江省全面小康建设示范村；

2006 年浙江省绿化示范村；

2007 年浙江省平安农机示范村；

2007 年浙江省农家乐特色村；

2008 年浙江省行政村示范档案室；

2009 年浙江省旅游特色村；

2009 年浙江农村基层党风廉政建设示范村；

2010 年浙江省关心下一代工作先进集体；

2010 年浙江省妇联基层组织建设示范村；

2011 年浙江省农家乐休闲旅游十佳特色村；

2012 年浙江省"双强百佳"行政村；

2012 年浙江省农房改造示范村；

2017 年浙江省 3A 级景区村庄；

2017 年浙江省首批休闲旅游示范村；

2018 年浙江省引领型社区；

2018 年浙江省首批休闲旅游示范村；

2019 年浙江省美丽乡村特色精品村；

2020 年浙江省高标准垃圾分类示范村；

2020 年浙江省职工书屋；

2021 年浙江省文明村。

市级：

2009 年嘉兴市"双结对、创文明"先进集体；

2009 年嘉兴市三八红旗集体；

2009 年嘉兴市廉政文化进农村示范点；

2009 年嘉兴市村文化示范中心；

2010 年嘉兴市生态村；

2018 年嘉兴市"三治融合"示范村；

2019 年嘉兴市干部教育培训现场教学示范基地；

2020 年嘉兴市最美志愿服务村；

2021 年嘉兴市乡村振兴示范村。

县级：（从 2019 年开始统计）

2019 年嘉善县乡贤工作示范村；

2020 年嘉善县美丽乡村示范村；

2020 年嘉善县十大稳产保供先进集体；

2020 年农村环境全域秀美示范标准；

2021 年全国文明城市创建工作行政奖励；

2021 年县级美丽乡村示范村；

2021 年嘉善县乡村振兴示范村。

七、媒体报道

（一）嘉善缪家村的甜蜜有秘诀

2019-05-10　14:41:00　来源：浙江在线

立夏已至，嘉善县大云镇缪家村充满夏的绿意，百姓的生活焕发勃勃生机。

走进缪家村，四层小洋楼整齐排列，车库、小院是家家户户的标配；沿着云蝶路，每走百米，便可偶遇一片花海或一户农场；经过花海路，不经意间，就走进了坐落乡间的欧式巧克力工厂，缪家村像掉进了"蜜罐"，村民们喜气洋洋。5月8日，记者循着花朵的芬芳、巧克力的香气，探寻"缪家人"的甜蜜故事。

早在1994年，缪家村却不是这番风光，村集体可支配资金不足5万元，农民人均收入不到1000元，是嘉善县31个贫困村之一。而2018年底，缪家村集体经济达1200万元，工农业总产值11.8亿元，农民人均可支配收入46377元。

20多年来，缪家人凭着"勤思、勤劳、勤闯、勤拼"的缪家精神，走出一条独具特色的强村之路，用行动与智慧描绘出一幅美丽乡村新画卷。

为壮大村集体经济 村干部干起"甜蜜"事业

20世纪90年代，面朝黄土背朝天是缪家人的谋生方式。

"凌晨两点就骑着自行车，载着蔬菜前往县城批发市场售卖。"记者见到了正在整理花卉的缪家村乡贤柴金甫，他说，那个时期的马路都是坑坑洼洼的石子路，骑自行车到嘉善县城要一个多小时。柴金甫黝黑的皮肤，似乎诉说着那段面朝黄土背朝天的岁月。和柴金甫一样，那时的缪家村村民在自家的"一亩三分地"种粮食、种蔬菜，靠天吃饭。

为发展壮大村集体经济，90年代末，缪家村建造标准厂房，通过出租厂房，引"金凤凰"入巢。仅用五年，缪家村就摘掉了贫困的帽子。

进入21世纪，缪家村高标准建设新农村，真正实施"两分两换"，为搬迁村民给予房价70%补贴、为村里老人缴纳养老保险。

让惠于民的同时，村集体也承受着一定的压力，2013年，村集体经济发展遇到瓶颈，背负债务。但企业家出身的新任村党委书记丁法强的出现，为村集体经济发展注入了新的活力。"村就是家，作为缪家'当家人'，这是我责无旁贷的责任，必须顶住压力，迎难而上。"丁法强利用一切资源找项目，精打细算强管理，加速发展村集体经济。

他持续推进标准厂房扩建，增至近5万平方米，并成立村级经济产业园，引进12家企业入驻，将村集体经济引向新高潮。目前，标准厂房的租金收入每年可达800万元，成为村集体经济的一大支柱。

同期，他全力推进全域土地流转，土地流转面积由2008年的1800亩增加到4500亩，新农村集聚从原来的230户增加到989户，集聚率达94%，新型社区逐渐形成，更多的土地则向农业大户、企业项目开放，"歌斐颂巧克力工厂""梦东方"文旅综合体等项目先后落户缪家村。

抓管理，敢投资，是丁法强的魄力。他说："缪家精神八个字化作一个字就是'干'，老百姓钱包越来越鼓，生活越过越甜蜜，我就感觉很幸福。"2018 年，缪家村不仅没有了债务，银行账户上还多出 1000 多万元。

守护绿水青山　村民纷纷投身"芬芳"产业

记者一路寻着四溢的花香，走进了缪家村碧云花园十里水乡景区，眼前的 80 万盆杜鹃花尽管花期将过，仍争奇斗艳，让人惊叹；旁边的一潭幽静湖水偶尔泛起层层涟漪，在明媚的阳光下波光粼粼。殊不知，二十年前的这里荒烟野蔓，而二十年后摇身变成千亩世外桃源。如此原汁原味的小桥流水、田园村舍，为缪家村全域旅游发展打好基础。

而这一切的改变，来自于缪家村村民潘菊明的一个梦。1977 年春天的一个夜里，17 岁的潘菊明做了改变他一生的梦，梦里出现了一个花园，院子里草绿花香。

2001 年，他将 17 岁的花园梦带进现实，因此也改变了缪家村。二十年来，他守护着这方绿水青山，成就了这方绿色田园，将碧云花园十里水乡打造成嘉善县第二个国家 4A 级旅游风景区；他作为嘉善杜鹃的造型和栽培技艺非遗传承人，不断提升了中国杜鹃花的造型技艺；他引领浙江省葡萄、草莓的精品化生产理念，极大地增强了现代农业的魅力；他带着缪家村发展景观生态农业，以实际行动助力农村发展，拓展出一条农民增收新途径。

"营造碧水云天的生态农庄，奉献鸟语花香的人间天堂"是潘菊明的终极梦想，潘菊明是甜蜜花乡引路人，带领缪家村向生态宜居不断迈进。

村民纷纷投身"芬芳"产业，使得缪家村集体经济与守护绿水青山两翼齐飞。柴金甫也是一位敢闯敢拼的农业大户。1998 年，他从种蔬菜转型种花卉，成为缪家村敢吃"螃蟹"的第一人。他第一年的小试牛刀，没想到每亩竟获得净收益 3 万元，政府看到鲜切花为农民带来的丰厚效益，拿出 1000 万元扶持花卉产业，不久之后，缪家村所在的大云镇荣膺"中国鲜切花之乡"，成为浙江省最大的鲜切花生产镇。

"每天和鲜花一起工作，能不幸福吗？"柴金甫一做就是 20 年，他的花卉种植园规模从起初的 9.8 亩扩大到 450 亩，通过花田将幸福感延伸，他还成立嘉兴嘉德园艺有限公司，成为当地首屈一指的种植大户。在他的引领下，目前大云镇已有 100 多户农户加入鲜切花行业，总种植面积达到 5500 多亩。

收着养老金、赚着零花钱 老百姓过上富足生活

产业旺，生态美，村民成了实实在在的受益者。今年年初，丁法强将新年红包送到老人们手里，70 岁的黄奶奶说着说着就笑了："我们缪家人很幸福，每个老人都有养老金。"这是缪家人的骄傲，在缪家村 50 岁以上的老人，每个月都能领取 1800 元至 2500 元不等的养老金。

"拿着养老金、土地租金、四层洋房房租、打工工资，生活过得可滋润了。"陪在老人身边的阿姨，是今年 58 岁的退休干部冯青，曾在缪家村村委会做了近 20 年的组织工作。

2013 年退休后不久，冯青就被返聘回村委会，她常常陪伴在村里的老人身边。她告诉记者，她最能听到老百姓的心声，曾有老人拉着她的手说："政府比我大儿子还好，要能晚出生十年，就有更多时间感受村子发展起来的美好。"

5 月 6 日立夏，屋外鲜花尽态极妍，屋内老年人妙手生活，记者刚刚到达缪家村，就碰上了"老年手工学堂"。冯青告诉记者，缪家村以文化礼堂为中心的文化综合型阵地，全年举办各类活动 150 多场，"感恩母亲节幸福烘焙""缪家村厨王争霸赛"……其中老年人活动过半数，参与人数达 2800 余人次，丰富了村民的业余文化生活。

另外，缪家村为村里的 12 位老人提供送餐上门服务，为 4 位空巢老人提供助医、清洗衣被、理发等各类免费服务，配合镇医疗流动服务车为全村重点优抚和高龄老人送医疗上门。如今的缪家村，家家户户和睦友爱，老年人老有所养，年轻人潜心工作，幸福感让老百姓看得见、摸得着。

丁法强说："让城里人羡慕农村人，让农村人羡慕缪家村人，是我们缪家村的目标。"（浙江在线记者 贾晓雯）

（二）过去"泡在苦水里"如今"泡在蜜罐里"缪家村的"蝶变"

嘉兴日报 记者 骆颖叶 通讯员 陈佳伟 责任编辑：吴越
2019-07-26 09:46:07

核心提示：花海、温泉、巧克力工厂……这些代表着甜蜜的场景汇聚在一起，共同造就了嘉善县大云镇的甜蜜度假小镇。而甜蜜度假小镇大部分均位于缪家村。缪家村村民是富民，2018 年，农民人均可支配收入 46377 元，许多村民都拿着养老金、土地租金、房租租金、打工工资等多项收入，日子过得有声有色。

花海、温泉、巧克力工厂……这些代表着"甜蜜"的场景汇聚在一起，共同造就了嘉善县大云镇的"甜蜜度假小镇"。而"甜蜜度假小镇"大部分均位于缪家村。

从县级贫困村，到如今的"甜蜜村"，20多年来，缪家村积极引进"金凤凰"、念活"土地经"，全力打造城乡统筹均衡发展的样板，并在乡村旅游方面走到了全国前列。

【画里景】

泡在"蜜罐"里的缪家村

走进嘉善县大云镇缪家村，立刻会被这里的甜蜜气息所感染。沿着云蝶路稍稍走动，就可偶遇一处花海，再走几步，又是一片农场；沿着花海路，直接走进了梦中的巧克力工厂。

特别是随着暑假的到来，原本安静的缪家村，立刻化身为一片快乐的海洋，迎来了周边无数游客，欢声笑语从不间断。缪家村如同泡在"蜜罐"里，处处洋溢着甜蜜与喜悦。

【话变化】

"让农村羡慕缪家村"

"让城里羡慕农村，让农村羡慕缪家村。"这是缪家村党总支书记丁法强当着全村村民许下的承诺。

如今，缪家村的确值得好好羡慕一番。

羡慕点之一，在"钱袋子"上。缪家村是强村，2018年，村集体经济达1200万元，工农业总产值11.8亿元，为每位村民买养老保险，给每位上了年纪的村民发放补贴；缪家村村民是富民，2018年，农民人均可支配收入46377元，许多村民都拿着"养老金、土地租金、房租租金、打工工资"等多项收入，日子过得有声有色。

羡慕点之二，在"大环境"上。缪家村是大花园，整个大云甜蜜度假区的核心区域都坐落在缪家村，占度假区90%的面积，这不仅为缪家村带来了丰厚的收入，也把度假区的美景带到了村民身边；缪家村也是个文化村，即将开学的"乡村振兴学院"，强烈吸引着全国农民前来学习，文化氛围浓厚。

"现在生活真幸福，要是能晚生10年，少过些以前的日子，多过些现在的日子，该有多好啊。"常有老人拉着丁法强的手说。

事实上，早在20世纪70年代，缪家村村民还过着饥一顿饱一顿的生活。少年时代的丁法强过的是每天三顿菜泡饭的日子；直到 1994 年，缪家村还是嘉善县 31 个贫困村之一，村集体可支配资金不足 5 万元，农民人均年收入不到 1000 元。"我们真是泡在苦水里长大的。"丁法强说。

究其原因，缪家村土地少、土壤差，粮食产量不高，在以农业为主的过去，这就足以为缪家村盖上一个官方认定的"贫困戳"。

穷则思变。20 世纪 90 年代末，缪家村建造标准厂房，通过出租厂房，引"金凤凰"入巢。仅用五年，缪家村就摘掉了贫困的帽子。

进入 21 世纪，缪家村高标准建设新农村，真正实施"两分两换"，为搬迁村民给予房价 70% 补贴、为村里老人缴纳养老保险。但巨额支出让村里背上了债，丁法强告诉记者，为了落实好"两分两换"，村里欠债最高时达 7000 万元。

为了短时难见效的"两分两换"，村里债台高筑，这么做真的正确吗？为了让惠于民，村里借钱为村民买养老保险，这样的实惠能长久吗？面对 7000 万元的债务，村里不乏质疑声。

高层的肯定与发展的成果给了质疑有力的回应。

2008 年，党的十七届三中全会后，时任中共中央政治局常委、中央书记处书记、国家副主席习近平来到缪家村，肯定了缪家村的做法，并带来了"土地承包关系保持稳定并长久不变"的利好，让缪家村上下吃下了一颗定心丸。

缪家村人均耕地少、土地分散，农民自己种地赚不了钱，撂荒又可惜，通过土地流转，把农民分散的土地承包经营权流转到大户或农业企业发展规模经营，发展现代农业，是从"小散弱"升级到了"大优强"，大大提升了土地的亩均效益和农业附加值。如今，缪家村土地流转面积由 2008 年的 1800 亩增加到 4500 亩，新农村集聚从原来的 230 户增加到 989 户，集聚率达 94%，新型社区逐渐形成。

习近平还为缪家村指明了"走在前列，作好示范"的目标，这句话如今被镌刻在石头上，置于缪家村村部大堂里。

如何完成好总书记的嘱托，丁法强决定从三产融合做起。村里引进了一个个农业项目，四季如春的碧云花园、农趣十足的甲鱼养殖、静待揭开面纱的台湾智秾休闲旅游项目等。在此基础上，不少旅游项目也纷纷落地，巧克力甜蜜小镇、碧云花园，其中最大的项目要属"梦东方·梦幻嘉善"旅游度假区项目，投资 52 亿元，建成后将成为大云旅游的又一张名片。

据统计，今年上半年，嘉善大云温泉省级旅游度假区共接待游客 35.407 万人次，实现旅游总收入 10587 万元，这个度假区就包括了缪家村内的碧云花园和巧克力甜蜜小镇。缪家村实现了旅游从无到有的"蝶变"。

第二产业方面，缪家村抓管理、敢投资、重法律，腾退了一批"老赖"厂房租客，整合旧厂房资源进行拍租。以嘉善绿野环保材料厂所在厂房为例，过去一年的房租为 30 万元，经过拍租后，超过了 100 万元。同时，缪家村积极参与"强村计划·抱团飞地"项目，高标准建设大云中德生态产业园，建成后首年就可获得 10% 保底分红收益，未来红利更加可观。而大云中德生态产业园本身如同花园式的厂区，也成了甜蜜度假区内的一道亮丽风景线。

"如果总书记再来，我最想说，感谢党的好政策，我们缪家村百姓的收入、幸福感节节攀升。"丁法强说。

【画外音】

"缪家精神"走出强村之路

2008 年，缪家村村集体可支配收入为 211 万元，工农业总产值 4.57 亿元；2018 年，前者突破 1200 万元，后者实现 11.8 亿元；农民人均收入也从 2008 年的 1 万多元提高至 46377 元，钱袋子越来越鼓，幸福感越来越浓。

从贫困村到甜蜜村，缪家人凭着"勤思、勤劳、勤闯、勤拼"的缪家精神，走出一条独具特色的强村之路。缪家村的故事也是嘉兴众多农村的故事。如今，嘉兴已成为全省城乡差距最小的地级市，这背后，是高层高屋建瓴的规划，是政府落实落地的统筹，更是每一个村庄、每一位村民迎难而上的实干兴乡。

（三）媒体关于缪家村的报道汇总

序号	标题	原文网址
1	过去"泡在苦水里"如今"泡在蜜罐里"缪家村的"蝶变"	http://cs.zjol.com.cn/70n70c/zl70/zxbd/201907/t20190726_10668297.shtml
2	嘉善缪家村的甜蜜有秘诀	http://zj.cnr.cn/gedilianbo/20190510/t20190510_524608154.shtml
3	【先锋书记】嘉善县大云镇缪家村丁法强	http://m.sohu.com/a/243398925_668912/
4	东阳花园村与嘉善缪家村两地举办文化走亲文艺演出	https://baijiahao.baidu.com/s?id=1617888339326342300&wfr=spider&for=pc
5	共谋乡村振兴 东阳花园村与嘉善缪家村缔结为友好村	https://baijiahao.baidu.com/s?id=1601153750350505021&wfr=spider&for=pc

续表

序号	标题	原文网址
6	2018 大云镇首届农民丰收节系列活动在缪家村开启	http://town.zjol.com.cn/czjsb/201809/t20180920_8321295.shtml
7	嘉善大云镇缪家村党员收看十九大开幕会	https://baijiahao.baidu.com/s?id=1581562233289648177&wfr=spider&for=pc
8	嘉善县大云镇缪家村开启新征程 村强民富喜事多	https://zj.zjol.com.cn/news/779577.html
9	嘉善大云缪家村：碧云花园 形成"缪家旅游"品牌	http://town.zjol.com.cn/czyc/201604/t20160410_3206606.shtml
10	从荷包扁扁到村强民富 嘉善县缪家村成为新农村建设典范	http://zjnews.zjol.com.cn/05zjnews/system/2013/03/18/019216656.shtml
11	十八大精神在基层：嘉善大云镇缪家村期盼共同富裕	http://zjnews.zjol.com.cn/05zjnews/system/2012/11/24/018968276.shtml
12	嘉善大云镇缪家村——幸福家园话远景	http://zjnews.zjol.com.cn/05zjnews/system/2012/11/16/018949762.shtml
13	嘉善县大云镇缪家村 创意深耕农家乐	http://gotrip.zjol.com.cn/05gotrip/system/2012/11/13/018942729.shtml
14	嘉善县大云镇缪家村丰乐农技服务专业合作社党支部	http://zjnews.zjol.com.cn/05zjnews/system/2011/11/28/018033488.shtml
15	嘉善大云镇缪家村壮大村级集体经济纪实	http://jx.zjol.com.cn/05jx/system/2011/09/05/017820860.shtml
16	整合土地资源 缪家村土地利用新办法实现"双赢"	http://jx.zjol.com.cn/05jx/system/2008/01/25/009176350.shtml
17	到嘉善大云享甜蜜之旅	http://paper.people.com.cn/rmrbhwb/html/2018-06/08/content_1860152.htm
18	交通引领小县城突围 浙江用嘉善经验助力新型城镇化建设	http://zjnews.zjol.com.cn/system/2013/12/25/019778209.shtml
19	擦亮"党徽"温暖"人心"	http://dangjian.people.com.cn/n/2012/1128/c117092-19724986.html
20	"80 后"杨珍回乡当农民 留校女大学生成养鳖专业户	http://zjnews.zjol.com.cn/05zjnews/system/2009/11/23/016042181.shtml

参考文献

R E F E R E N C E S

一、著作

［1］ 白钢，赵寿星 . 选举与治理：中国村民自治研究 . 北京：中国社会科学出版社，2001.

［2］ 曹锦清，张乐天 . 当代浙北乡村社会文化变迁 . 上海：上海远东出版社，2001.

［3］ 曹锦清 . 黄河边的中国 . 上海：上海文艺出版社，2013.

［4］ 陈野 . 乡关何处：骆家庄村落历史与城市化转型研究 . 杭州：浙江人民出版社，2016.

［5］ 陈野 . 乡村发展：浙江的探索与实践 . 北京：中国社会科学出版社，2018.

［6］ 陈国申 . 从传统到现代：英国地方治理变迁 . 北京：中国社会科学出版社，2009.

［7］ 陈吉元等 . 中国农村社会经济变迁（1949-1989）. 太原：山西经济出版社，1993.

［8］ 陈剩勇 . 浙江通史：明代卷 . 杭州：浙江人民出版社，2005.

［9］ 费孝通 . 小城镇 大问题 . 南京：江苏人民出版社，1984.

［10］ 费孝通 . 乡土中国 . 北京：北京大学出版社，1998.

［11］ 弗里曼，毕克伟，赛尔登 . 中国乡村，社会主义国家 . 北京：社会科学文献出版社，2002.

［12］ 顾益康，邵峰 . 农民创世纪：浙江农村改革发展实践与理论思考 . 杭州：浙江大学出版社，2009.

［13］ 国务院发展研究中心课题组 . 中国新型城镇化：道路、模式和政策 . 北京：中国发展出版社，2014.

[14] 贺雪峰.村治模式：若干案例研究.济南：山东人民出版社，2009.

[15] 贺雪峰.地权的逻辑：中国农村土地制度向何处去.北京：中国政法大学出版社，2010.

[16] 贺雪峰.乡村治理与秩序.武汉：华中师范大学出版社，2003.

[17] 胡荣.理性选择与制度实施——中国农村村民委员会选举的个案研究.上海：远东出版社，2001.

[18] 李培林.村落的终结.北京：中国社会科学出版社，2014.

[19] 梁漱溟.乡村建设理论.上海：上海人民出版社，2006.

[20] 卢福营.当代浙江乡村治理研究.北京：科学出版社，2009.

[21] 卢福营.农民分化过程中的村治.海口：南方出版社，2000.

[22] 马克斯·韦伯.经济与社会.上海：上海人民出版社，2010.

[23] 毛丹.一个村落共同体的变迁——关于尖山下村的单位化的观察与阐释.上海：学林出版社，2000.

[24] 毛丹等.村庄大转型：浙江乡村社会的发育.杭州：浙江大学出版社，2008.

[25] 庞晓鹏.中国农村民间合作服务组织研究.北京：中国农业科学技术出版社，1999.

[26] 陶学荣，陶叡.走向乡村善治——乡村治理中的博弈分析.北京：中国社会科学出版社，2011.

[27] 仝志辉.选举事件与村庄政治.北京：中国社会科学出版社，2004.

[28] 汪林茂.浙江通史：清代卷下.杭州：浙江人民出版社，2005.

[29] 王道勇.国家与农民关系的现代性变迁——以失地农民为例.北京：中国人民大学出版社，2008.

[30] 王铭铭，王斯福.乡土社会的秩序、公正与权威.北京：中国政法大学出版社，1997.

[31] 王铭铭.村落视野中的文化和权力.北京：三联书店，1997.

[32] 王瑞芳.土地制度变动与中国乡村社会变革：以新中国成立初期土改运动为中心的考察.北京：社会科学文献出版社，2010.

[33] 王习明，贺雪峰，陈涛.遭遇选举的乡村社会.西安：西北大学出版社，2003.

[34] 王振耀.中国村民自治理论与实践探索.北京：宗教文化出版社，2000.

[35] 王振耀.中国村民自治前沿.北京：中国社会科学出版社，2000.

[36] 王仲田，詹成付.乡村政治——中国村民自治的调查与思考.南昌：江西人民出版社，1999.

[37] 项飙.跨越边界的社区：北京"浙江村"的生活史.北京：生活·读书·新知三联书店，2000.

[38] 肖唐镖.村治中的宗族.上海：上海书店出版社，2001.

[39] 肖唐镖.宗族、乡村权力与选举.西安：西北大学出版社，2002.

[40] 萧公权.中国乡村——论19世纪的帝国控制.台北：联经出版事业股份有限公司，2014.

[41] 辛秋水.中国村民自治.合肥：黄山书社，1999.

[42] 徐永祥.社区发展论.上海：华东理工大学出版社，2002.

[43] 徐勇.现代国家乡土社会与制度建构.北京：中国物资出版社，2009.

[44] 徐勇.乡村治理与中国政治.北京：中国社会科学出版社，2003.

[45] 叶建华.浙江通史：清代卷（上）.杭州：浙江人民出版社，2005.

[46] 张峰，李红军.城乡统筹下的土地利用规划创新研究.天津：南开大学出版社，2012.

[47] 张厚安.中国农村村级治理——对22个村的调查.武汉：华中师范大学出版社，2000.

[48] 张静.基层政权：乡村制度诸问题（增订版）.上海：上海人民出版社，2007.

[49] 张鸣.乡村社会权力和文化结构的变迁（1903—1953）.西安：陕西人民出版社，2008.

[50] 张秀梅.乡村秩序的社会保育——安村变迁研究.北京：社会科学文献出版社，2017.

[51] 赵秀玲.中国乡里制度.北京：社会科学文献出版社，1998.

[52] 浙江改革开放史课题组.浙江改革开放史.北京：中共党史出版社，2006.

[53] 周晓虹.传统与变迁——江浙农民的社会心理及其近代以来的嬗变.北京：生活·读书·新知三联书店，1998.

二、论文

[1] 蔡秀玲.中国城镇化历程、成就与发展趋势.经济研究参考，2011，63.

[2]　曹海林.村庄公共权力：村治研究的切入视角及其解说模式.社会科学，2006，12.

[3]　曹海林.乡村社会变迁中的村落公共空间——以苏北窑村为例考察村庄秩序重构的一项经验研究.中国农村观察，2005，6.

[4]　陈柏峰.熟人社会：村庄秩序机制的理想型探究.社会，2011，1.

[5]　陈锋.分利秩序与基层治理内卷化——资源输入背景下的乡村治理逻辑.社会，2015，3.

[6]　陈靖.农民的行动观念与村庄秩序——一个地缘性村落的考察.中共南京市委党校学报，2011，6.

[7]　董研.村民行动与村庄秩序——河北乡村社区的实地研究.北京：中央民族大学，2010.

[8]　冯军旗.中县干部.北京大学社会学系，2011.

[9]　韩鹏云，刘祖云.农村基层政治合法性建构与乡村秩序重塑.江汉论坛，2014，10.

[10]　韩晓翠.中国农民组织化问题研究.博士学位论文，山东农业大学，2006.

[11]　何莉.论现代社会秩序的构建——以香港社会秩序为参照.高等函授学报（哲学社会科学版），2012，8.

[12]　贺雪峰，董磊明.中国乡村治理：结构与类型.经济社会体制比较（双月刊），2005，3.

[13]　贺雪峰，仝志辉.论村庄社会关联——兼论村庄秩序的社会基础.中国社会科学，2002，3.

[14]　贺雪峰.公私观念与农民行动的逻辑.广东社会科学，2006，1.

[15]　贺雪峰.论乡村社会的秩序均衡.云南社会科学，1999，3.

[16]　贺雪峰.乡村秩序与县乡村体制——兼论农民的合作能力问题.江苏行政学院报，2003，4.

[17]　扈海鹂.乡村社会："秩序"与"文化"的提问.唯实，2009，7.

[18]　扈海鹏.变化社会中的乡村秩序与乡村文化.唯实，2008，12.

[19]　黄辉祥."民主下乡"：国家对乡村社会的再整合.华中师范大学学报（人文社会科学版），2007，5.

[20]　焦连志.内生性变迁与外生性变迁——中国传统村落家庭文化现代变迁中的两

种不同路径分析.晋阳学刊，2005，3.

[21] 金太军.村庄治理中三重权力互动的政治社会学分析.战略与管理，2002，2.

[22] 康就升.中国城市化道路研究概述.学术界动态，1990，6.

[23] 李怀.国家与社会关系视野下的地方社会权力结构研究.甘肃社会科学，2007，4.

[24] 李俊奎.村庄内部权力结构的一个实证研究.南京理工大学学报（社会科学版），2013，5.

[25] 李路路."社会现代化"理论论纲.社会学研究，1987，3.

[26] 李明秋，田月，牛海鹏.人地挂钩与增减挂钩的异同分析及其实施要点.农业现代化研究，2015，1.

[27] 李强彬，向生丽.转型社会中乡村精英的变迁与乡村社区治理.兰州学刊，2006，4.

[28] 李远行，杨勇，余聆溪.中国乡村感性秩序崩解及其重构.中国农村观察，2016，04.

[29] 李远行.从社区走向组织：中国乡村秩序重构的结构基础.华中师范大学学报（人文社会科学版），2013，3.

[30] 李远竹.乡村脱序语境下的中国传统村落社区类型分析.学术界，2018，9.

[31] 刘翠，郭立锦，蒋涛涌，等.论仪式教育及其现代功能.安徽大学学报（哲学社会科学版），2011，1.

[32] 刘玉照.村落共同体、基层市场共同体与基层生产共同体——中国乡村社会结构及其变迁.社会科学战线，2002，5.

[33] 刘祖云，韩鹏云.乡村社区公共品供给模式变迁：历史断裂与接合——基于乡村秩序演进的理论视角.南京农业大学学报（社会科学版），2012，1.

[34] 陆成林.新型城镇化过程中农民工市民化成本测算.财经问题研究，2014，7.

[35] 罗松华.基于以人为本的中国新型城镇化道路研究.武汉：武汉大学，2014.

[36] 毛丹.村落共同体的当代命运：四个观察维度.社会学研究，2010，1.

[37] 齐美胜.村庄秩序的生成逻辑及其利益协调机制.重庆社会科学，2008，11.

[38] 钱晶晶.空间仪式与乡村社会秩序——对清水江下游三门塘村的田野考察.原生态民族文化学刊，2012，04.

[39] 渠敬东.项目制：一种新的国家治理体制.中国社会科学，2012，5.

[40] 宋小伟，楚成亚.村庄内生秩序、国家行政嵌入与乡村秩序重建.中共天津市委党校学报，2004，3.

[41] 仝志辉.农民选举参与中的精英动员.社会学研究，2002，1.

[42] 王玲.乡村社会的秩序建构与国家整合——以公共空间为视角.理论与改革，2010，5.

[43] 王晓毅.社会整合：农村发展的过程与选择.中国农村观察，1991，3.

[44] 王雅林.农村基层的权力结构及其运行机制——对黑龙江省昌五镇的个案研究.中国社会科学，1998，5.

[45] 王妍蕾.村庄权威与秩序——多元权威的乡村治理.山东社会科学，2013，11.

[46] 杨张乔."村社治理—自治的组织建构和制度创新——以浙江农村为例的新制度主义分析范式.浙江学刊，2009，5.

[47] 应星.评村民自治研究的新取向.社会学研究，2005，1.

[48] 张秀梅.仪式的实践与乡村共同体重塑——关于浙江农村文化礼堂建设的思考.浙江学刊，2018，3.

[49] 赵蓬.村治变迁与乡村秩序的重构.山东大学，2011.

[50] 折晓叶，陈婴婴.项目制的分级运作机制和治理逻辑.中国社会科学，2011，4.

后 记

　　《转型赋能：嘉兴缪家村发展研究》是 2017 年 9 月浙江省第二期文化研究工程重大项目《乡村发展：浙江的探索与实践》的子项目，由浙江省社会科学院乡村研究中心的科研人员和其他研究人员组成课题组共同完成。立项以来，课题组在乡村研究中心的指导下，经历了近 3 年的时间，从设计研究框架、讨论研究提纲、选定研究村庄、开展实地调研，到撰写书稿、咨询专家并修改，最终完成书稿。

　　本课题研究能够顺利开展并成书，首先需要感谢的是整个项目的策划人和负责人——浙江省社会科学院副院长陈野研究员，正是在她的支持和带领下，浙江省社会科学院一批科研学者组建起了乡村研究中心，并陆续开展各项乡村研究课题。在陈野研究员和乡村研究中心主任闻海燕研究员的带领下，课题组多次赴嘉兴市调研，最终选定嘉兴市嘉善县大云镇缪家村为嘉兴市样本村。

　　在实地调研中，课题组参加了 10 多次的座谈会，对 24 位村干部和村民进行深度访谈，走访了鲜花种植园、甲鱼养殖基地、农村实用人才培训基地、巧克力小镇、文化礼堂、中德合作产业园、便民服务一条街等。课题组成员和村民们共同感受着他们的美好四季：春风里休闲农业的田野芬芳，初夏微风里荷叶荡漾，秋霞映照着水乡旖旎、圣诞季的巧克力甜香。

　　在村干部和村民的支持下，课题组完成了全书的撰写。其中导语和专题篇由张秀梅撰写，史地篇由俞为洁撰写，经济篇由闻海燕撰写，治理篇由唐玉撰写，文化篇由李旭撰写，生活篇由李明艳撰写，访谈篇由课题组共同完成，文献篇由羊芳芳整理。作为该子项目的负责人，张秀梅承担了全书的理论架构、方案制定、统筹联络等 工作，并总揽全书的统稿、修改工作。院科研处王玮老师也为课题提供了大力支持。

　　本课题研究还要衷心感谢浙江省社科联、省社科规划办领导对本项目的重视和在研究过程中的悉心指导！衷心感谢浙江省咨询委顾益康教授，浙江大学毛丹教授、梁敬明教授、任强教授，杭州师范大学卢福营教授、王景新教授，浙江省社会科学院杨建华研究员等专家学者的评审和指导，以及各位匿名评审专家提出的宝贵意见！衷心感谢嘉兴市委宣传部、农办、社科联、文化旅游局等部门对本课题研究和实地调研的大力支持和鼎力相助！衷心感谢嘉善县大云镇和缪家村为课题研究提供大量的资料，并为调研开展提供大量帮助。特别感谢时任嘉兴市社科联副主席林时兴、嘉善县社科联主席吴犇、时任大云镇党委书记陆芸、沈旭东，现任大云镇党委书记高敏丽，大云镇党委委员苏丽君、宣传干事陈佳伟，为课题组的研究工作提供了大量帮助；缪家村原党委书记丁法强、现任缪家村党委书记陆荣杰高度重视课题研究，为课题组调研提供了极大便利；感谢缪家村党委委员李丹丹，她在为课题组联络、提供资料、安排场地等事务上提供了极大的帮助；感谢缪家村参与访谈资料整理的工作人员：李丹丹、徐张娜、吕纯燕、陈云、陈昱菁、黄蕙莲、李勇、张奕斐。感谢缪家村所有的村干部和村民，正是他们的信任，才有本书的成稿。感谢为本书出版付出辛勤劳动的浙江大学出版社和责编何瑜老师专业、细致、负责的编辑出版工作！

　　因为研究水平所限，本项目仍然存在诸多不足，恳请各位专家们多多批评指正。

张秀梅

2020 年 12 月成稿，2021 年 12 月修订

丛书后记

POSTSCRIPT

　　"中国村庄发展：浙江样本研究"项目研究和书稿撰写，由浙江省社会科学院组织院内外相关科研人员集体承担。此刻，面对11部厚重书稿，回顾项目组寒来暑往五春秋的研究历程，前期酝酿筹措的漫长经过、奔波于乡村大地深入调研的艰辛历程、埋首于电脑键盘奋笔疾书的种种身影，均历历在目。感怀系之，作此以记。

　　本项目于2016年初由浙江省社会科学院副院长、研究员陈野倡议谋划，旨在整合全院从事乡村研究的科研力量，加强顶层设计，开展重大项目研究，为本院凝练一个可持续的科研方向和学术品牌。经与院乡村研究中心主任、研究员闻海燕反复磋商，咨询省市农办，赴村实地调研等前期摸底筹备，于2016年正式动议有关村庄发展研究的事宜。

　　2017年2月6日，时任浙江省省长车俊在《历史大变局下的农村新集体经济文化建设调研与思考》调研报告上做批示予以肯定。2017年2月13日，时任省委常委、宣传部部长葛慧君批示要求"在本省多选一些村庄做深入研究，形成一批实践样本。如需要，省社科院一起参与"。2017年2月16日，省委宣传部常务副部长来颖杰批示："请社科院再做深入调查，进行样本总结。"省委省政府和省委宣传部的指示和要求，使我们更加明确和坚定了开展村庄发展研究的思路，加快了项目筹划的进度。

　　2017年6月，村庄发展研究项目被立项为浙江省社科院重大专项课题。2017年9月，被立项为浙江省第二期文化研究工程重大项目，陈野研究员为项目负责人，浙江省农办原副主任、著名乡村研究专家顾益康先生和闻海燕研究员为首席专家。期间，根据实地调研情况、省市县农办意见、省规划办和评审专家建议，项目研究方案经过十数次的调整修改，最终确立为在全省11个设区市中各选一个村作为研究个案，撰写11部专著，形成"中国村庄发展：浙江样本研究"丛书。

　　研究与撰写过程中，项目组发挥前期学术积淀深厚、科研人员学科背景多样、组织协调机制高效灵活、项目组成员高度团结等优势，深入乡村和各级农办、档案局、史志办、文旅局等政府部门实地调研，广泛收集谱牒档案、镇村史志、契约账册等文献资料，驻村开展上千人次的口述访谈。项目组全体成员冲寒冒暑，以认真负责、刻苦钻研、严谨踏实、精益求精的研究态度和工作精神，为课题研究尽心竭虑，无私奉献，并在研究中形成了精诚团结、友好合作、交流研讨、互帮互助的优良团队氛围。各子课题负责人认真组织、悉心筹划、精心统筹、务实开展课题研究，带领各自课题组成员通力合作，为如期完成研究和撰稿任务起到关键作用。各子课题的具体科研工作情况，可参见各部专著的后记，此处不做一一赘述。

项目负责人陈野研究员对项目高度负责、执着认真，全力投入、全程负责项目的启动、开展和推进，承担了策划项目，确立研究思路、主题、体例、理论分析框架和研究内容，设计篇目大纲等全局工作；定期组织召开内部讨论会，研讨篇目框架、研究内容、行文规范；数次邀请专家进行指导评审；多次率队赴省市县相关政府部门座谈请教，倾听学习来自乡村建设实践的真知灼见；先后深入数十村庄开展实地调研访谈；根据自查结果和专家审稿意见与每一位子课题负责人商议修改计划，对11部书稿作三次全面统稿，并做多种局部调整。

项目首席专家顾益康先生自始至终关注关心本项目研究，在百忙之中数次参加项目组研讨活动，对研究方案提出具体思路建议，认真评审数部子课题书稿，指导子课题负责人开展研究，特别是以其丰富的乡村工作经验、深厚的学术研究造诣和对本项目的深入了解，为丛书撰写了站位高远、剖析深入、具有提纲挈领作用的丛书绪论。

首席专家闻海燕研究员在项目对接农办系统、联系专家学者、选择村庄个案等方面发挥重要作用，以长期从事农村经济研究的学术积淀帮助相关子课题开展研究。在项目开展的全过程中认真、积极、负责地协助项目负责人陈野研究员开展实地调研、组内研讨、稿件审读等相关工作。尤其力挑重担，担任"绿水青山就是金山银山"科学理论发源地，在我国新时代生态文明建设中具有重大价值、重要影响力的余村发展研究子课题负责人，带领余村课题组取得丰富研究成果。

浙江省社会科学院科研部王玮老师承担了项目组内勤外联、会议记录、通知纪要、送审打印等具体编务工作，以其认真负责、细心周到、任劳任怨、不计报酬的工作态度和精神，为项目完成起到不可或缺的保障作用。

借此丛书书稿完成撰写、即将交付出版之际，我们衷心感谢中共浙江省委宣传部、浙江省社科联、省规划办和来颖杰、盛世豪、郭华巍、邵清、陈先春、刘东、董希望等领导对本项目研究的信任肯定及在研究过程中的悉心关怀！衷心感谢夏阿国、邵峰、杨建武、郭占恒、王景新、毛丹、赵兴泉、梁敬明、郭红东、胡豹、任强等专家学者对书稿质量的严格审阅把关和学术指教！衷心感谢张伟斌、迟全华、俞世裕、何显明、胡海良、潘捷军、毛跃、陈柳裕等院领导对本项目研究的重视、关心和指导！衷心感谢北山村、花园村、龙峰村、缪家村、蚂蚁岛村、清漾村、上园村、邵家丘村、沙滩村、棠棣村、余村村两委会和全体村民的热情参与、积极配合和无私奉献！衷心感谢相关省市县农办、宣传、文旅、社科、文化、旅游等众多政府部门对本课题研究和实地调研的大力支持和鼎力相助！衷心感谢浙江大学出版社和责编老师专业、细致、负责的编辑出版工作！

由于我们水平所限，书中错漏不足之处在所难免，恳望各位领导、专家、学者，各位读者予以批评指教！

2020 年 11 月 26 日